JN409625

따라하며 배우는

웹 프로그래밍

고민정 지음

배움터

저자 소개

고민정

동국대학교전산원 교수. 서강대학교 경영학박사, 동국대학교 컴퓨터공학박사를 취득하였고, 동국대전산원 입시홍보팀장과 해외학위과정 학부장을 역임하여 4차산업혁명의 학문적 접근을 조직운영에 실천하였다. 4차산업혁명 시대의 스마트기술이 소비자 행동에 미치는 영향력을 연구하여, 2018년 이후에 계속해서 Marquia Who's Who 인명사전에 등재되고 있다.

현재 국제 e-비즈니스학회 상임이사, 한국4차산업혁명학회 및 경찰청 자문위원, 국가기술자격 전문위원으로 활동하고 있다. 주요저서로 『4차산업혁명과 스마트기술의 이해』(2018), 『빅데이터활용과 광고사례기반의 소비자행동론』(2017, 공저, 우수학술도서선정), 『유비쿼터스의 이해』(2012, 공저), 『인터넷 프로그래밍 기초』(2008), 『U시대의 인터넷 윤리』(2006, 공저, 우수학술도서선정), 『전자상거래 시스템운영 및 관리』(2003), 『향이 있는 자바스크립트』(2001) 등이 있다.

따라하며 배우는 웹 프로그래밍

초판인쇄 2020년 2월 7일
초판발행 2020년 2월 14일

지은이 고민정
펴낸이 김민수
펴낸곳 (도서출판)배움터 / **주소** 경기도 파주시 광인사길 143
출판사 등록일 2005년 1월 31일 / **신고번호** 제406-4060000251002005000003호
대표전화 (031)955-7990 / **팩스** (031)955-0768

책임편집 김민보 / **편집** 신성민, 유제훈, 명하나, 권소정 / **디자인** 유준범
마케팅 최복락, 심수경, 차종필, 백수정, 최태웅, 김범용, 김민정
인쇄 · 제본 천일문화사

ISBN 978-89-89383-81-9 93000
정가 19,000원

- 이 도서의 국립중앙도서관 출판예정도서목록(CIP)은 서지정보유통지원시스템 홈페이지(http://seoji.nl.go.kr)와 국가자료공동목록시스템(http://www.nl.go.kr/kolisnet)에서 이용하실 수 있습니다.
(CIP제어번호: 2020002135)

머리말

4차산업혁명은 눈앞에 있고, 음성인식으로 주문을 하고, 로봇이 음식을 배달하는 현실에 서 있다. 과연 세상을 이끌어가는 것이 새로운 기술들인지 아니면 그들을 생각해내는 사람의 능력인지 판단하기 어려운 융합의 시대에 우리는 살고 있다. 생활 속에서 우리는 개인 블로그, 홈페이지 등의 다양한 채널을 사용하고 있는데, 사람들에게 최적화된 웹페이지를 직접 만들어보는 것은 상상만으로도 흥분되는 경험이다. 하지만 이를 위한 프로그래밍(코딩)은 소수 전문가들을 위한 영역이라고 생각하기 쉬워서, 넘고 싶지만 그 깊이와 너비를 감당해지 못할듯하여 시도조차 하지 않는다.

이 책은 코딩의 높아 보이는 진입장벽을 극복하는 첫걸음으로 웹 프로그래밍을 선택하였고, 늘 사용하던 단순한 메모장으로 프로그램을 작성하고, 브라우저로 결과는 확인하는 과정에서 코딩이 어렵다는 선입견을 극복하여 잔잔한 성취감을 경험할 수 있다.

웹 프로그래밍은 코딩의 입문으로서 처음 프로그램을 시작하는 사람들과 전문 프로그래머의 길을 희망하는 사람들이 거쳐야 하는 필수과정이다. 이 책은 크게 4개의 파트로 구성되어 있다. 우선, 1부는 Warming Up!은 개요로 프로그래밍 언어의 의미와 코딩을 위한 도구들을 학습한다. 제2부 Back to the Basic!은 웹프로그래밍의 3대 도구인 HTML, 스타일러시트(CSS), 자바스크립트의 기본 사용법을 익히는 중요한 과정으로 구성되어 있다. 제3부 Step by Step!에서는 본격적인 코딩을 문서 작성, 테이블 작성, 폼 작성, 프레밍과 미디어 활용이라는 주제로 나누어서 차분하게 프로그래밍하는 방법을 소개한다. 제4부 Upgrade Programming!에서는 진정한 프로그래밍의 기본인 함수와 객체를 사용하여 응용객체를 만드는 과정으로 구성된다. 마지막으로 5부 Practice & Application!에서는 이전에 작성한 기초들을 가지고, 실전에서 사용하는 웹페이지를 작성한다. 각 주제별로는 독립적으로 구성하여 어느 장을 보아도 쉽게 이해할 수 있도록 기본적인 내용에서 응용까지 소개하였다.

4차산업혁명을 주도하는 스마트기술들의 저변에는 사람이 하는 코딩이 매우 중요하다. 이 책을 통해서 누구나 쉽게 코딩을 하고, 다양한 사람들의 경험이 시너지를 만들어서 더 슬기롭고 지능화된 세상을 만들기 위한 도구가 되었으면 한다. 그리고 현장에서 강의하는 교수님들이 현장의 문제를 해결하는 조그마한 실마리가 되기를 간절하게 희망한다. 마지막으로 살아있는 책을 완성하기 위하여 도움을 주신 많은 교수님들과 (주)생능출판사의 편집부 김민보 과장님 및 관계자 여러분들께 머리 숙여 감사드린다.

2020년 1월 저자 고민정 드림

강의 전략 및 계획서

주제는 다음과 같이 나누어서 순서대로 강의한다.

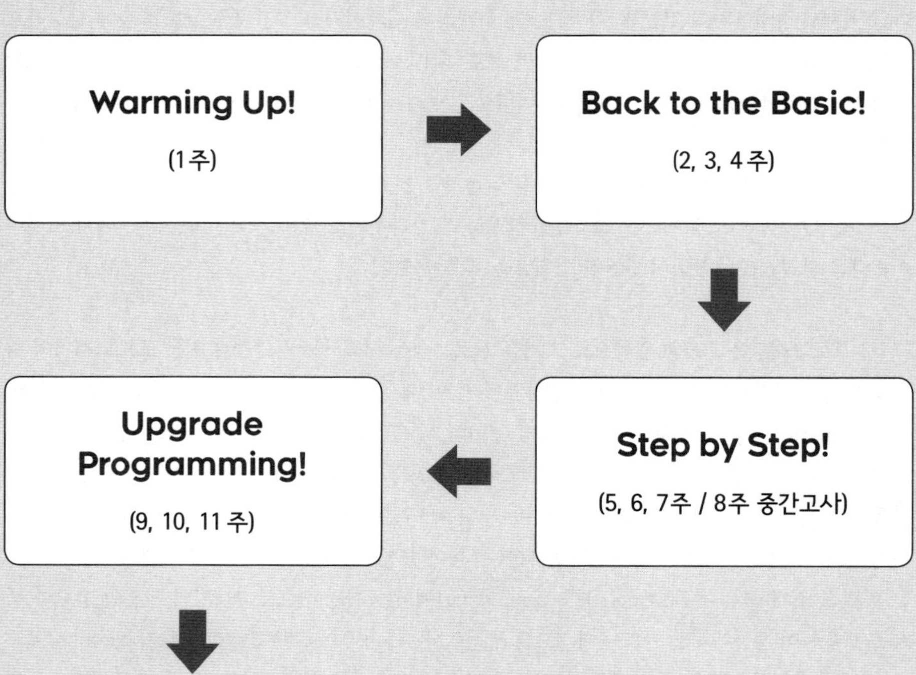

Practice & Application!

(12, 13, 14주 / 15주 기말고사)

구체적인 주별 강의 내용과 주제는 다음과 같다.

주	강의 제목	주제
1	1장. 프로그래밍 기초 2장. 코딩을 위한 도구	프로그래밍 언어란, 인터넷 프로그래밍이란, 브라우저, 에디터
2	3장. HTML 사용하기	HTML이란, HTML 문서작성, 태그 사용법
3	4장. 스타일시트 사용하기	스타일시트란, 스타일시트 종류, 스타일시트 사용법
4	5장. 자바스크립트 사용하기	자바스크립트란, 자바스크립트 사용법, 자바스크립트 기초 문법
5	6장. 문서작성하기	폰트관련 태그와 스타일시트, 텍스트관련 태그와 스타일시트, 배경관련 태그와 스타일시트, 목록관련 태그와 스타일시트, 하이퍼링크 태그와 스타일시트, 이미지관련 태그와 스타일시트
6	7장. 테이블 만들기 9장. 프레임과 미디어 활용하기	프레임 사용법, 미디어 활용법, 애니메이션 스타일시트
7	8장. 폼 만들기	Input 형식 사용법, Select 형식 사용법, Textarea 형식 사용법, 폼관련 시타일시트
8	중간고사	
9	10장. 함수 사용하기	함수란, 사용자 정의함수 사용법, 내장함수 사용법
10	11장. 객체 사용하기	객체란, 자바스크립트 내장객체, 이벤트와 이벤트 핸들러, 기본적인 내장객체
11	12장. 응용객체 사용하기	Document 객체, Image 객체, Form 객체
12	13장. 실전 웹페이지 만들기	미니 계산기 제작, 웹진 제작, 음악 다운로드 제작, 사이트 맵 제작, 애니메이션 제작, 구구단 제작, 명언록 제작, 회원가입 제작, 사진앨범 제작, 상품주문 제작
13	13장. 실전 웹페이지 만들기	빈칸 채우기 제작, 요리 레시피 제작, 도움말 제작, 진정한 계산기 제작, 설문지 결과 제작, 나만의 플레이리스트 제작
14	13장. 실전 웹페이지 만들기	꽃이 날리는 영화자막 제작, 작은 그림판 제작, 퀴즈 풀이 제작, 개성있는 블로그 제작
15	기말고사	

목차

1부 | Warming Up!

2부 | Back to the Basic!

3부 | Step by Step!

4부 | Upgrade Programming!

1부

Warming Up!

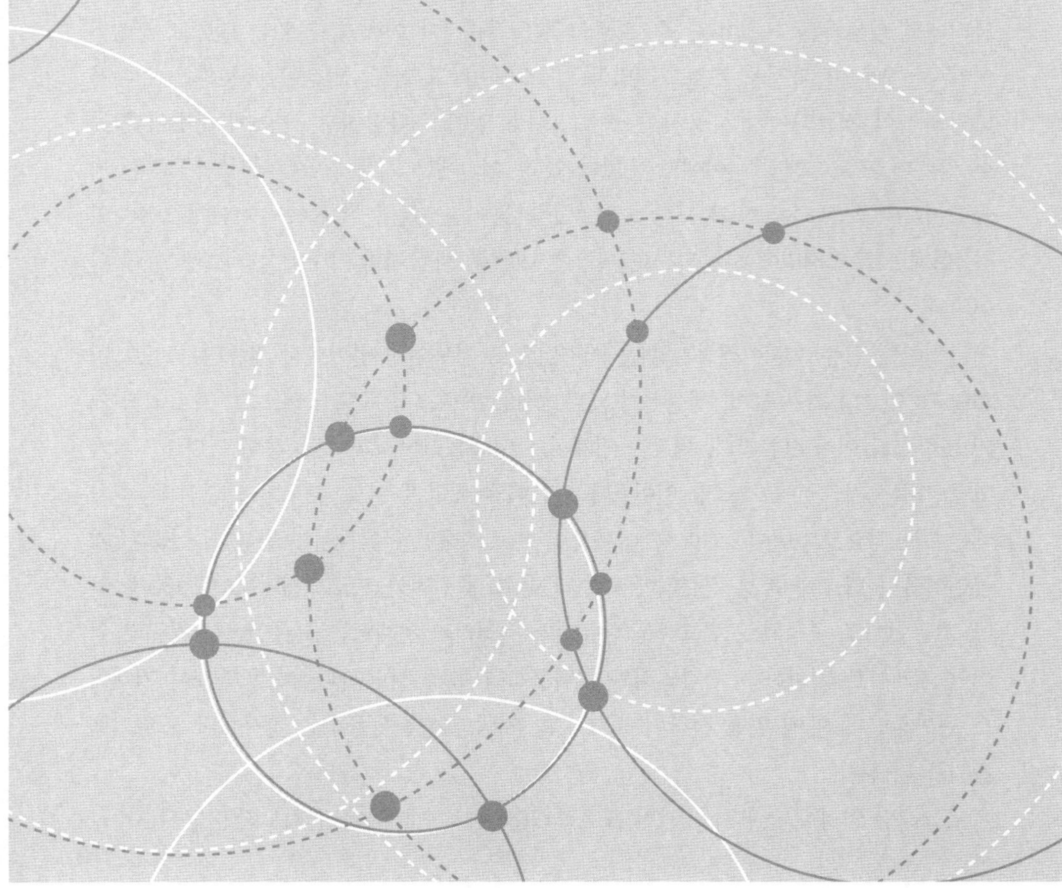

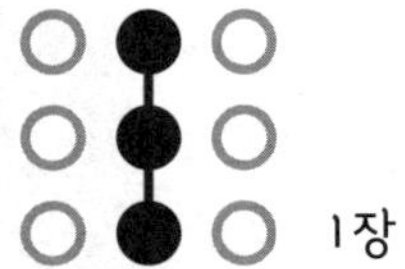

1장

프로그래밍 기초

1.1 프로그래밍 언어란

프로그램(Program)은 어떤 목표를 이루기 위한 계획이다. 예를 들면 방송되는 콘텐츠의 계획표에 해당한다. 프로그래밍(Programming)이란 어떠한 목표를 이루기 위한 계획을 컴퓨터에서 실행하는 과정이다. 즉, 프로그램은 컴퓨터가 이해할 수 있는 언어로 작성되어야 하는데, 이 과정을 프로그래밍 혹은 코딩이라고 한다. 인간이 사용하는 언어가 다양하듯이 컴퓨터에서 사용하는 프로그래밍 언어도 다양하다. 언어에 문법이 있듯이 컴퓨터 프로그래밍 언어에도 문법이 있다. 여기에는 기계에 맞추어서 만들어진 저급언어(Low Level Language)와 사람 중심으로 만들어진 고급언어(High Level Language)가 있다. 현재 프로그래밍에 사용되는 언어들은 대부분 사람에게 맞추어서 개발된 고급 언어이다.

저급언어는 컴퓨터가 이해하기 쉬운 이진법으로 이루어진 언어로서 컴퓨터가 바로 이해할 수 있으나 가독성 및 생산성이 낮다. 하나, 프로그램 속도가 빠르고, 프로그램 크기 또한 고급언어보다 작다. 예로는 기계어와 어셈블리어(Assembler) 등이 있다.

고급언어는 저급 프로그래밍 언어보다 인간이 이해하기 쉽고, 다루기 간단하다. 여기에는 대표적으로 C언어, 자바 등 대부분의 프로그래밍 언어들이 포함된다. 이들은 저급언어와는 다르게 특정 컴퓨터에 맞추지 않고, 독립적인 프로그래밍이 가능하다. 하나, 고급언어로 작성된 프로그램을 컴퓨터가 처리하기 위해서는 고급언어를 컴퓨터 언어인 기계어로 변환하는 컴파일러와 인터프리터 등을 사용한다. 이로 인해서 기계어로 변환하는 동안에 일정 시간이 소요되고, 저급언어를 사용하는 경우보다 프로그램 길이가 더 길다.

프로그래밍 역사에 영향력을 끼친 프로그래머(Programmer)들을 살펴보면 다음과 같다.

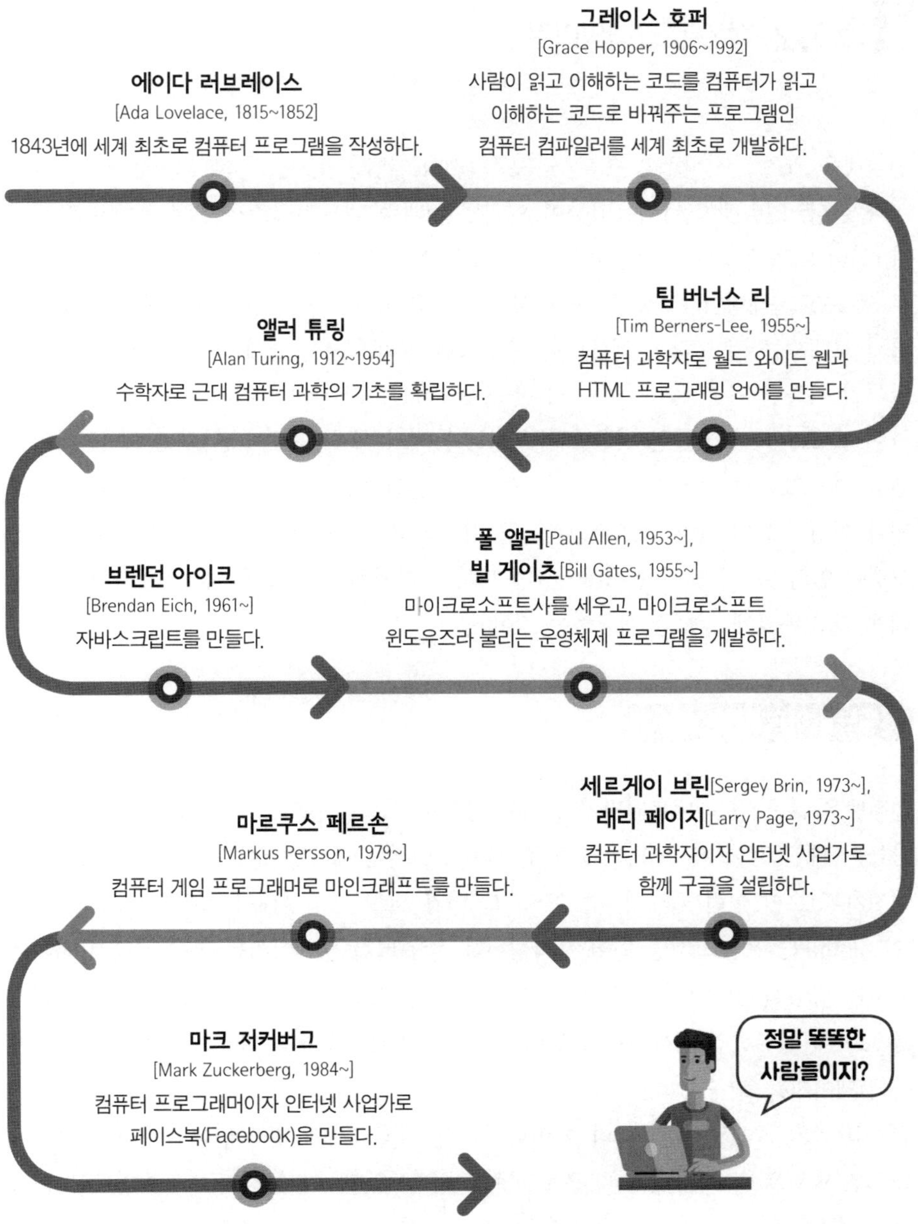

에이다 러브레이스
[Ada Lovelace, 1815~1852]
1843년에 세계 최초로 컴퓨터 프로그램을 작성하다.

그레이스 호퍼
[Grace Hopper, 1906~1992]
사람이 읽고 이해하는 코드를 컴퓨터가 읽고 이해하는 코드로 바꿔주는 프로그램인 컴퓨터 컴파일러를 세계 최초로 개발하다.

팀 버너스 리
[Tim Berners-Lee, 1955~]
컴퓨터 과학자로 월드 와이드 웹과 HTML 프로그래밍 언어를 만들다.

앨런 튜링
[Alan Turing, 1912~1954]
수학자로 근대 컴퓨터 과학의 기초를 확립하다.

브렌던 아이크
[Brendan Eich, 1961~]
자바스크립트를 만들다.

폴 앨러[Paul Allen, 1953~],
빌 게이츠[Bill Gates, 1955~]
마이크로소프트사를 세우고, 마이크로소프트 윈도우즈라 불리는 운영체제 프로그램을 개발하다.

세르게이 브린[Sergey Brin, 1973~],
래리 페이지[Larry Page, 1973~]
컴퓨터 과학자이자 인터넷 사업가로 함께 구글을 설립하다.

마르쿠스 페르손
[Markus Persson, 1979~]
컴퓨터 게임 프로그래머로 마인크래프트를 만들다.

마크 저커버그
[Mark Zuckerberg, 1984~]
컴퓨터 프로그래머이자 인터넷 사업가로 페이스북(Facebook)을 만들다.

정말 똑똑한 사람들이지?

[그림 1-1] 프로그래밍 역사에 영향력을 끼친 프로그래머

1.2 웹 프로그래밍이란

인터넷을 기초로 서비스할 수 있는 프로그래밍 기법을 웹 프로그래밍(Web programming)이라 한다. 인터넷이란 컴퓨터들이 연결된 거대한 네트워크로서 웹(Web)이라고 부른다. 인터넷 프로그래밍은 인터넷을 기반으로 실행되는 프로그래밍을 제작하는 과정으로 웹 프로그래밍이라고도 한다. 웹서버는 사용자(클라이언트)로부터 요청된 페이지를 찾아서 보내주는 일을 하는 컴퓨터나 프로그램을 의미한다. 웹페이지란 요약 웹 문서를 만들기 위하여 기본적인 웹 언어의 한 종류인 HTML(Hypertext Markup Language)을 이용하여 웹 프로그래밍을 한 것을 브라우저를 통해서 제공해주는 페이지를 의미한다.
웹을 기반으로 한 프로그래밍을 한다는 의미는 인터넷에 접속하여 웹사이트를 이용하거나 이메일 등의 다양한 프로그램들을 사용하고, 컴퓨터에 설치된 웹 브라우저 프로그램이 인터넷을 통해서 웹서버에서 동작하는 다양한 프로그램들을 연결하여 사용자에게 쉽고 빠르게 정보를 제공하는 것이다.

월드와이드 웹(WWW)

인터넷은 많은 작은 네트워크가 모여서 만들어지는데, 월드 와이드 웹은 수백만의 사람들이 매일 같이 사용하는 많은 컴퓨터가 연결된 네트워크이다. 웹에는 많은 웹페이지가 있으며 이런 웹페이지는 프로그래머가 코드를 작성해서 만든 파일로 대부분 HTML이라는 프로그래밍 언어로 작성된다. 컴퓨터가 웹페이지를 화면에 표시하기 위해서는 다양한 정보가 필요한데, 이러한 정보를 담고 있는 것이 HTML이다. 웹페이지를 모아서 연결하면 웹사이트가 된다. 대부분 웹 브라우저를 이용하여 웹사이트에 있는 웹페이지를 볼 수 있다.
팀 버너스리(Tim Berners-Lee)의 아이디어에서 시작되었고, 1989년 웹 개념 제안되어 1990년 WWW(World Wide Web) 프로젝트가 시작되었다. 이때, 서버-클라이언트로 동작하고, 월드와이드 상에서 정보를 주고받을 수 있는 프로토콜인 HTTP(Hyper Text Transfer Protocol) 모델을 만들었다. 또한 HTML 언어를 개발하여, 문서 간에 연결이 가능한 하이퍼링크 개념 구현하여 세계 최초의 웹 서버와 웹 브라우저를 개발하였다.

: 웹 브라우저

웹페이지를 볼 때 사용하는 컴퓨터 프로그램으로 인터넷 익스플로러(Internet Explorer), 크롬(Google Chrome), 사파리(Safari), 모질라 파이어폭스(Mozilla Firefox) 등이 있다. 인터넷에서 찾으려는 웹페이지에 접속하려면 우선 웹주소를 웹브라우저에 입력해야 하는데, 웹브라우저는 웹서버에 접속하고, 웹서버 프로그램을 사용하여 방문할 웹페이지 정보를 얻게 된다.

[그림 1-2] 웹브라우저의 종류

: 웹서버

다른 컴퓨터에 정보를 제공해주는 컴퓨터를 서버(Server)라고 하며, 웹브라우저에 웹페이지 정보를 제공해주는 하드웨어 혹은 소프트웨어를 웹서버(Web Server)라고 한다. 웹페이지에 접속하려면 웹브라우저는 웹페이지 정보가 있는 웹서버에 접속해야 한다. 그러면 웹서버 소프트웨어는 HTML 파일로 저장된 웹페이지 정보를 찾아서 사용자 컴퓨터에 보내준다. 웹서버는 운영체제에 따라서 윈도우(Windows)와 리눅스(Linux) 계열로 나뉘어 설치한다.

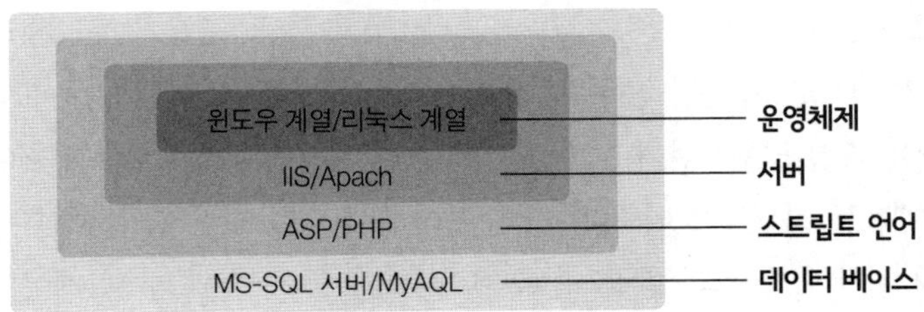

[그림 1-3] 웹서버 구축 과정

웹 주소

웹브라우저는 웹 주소를 이용하여 HTML 파일과 그 파일에 있는 웹서버를 찾을 수 있다. 웹 주소는 URL(Uniform Resource Locator)이라고 하고, 웹페이지마다 고유한 웹 주소가 있어서 웹브라우저는 많은 웹페이지로 이루어진 인터넷에서 원하는 정보를 찾을 수 있다. 사용하는 URL의 형태는 다음과 같다.

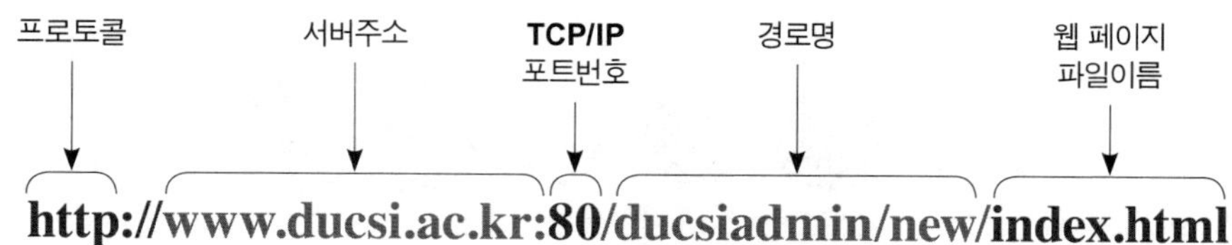

프로토콜에는 HTTP, https, file, ftp, telnet, mailto, news 등이 있고, 서버주소란 웹 페이지를 가진 컴퓨터의 인터넷 주소, IP 주소 등을 의미한다. TCP/IP 포트 번호는 서버가 브라우저로부터 접속을 기다리는 TCP/IP 포트 번호이고, 프로토콜마다 다르며, HTTP의 경우 80, telnet은 23등을 사용한다. 경로명은 웹 서버 내 웹 페이지 파일의 폴더 경로이고, 파일 이름은 웹 페이지의 HTML 파일 이름이다.

웹 페이지

웹서버는 웹브라우저에 HTML 파일로 웹페이지 정보를 보낸다. HTML 파일에는 텍스트, 그림 등과 같은 다양한 개체들과 그런 개체들을 어떻게 웹페이지 나타낼지에 대한 정확한 정보가 들어 있다.

웹브라우저가 HTML 파일을 읽은 후, 코드에 담겨진 정보를 이해하는 과정을 웹브라우저가 HTML 파일을 분석한다고 한다. 분석이 끝나면 웹브라우저는 웹페이지를 구성하는 여러 개체를 화면에 보여준다. 이때 같이 사용되는 것이 웹 문서의 전반적인 스타일을 미리 저장해 둔 스타일시트인 CSS(Cascading Style Sheets)와 웹 페이지에서 사용자로부터 특정 이벤트나 입력값을 받아 동적인 처리를 목적으로 고안된 객체 기반의 스크립트 프로그래밍 언어인 자바스크립트(JavaScript)를 이용한다. 자바스크립트는 사용자 경험을 향상시키기 위해 주로 사용되는데, 일반적으로 HTML 문서에 내재되어 웹 브라우저에서 실행된다. 이들의 처리 과정은 다음과 같다.

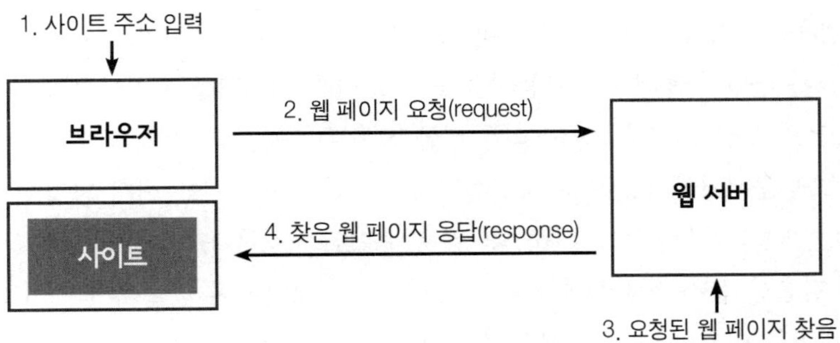

[그림 1-4] 웹페이지 호출 과정

웹 페이지 구성은 웹 페이지의 구조와 내용은 HTML로, 웹 페이지의 모양과 스타일은 CSS로, 웹 페이지의 행동 및 응용 프로그램은 자바스크립트를 사용하는 형태로 이루어진다.

: 웹페이지 코딩

HTML, CSS, 자바스크립트는 웹페이지를 만들거나 웹 기반의 앱(App, Application)을 개발할 때 가장 대중적으로 사용하는 프로그래밍 언어이다. 앱이란 컴퓨터 프로그램의 한 종류로서 문서 작성, 이메일 등과 같이 정해진 목적에 맞도록 작성된 프로그램을 의미한다.

: HTML

하이퍼텍스트 마크업 언어인 HTML(HyperText Markup Language)은 대부분의 웹페이지를 작성하는 데 사용된다. 1990년대 초에 팀 버너스리(Tim Berners-Lee)가 개발하였고, 하이퍼텍스트라는 것은 일반 텍스트와 달리 연결, 즉 링크가 가능한 문서들을 의미한다. HTML 파일에는 다양한 HTML 개체들이 있는데, 각 개체는 여는 태그(<)와 닫는 태그(>)를 이용하여 만든다. HTML 태그는 태그 사이에 있는 내용을 화면에 나타내는 방법을 웹 브라우저에게 알려준다. 태그를 이용하여 텍스트, 그림, 동영상 등을 웹페이지에 넣을 수도 있고, 긴 글을 줄 혹은 문단 단위로 나누어 표현도 가능하다.

HTML과 같이 웹페이지를 작성하는 언어를 마크업 언어(Markup Language)라고 하는데, 여기에는 SGML, HTML, XML이 대표적이다. SGML(Standard Generalized Markup Language)은 다양한 형태의 전자문서들을 서로 다른 시스템들 사이에 정보의 손실 없이 효율적으로 전송, 저장, 자동처리를 위한 ISO(International Organization for Standardization: 국제표준화기구) 문서처리 표준으로 출판환경에 적합하도록 문서를 헤더 파일, 문서 형태 정의(Document Type Definition), 본문 등 세 부분으로 구성한다. 하나, 구성과 문법이 복잡하여 단순한 문서 작성에 어려움이 있다. 이를 보완하여 만들어진 것이 HTML인데, 여기서도 구조화된 정보검색과 전달 및 다양한 데이터 제공에 어려움이 있다. 이들을 보완하여 개발된 언어가 1996년 W3C(World Wide Web Consortium)에서 제안한 XML(eXtensible Markup Language)이다. 이는 HTML보다 홈페이지 구축 기능, 검색 기능 등이 향상되었고 클라이언트 시스템의 복잡한 데이터 처리가 쉽고, 인터넷 사용자가 웹에 추가할 내용을 작성 및 관리하기에 쉽게 되어 있다.

〈표 1-1〉 마크업 언어 비교

이진 탐색	HTML	SGML	XML
태그 사용	제한적 (사용자 정의 불가능)	제한적 (사용자 정의 가능)	SGML보다 제한적 (사용자가 정의 가능)
문서 재사용	불가능	가능	가능
문서 작성	간단, 용이	매우 복잡	SGML을 단순화하여 편리성 도모
링크	단일 링크	HyTime	XLL
출력 형식	CSS	DSSSL	XSL
응용 분야	단순 구조 문서	많은 양/기술적 문서	웹상의 교환 문서(EDI)

: CSS

CSS(Cascading Style Sheets)는 웹페이지를 장식하는 프로그래밍 언어로서 HTML과 함께 사용한다. CSS 언어는 글자체와 색상, 배경색 등을 변경하거나 글자의 크기를 조절하기도 하고, 글과 그림의 위치와 관련된 문서의 스타일을 지정하는 언어이다.

: 자바스크립트

자바스크립트를 사용하면 사용자와 정보를 주고받는 대화형 웹페이지 작성이 가능하다. 이는 HTML과 CSS만으로 작성할 수 없는 동적인 웹페이지 작성을 가능하게 해주는 프로그래밍 언어이다. 제조사별로 구현하는 스크립트의 종류가 다양한데, 다음과 같다.

〈표 1-2〉 제조사별 스크립트 종류

사용 제품	구현 언어
모질라 파이어폭스	JavaScript
구글 크롬	JavaScript
마이크로소프트 인터넷 익스플로러	JScript
오페라 소프트웨어 오페라	ECMAScript
애플 사파리	JavaScript
마이크로소프트 닷넷 프레임워크	JScript.NET
어도비 플래시	ActionScript
어도비 아크로벳	JavaScript

스크립트 언어 중 자바스크립트는 클라이언트 스크립트이고, 객체지향스크립트 언어이다. 이외에도 ASP(Active Server Pages)는 마이크로소프트사에서 개발하여 VBScript 문법을 사용한다. 이는 작은 내장 프로그램(스크립트)을 갖고 있는 HTML 페이지가 사용자에게 보여지기 위하여 서버에서 수행되고, 서버의 웹 스크립트는 사용자의 요구에 따라 데이터베이스에서 찾은 결과를 이용하여 순간적으로 웹페이지를 만든다.

PHP(Hypertext Preprocessor)는 HTML에 내장된 스크립트로서 UNIX, WINDOWS 환경에서 모두 작동한다. 별도의 실행 파일을 만들 필요 없이 HTML 문서 안에 직접 포함시켜 사용하며, C / 자바(Java) / 펄(Perl) 언어 등에서 많은 문장 형식을 사용하고 있어 동적인 웹 문서를 빠르고 쉽게 작성할 수 있다.

JSP(Java Server Pages)는 HTML 내 자바 코드를 삽입하여 웹 서버에서 동적으로 웹 페이지를 생성하여 웹브라우저에 돌려주는 언어이다. 이는 자바 기반으로 보안성이 높고, 인터넷 상거래에서 많이 활용된다.

결론적으로 웹페이지를 작성하기 위하여 필요한 HTML, CSS, 자바스크립트의 역사를 정리하면 다음과 같다.

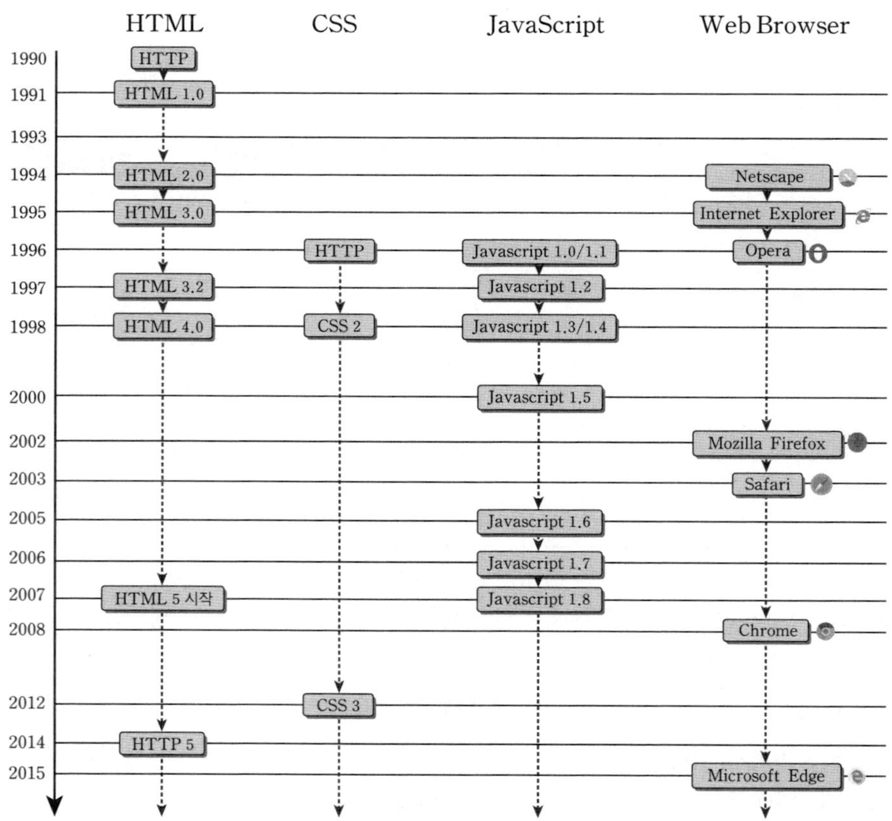

[그림 1-5] 웹 페이지 작성 요소들의 역사

HTML은 최근 모바일을 비롯한 다양한 장치에서 웹서비스를 가능하도록 새로운 웹 표준인 HTML5를 지정한다. 기존의 HTML은 비표준 기술의 혼재되어 있고, 웹 브라우저의 비 호환성, Active-X나 플러그인, 플래시 등 비표준 기술 난립, 브라우저 사이에 HTML 문서와 웹 자원에 대한 심각한 비호환성 등의 문제점을 가지고 있었다. 더욱이 인터넷 기기의 다양화로 인하여 PC, 모바일 단말기 등에서 모두 웹이 사용되므로 기존의 웹 페이지가 모바일 기기에서 작동하지 않는 문제점이 있었다. 이로 인하여 새로운 범용 웹 표준의 필요성이 대두되었는데, 이는 비표준 기술에 의존하는 PC 위주의 기존 웹 방식의 한계와 모바일 기기(스마트 폰과 태블릿 장치 등)를 수용할 수 없다는 점과 모바일과 PC에서 동시에 사용할 수 있도록 하는 범용 웹 표준 필요성에 기인한 것이다.

HTML5 표준 제정은 W3C와 하이퍼텍스트 워킹 그룹(WHAT WG, Web Hypertext Application Technology WorkingGroup)에서 진행되었다. 표준에 담긴 내용에서 웹페이지의 구조는 HTML5 태그로, 웹 페이지의 모양은 CSS3로, 웹 페이지의 행동은 Javascript로 분리 개발되었다. 그리고, HTML 태그에서 문서의 모양과 관계된 태그나 속성을 폐기하고, 웹 페이지의 플랫폼이나 장치 의존성 제거하였다. 또한, HTML5로 개발된 웹 페이지나 웹 애플리케이션은 PC/모바일 등의 기기나, 운영체제와 관계없이 동일하게 실행되고, Active-X, 플래시 필요 없으며, 문서 작성의 개념을 넘어 웹 애플리케이션 작성을 지원하는 자바스크립트 API 표준화가 가능하다.

HTML5는 차세대 웹 표준으로 HTML이 멀티미디어 등 다양한 애플리케이션까지 제공하도록 진화한 웹 프로그래밍 언어이다. HTML의 새로운 버전으로 클라이언트 측면 기술의 중심이 되는 마크업언어이고, 모바일 웹에서의 핵심 기술이다.

주요 기능으로 장치 간 접근이 가능하여 카메라, 동작센서 등의 H/W 기능을 웹에서 직접적으로 제어한다. 웹(클라이언트)에서 서버 측과 직접적인 양방향 통신 가능하고, 3D나 그래픽 및 효과 기능을 지원한다. 그리고 CSS3을 통해서 글씨체, 색상, 배경 등 다양한 스타일 및 이펙트 기능 제공하고, 비디오 및 오디오 기능을 자체적으로 지원한다. 또한, 네트워크가 지원되지 못하는 환경에서도 웹 이용을 가능하게 하고, GPS 없이도 단말기의 지리적인 위치 정보를 제공하며, 웹 자료에 의미를 부여하여 사용자 의도에 맞는 맞춤형 검색을 제공한다.

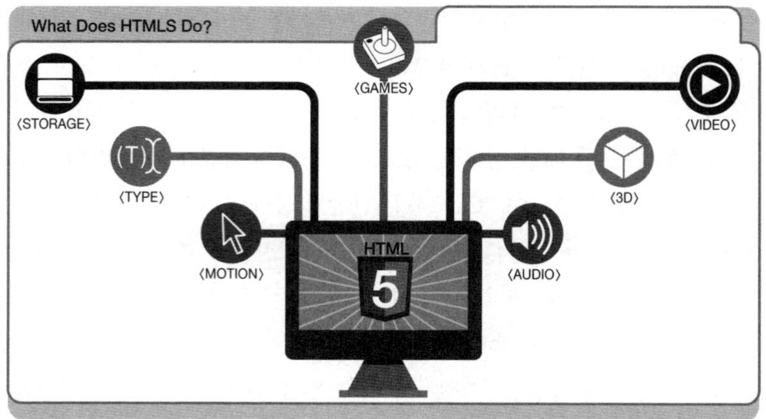

[그림 1-6] HTML5의 주요 기능

이전의 HTML4와 새로 등장한 HTML5의 차이점을 정리하면 다음과 같다.

첫째, 구문(Syntax)이 DOCTYPE 사용으로 간결해지고, 인코딩(Encoding) 선언부가 간결해졌다. 그리고 그래픽 언어를 위해서 수식기술언어(MathML), 그래픽언어(SVG) 등을 사용할 수 있다. 또한 태그에서 대소문자를 구분하지 않지만, 가독성을 위해서 소문자로 작성하는 것을 권장한다.

둘째, 언어(Language)에 의미 요소(Semantic Element)인 Header, Footer, Nav, Section, Article 등이 추가되었다. 그리고 CSS로 처리할 수 있는 요소, 프레임(Frame) 관련 요소 등처럼 거의 사용하지 않는 요소들도 제거되었다.

셋째, 다양한 API로 비디오와 오디오 요소와 함께 이들을 재생하는 데 사용되고, 네트워크가 지원되지 않는 환경을 지원한다. 그리고 Drag & Drop API 등도 지원한다.

연습문제 EXERCISE

※ 다음 빈칸에 알맞은 용어를 채우시오.

1 ( )이란 어떠한 목표를 이루기 위한 계획을 컴퓨터에서 실행하는 과정이다. 즉, 프로그램은 컴퓨터가 이해할 수 있는 언어로 작성되어야 하는데, 이 과정을 프로그래밍 혹은 코딩이라고 한다.

2 ( )는 저급 프로그래밍 언어보다 가독성이 높고 다루기 간단하다. 여기에는 대표적으로 C언어, 자바 등 대부분의 프로그래밍 언어들은 ( )에 속한다.

3 인터넷 프로그래밍은 인터넷을 기반으로 실행되는 프로그래밍을 제작하는 과정으로 ( )이라고도 한다.

4 ( )의 아이디어에서 시작되었고, 1989년 웹 개념이 제안되어서 1990년 WorldWideWeb 프로젝트가 시작되었다. 여기서 서버-클라이언트로 동작하는 HTTP(HyperText Transfer Protocol) 모델을 만들었다.

5 다른 컴퓨터에 정보를 제공해주는 컴퓨터를 서버라고 하며, 웹브라우저에 웹페이지 정보를 제공해주는 하드웨어 혹은 소프트웨어를 ( )라고 한다.

6 웹 주소는 ( )이라고 하고, 웹페이지마다 고유한 웹 주소가 있어서 웹브라우저는 많은 웹페이지로 이루어진 인터넷에서 원하는 정보를 찾을 수 있다.

7 하이퍼텍스트 마크업 언어인 ( )은 대부분의 웹페이지를 작성하는 데 사용된다. 1990년대 초에 팀 버너스리(Tim Berners-Lee)가 개발하였고, 하이퍼텍스트라는 것은 일반 텍스트와 달리 연결, 즉 링크가 가능한 문서들을 의미한다.

연습문제 EXERCISE

8 (   )는 웹페이지를 장식하는 프로그래밍 언어로서 HTML과 함께 사용한다.

9 (   )를 사용하면 사용자와 정보를 주고받는 대화형 웹페이지 작성이 가능하다. 이는 HTML과 CSS만으로 작성할 수 없는 동적인 웹페이지 작성을 가능하게 해주는 프로그래밍 언어이다.

※ 다음 내용을 설명하시오.

10 고급언어와 저급언어의 차이점을 설명하시오.

11 인터넷 프로그램 실행을 위해서 웹서버를 구축하는 과정을 설명하시오.

12 HTML과 HTML5의 차이점을 설명하시오.

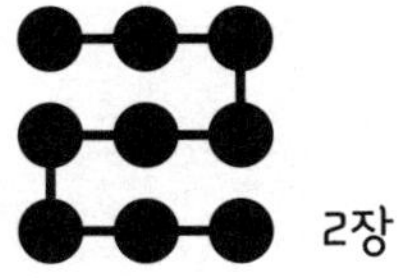

2장

코딩을 위한 도구

2.1 브라우저

웹페이지를 표시할 브라우저로 인터넷 익스플로러와 크롬 브라우저가 있다. 본 교재에서는 최근에 표준화된 HTML5를 포함 시키기 위해서 구글의 크롬 브라우저를 기본 도구로 사용한다.
검색엔진에서 크롬을 검색(https://www.google.com/chrome/)하여 다운로드하면 사용할 수 있다.

[그림 2-1] 크롬 다운로드 사이트

인터넷 익스플로러가 기본 브라우저로 설정된 경우에는 설정을 변경하여 크롬으로 웹페이지를 볼 수 있도록 한다. 사용하는 방법은 첫 번째로 작성한 00.HTML 파일을 폴더에서 찾아서 오른쪽 마우스를 클릭하여 연결프로그램을 크롬으로 설정하면 된다.

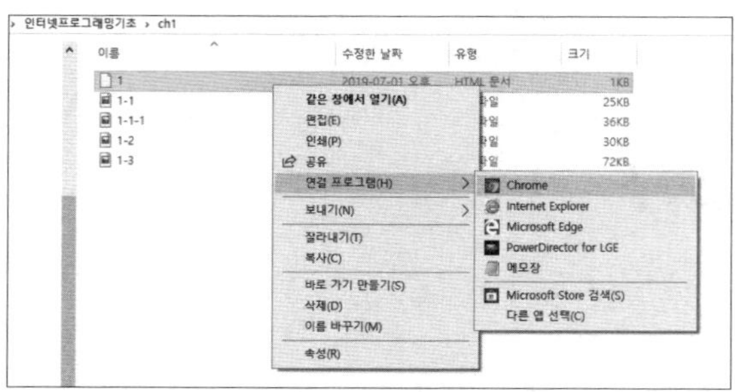

[그림 2-2] 크롬 브라우저 설정

예를 들어 현재 1.html 파일을 작성한 다음 크롬 브라우저로 설정한 후, 해당 파일을 더블클릭하면 크롬에서 결과를 확인할 수 있다.

2.2 에디터

웹페이지 작성을 위해서는 다양한 에디터(Editor)가 있지만, 초보자들에게 새로운 에디터 프로그램은 또 다른 어려움을 가지게 할 수 있으므로, 여기서는 기본 에디터로 윈도우에 내장된 메모장을 사용한다.

화면에서 윈도우 버튼의 검색창에서 "메모장"을 입력하면 윈도우에 내장된 메모장 프로그램이 실행된다.

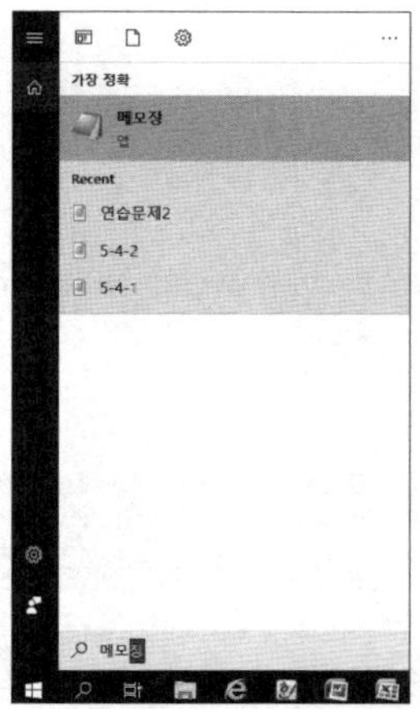

[그림 2-3] 메모장 실행하기

메모장을 실행시켜서 다음과 같이 "헬로우" 라는 내용을 입력하고, 파일 이름을 "1.html" 로 저장해보자. 여기서 파일의 확장자, 즉 점(.) 이후에 오는 문자는 반드시 html 이나 htm으로 지정해야 웹브라우저로 결과를 확인할 수 있다.

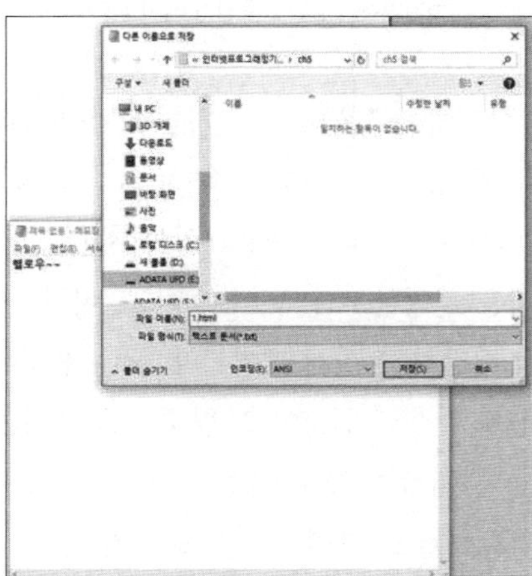

[그림 2-4] 메모장에서 작업

기타 상업용 에디터들

에디트 플러스

가장 많이 사용하는 에디터(https://www.editplus.com/kr/download.html)로서 평가판일 경우 한시적 사용이 가능하다.

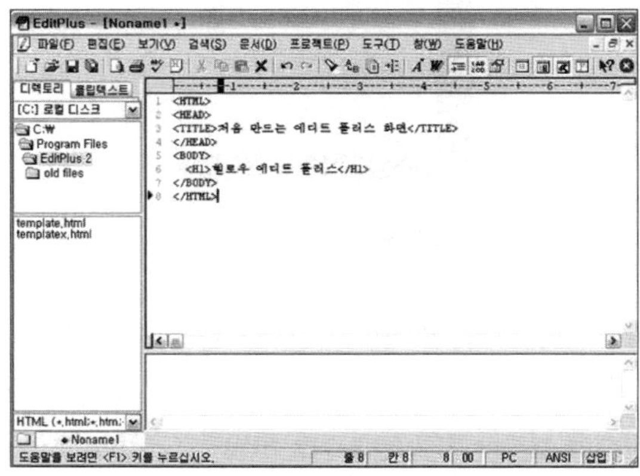

[그림 2-5] 에디터 플러스 메인 화면

에디트 플러스에서 자주 활용하는 팁들을 정리하면 다음과 같다.
Home을 누르면 첫 비공백문자로 이동하고, "파일 → 설정 및 구문강조" 에서 탭 들여쓰기를 4로 설정하면 입력이 용이하다. 원격 파일의 FTP 경로와 URL 연동하기 위해서는 FTP 설정을 하면 처음 설정한 FTP가 ftp(0)이고, 이 서버의 사용자 홈에 index.html 파일이 있으며, 그에 해당하는 실제 페이지의 url은 설정이 가능하다. "도움말 → 키보드맵" 을 선택하면, 전체 단축키가 보이고, 함수 목록보기는 "Ctrl+ F11" 를 사용한다. 구문강조 파일 등록을 위해서는 "기본설정 → 파일 → 설정 및 구문강조" 에서 해당 프로그래밍의 파일을 "**.stx" 로 하면 분석이 용이하다.
HTML 특수 문자 바꾸기는 "편집 → HTML 특수문자 바꾸기" 를 이용하고, 이는 웹 페이지를 만들 때 사용할 수 없는 금지문자에 대한 정보를 지원한다. 이외의 단순 기능으로 자주 사용하는 것은 줄복사(Ctrl+j), 단어선택(Ctrl+w), 줄선택(Ctrl+r), 줄삭제(Alt+Shift+Del) 등이 있다.

영역 블록 선택(Alt+c)은 영역별 블록을 지정할 수 있다. 물론 문서의 자동 줄바꿈 모드가 꺼져 있어야 사용할 수 있다. 중괄호 영역선택(Ctrl+})을 누르면 현재 위치가 어느 조건문에 속해 있는지 열린중괄호({)와 닫힌중괄호(})를 왔다 갔다 하며 범위를 보여준다. 여기서 "Ctrl+Shift+}" 하면 해당 중괄호의 블록이 선택된다. 찾는 단어 전체 북마크 하기는 "F8" 을 누르면 해당 단어에 전부 북마크가 설정된다.
저장하기 전 파일을 백업 받기 위해서는 "메뉴 → 도구 → 기본설정 → 파일" 에 보면 저장 시 백업파일 자동 생성이라는 체크 박스를 사용한다. 시작할 때 작업 파일을 다시 로드를 위해서는 "메뉴 → 도구 → 기본설정 → 일반" 으로 하고, 시작할 때 작업 파일을 다시 로드로 체크한다.

◘ Atom 에디터

웹 개발을 위해서는 개발 능률을 높일 수 있는 에디터로서 클라이언트 영역에 해당하는 HTML, CSS, Javascript, PHP 등을 효과적으로 프로그래밍 하는 것이 매우 중요하다. 대중적으로 가장 많이 사용하는 텍스트 에디터로 유명한 아톰(Atom)이다. 아래 링크 주소를 클릭해서 홈페이지(https://atom.io/)로 접속한 후 프로그램을 다운받는다.

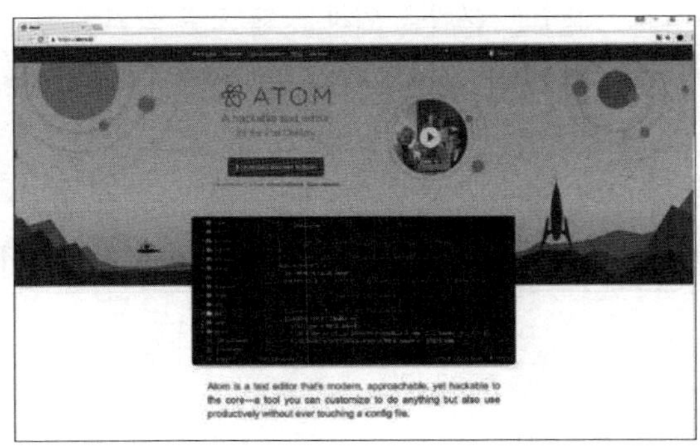

[그림 2-6] 아톰 에디터 메인화면

HTML 파일을 생성하면, 다음과 같이 코딩이 가능하고, 기본 태그가 미리 보여져서 입력할 내용이 현저히 줄어든다.

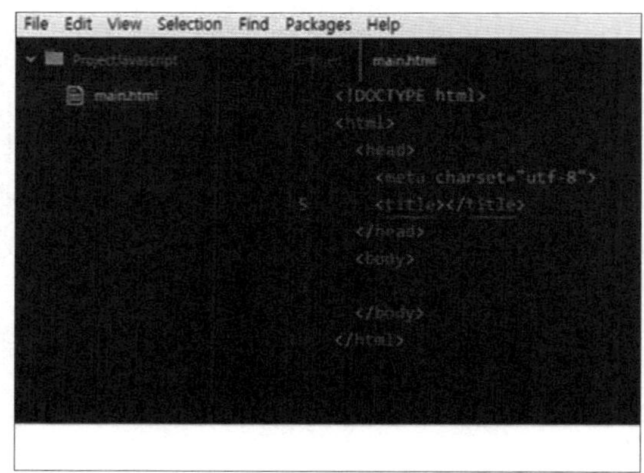

[그림 2-7] 아톰 에디터 문서작성 화면

아톰 에디터의 주요 기능을 정리하면 다음과 같다.
기본 폴더 열기는 "File → Open Folder"를 사용하고, 화면 분할 기능으로 좌우 비교하면서 작성 가능하다. 사용법은 분할을 원하는 탭 오른 클릭 "→ Split" 원하는 방향으로 설정하면 된다. 다양한 확장 기능 설치를 위해서는 "File → setting → install" 기능을 활용하고, 대표적인 확장 기능인 "Emmet"는 코드 작성을 원활하게 한다.
"Ctrl + 원하는 부분 선택" 하여 동시 수정 가능하다. 아톰에서 자주 사용하는 단축키는 "Ctrl+Alt+ 방향키"는 코드들 사이를 빠르게 넘어가는 단축키이다.

연습문제 EXERCISE

※ 다음 내용을 설명하시오.

1 파일명 work.html로 내용에 자신의 이름과 혈액형을 포함한 첫 번째 파일을 작성하시오.

2 인터넷 익스플로러와 크롬 브라우저를 비교 설명하시오.

3 윈도우에서 제공되는 대표적인 에디터들의 종류를 설명하시오

2부

Back to the Basic!

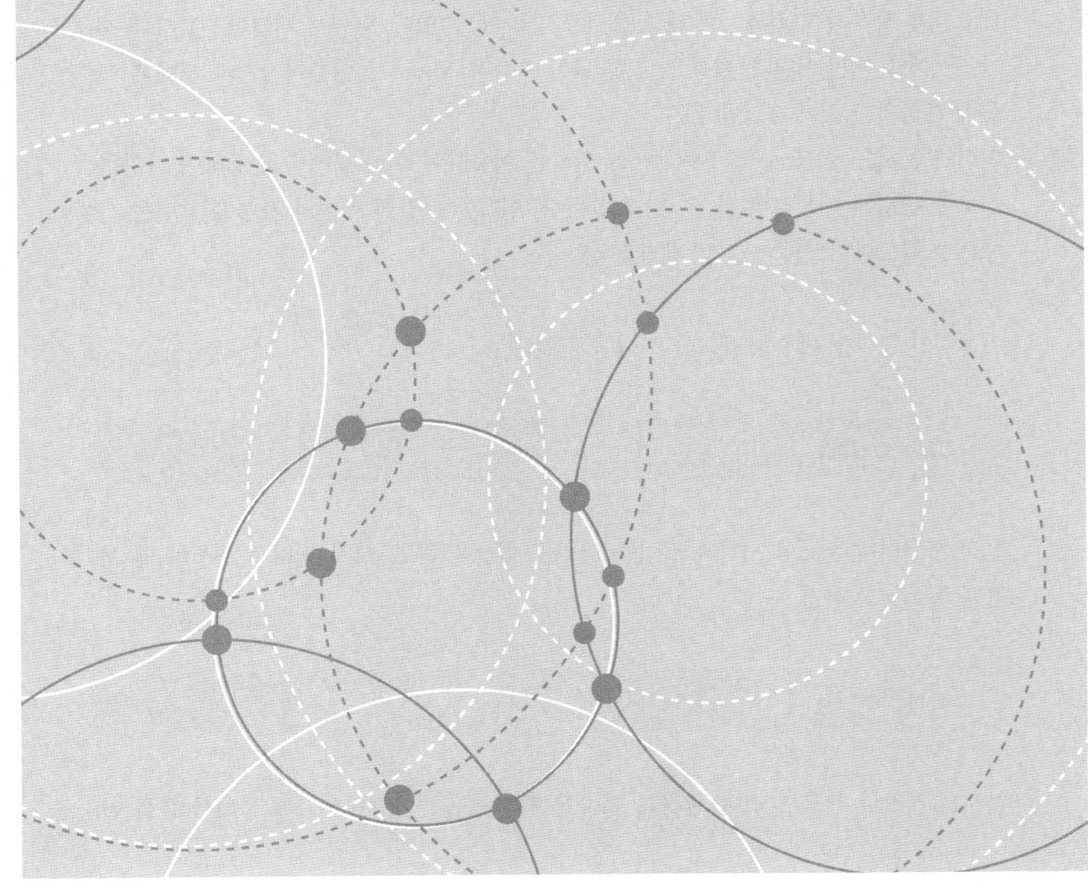

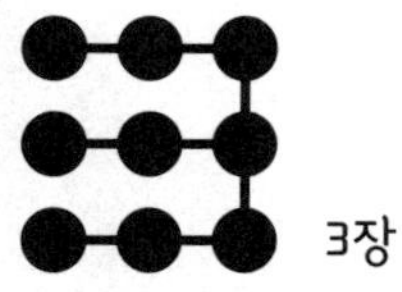

3장

HTML 사용하기

3.1 HTML이란

HTML이란 "Hyper Text Markup Language"의 약자로써 월드와이드웹 문서를 작성하는 마크업 언어이다. HTML은 여러 가지 형태의 태그(Tag)들로 구성되어 있으며, 각 태그들을 사용하여 원하는 형태의 문서를 만들어 수 있다. 여기서 태그란 HTML 문서를 구성하는 명령어인데, 예를 들면, 한글이 자음과 모음으로 이루어지는데, 자음과 모음에 해당되는 것이 태그이다.
인터넷 문서는 링크 문서(Hyper Text)의 원리를 이용하여 여러 문서를 연결하여 다양한 정보를 손쉽게 검색하여 볼 수 있게 만든다. 이러한 다양한 표현의 가능성과 쉬운 사용으로 월드와이드웹(WWW)이 대중화되었다.

기본적인 형식을 이루는 태그들은 다음과 같다.

```
<HTML> </HTML>
```

문서가 인터넷 문서의 시작과 끝임을 알리는 역할을 하고, 항상 인터넷 문서의 맨 처음과 끝에 위치한다.

```
<HEAD> </HEAD>
```

문서의 시작과 끝을 알리며, 별다른 기능을 하지는 않는다. 이 태그를 통해서 문서 전체에 영향을 줄 수 있고, 〈TITLE〉, 〈META〉, 〈SCRIPT〉, 〈STYLE〉 등의 태그를 포함할 수 있고, 문서가 실행되기 전에 브라우저 해석기가 미리 처리한다. 특히 〈META〉 태그는 문서정보 이외의 사이트 이동, 화면전환 효과 등의 다양한 기능을 지정하고, 검색엔진에 작성된 웹페이지가 검색되도록 하는 중요한 기능을 한다.

```
<TITLE>타이틀 명 기입</TITLE>
```

문서의 제목을 나타내주는 태그로서, 브라우저의 맨 위에 노출되는 문서의 제목을 지정한다.

```
<BODY>본문의 내용</BODY>
```

문서 본문의 시작과 끝임을 나타내고, 이 태그 안에는 문서 전반에 영향을 주는 여러 속성과 명령들이 들어가는 태그이다.

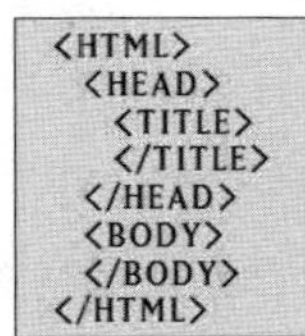

[그림 3-1] HTML 문서 구조

HTML에서 사용하는 기본 용어에는 태그, 속성, 주석 등이 있다.
속성은 태그에 추가 정보를 부여하고, 주석은 실행에 참여하지 않는 참고 명령을 의미한다. 속성을 사용하는 방법을 예를 들면 다음과 같다.

속성 블록

<h1 title="header">Hello HTML5</hl>

속성 이름 속성 값 내부 문자

<img src="image.png">

속성 이름 속성 값

주석은 코드 설명을 기록하는 데 주로 사용하며, 프로그램 실행에 영향을 미치지 않으므로 소스 코드 작성자에게 설명문으로 많이 활용된다. 사용하는 형식은 다음과 같다.

```
<!--    참고내용    -->
```

3.2 HTML 문서작성

HTML 문서 작성하기 위해서 메모장에서 태그들을 입력하고, 이를 브라우저를 통하여 실행하면 된다.
우선 HTML 문서의 기본 태그들을 메모장에 입력하고, 파일의 확장자를 "3-2.html" 로 설정하면 된다. 이 파일을 브라우저(크롬)에서 실행시키면 된다. 만약 코드를 수정하고 싶다면 브라우저에 오른쪽 마우스를 눌러 "페이지 소스 보기" 를 선택하면 메모장에서 재작성이 가능하다.

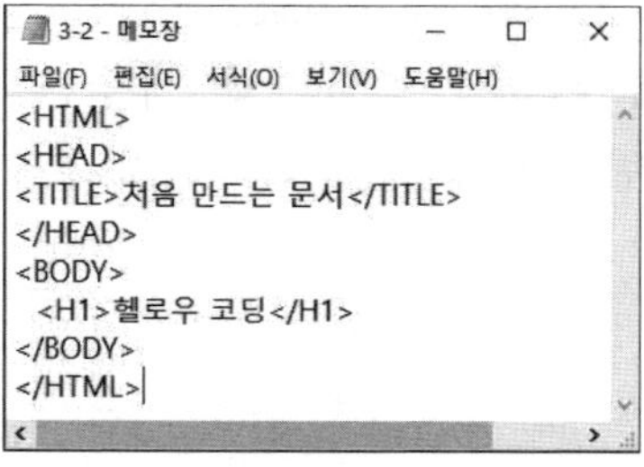

[그림 3-2] HTML 문서 작성 메모장과 브라우저 실행 화면

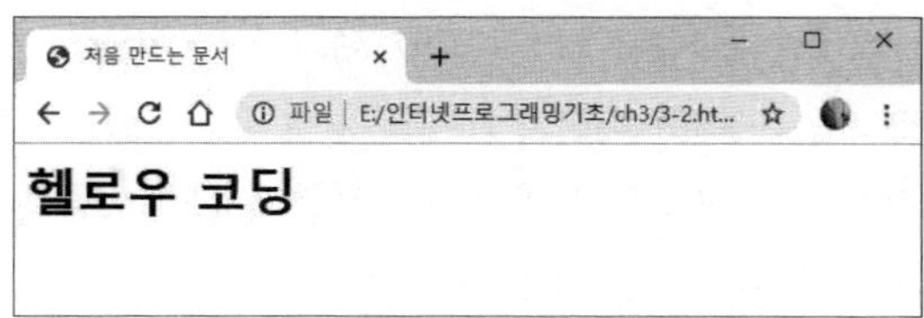

[그림 3-3] 브라우저 실행 화면

브라우저 실행 화면 상단에 "처음 만드는 문서" 라는 메시지는 메모장 소스에서 〈TITLE〉 태그 안의 내용이 출력된다. 만약 타이틀을 수정하고 싶다면, 브라우저에서 오른쪽 버튼을 누르면 "페이지 소스 보기" 가 있고, 이를 선택하여 소스를 수정하면 된다.

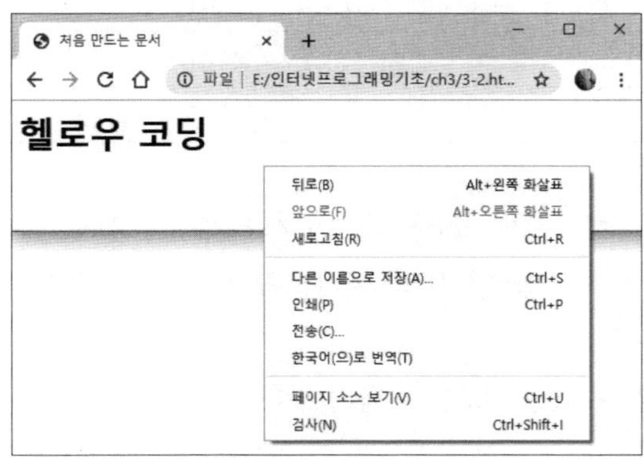

[그림 3-4] 브라우저에서 페이지 소스 보기

HTML5로 웹페이지를 만들기 위해서는 다음과 같은 페이지 구조를 가져야 한다.

```
<!DOCTYPE html>
<html>
  <head>
    <title>HTML5 Basic Page</title>
  </head>
  <body>

  </body>
</html>
```

모든 HTML5 문서는 반드시 〈!DOCTYPE html〉 태그를 문서의 첫 행에 표기해야 하는데, 이는 DOCTYPE 선언은 어떤 버전의 HTML 문서로 작성했는지 브라우저에게 알려주는 것으로 웹브라우저가 내용을 올바르게 출력하게 한다. 2행의 html 태그는 모든 HTML 페이지의 루트(기본) 요소로서 모든 HTML 태그는 html 태그의 내부에 작성하고, html 태그에는 lang 속성 입력이 가능하다.

```
<HTML lang="ko">
```

〈표 3-1〉 언어와 속성값

언어	속성값	언어	속성값
한국어	ko	영어	en
일본어	ja	러시아어	ru
중국어	zh	독일어	de

3행의 head와 body 태그에서 body 태그는 사용자에게 실제로 보이는 부분이고, head 태그는 body 태그에 스타일시트와 자바스크립트를 제공한다.

head 태그 안에 넣을 수 있는 태그는 다음과 같다.

〈표 3-2〉 head 태그 안에 넣을 수 있는 태그

태그	설명
meta	웹페이지에 추가 정보 전달
titlescript	웹페이지의 제목 지정
script	웹페이지에 스크립트 추가
link	웹페이지에 다른 파일 추가
style	웹페이지에 스타일시트 추가
base	웹페이지의 기본 경로 지정

4행 title 태그는 웹 브라우저에 표시하는 제목 지정하는 역할을 한다.

3.3 태그 사용법

HTML 문서의 명령에 해당하는 태그는 크게 3가지 형태가 있는데, 태그는 "〈 〉" 를 사용하여 표현한다.

단일태그는 〈태그〉의 형태로서 닫는 태그 없이 단독으로 사용된다. 예를 들면, 줄 바꾸기에 해당하는 〈BR〉과 같은 태그이다.

복합태그는 〈태그명〉 내용 〈/태그명〉의 형태로서 여는 태그와 닫는 태그를 가지고 있다. 대부분의 태그가 이러한 형태이고, 닫는 태그를 생략하여도 실행은 가능하다. 예를 들면, 제목글자를 표현할 때 〈H2〉 제목 〈/H2〉를 사용한다.

속성을 포함한 태그는 〈태그명 속성명= "값" 〉 내용 〈/태그명〉의 형태로서 태그에 상세한 옵션을 제공하기 위하여 사용된다. 예를 들면, 문서 본문에 빨간 배경색을 추가하고 자 할 경우에는 〈BODY bgcolor= "red" 〉처럼 사용한다. 여기서 기본 태그명과 속성명 사이에 한 칸의 여백을 주고, 여러 개의 속성을 사용하고자 할 경우도 각 속성명 앞에 한 칸의 공백으로 이어서 사용하면 된다. 속성값은 " " 를 사용하는 것이 원칙이나 HTML은 초보자가 쉽고 빠르게 문서작성을 가능하도록 생략해도 실행에는 문제가 없다.
HTML5 문서를 작성하는 과정을 살펴보자. 메모장을 열어서 다음 파일의 내용을 입력하고 저장한 다음에 크롬 브라우저에서 호출하여 실행하고, 수정하는 과정이다.

3-3.html

```
<!DOCTYPE html>
<html>
<head>
    <title>HTML5 첫문서</title> </head>
<body>
    <h1>Hello .....!</h1>
</body>
</html>
```

메모장에서 소스 코드를 입력하고 3-3.html 파일로 저장하는 과정은 다음과 같다. 파일 저장 시에는 반드시 파일의 확장자를 00.html 혹은 00.htm 형식으로 저장해야 한다.

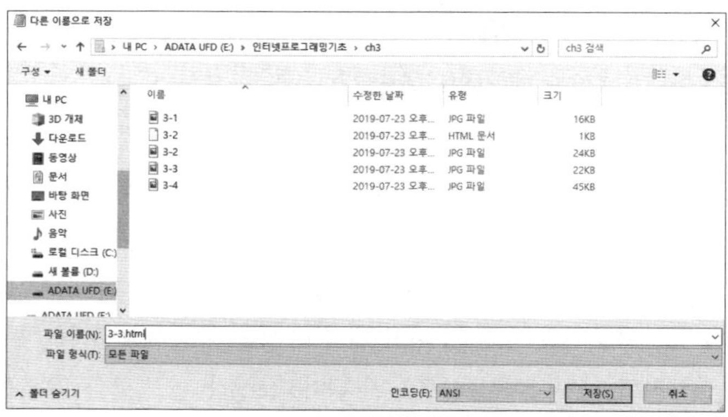

[그림 3-5] 다른 이름으로 파일저장 화면

파일이 저장된 폴더에서 이 파일을 더블클릭하면 실행된다. 다른 실행방법으로는 자신의 컴퓨터에 인터넷 익스플로러가 기본 브라우저로 설정되어있다면 크롬을 열어서 폴더의 파일을 크롬화면에 뿌리면 크롬 브라우저로 실행 결과를 확인할 수 있다.

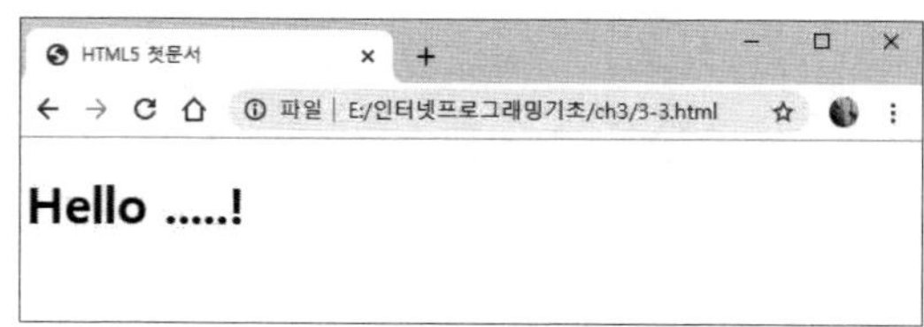

[그림 3-6] 결과 화면

연습문제 EXERCISE

※ 다음 빈칸에 알맞은 용어를 채우시오.

1 HTML은 여러 가지 형태의 (　　　　　)들로 구성되어 있으며, 이들을 사용하여 원하는 형태의 문서를 만들 수 있다.

2 (　　　　　)는 문서의 시작과 끝을 알리며, 별다른 기능을 하지는 않는다. 이 태그를 통해서 문서전체에 영향을 줄 수 있고, 〈TITLE〉, 〈META〉, 〈SCRIPT〉, 〈STYLE〉 등의 태그를 포함할 수 있고, 문서가 실행되기 전에 브라우저 해석기에 의해서 미리 처리된다.

3 (　　)은 코드 설명을 기록하는 데 주로 사용하며, 프로그램 실행에 영향을 미치지 않으므로 소스 코드 작성자에게 설명문으로 많이 활용된다.

4 HTML5 문서는 반드시 (　　　　　　　　　) 태그를 문서의 첫 행에 표기해야 한다.

※ 다음 조건을 만족하는 프로그램을 작성하시오.

5 화면과 같이 출력되는 ex1.html 파일을 작성하시오.

처리조건 : 첫 번째 내용은 제목을 출력하는 〈h1〉 태그를 사용하고 두 번째 내용은 〈h2〉 태그를 사용하세요.

4장

스타일시트 사용하기

4.1 스타일시트란

CSS(Cascading Style Sheets)는 HTML을 장식하는 언어이며, 홈페이지의 스타일을 지정한다. HTML 문서에서 태그에 적용되는 색상, 글꼴, 이미지, 콘텐츠의 배치 등 모든 스타일을 설명하는 데 사용된다. CSS가 중요한 이유는, HTML 태그만으로는 의도한대로의 홈페이지 스타일링 작성에 한계가 있기 때문이다. 스타일시트 지정형식에는 CSS와 이후에 소개될 자바스크립트 방식이 있다.

〈표 4-1〉 스타일시트 지정형식

CSS 방식	자바스크립트 방식
〈STYLE TYPE="text/css"〉 스타일 내용 〈/STYLE〉	〈STYLE TYPE="text/javascript"〉 스타일 내용 〈/STYLE〉

HTML이 복잡한 코딩이 되는 경향이 있는 경우에 CSS를 사용하면 문서 전체의 디자인의 일관성을 유지할 수 있는 장점이 있다. 이는 정보 전달은 HTML로, 페이지의 디자인은 CSS를 사용하는 것이 가능하고, 이후 문서에 기재된 정보를 변경 시에도 쉽게 내용을 수정할 수가 있다. 또한 웹 페이지의 레이아웃과 디자인을 업데이트하고 싶을 때는 CCS만 수정하면 된다.

4.2 스타일시트 종류

HTML문서에 CSS를 사용하는 방법은 3가지가 있다. 여기에 외부 스타일시트(External Style Sheet), 내부 스타일시트(Internal Style Sheet), 행 스타일시트가 있는데, 이는 HTML 태그 내에 스타일 지정(Inline Styles)하는 방법이다.

외부 스타일시트(External StyleSheet)

CSS라는 확장자를 가진 스타일시트 파일을 만들고, 이를 HTML 문서에 연결하여 사용하는 방법이다. 이 방법은 스타일시트를 독립적으로 사용하고자 할 경우에 사용하는 방법이고, 문서에서 불러올 경우 모든 웹페이지에 적용이 가능하다. 예를 들면, 독립적인 웹페이지 스타일을 지정한 "mystyle.css" 를 작성한 다음, HTML 문서의 〈HEAD〉 태그에서 다음과 같이 지정하면 된다.

```
<head>
 <link rel="stylesheet" type="text/css" href="mystyle.css">
</head>
```

이 방법의 장점은 홈페이지 전체의 스타일을 일관성 있게 유지하면서 변경 시에도 일괄적으로 변경되므로 홈페이지 제작의 효율성을 극대화 할 수 있다. 하나 외부 스타일시트 파일을 계속적으로 관리해주면서 HTML 문서를 만들어야 하므로 불편한 경우가 있다. 그리고 외부 스타일시트 파일이 지나치게 복잡해지지 않도록 CSS 파일을 관리하는 노하우가 필요하다.

내부 스타일시트(Internal StyleSheet)

HTML문서 내에서 〈head〉와 〈/head〉사이에 스타일을 정의하는 방법으로 해당 문서에만 영향을 준다.

```
<head>
 <style type="text/css">
  <!--
   선택자 {속성명:속성값;}
   ..............................
  -->
 </style>
</head>
```

HTML 문서에서 〈STYLE〉 태그를 사용하는데, 여기서 주의할 점은 브라우저에서 지원되지 않을 경우에 해당 코드가 화면에 출력되는 것을 방지하기 위하여 스타일시트 전체 내용을 주석 태그인 〈!-- ......--〉를 사용하여 주석문으로 처리한다.

: 행 스타일시트 (Inline Styles)

HTML 태그 내에서 스타일 지정하는 방법으로 적용범위가 더욱 좁아진 형태이다. 이는 스타일을 적용하고 싶은 HTML 태그 안에서 정의하는 방법이다.

```
<태그 style="속성명:속성값;">  내용...........  </p>
```

내용과 스타일의 분리하고, 이로 인한 스타일 일괄 변경의 효율성은 없다. 하나 직관적으로 사용이 가능하다는 장점이 있어서 코딩 방법을 학습하기에 유리하다.

4.3 스타일시트 사용법

CSS의 사용을 위하여 간단한 소스 코드를 작성해 보자. 우선 메모장을 이용하여 아래 4개의 파일을 동일한 폴더에 저장한다.

4-1.html

```
<HTML><HEAD><TITLE> 내부 스타일시트</TITLE>
   <STYLE>
   <!--
         BODY {
                  background-color : yellow;
                 }
    -->
   </STYLE> </HEAD><BODY>
      <H3>  내부 스타일시트 - 배경색이 노란색 </H3>
    </BODY></HTML>
```

4-1.html 파일은 내부 스타일시트 지정하는 방법으로서 소스 코드 중에서 〈H3〉 태그는 제목글자로 출력해주는 태그이고, background-color 는 배경색을 의미하는 속성명이고, yellow 는 노란색 배경 속성값을 의미한다.

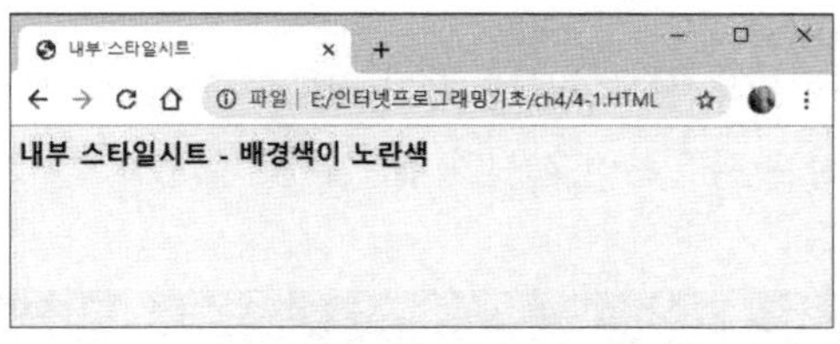

[그림 4-1] 내부 스타일시트 실행 화면

외부 스타일시트 지정을 위해서는 별도의 스타일 파일을 작성해야 하는데, 여기서는 sheet.css 파일에 배경이 노란색이라는 스타일만을 분리하여 작성한다.

```
sheet.css

body {background : yellow}
```

스타일 파일을 외부에서 호출하기 위해서 4-2.html에서 〈link ~〉 태그를 사용하여 두 개의 파일을 연결한다.

```
4-2.html

<HTML><HEAD><TITLE> 외부 스타일시트</TITLE>
   <link rel="stylesheet" type="text/css" href="sheet.css"></HEAD><BODY>
       <H3>  외부 스타일시트 - 배경색이 노란색 </H3>
    </BODY></HTML>
```

실행하면 다음과 같다.

[그림 4-2] 웹외부스타일시트 실행 화면

행 스타일시트 지정을 위해서는 다음과 같이 〈BODY〉 태그 안에서 배경색이 노란색이라는 속성명과 속성을 사용하여 작성한다.

```
4-3.html

<HTML><HEAD><TITLE> 행 스타일시트</TITLE></HEAD>
  <BODY style="background: yellow;">
      <H3>  행 스타일시트 - 배경색이 노란색 </H3>
  </BODY></HTML>
```

실행 화면은 다음과 같다.

[그림 4-3] 행스타일시트 실행 화면

4.4 스타일시트 정의 방법

기본 사용형식

스타일을 정의하기 위한 기본 요소는 속성과 속성값으로 구성되고, 스타일을 적용할 대상을 선택자(Selector)라고 하며, 다음과 같은 형식으로 사용된다.

```
셀렉터1, ............. {속성1:속성값1; 속성2:속성값2;.......}
```

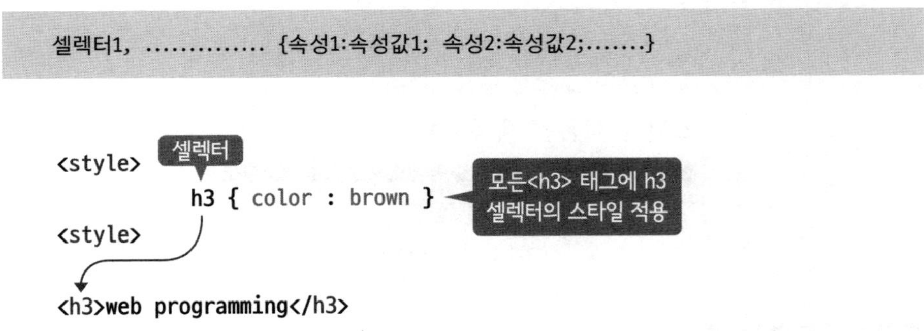

예를 들면, 웹페이지에서 P 태그가 나오는 경우 글자색을 파란색으로 표현하고 싶다면 다음과 같이 소스 코드를 작성한다. 여기서 글자색에 해당하는 속성명과 속성값은 color:blue 이다.

```
p {color:blue}
```

더 나아가서 P 태그가 나오면 배경색은 파란, 글자색은 빨강으로 정의한다면 다음과 같다.

```
p {color:blue; background:red}
```

여기서 속성과 속성을 구분할 경우에는 ";" 기호를 사용한다.

```
4-4.html
<HTML><HEAD><TITLE> 스타일시트 기본 사용법</TITLE>
   <STYLE type="text/css">
   <!--
        p {color:blue; background:red}
        h1{background:yellow}
     --></STYLE></HEAD> <BODY>
     <H1>스타일 적용된 제목 H1 </H1>
     <P>첫 번째 스타일시트 문단입니다 ...글자색은 파란색 배경색은 빨간색입니다.</P>
 </BODY></HTML>
```

실행 화면은 다음과 같다.

[그림 4-4] 결과 화면

태그 중첩이용 정의

내부 스타일시트 방법을 사용하는 경우에는 정의 부분 태그의 순서를 정의하여 다음과 같이 사용할 수 있다.

4-5.html

```
<HTML><HEAD><TITLE> 태그 중첩이용-스타일시트</TITLE>
   <STYLE>
   <!--
         p a{font-family:궁서;color:red;}
    --></STYLE> </HEAD>
    <BODY><center>
       <p><a href=http://www.naver.com>네이버검색</a></p>
    </BODY>
</HTML>
```

소스 코드에서 3행에서 5행이 스타일 지정 방법인데, 내용 중에 p 태그와 a 태그가 오면 글자체는 궁서체, 글자색은 빨간색으로 지정하라는 내용의 스타일시트를 정의하였고, 이는 〈BODY〉 안에서 적용되어 "네이버검색" 부분에 적용된다. 여기서 〈a~〉 태그는 링크를 설정하는 태그이다.

실행 화면은 다음과 같다.

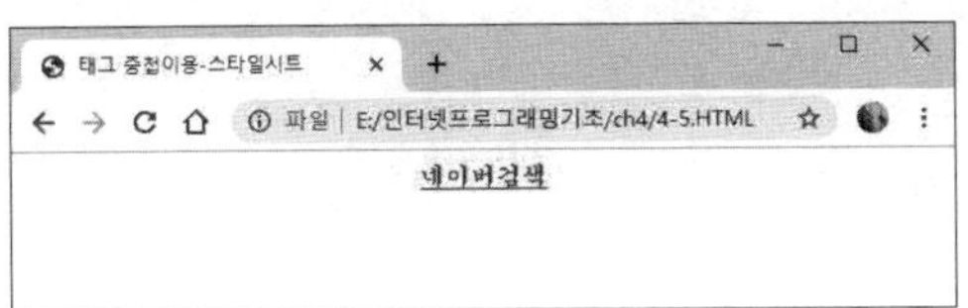

[그림 4-5] 결과 화면

CLASS 이용 정의

태그 간의 우선 순위를 정하여 본문 태그를 작성하는 것은 매우 번거로운 일이며, 어떤 경우에는 동일한 태그에 다른 스타일을 적용해야 하는 경우도 발생한다. 이 경우에는 CLASS 속성을 이용한다.

```
셀렉터.클래스명 {속성:속성값}                    //정의 부분
<태그명 CLASS="클래스명"> ................내용 ....</태그명>    // 이용 부분
```

정의 부분에서 점(.)으로 시작하는 이름의 셀렉터는 이용부분에서 반드시 CLASS를 사용하여 호출한다.

4-6.html

```
<HTML><HEAD><TITLE> 클래스 이용-스타일시트</TITLE>
 <STYLE type="text/css">
   <!--
        p.content1 {font-family:궁서;color:red;}
        .content2 {font-family:굴림;background:yellow;}
    --></STYLE> </HEAD>
  <BODY><center>
   <p CLASS="content1">동해물과 백두산이 마르고 닳도록 ...</p>
   <h3 CLASS="content2">가을하늘 공활한데 높고 구름 없이 ...</h3>
</BODY></HTML>
```

정의 부분에서 P태그에 content1이라는 이름의 클래스명을 정의하고, 궁서체와 빨간색(red)의 스타일을 지정하고, 이는 본문 중 "동해물과 백두산이 마르고 닳도록..." 부분에 적용된다. 두 번째 스타일 content2는 굴림체와 노란색(yellow) 배경을 가진 스타일로서 내용 중에서 "가을하늘 공활한데 높고 구름 없이..." 부분에서 활용된다.

실행 화면은 다음과 같다.

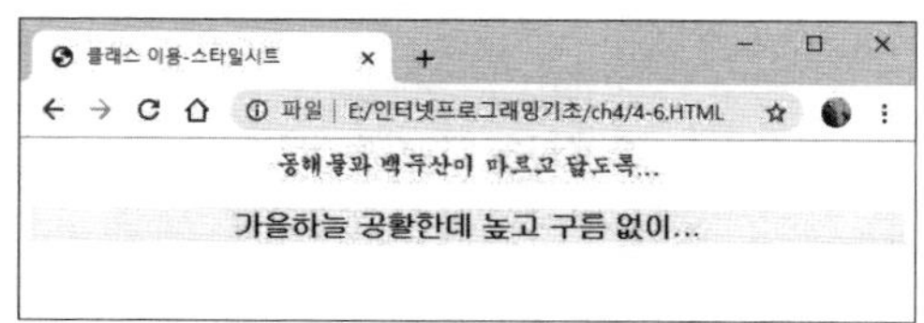

[그림 4-6] 결과 화면

ID 이용 정의

CLASS 속성을 이용하는 경우와 비슷하게 동일 태그에 다양한 스타일을 적용하는 방법으로 독립된 ID 속성을 이용한다.

```
#ID {속성:속성값}                                    //정의 부분
 <태그명 ID="ID명"> ................내용 ....</태그명>    // 이용 부분
```

정의 부분에서 샵(#)으로 시작하는 이름의 셀렉터는 이용부분에서 반드시 ID를 사용하여 호출한다.

4-7.html

```
<HTML><HEAD><TITLE> ID 이용-스타일시트</TITLE>
   <STYLE type="text/css">
   <!--
        #con1 {font-family:궁서;color:red;}
        #con2 {font-family:굴림;background:green;}

    --></STYLE> </HEAD>
  <BODY><center>
   <p ID="con1">동해물과 백두산이 마르고 닳도록 ...</p>
   <h3 ID="con2">가을하늘 공활한데 높고 구름 없이 ...</h3>
 </BODY></HTML>
```

정의 부분에서 두 개의 ID인 cont1과 cont2를 정의하고, cont1은 궁서체와 빨간(red) 글자색 스타일을 지정하고, cont2는 굴림체와 초록(green)배경 스타일을 지정한다. 이는 각각 본문 중 “동해물과 백두산이 마르고 닳도록...” 과 굴림체와 초록색 배경을 가진 스타일은 “가을하늘 공활한데 높고 구름 없이...” 부분에서 활용된다.

실행 화면은 다음과 같다.

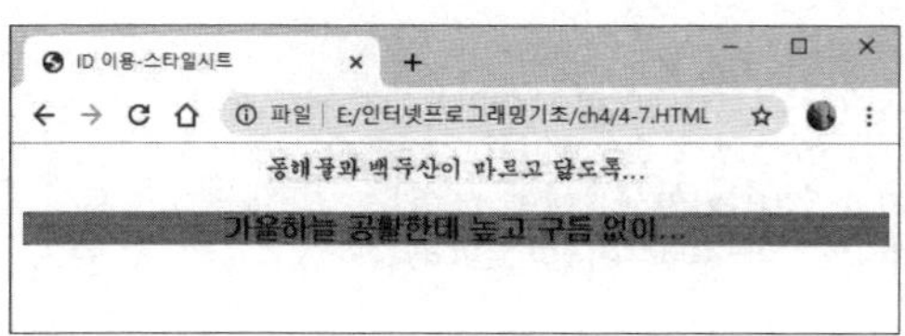

[그림 4-7] 결과 화면

: 스타일시트에서 사용되는 단위

스타일시트의 다양성은 사용할 수 있는 속성의 종류와 속성값을 어떻게 지정하느냐의 여부에 달려 있다. 여기서 속성값을 지정하는 데 사용하는 단위를 정리하면 다음과 같다.

〈표 4-2〉 스타일시트 사용 단위

단위	설명
in	인치
px	픽셀
cm	센티미터
mm	밀리미터
pt	포인트
em	글꼴의 높이
ex	소문자 끌꼴의 높이
%	크기에 대한 비율

기본 태그에 스타일을 적용하고, p태그에서만 사용할 수 있는 content1을 정의 하고, 어디에서든지 사용할 수 있는 클래스 con2를 정의하는 응용 프로그램을 작성해보자.

4-8.html

```
<HTML><HEAD><TITLE> 스타일시트 정의 종합</TITLE>
<STYLE type="text/css">
<!--
    body{font-size:12pt;line-height:20pt}
    p a{font-family:궁서;text-decoration:none;}
    p.content1 {font-family:돋움;color:red;}
    #con2 {font-weight:600;background:gray;}
--></STYLE></HEAD>
<BODY><center>
   <p><a href=http://www.naver>중첩 태그 정의입니다.</a></p>
   <p CLASS="content1">CLASS정의로서 content1의 영향을 받고 있어요.</p>
   <h3 ID="con2">ID정의로서 con2의 영향을 받고 있습니다.</h3>
</BODY></HTML>
```

4행에서 BODY 태그 전체에 대하여 글자 크기와 줄 간격을 정의하고, 5행에서 중첩스타일로서 링크 표시인 행을 없애도록 한다. 6행은 클래스 정의 형태로 글자체와 글자색을 정의하고, 7행은 ID 속성으로 글자의 굵기와 바탕색을 정의한다. 각 속성에 대한 상세한 설명은 이후에 주제별로 살펴본다.

실행 화면은 다음과 같다.

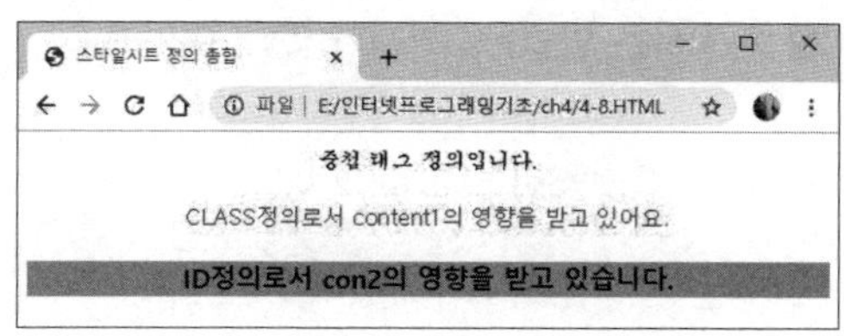

[그림 4-8] 웹브라우저의 종류

연습문제 EXERCISE

※ 다음 빈칸에 알맞은 용어를 채우시오.

1 (   )는 HTML을 장식하는 언어이며, 홈페이지의 스타일을 지정한다.

2 HTML문서에 CSS를 사용하는 방법은 3가지가 있다. 여기에 (   ), (   ), (   )인데, 이는 HTML 태그 내에 스타일 지정(Inline Styles)하는 방법이다.

3 (   )은 코드 설명을 기록하는 데 주로 사용하며, 프로그램 실행에 영향을 미치지 않으므로 소스 코드 작성자에게 설명문으로 많이 활용된다.

4 HTML 문서에서 〈STYLE〉 태그를 사용하는데, 여기서 주의할 점은 해당 코드가 화면에 출력되는 것을 방지하기 위하여 스타일시트 전체 내용을 주석 태그인 <!-- ……-->를 사용하여 (   )으로 처리한다.

5 태그 간의 우선 순위를 정하여 본문 태그를 작성하는 것은 매우 번거로운 일이며, 어떤 경우에는 동일한 태그에 다른 스타일을 적용해야 하는 경우도 발생한다. 이 경우에는 (   ) 속성을 이용한다.

6 CLASS 속성을 이용하는 경우와 비슷하게 동일 태그에 다양한 스타일을 적용하는 방법으로 독립된 (   )을 이용한다.

※ 다음 조건에 해당하는 소스 코드를 작성하시오.

7 P 태그가 나오면 배경색은 파란, 글자색은 빨강으로 정의하는 코드를 작성하시오.

8 정의 부분에서 두 개의 ID인 cont1과 cont2를 정의하고, cont1은 궁서체와 빨간 글자색 스타일을 지정하고, cont2는 굴림체와 초록색 배경 스타일을 지정하는 코드를 작성하시오.

9 다음 화면과 같은 출력을 내부 스타일시트 작성 방법으로 지정하는 프로그램을 작성하시오.
(파일명 : ex1.htm)

연습문제 EXERCISE

10 다음 화면과 같은 출력을 내부 스타일시트로 작성하는 프로그램을 작성하시오.
(파일명 : ex2.htm)
조건 : 글자색은 노란색, 배경색은 파란색

11 다음 화면과 같은 출력을 외부 스타일시트를 사용하는 프로그램을 작성 방법으로 작성하시오.
(파일명 : ex3.htm, 스타일시트명 : style1.css)
조건 : 글자색은 하얀색, 배경색은 파란색

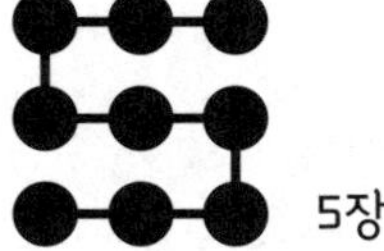

5장

자바스크립트 사용하기

5.1 자바스크립트란

자바스크립트는 제대로 된 코딩 언어인데, 이는 반복문, 변수, 조건문 같은 프로그래밍 명령문을 사용할 수 있기 때문이다. 특정 텍스트를 클릭하면 사라지게 하는 것부터 문서를 위한 오피스 프로그램 같은 완전한 응용프로그램을 생성하는 것까지 활용할 수 있다. 이는 웹페이지 자체를 새로 띄우지 않으면서 쌍방향 기능을 제공한다.

자바스크립트는 1995년 5월에 초창기 브라우저 중 하나였던 넷스케이프에서 일하던 브렌던 아이크(Brendan Eich)가 10일 만에 개발하였다. 처음에는 모카(Mocha), 이후에는 라이브스크립트(Livescript)로 불렸다. 자바스크립트라는 명칭은 다른 프로그래밍 언어인 자바와는 이름이 비슷 하지만 둘 사이에 커다란 관련은 없다. 넷스케이프는 자바 언어의 소유권을 가진 선(Sun)사로 부터 자바스크립트라는 이름을 사용할 수 있다는 허락을 받았다. 하지만 이는 자바가 그 당시 인기가 많은 언어라는 마케팅 전략의 일환이었다.

자바스크립트는 많은 개발 과정을 거쳐서 버전을 업그레이드 했고, 최신의 표준 버전은 모든 브라우저에서 실행되고, 데스크톱과 모바일 플랫폼 모두에서 사용할 수 있다.

자바스크립트의 주요 특징 중 하나는 서버 전용 언어가 아니라, 사용자의 컴퓨터에서 실행되는 클라이언트 측의 언어다. 이로 인해서 복잡한 이메일을 보내거나 소셜 네트워크에 로그인하는 등의 서버 요청을 위해서는 파이썬 같은 서버용 언어를 함께 사용해야 한다.

자바스크립트를 배워야 하는 이유는 완전한 프로그래밍 언어이기 때문이다. 그리고, 단지 정적인 웹페이지와 레이아웃을 만드는 것이 아니라 동적인 기능을 제공하는 완전한 응용프로그램과 웹사이트를 개발할 수 있다. 또한 다른 많은 언어들과 유사해서

일단 자바스크립트를 배우면 다른 언어들을 훨씬 빠르게 습득할 수 있다.

자바스크립트는 모든 브라우저에서 작동하기 때문에 다른 별도의 소프트웨어를 다운로드할 필요가 없다. 그리고 CSS와 마찬가지로 클래스와 아이디를 사용하여, 초보자가 시작하기에 간단한 언어다.

이외에도 자바스크립트는 웹 브라우저 종류가 적었던 웹 초기 시절부터 사용한 언어여서 대부분의 웹 브라우저에서 작동한다. 즉, 자바스크립트로 작성한 코드는 웹 브라우저만 있으면 어디에서나 실행할 수 있다. 다시 말해 자바스크립트로 작성한 코드를 실행하기 위해 별도의 프로그램을 설치하지 않아도 된다. 또한 자바스크립트는 클라이언트에서만 사용하지 않고, 프런트엔드와 백 엔드를 모두 제어할 수 있고, 자바스크립트만으로 애플리케이션도 만들 수 있다. 그뿐 아니라, 아두이노, 드론과 같은 사물인터넷(IoT: Internet of Things) 환경에서 실행되는 프로그램을 만들 수도 있다.

마지막으로 다양한 자바스크립트 공개 API를 사용할 수 있는데, API는 어떤 정보(데이터)를 다른 사람이 손쉽게 가져갈 수 있도록 미리 준비한 체계를 의미한다. 예를 들어 기상청에서 만든 API를 이용하면 기상청의 날씨 정보를 손쉽게 얻을 수 있다. 만약 자바로 만든 API가 있으면 자바 개발자가 날씨 정보를 얻을 수 있고, 자바스크립트로 만든 API가 있으면 자바스크립트 개발자가 날씨 정보를 얻을 수 있다. 최근, 페이스북, 유튜브, 네이버, 관공서 등에서 다양한 자바스크립트 API를 공개하고 있는데, 자바스크립트만으로도 다양한 정보를 활용하여 유용한 웹 프로그램 작성이 가능하다.

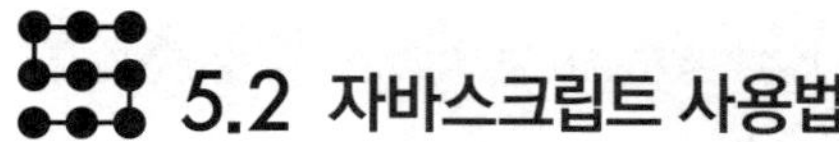

5.2 자바스크립트 사용법

자바스크립트 기본구조

자바스크립트는 HTML 문서의 〈HEAD〉 태그 내에서 선언하고 〈BODY〉 태그 내에서 실행하는 것이 기본적인 형태이고, 자바스크립트 코드는 〈SCRIPT〉...............〈/SCRIPT〉 태그 내에서 구성한다.
예를 들면 다음과 같은 형식을 가진다.

```
<HTML>
      <HEAD>
           <TITLE>자바스크립트 테스트 </TITLE>
           <SCRIPT LANGUAGE="JavaScript">
                document.write("헬로우 자바스크립트 월드 !")
             </SCRIPT>
      </HEAD>
      <BODY>
      </BODY>
</HTML>
```

자바스크립트 코딩 내용이 〈SCRIPT LANGUAGE= “JavaScript” 〉.........
〈/SCRIPT〉 사이에 들어 있고, 전체 스크립트 코드는 〈HEAD〉 태그 안에 들어간다. 여기서 스크립트 소스 코드의 내용은 document.write(“헬로우 자바스크립트 월드 !”)인데, 이는 자바스크립트 명령 중에 document.write는 괄호 안의 내용을 출력하라고 지시하는 명령어이다. 대부분의 자바스크립트 코드가 이해하기 쉽게 구성되어 있고, 약간의 지식만 있다면 직접 내용을 작성하는 것은 어렵다 하더라도 이미 작성된 코드를 읽고 수정하여 다른 방식으로 응용하는 것은 매우 용이하다.
소스 코드에 HTML의 주석문에 해당하는 〈!-- .... --〉로 자바스크립트 코드를 감싸서 혹시 자바스크립트가 지원되지 않는 경우에는 화면에 소스 코드가 출력하는 것을 방지한다. 주석문은 실행에서 고려되지 않는 참고명령인데, 자바스크립트 소스 코드 안에서 사용하는 주석문은 여러 행인 경우는 “/* .... */” 를 사용하고, 한 줄인 경우는 “//” 를 사용한다. 이들을 추가한 소스 코드는 다음과 같다.

5-1.html

```
<HTML>
      <HEAD>
           <TITLE>자바스크립트 테스트 </TITLE>
           <SCRIPT LANGUAGE="JavaScript">
            <!--
                 /* 화면에 출력하기위한 문장 */
                 document.write("헬로우 자바스크립트 월드 !")
                 // 자바스크립트 마지막 부분-->
            </SCRIPT>
      </HEAD>
      <BODY>
      </BODY>
</HTML>
```

실행 화면은 다음과 같다.

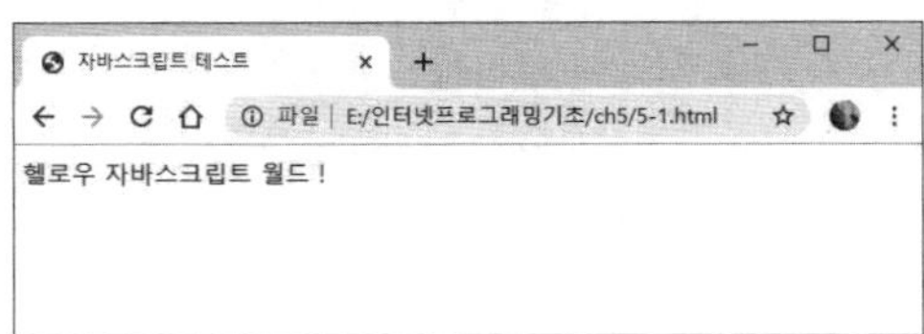

[그림 5-1] 결과 화면

자바스크립트 선언과 실행

자바스크립트 코드를 선언하고 실행하는 방법에는 내장형, 행 입력형, 링크형으로 분류할 수 있다.

내장형

〈HTML〉 문서에서 자바스크립트 소스를 직접 입력하는 방법으로 〈HEAD〉 태그나 〈BODY〉 태그에 입력하여 사용한다.

```
<HTML>
    <HEAD>
        <TITLE>자바스크립트 테스트 </TITLE>
        <SCRIPT LANGUAGE="JavaScript">
          스크립트 내용
         </SCRIPT>
    </HEAD>
    <BODY>
         <SCRIPT LANGUAGE="JavaScript">
           스크립트 내용
         </SCRIPT>
    </BODY>
</HTML>
```

자바스크립트 내장 함수인 경고창을 출력하는 alert() 함수를 이용하여 예제를 작성해 보자.

5-2.htm

```
<HTML><HEAD><TITLE>자바스크립트 </TITLE>
       <SCRIPT  LANGUAGE="JavaScript">
            alert("여기는 head 태그 안입니다.")
       </SCRIPT>
      </HEAD>
      <BODY>
       <SCRIPT  LANGUAGE="JavaScript">
             alert("여기는 body 태그 안입니다.")
       </SCRIPT></BODY></HTML>
```

소스 코드의 내용은 경고창을 두 번 출력하는 것인데, 먼저 출력되는 것은 〈HEAD〉 태그의 내용이고, 결과 화면은 다음과 같다.

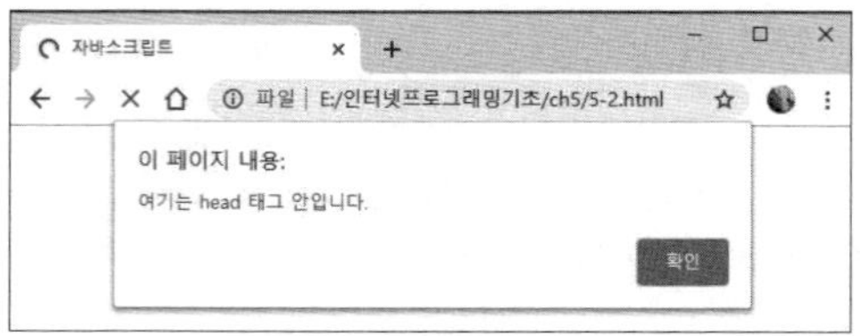

[그림 5-2]

확인 버튼을 누르면 다음 경고창이 출력된다.

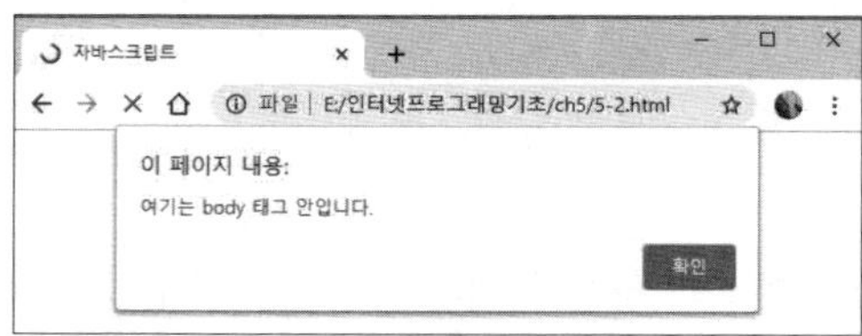

[그림 5-3]

○ 행 입력형

가장 간단한 형태의 자바스크립트 사용의 형태로서 HTML 문서 태그 내에 이벤트 핸들러와 함께 지정하여 실행하는 방법이고, 형식은 다음과 같다.

```
<HTML>
  <HEAD><TITLE>자바스크립트 </TITLE></HEAD>
    <BODY>
     <태그 이벤트핸들러="자바스크립트소스">
    </BODY></HTML>
```

링크를 클릭하면 경고창이 나타나는 소스를 작성해 보자.

5-3.htm

```
<HTML>
  <HEAD><TITLE>자바스크립트 </TITLE>  </HEAD>
  <BODY>
  <a href="JavaScript:alert('행입력형입니다.')">눌러주세요 </a>
 </BODY></HTML>
```

결과는 다음과 같다.

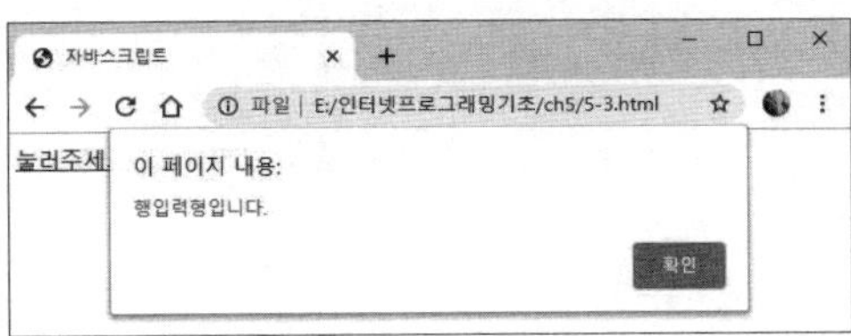

[그림 5-4]

○ 함수형

일정하게 반복되는 명령문의 집합인 함수로 자바스크립트 소스 코드를 선언하고, 이를 호출하여 사용하는 형태이다.

```
<HTML>
    <HEAD>
        <TITLE>자바스크립트 테스트 </TITLE>
        <SCRIPT LANGUAGE="JavaScript">
          function 함수명() {
          자바스크립트 내용
          }
        </SCRIPT>
    </HEAD>
    <BODY>
        <SCRIPT LANGUAGE="JavaScript">
          함수명()
        </SCRIPT>
    </BODY>
</HTML>
```

함수명을 임의로 설정하고, 프로그래밍하고 싶은 명령을 중괄호로 묶어서 지정하고, 필요시 〈BODY〉 태그 내에서 호출하여 사용하면 된다.

5-4.htm

```
<HTML><HEAD><TITLE>자바스크립트 </TITLE>
<SCRIPT  LANGUAGE="JavaScript">
       function fu( ) {
       alert("함수형입니다")
       }
   </SCRIPT> </HEAD>
<BODY><SCRIPT  LANGUAGE="JavaScript">
       fu()
</SCRIPT></BODY></HTML>
```

결과는 다음과 같다.

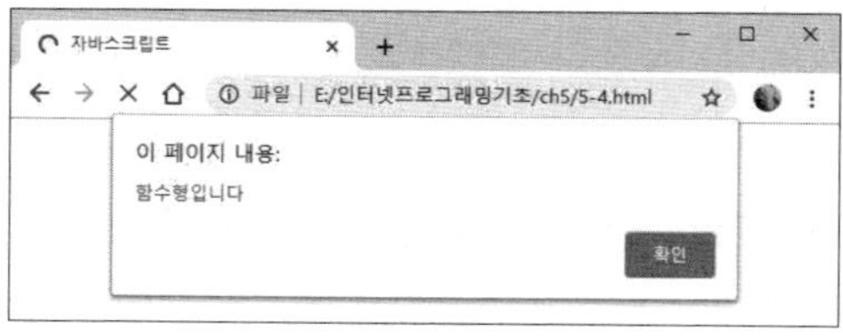

[그림 5-5]

문서가 실행될 때 함수 fu()를 호출하여 바로 경고창이 나타난다.

○ 링크형

스크립트 파일을 별도의 다른 파일로 저장하는 방법으로 파일의 확장자를 00.js로 지정하여 사용한다. HTML 파일에서 필요한 위치에 다음과 같이 명령어를 사용하면 실행된다. 이때 저장된 JS 파일에는 스크립트를 제외한 소스내용을 저장하게 된다.

```
<SCRIPT  LANGUAGE="JavaScript" SRC="oo.js"></SCRIPT>
```

자바스크립트 사용 시 주의사항은 다음과 같다.

한 줄에 한 개 이상의 항과 기호로 구성된다. 새로운 줄은 새로운 문장으로 시작한다. 한 문장 내에서 새 문장을 시작하려면 세미콜론(;)을 사용한다.

```
name="강강이";
 i=10;j=20;
```

동일한 실행문 그룹은 중괄호({ })로 둘러싼다.

```
function name() {
     i=i+1;
     j=j^2;
 }
```

명령문이 길어서 한 줄에 사용하지 못하고, 다음 행에 계속될 때에는 "_" 를 이용하여 연결되었음을 표시한다.

```
document.write_
("헬로우 자바스크립트")
```

따옴표가 중복되는 경우는 외부에는 큰따옴표를 사용하고, 내부에는 작은따옴표를 이용한다.

```
<body onload="setTimeout('헬로우'), 1000)">
```

5.3 자바스크립트 기초 문법

자바스크립트 용어

자바스크립트로 작성하는 소스 코드는 표현식과 문장으로 이루어진다. 표현식이란 숫자, 수식, 문자 등을 의미한다.

문장은 자바스크립트로 작성된 한 행을 의미하는데, 반드시 마지막을 나타내는 세미콜론(;)을 찍어서 종결해야한다.

자바스크립트 명령어를 키워드라고 하며, 이들은 사용자가 해당 기능을 이해하고 사용해야한다.

〈표 5-1〉 자바스크립트 키워드

abstract	enum	int	short
Boolean	export	interface	static
byte	extends	long	super
char	final	native	synchronized
class	float	package	throws
const	goto	private	transient
debugger	implements	protected	volatile
double	import	public	
break	else	instanceof	true
case	false	new	try
catch	finally	rull	typeof
continue	for	retum	var
default	function	switch	void
delete	if	this	while
do	in	throw	with

식별자는 자바스크립트에서 사용자가 지정하는 것으로 자바스크립트의 키워드와 다르게 생성하여 사용한다. 변수란 프로그램에서 특정 값을 저장할 수 있는 저장장소를 의미하고, 자바스크립트에서 식별자는 선언 없이 사용한다. 즉, 자바처럼 미리 정의하지 않아도 된다. 하나 식별자가 되기 위해서는 반드시 영문으로 시작해야한다. 그리고 변수가 함수명일 경우는 반드시 대문자로 시작하고, 변수, 인스턴스, 함수, 메소드의 이름은 항상 소문자 시작한다. 여러단어로 된 변수의 경우는 각 단어의 첫글자를 대문자로 한다. 만약 식별자 중간에 특수문자를 사용하려면 "_" 과 "$" 만 허용된다.

alpha alpha10 - alpha $alpha AlPha ALPHA	○	bleak 273alpha has space	×

[그림 5-6] 식별자 생성 사례

식별자의 종류는 단독으로 사용하느냐 다른 식별자와 함께 사용하느냐에 따라 다르다.

〈표 5-2〉 식별자의 종류

구분	단독으로 사용	다른 식별자와 함께 사용
식별자 뒤에 괄호 없음	변수	속성
식별자 뒤에 괄호 있음	함수	메소드

: 자바스크립트 출력

자바스크립트로 작성한 프로그램을 출력하는 방법에는 함수를 이용하는 방법과 명령문을 사용하는 방법이 있다.

함수를 사용하는 경우는 브라우저에 경고창을 출력하는 alert() 함수를 사용한다.

5-4-1.html

```
<!DOCTYPE html>
<html>
<head>
    <title>JavaScript Basic</title>
    <script>
        alert('Hello JavaScript .. !');
    </script>
</head>
<body> </body></html>
```

결과는 alert() 함수 괄호 안의 내용을 경고창에 출력한다.

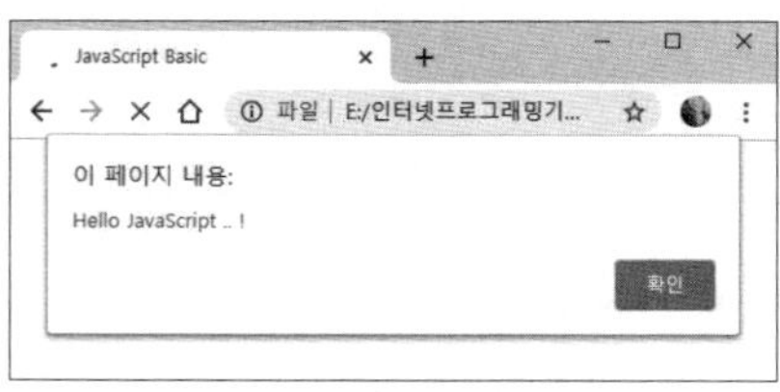

〈그림 5-7〉

결과는 alert() 함수 괄호 안의 내용을 경고창에 출력한다.

```
document.write()
```

예를 들면,

```
document.write("<h3>Welcome!</h3>");
document.writeln()
```

writeln()은 텍스트에 '\n'을 덧붙여 출력하고, '\n'을 덧붙이는 것은 고작해야 빈칸 하나 출력하는데, 다음 줄로 넘어가는 것은 아니다.

5-4-2.htm

```
<!DOCTYPE html>
<html>
<head><title>document.write() 활용</title>
</head>
<body>
<h3>document.write() 활용</h3>
<hr>
<script>
	document.write("<h3>Welcome!</h3>");
	document.write("2 + 5 는 <br>");
	document.write("<mark>7 입니다.</mark>");
</script>
</body>
</html>
```

결과는 다음과 같다.

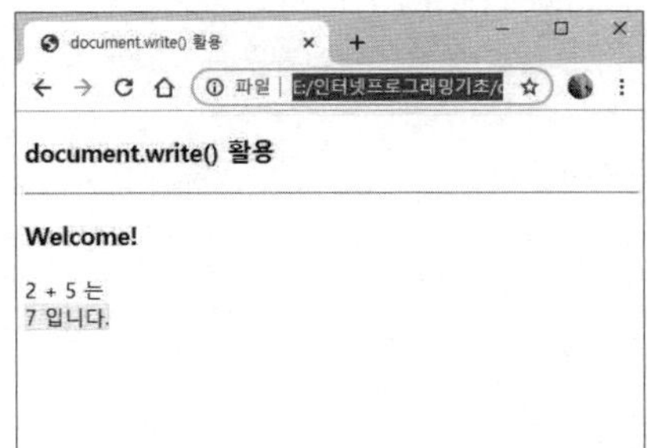

[그림 5-8]

: 변수

변수란 프로그램에서 미리 선언하여 사용한다.

var 변수명

var kim // 변수 선언 변수명은 kim

var i, j, k // 동시에 여러 개의 변수 선언

var i=1 // 변수 선언과 동시에 기본값 할당

변수의 종류에는 전역변수와 지역변수가 있는데, 전역변수는 스크립트 내의 어디서나 사용가능한 변수로서 함수문 외부에서 사용한 모든 변수와 함수문 내부에서 var로 선언되지 않은 모든 변수를 의미한다. 반면에 지역변수는 해당 함수 내에서만 사용 가능한 변수로서 변수 앞에 var를 붙인 변수를 의미한다. 이는 해당 블록에서만 의미를 가진다.

5-5.htm

```
<HTML> <HEAD><TITLE>지역변수와 전역변수</TITLE>
  <SCRIPT LANGUAGE="JavaScript">
    <!--
      /* i를 지역변수로 이용하기위해서 100을 대입 */
      i=100;
      function namming() {
        var i=200;
        j="강강이";
        document.write(i + j +"<br>") ;
      }
      // 자바스크립트 끝 -->
    </SCRIPT></HEAD>
<BODY>
  <SCRIPT LANGUAGE="JavaScript">
    <!--
      /* name 함수를 호출 */
      namming()
      document.write(i + j );
      // 자바스크립트 끝 -->
</SCRIPT></BODY></HTML>
```

결과는 다음과 같다.

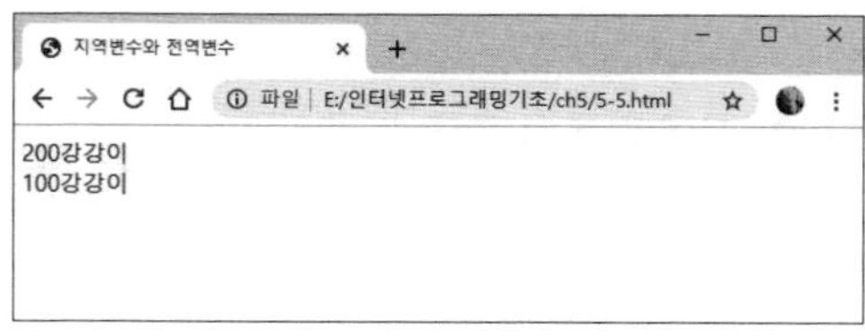

[그림 5-9]

8행에서 j에 "강강이"를 할당하는데, 이는 함수 안이므로 지역변수이다. 프로그램의 시작은 〈body〉 태그에서 시작되고, 17행에서 함수 namming()이 호출되어 6행의 함수 내용을 처리한다. 함수 내용 중에 9행에서 먼저 출력이 일어나므로 직전에 선언된 i값 200과 j값 강강이가 출력되고 함수가 종료된다. 다음으로 18행에서 출력문을 만나는데 여기서 i값은 함수외부이므로 5행에서 선언된 i값 100과 j값 강강이를 출력한다. 자바스크립트의 출력문이 document.write()를 활용하여 지역변수와 전역변수를 구분하는 예제를 작성해보자.

5-6.html

```
01 <HTML> <HEAD> <TITLE>지역변수와 전역변수</TITLE>
02 <SCRIPT LANGUAGE="JavaScript">
03 <!--
04   i="강강이";
05   function namming() {
06     var i;
07    i= "강냉이";
08     j="강댕이";
09     document.write("<font color='white'>여기는 괄호 안입니다.."+ i + j + "<br>
       괄호를 벗어납니다</font><br>") ;
10   }
11   // 자바스크립트 끝 --></SCRIPT></HEAD> <BODY bgcolor="black">
12 <SCRIPT LANGUAGE="JavaScript">
13 <!--
14   namming();
15   document.write("<font color='yellow'>여기는 밖입니다"+ i + j + "<br>전역변수
     </font>");
16   // 자바스크립트 끝 --> </SCRIPT> </BODY></HTML>
```

결과는 다음과 같다.

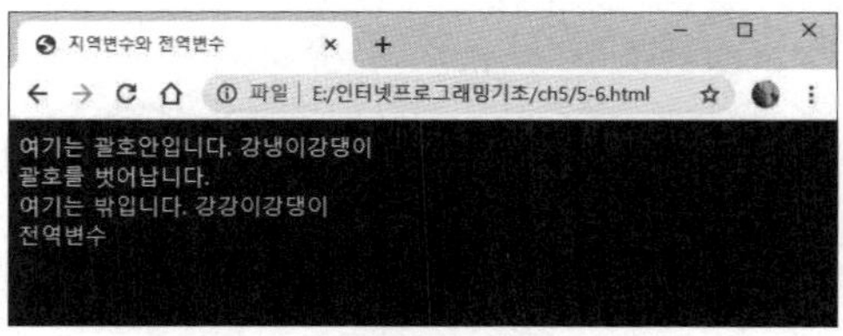

[그림 5-10]

4행에서 전역변수로 I를 선언하였고, 함수 안에서 I를 다시 지역변수로 사용하고 있다. 9행은 출력문인데 자바스크립트 코드 내에서 html 태그를 사용할 경우에는 document.write() 명령문의 괄호 안에서 큰따옴표(“ ”)로 처리해야 한며, 여러 개의 항을 연결하는 경우는 “+” 기호를 사용한다.

: 자료형

자바스크립트에서 사용할 수 있는 데이터의 기본 자료형의 종류로는 정수, 부동소수점, 문자열, Boolean, 객체(objects), null, undefined가 있다.
정수는 10진수, 16진수, 8진수 등이 있고, 부동소수점은 소수점이 있는 10진수이고, 문자열은 “ ” 안에 있는 문자를 말한다. Boolean 형은 결과값이 true, false 만을 가지는 자료형이고, 함수 처리 시 되돌려주는 값이나 관계 연산의 결과값으로 주로 사용한다. null이란 아무것도 없다는 것을 의미하며, 0이나 비어있는 문자열과는 다르다. 즉, 아무 값도 대입하지 않은 상태를 의미하는데, 프로그램에서 예외사항 처리 시에 이용된다. 객체(objects)란 데이터 요소와 연산을 가지고 있는 특별한 데이터 유형이다. undefined 형은 정의되지 않은 미사용 변수를 사용할 때 나타나는 자료형으로 자바스크립트에서 상수로 사용된다.

: 연산자

연산을 위해서 사용하는 연산자에는 관계, 조건, 비트, 대입 연산자 등이 있고, 연산자들을 처리하는 과정에서 “=”는 할당을 의미한다. 예를 들어 a=1+1은 a라는 변수에 1+1을 한 결과를 할당하라는 의미이다.

〈표 5-3〉 연산 종류

연산 종류	연산자	연산 종류	연산자
산술	+ - * / %	대입	= *= /= += -= &= ^= |= ≪= ≫= ⋙=
증감	++ --	비교	> < >= <= == !=
비트	& | ^ ~	논리	&& || !
시프트	≫ ≪ ⋙	조건	? :

: 산술연산자

수치자료를 계산하는 데 사용되며, 덧셈(+), 뺄셈(-), 곱셈(*), 나눗셈(/), 나머지(%) 등이 있다.

5-7.html

```
<HTML><HEAD><TITLE>산술 연산자</TITLE></HEAD>
<BODY> <H3>산술 연산자 연습 </H3>
  <SCRIPT LANGUAGE="JavaScript">
  <!--
  i=10; j=20
  k=i+j; document.write("i + j = " + k + "<br>");
  k=i-j; document.write("i - j = " + k + "<br>");
  k=i*j; document.write("i * j = " + k + "<br>");
  k=i/j; document.write("i / j = " + k + "<br>");
  k=i%j; document.write("i % j = " + k + "<br>");
  // 자바스크립트 끝-->
</SCRIPT> </BODY></HTML>
```

변수 i에 10, j에 20을 할당하고, k에 사칙연산의 결과를 계산하여 저장하고, 따옴표 내의 문자열과 결과값을 출력하는 프로그램이다. 여기서 〈br〉 태그는 줄바꿈을 의미한다. 실행 결과는 다음과 같다.

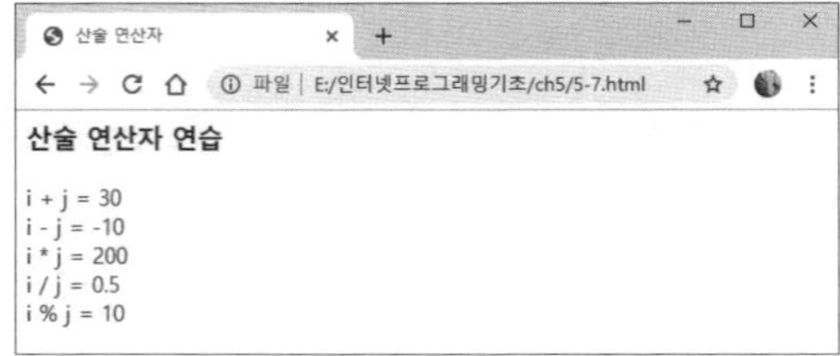

[그림 5-11]

다음은 이전의 예제에서 두 개의 수를 더하는 부분을 함수로 선언하여 버튼을 클릭하면 간단히 덧셈을 수행하는 계산기를 만들어 보자.

5-8.html

```
<HTML><HEAD><TITLE>산술 연산자</TITLE>
<SCRIPT LANGUAGE="JavaScript">
  <!--
  var i, j, k;
  function sum(I,j) {
    k=i+j;
    document.write("i와 j의 합은" + k + "<br>");
  }
// 자바스크립트 끝-->
</SCRIPT></HEAD>
<BODY background="back3.gif"> <H3>짬뽕나는 계산기 </H3>
  <form><input type="button" value=" + " onClick = "sum(10,20);"></form>
</BODY></HTML>
```

실행 화면은 다음과 같다.

[그림 5-12]

: 관계 연산자

주어진 값을 비교하는 연자자로서 주로 수의 대소 관계를 판단하며, 결과값은 참(true)과 거짓(false)으로 표현한다.

〈표 5-4〉 관계 연산자

연산자	설명
>=	좌변이 우변보다 크거나 같음
<=	우변이 좌변보다 크거나 같음
>	좌변이 우변보다 큼
<	우변이 좌변보다 큼
==	좌변과 우변이 같음
!=	좌변과 우변이 다름

5-9.html

```
<HTML><HEAD><TITLE> 관계 연산자</TITLE></HEAD>
<BODY><H3>관계 연산자</H3>
<SCRIPT LANGUAGE="JavaScript">
<!--
  document.write("10 == 10 : "); document.write(10==10);
  document.write("<P>");
  document.write("10 > 10 : "); document.write(10 > 5);
  document.write("<P>");
  document.write("23 <= 10 : "); document.write(23 <=10);
  document.write("<P>");
  document.write("10 != 12 : "); document.write(10!=12);
  document.write("<P>");
// 자바스크립트 끝 -->
</SCRIPT></BODY></HTML>
```

실행 화면은 다음과 같다.

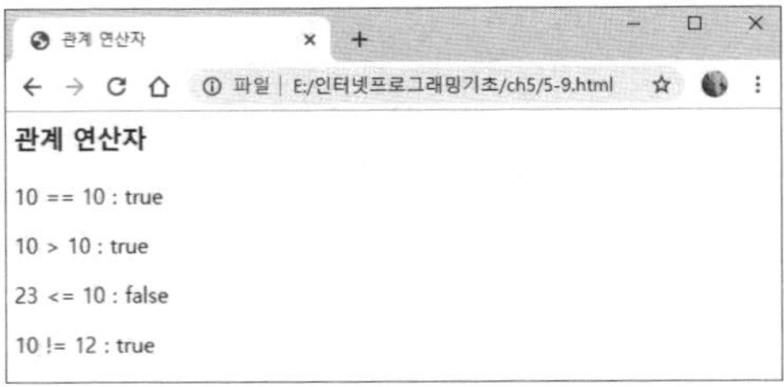

[그림 5-13]

5행은 "10=10:" 이라는 제목을 출력하고, 이어서 10==10이 참인지 거짓인지를 판별하는 연산으로 이루어져 있다.

함수를 사용하여 입력받은 10과 20의 대소 관계와 두 값이 동일한지 비교하는 예제를 살펴보자.

5-10.html

```
<HTML><HEAD><TITLE> 관계 연산자</TITLE>
<BODY><H3>관계 연산자</H3>
<SCRIPT LANGUAGE="JavaScript">
<!--
  var i, j, k;
  function Rel1(I,j) {
    k=i>j
    document.write("i와 j의 크기 비교 결과는 " + k+ "<br>");
  }
  function Rel2(i,j) {
    k=i==j
    document.write("i와 j의 크기 비교 결과는 " + k+ "<br>");
  }
// 자바스크립트 끝--></SCRIPT></HEAD>
<BODY background="back2.gif"> <H3>숫자 비교하기 </H3>
<form>
  <input type="button" value="10 > 20 ?" onClick="Rel1(10,20);">
  <input type="button" value=" 10==10 ?" onClick=" Rel2(10,10) ;">
</FORM></BODY></HTML>
```

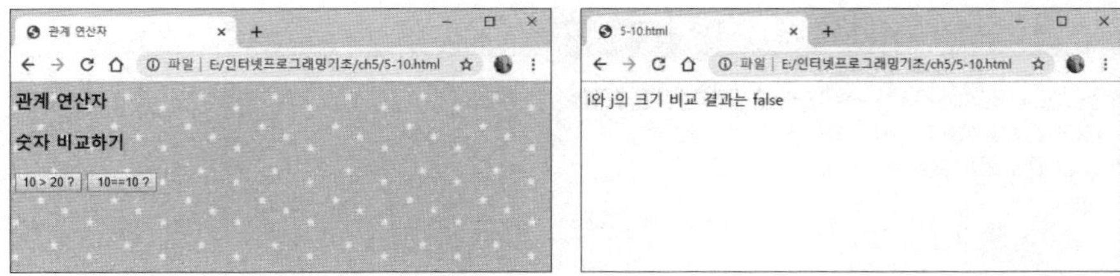

[그림 5-14]

6~9행은 함수 Rel1을 선언하고, 이 함수는 17행 onClick을 통하여 호출된 수, 두 수 10과 20의 대소 관계를 비교하여 참 또는 거짓의 값을 출력하는 프로그램이다.

: 조건 연산자

조건에 따라서 결과를 참과 거짓으로 나타내는 연산으로서 형식은 다음과 같다.

```
조건? 표현식1 : 표현식 2
```

여기서 조건은 결과가 참과 거짓으로 나타나야 하는 논리 표현식이고, 조건이 참이면 표현식1을 처리하고, 거짓이면 표현식2를 처리한다.

: 비트 연산자

주어진 두 수의 비트 사이에 일어나는 연산으로, and(&), or(|), xor(^) 등이 있다. 이 밖에도 좌우로 일정한 수 만큼 이동시키는 좌측시프트(<<)와 우측시프트(>>)가 있다.

5-11.html

```
01 <HTML><HEAD><TITLE> 비트 연산자</TITLE></HEAD>
02 <BODY><H3>비트 연산자 연습</H3>
03 <SCRIPT LANGUAGE="JavaScript">
04 <!--
05   i=10 // 2진수 1010
06   j=8 // 2진수 1000
07   k=i & j; document.write(" i & j = " + k +"<br>");
08   k=i ¦ j; document.write(" i ¦ j = " + k +"<br>");
09   k=i ^ j; document.write(" i ^ j = " + k +"<br>");
10   k=~ 255 ; document.write(" ~ k = " + k +"<br>");
11   I=10; k=i<<1 ; document.write(" i << 1 = " + k +"<br>");
12   i=10; k=i>>1 ; document.write(" i >> 1 = " + k +"<br>");
13   // 자바스크립트 끝 -->
14 </SCRIPT></BODY></HTML>
```

6행에서 7행에서는 각각의 값을 이진수로 i와 j에 저장하고, 8행에서 k 변수에 and 연산의 결과를 저장한 후 출력한다. 실행 화면은 다음과 같다.

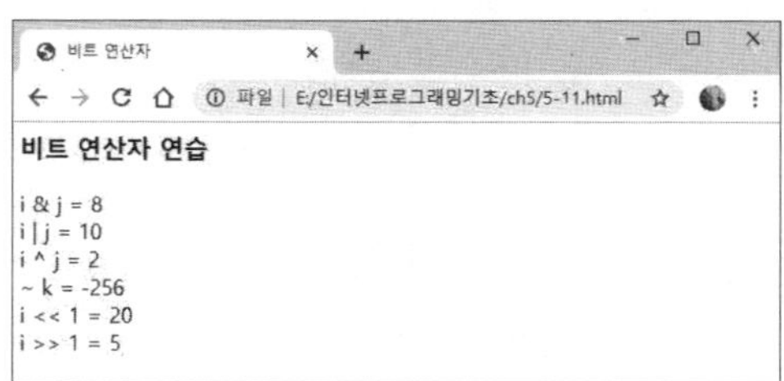

[그림 5-15]

다음은 조건 연산자를 이용하여 성별을 판단하는 예제를 작성해 보자.

5-12.html

```
01 <html><head><title> 조건 연산자 </title>
02 <script language=javascript>
03 <!--
04   function sex() {
05     s1=fm.man.value
06     mysex=( s1=="남" )? " 남자입니다." : " 여자입니다. "
07     fm.result.value=mysex
08   }
09   // 자바스크립트 끝 --></script></head>
10 <body leftmargin="0" topmargin="0">
11   <table width="550" border="0" cellpadding="0" cellspacing="0"
     align="center">
12     <tr><td><img src="disney1.gif"><b>조건 연산자 연습</b></td></tr>
13     <tr><td background="back2.gif" align="center">
14     <form name="fm">성별 입력
15     <input type="text" size=2 name="man">
16     <input type=button value="실행" onclick=" sex() ">
17     결과는 ?<input type="text" size="20" name="result">
18 </form></td></tr></table></body></html>
```

4에서 8행은 함수 sex()를 선언한 다음에 16행에서 호출되어 입력받은 값이 "남자" 인지를 판별하여 결과를 7행에서 17행의 result 변수에 저장한 후 돌려주는 프로그램이다. 11행은 테이블을 선언한 것으로 외곽선, 셀 내 여백, 셀 간의 여백을 지정하고, 정렬방식은 중앙정렬로 지정한다. 여자로 입력한 경우에 실행 화면은 다음과 같다.

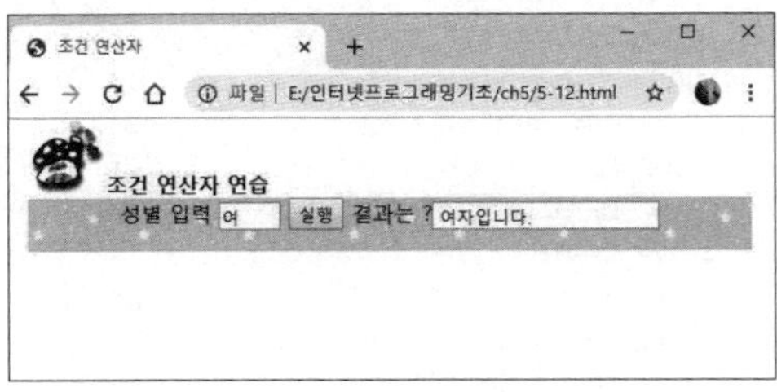

[그림 5-16]

: 대입 연산자

변수에 값을 대입할 때 사용하는 연산자로 다음과 같이 정리할 수 있다.

〈표 5-5〉 대입 연산자

<table>
<tr><th>연산자</th><th>의미</th></tr>
<tr><td>ㅣ=J</td><td>ㅣ에 J를 대입</td></tr>
<tr><td>ㅣ+=J</td><td>ㅣ=ㅣ+J</td></tr>
<tr><td>ㅣ-=J</td><td>ㅣ=ㅣ-J</td></tr>
<tr><td>ㅣ•=J</td><td>ㅣ=ㅣ•J</td></tr>
<tr><td>ㅣ/=J</td><td>ㅣ=ㅣ/J</td></tr>
<tr><td>ㅣ%=J</td><td>ㅣ=ㅣ%J</td></tr>
<tr><td>ㅣ&=J</td><td>ㅣ=ㅣ&J</td></tr>
<tr><td>ㅣ|=J</td><td>ㅣ=ㅣ|J</td></tr>
<tr><td>ㅣ^=J</td><td>ㅣ=ㅣ^J</td></tr>
<tr><td>ㅣ≫=J</td><td>ㅣ=ㅣ≫J</td></tr>
<tr><td>ㅣ≪=J</td><td>ㅣ=ㅣ≪J</td></tr>
<tr><td>ㅣ⋘≪=J</td><td>ㅣ=ㅣ⋘J</td></tr>
</table>

5-13.html

```
<HTML><HEAD><TITLE> 대입 연산자</TITLE></HEAD>
<BODY><H3>대입 연산자 연습</H3>
<SCRIPT LANGUAGE="JavaScript">
<!--
  i=10; j=20; i += j; document.write("i += j : ", i ,"<br>");
  i=10; j=20; i -= j; document.write("i -= j : ", i ,"<br>");
  i=10; j=20; i *= j; document.write("i *= j : ", i ,"<br>");
  i=10; j=20; i /= j; document.write("i /= j : ", i ,"<br>");
  i=10; j=20; i %= j; document.write("i %= j : ", i ,"<br>");
  i=10; j=2 ; i ≪= j; document.write("i ≪= j : ", i ,"<br>");
  i=10; j=2 ; i ≫= j; document.write("i ≫= j : ", i ,"<br>");
  i=10; j=2 ; i ⋙= j; document.write("i ⋙= j : ", i ,"<br>");
  i=10; j=20; i &= j; document.write("i &= j : ", i ,"<br>");
  i=10; j=20; i ^= j; document.write("i ^= j : ", i ,"<br>");
  i=10; j=20; i |= j; document.write("i |= j : ", i ,"<br>");
// 자바스크립트 끝 -->
</SCRIPT></BODY></HTML>
```

결과는 다음과 같다.

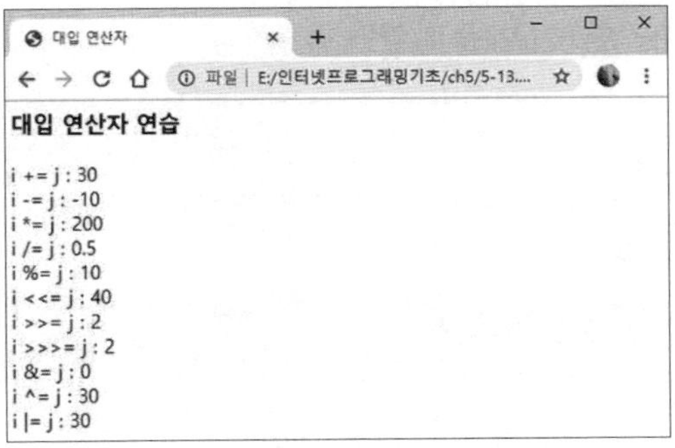
대입 연산자
파일 | E:/인터넷프로그래밍기초/ch5/5-13....
대입 연산자 연습
i += j : 30
i -= j : -10
i *= j : 200
i /= j : 0.5
i %= j : 10
i <<= j : 40
i >>= j : 2
i >>>= j : 2
i &= j : 0
i ^= j : 30
i |= j : 30

[그림 5-17]

입력한 두 수의 대소 관계를 비교하여 큰 수를 출력하는 예제를 작성해 보자.

5-14.html

```
<html><head><title> 대입/관계 연산자 </title>
<script language=javascript>
<!--
  function lar() {
    s1=fm.m1.value
    s2= fm.m2.value
    mysex=(s1>s2)? s1 : s2
   fm.result.value =mysex
}
// 자바스크립트 끝 --> </script></head>
<body leftmargin="0" topmargin="0">
<table width="550" border="0" cellpadding="0" cellspacing="0" align="center">
<tr><td><img src="disney3.gif"><b>수의 비교</b></td></tr>
<tr><td background="back2.gif" align="center">
<form name="fm">값 대입하기
<input type="text" size=2 name="m1">
<input type="text" size=2 name="m2">
<input type=button value="실행" onclick= "lar()" > <br>
입력값 중 큰수는 ?<input type="text" size="20" name="result">
</form></td></tr></table></body></html>
```

4행에서 9행은 함수 lar()를 선언하고, 이 함수에서는 s1과 s2로 16에서 17행의 m1과 m2 값을 입력받아서 두 수의 크기를 비교하여 큰 수를 8행에서 result 변숫값으로 돌려주는 프로그램이다. 결과는 다음과 같다.

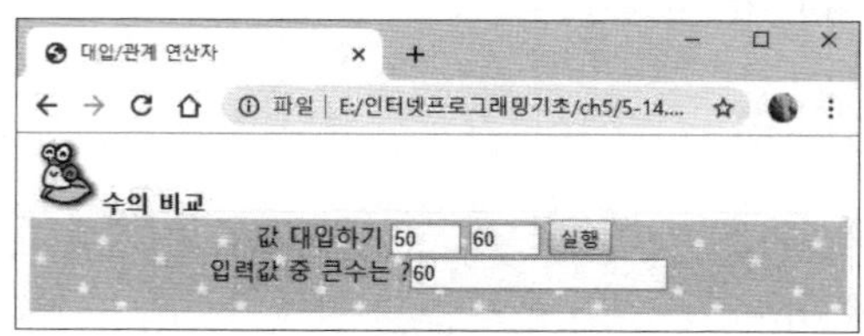

[그림 5-18]

논리 연산자

주어진 조건이 참인지 거짓인지를 판단해서 결과를 돌려주는 연산을 하는데 여기에는 주어진 조건이 모두 참인 경우에만 참인 and(&&), 두 조건 중에서 하나만 참이면 참인 or(||), 주어진 조건을 모두 부정하는 not(!)이 있다. 조건 연산자는 주어진 조건(i >5) 이 참인지 거짓인지에 따라서 서로 다른 값을 선택하는 연산자이다. 예를 들면 다음과 같은 경우 조건이 참인 경우는 10, 거짓인 경우는 20을 j에 할당한다.

```
i = 10 ;
j=(i >5) ? 10 : 20 ;
```

여기서는 조건이 참이므로 j에 10을 대입한다.

5-15.html

```
<HTML><HEAD><TITLE> 논리 연산자</TITLE></HEAD>
<BODY><H3>논리 연산자 연습</H3>
<SCRIPT LANGUAGE="JavaScript">
<!--
  i=10;
  j=20;

  if ((i==10) && (j==20))
    document.write ("조건이 참입니다. <br>");
  if ((i==10) || (j==20))
    document.write ("조건이 참입니다. <br>");
  if ( !(i==20) )
    document.write ("조건이 참입니다. <br>");

    k = ( i > 5) ? 10 : 20 ;
    document.write (" k =" + k);
// 자바스크립트 끝 --></SCRIPT></BODY></HTML>
```

실행결과는 다음과 같다.

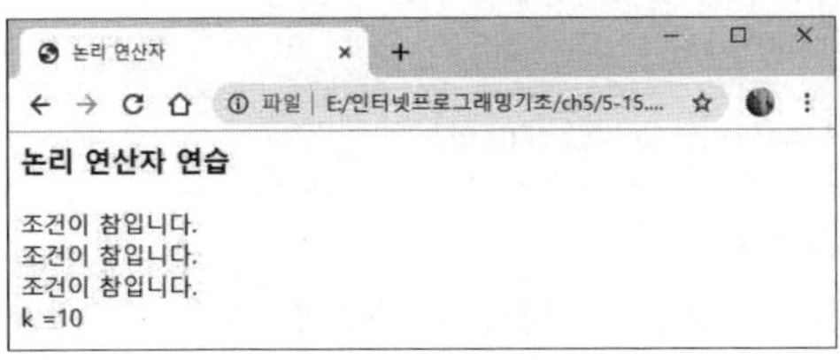

[그림 5-19]

함수를 사용하여 결과를 받는 프로그램을 작성해보자.

5-16.html

```
01 <html><head><title> 논리 연산자 </title>
02 <script language=javascript>
03 <!--
04   function lar() {
05     s1=fm.m1.value
06     s2=fm.m2.value
07     my1=( s1&&s2 )? "TRUE" : "FALSE"
08     my2=( s1||s2 )? "TRUE" : "FALSE"
09     my3=(!s1)? "TRUE" : "FALSE"
10     fm.result1.value=my1
11    fm.result2.value=my2
12     fm.result3.value=my3
13 }
14 // 자바스크립트 끝 --></script></head>
15 <body leftmargin="0" topmargin="0">
16 <table width="550" border="0" cellpadding="0" cellspacing="0" align="center">
17   <tr><td><img src="disney3.gif"><b>논리 연산자 연습</b></td></tr>
18   <tr><td background="back2.gif" align="center">
19   <form name= "fm" >값 대입하기
20   <input type="text" size=2 name="m1">
21   <input type="text" size=2 name="m2" >
22   <input type=button value="실행" onclick="lar()"> <br>
23   입력값 AND 결과 ?<input type="text" size="20" name="result1"><br>
24   입력값OR 결과 ?<input type="text" size="20" name="result2"><br>
25   입력값 NOT 결과 ?<input type="text" size="20" name="result3">
26 </form></td></tr></table></body></html>
```

프로그램은 15행부터 시작하고, 20행과 21행에서 사용자로부터 입력값을 받아서 각각 m1과 m2 변수에 저장한다. 22행에서 lar() 함수를 호출하고, 7행에서 9행까지 and, or, not 값을 계산한다. 각 계산된 결과를 my1, my2, my3에 저장하는데, 이들은 다시 10행에서 12행에서 사용자에게 보여줄 변수 result1, result2, result3에 저장한다. 프로그램의 폼 이름은 fm이고, 입력값 m1의 값은 fm.m1.value로 표기하며 상세한 설명은 document 객체에서 살펴보자.

실행결과는 다음과 같다.

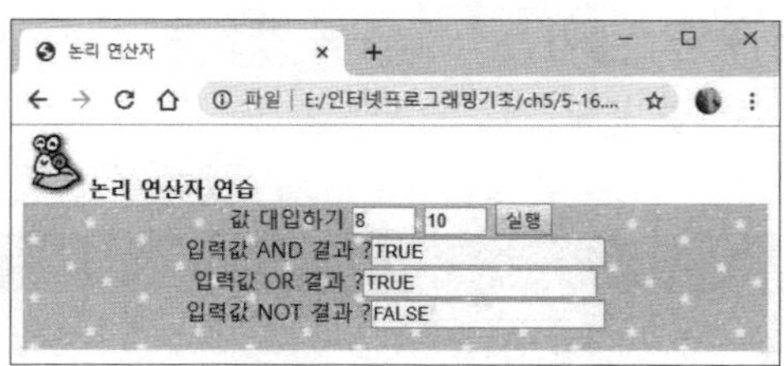

[그림 5-20]

: 문자열 연산자

“,” 혹은 “+” 기호를 이용하여 문자들을 연결시킨다.

5-17.html

```
01 <HTML><HEAD><TITLE> 문자열 연산자</TITLE></HEAD>
02 <BODY><H3>문자열 연산자 연습</H3>
03 <SCRIPT LANGUAGE="JavaScript">
04 <!--
05   document.write("콤마를 사용 : a " , " b <br>")
06   document.write("더하기를 사용 : a " + " b <br><br>")
07   i= " 강강이 "
08   j= " 순댕이 "
09   k= i + j
10   document.write (i, j, k, "<br>")
11   document.write (i + j + k + "<br>")
12 // 자바스크립트 끝 --></SCRIPT></BODY></HTML>
```

7행과 8행에서 선언된 I와 j값은 9행에서 연결되어 k에 저장된다. 이들을 연결하여 출력하는 방법은 10행과 11행에서 보여주고 있다.

실행결과는 다음과 같다.

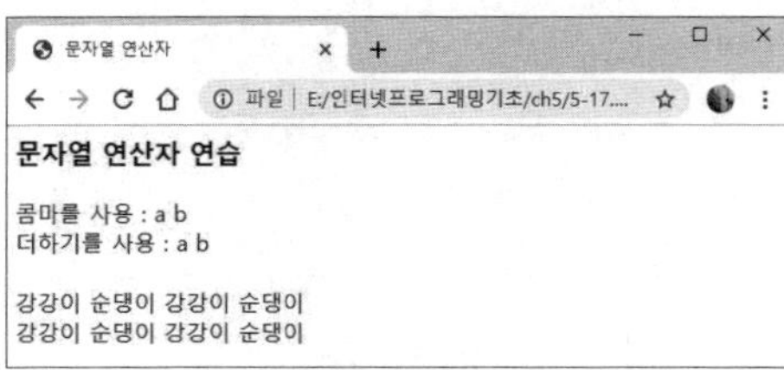

[그림 5-21] 웹브라우저의 종류

증가와 감소 연산에 이용되는 증가 연산자(++)와 감소 연산자(--), 단항 연산자, 반대값(부호) 등을 이용하여 연산한다.

5-18.html

```
01 <html><head><title> 증감 연산자 </title>
02 <script language="javascript">
03 <!--
04   var a=5,b=3
05   document.write("<center> <img src='disney1.gif'><h3> 증감 연산자 </h3>")
06   document.write(" a = ", a , " b = " ,b, "<p>")
07   document.write(" [1] ++i : ",( ++a ),"<br>")
08   document.write(" [2] i++ : ",( b++ ),"<br><br>")
09   document.write(" a = ", a , " b = " ,b, "<p>")
10   document.write(" [3] a-- : ",( a--),"<br>")
11   document.write(" [4] --b : ",( --b ),"<br><br>")
12   document.write(" a = ", a , " b = " ,b, "<p>")
13 // 자바스크립트 끝 --></script></head>
14 <body background="back2.gif" leftmargin="0" topmargin="0">
15 </body></html>
```

5에서 12행은 따옴표(“ ”) 내의 내용을 화면에 출력하고, 이어서 변수값을 출력하는 구조로 이루어져 있다. 14행은 배경이미지와 왼쪽과 윗 여백을 “0”으로 설정한다.

실행결과는 다음과 같다.

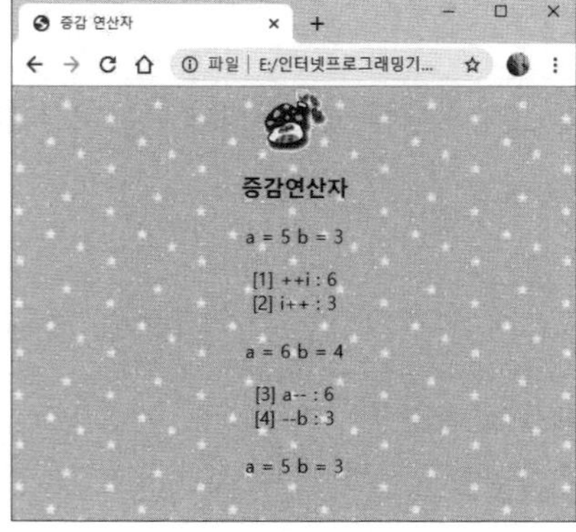

[그림 5-22]

: 연산자 우선순위

여러 종류의 연산자에는 우선순위가 있어서 여러 가지 연산이 복합되어 있을 경우는 우선순위에 따라서 연산을 한다. 일반적으로 산술, 관계, 논리 연산 순이다.

〈표 5-6〉 연산자 우선순위

<table>
<tr><th>순위</th><th>의미</th><th>구현 언어</th></tr>
<tr><td>1</td><td>괄호</td><td>( ) [ ]</td></tr>
<tr><td>2</td><td>부정/증가</td><td>! ~ - ++ --</td></tr>
<tr><td>3</td><td>곱하기/나누기</td><td>• / %</td></tr>
<tr><td>4</td><td>더하기/빼기</td><td>+ -</td></tr>
<tr><td>5</td><td>비트 시프트</td><td>≪ ≫ ⋙</td></tr>
<tr><td>6</td><td>관계 연산자</td><td>< <= > >=</td></tr>
<tr><td>7</td><td>Equality</td><td>== !=</td></tr>
<tr><td>8</td><td>Bit AND</td><td>&</td></tr>
<tr><td>9</td><td>Bit XOR</td><td>^</td></tr>
<tr><td>10</td><td>Bit OR</td><td>|</td></tr>
<tr><td>11</td><td>논리 AND</td><td>&&</td></tr>
<tr><td>12</td><td>논리 OR</td><td>//</td></tr>
<tr><td>13</td><td>조건 연산자</td><td>? :</td></tr>
<tr><td>14</td><td>대입 연산자</td><td>= += -= •= /= %= ≪= ≫= ≫= &= ^= |=</td></tr>
<tr><td>15</td><td>콤마</td><td>,</td></tr>
</table>

조건문

조건문은 제어문의 일종으로 조건에 따라서 처리 순서를 변경할 수 있다.

– 조건이 참인 경우에만 처리

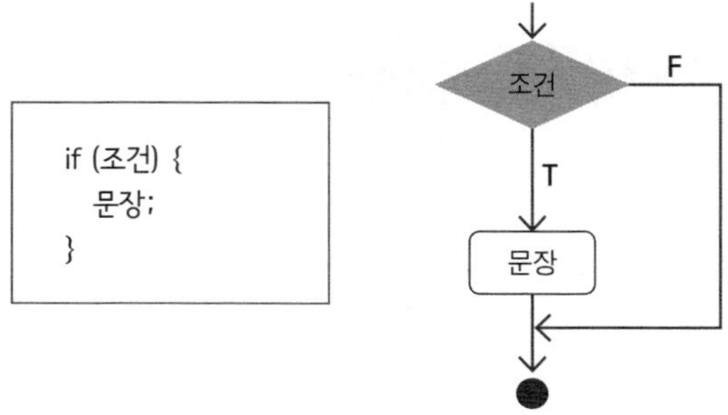

예를 들어, i가 10인 경우에만 "10입니다"를 출력하는 프로그램은 다음과 같다.

```
if(i==10) {
  document.write("10입니다");
}
```

– 조건에 만족하는 경우와 그렇지 않은 경우의 처리

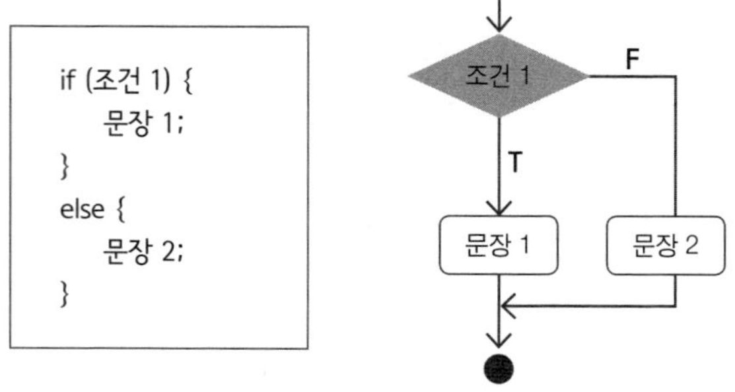

조건이 참인 경우는 문장1을 처리하고, 거짓인 경우는 문장2을 처리한다. 예를 들면, I 값이 10보다 크면 "10보다 크다"를 작으면 "10보다 작다"는 내용을 출력하는 프로그램은 다음과 같다.

```
if(i>10) {
  document.write("10보다 크다");
   }
  else {
   document.write("10보다 작다");
    }
```

– 조건이 참인 경우와 조건이 거짓인 경우 n개일 때 처리

```
if (조건 1) {
    문장 1;
}
else if (조건 2) {
    문장 2;
}
else if (조건 3) {
    문장 3;
}
..........
```

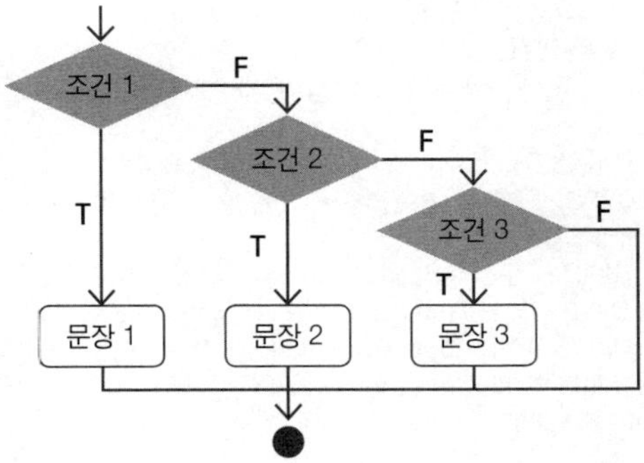

조건1이 참인 경우는 문장1을 수행하고, 거짓인 경우는 조건2를 검사해서 참인 경우는 문장2을 수행하고, 또 조건을 만족하지 않을 때는 그 다음 조건을 계속해서 검사해 나간다.

다음은 함수 learn()을 이용해서 선택하는 학습과목에 따라 경고창을 열어주는 프로그램이다. 수학이라는 버튼을 누르면 "수학을 학습하겠습니다.!" 이라는 메시지가 실행된다.

5-19.html

```
01 <HTML><HEAD><TITLE>자바스크립트 테스트</TITLE>
02 <SCRIPT LANGUAGE="JavaScript">
03 <!--
04   function learn(su) {
05     if(su == "국어")
06       alert("국어를 학습하겠습니다.!");
07     else if(su == "영어")
08       alert("영어를 학습하겠습니다.!");
09     else if(su == "수학")
10       alert("수학을 학습하겠습니다.!");
11     else if(su == "컴퓨터")
12       alert("탁월한 선택입니다.!");
13   }
14 // 자바스크립트 끝 --></SCRIPT></HEAD>
15 <BODY><H3> 학습을 원하는 과목을 선택하세요 </H3> <P>
16 <FORM>
17   <INPUT TYPE="button" VALUE="국어" onClick="learn('국어')">
18   <INPUT TYPE="button" VALUE="영어" onClick="learn('영어')">
19   <INPUT TYPE="button" VALUE="수학" onClick="learn('수학')">
20   <INPUT TYPE="button" VALUE="컴퓨터" onClick="learn('컴퓨터')">
21 </FORM></BODY></HTML>
```

4행에서 14행은 learn(su) 함수로 입력값에 따라서 경고창을 띄우게 한다. 17행의 경우 국어 값이 4행의 su에 전달되어 첫 번째 if문의 조건을 만족하여 6행을 실행한다. 실행 화면은 다음과 같다.

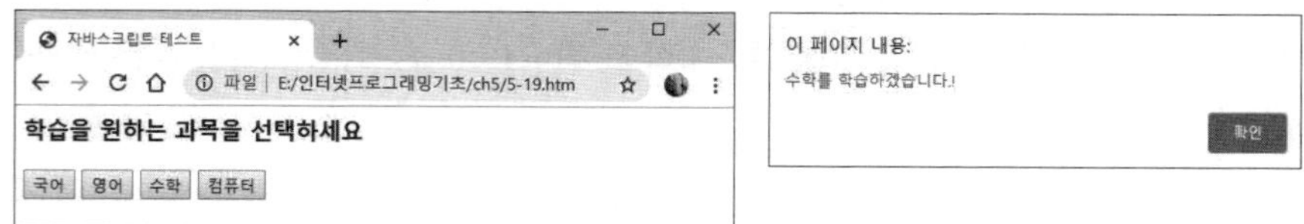

[그림 5-23]

if문을 이용하여 특정 사이트에 접속이 가능하도록 함수에서 19세 이상을 지정하고, 접속하도록 하는 예제를 작성해 보자

5-20.html

```
01 <html><head><title>if문으로 성인 인증</title>
02 <style type="text/css">
03 a {color:blue;text-decoration:none}
04 .button {font-family:궁서; font-size:12pt; color:blue; border-width:0;
    width:70; height:30; }
05 </style>
06 <script language="javascript">
07 <!--
08   function idChk() {
09     id=document.fr.id.value
10     if(id>19)
11       document.location.href="http://www.naver.com"
12     else
13       alert("당신은 성인이 아니므로 사이트로 접속할 수 없습니다.")
14   } // 자바스크립트 끝--></script></head>
15 <body background="back3.gif" leftmargin=0  topmargin=0>
16   <table width=800 border=0 cellpadding=0 cellspacing=0>
17   <tr height=284>
18   <td background="ani2.gif" valign=bottom> </td></tr>
19   <tr height=121><td>
20   <table width=350 border=0><tr><td align=right><br>
21   <form name=fr>
22     나이입력 : <input type="password" size=12 name=id>
23     <input type="button" value="성인 인증" onClick="idChk()">
24   </form></td></tr></table></td></tr>
25 <tr height=195><td> </td></tr></table></body></html>
```

8행에서 14행은 idChk()함수 안에서 if문을 이용하여 id가 19보다 큰 경우에는 11행에서 지정된 사이트로 이동하고, 그렇지 않은 경우는 13행에서 경고창을 띄우도록 한다. 이 함수는 23행에서 onClick 이벤트를 통하여 호출된다. 결과는 다음과 같다.

[그림 5-24]

반복문

반복문이란 주어진 조건동안 계속해서 연산을 수행하게 할 때 사용하는 명령문으로서 for, while, do....while 문 등이 있고, 이들을 제어하기 위하여 break, continue 문을 사용한다.

for 문

초기값에 의해서 시작되고 조건을 만족할 때까지 실행한다.

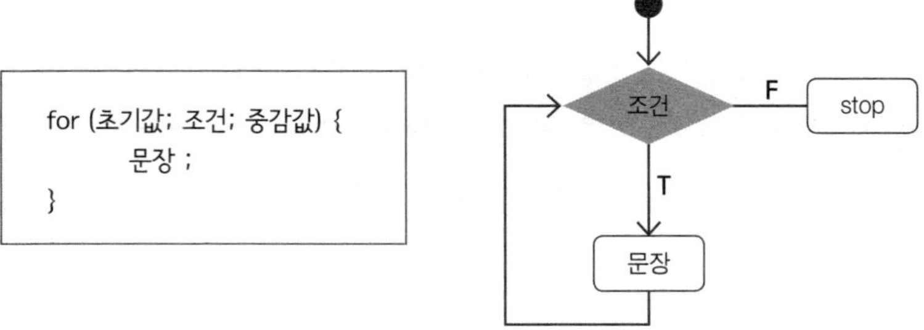

5-21.htm

```
01 <HTML><HEAD><TITLE> for 연산자</TITLE></HEAD>
02 <BODY><H3> for 연습</H3>
03 <SCRIPT LANGUAGE="JavaScript">
04 <!--
05   for(i=1; i<11; i++) {
06     document.write(i, " + ", i ," = ", i+i, "<br>");
07 }// 자바스크립트 끝 --></SCRIPT></BODY></HTML>
```

5행에서 7행은 반복문으로 i가 1에서 10이 될 때까지 1씩 증가시키면서 6행을 10회 처리하는 데, 이 과정 중에서 6행에서는 i값과 i+i값을 계산하여 처리한다. 결과는 다음과 같다.

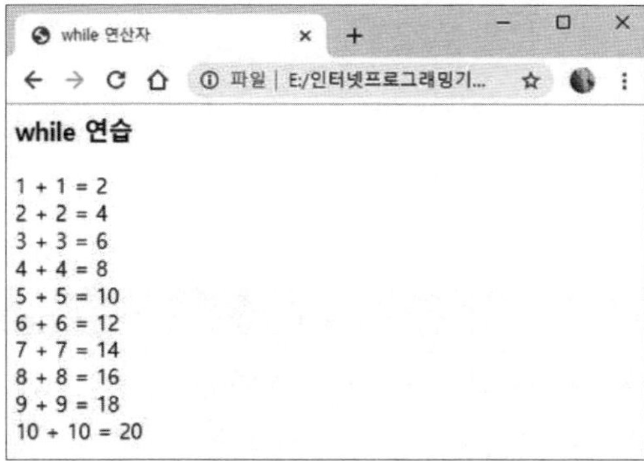

[그림 5-27]

5-22.html

```
01 <html><head><title>for 문 </title>
02 <script language="javascript">
03 <!--
04   for(i=1;i<=100; i++) {
05     document.write("<img src=‘clip3.gif’>")
06   }
07 // 자바스크립트 끝--></script></head><body></body></html>
```

4행에서 반복문을 지정하고 있는데, 변수는 i부터 100까지 1씩 증가하면서 5행을 처리한다. 5행은 이미지를 출력하는 명령으로 이미지파일 clip3.gif가 100회 출력된다.

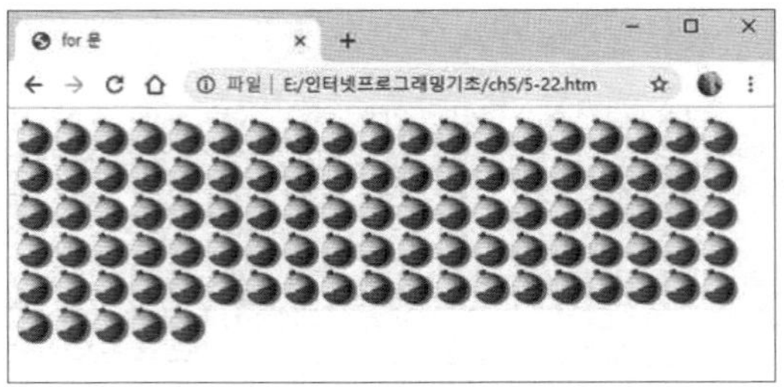

[그림 5-26]

while 문

while 문은 조건이 참인 동안 문장을 실행하는 구조로서 for문과 동일한 기능을 갖는다.

```
while(조건) {
   문장;
 }
```

5-23.html

```
01 <HTML> <HEAD><TITLE> while 연산자</TITLE></HEAD>
02 <BODY><H3> while 연습</H3>
03 <SCRIPT LANGUAGE="JavaScript">
04 <!--
05   i=1;
06   while (i<11) {
07     document.write(i, " + ", i ," = ", i+i, "<br>");
08     i++;
09   } // 자바스크립트 끝 -->
10 </SCRIPT></BODY></HTML>
```

5행에서 초기값을 설정하고, 7행에서는 조건식으로 i값이 11보다 작을 때까지 1부터 10까지만 8행을 처리한다. 9행은 i값을 1 증가시키는 역할을 하고 8행은 변수 i값과 따옴표 내의 값들을 연결하여 출력한다.

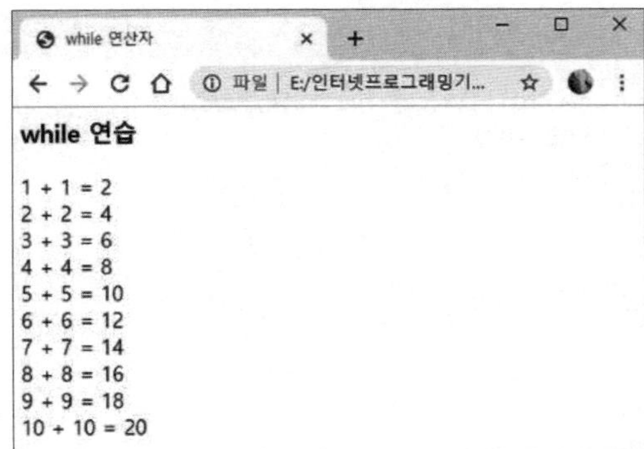

[그림 5-27]

○ do .... while 문

for, while 문과 같이 반복처리를 하는 명령문으로서 while 문은 조건을 만족하지 않을 경우 한 번도 실행하지 않는 반면에 do......... while 문의 경우는 조건의 참, 거짓과 관계없이 한 번은 반드시 수행한다

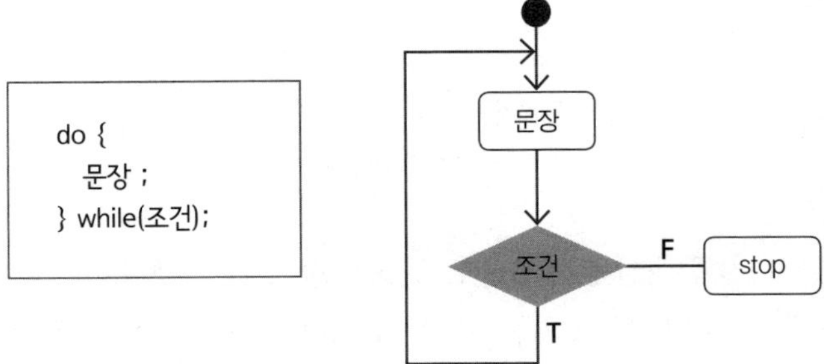

5-24.html

```
01 <HTML><HEAD><TITLE> do while 연산자</TITLE></HEAD>
02 <BODY><H3> do while 연습</H3>
03 <SCRIPT LANGUAGE="JavaScript">
04 <!--
05   i=11;
06   do {
07     document.write(i, " + ", i ," = ", i+i, "<br>");
08     i++;
09   }while (i<11)
10 // 자바스크립트 끝 -->
11 </SCRIPT></BODY></HTML>
```

i의 초기값을 11로 대입하면 while 문 예제에서는 아무것도 출력되지 않으나 do...... while 문에서는 첫 번째 자료가 처리된다.

[그림 5-28]

7행이 조건이 있는 9행 이전에 있으므로 무조건 한 번은 실행되고, 7행은 9행의 조건을 만족할 때까지 처리된다. 그러나 초기값이 이미 10보다 크므로 한 번만 수행하고 프로그램이 종료된다.

◘ break와 continue 문

반복문을 제어하는 명령으로 두 명령문다 반복문을 중지시키는 기능을 하는 것은 동일하지만, break 문은 반복문을 완전히 종료시키기 위한 명령이고, continue 문은 해당 반복문만 넘어가게 한다.

```
while (조건 1) {
   문장;
   if (조건 2) {
      continue;
   }
   else {
      break;
   }
 문장 2;
}
```

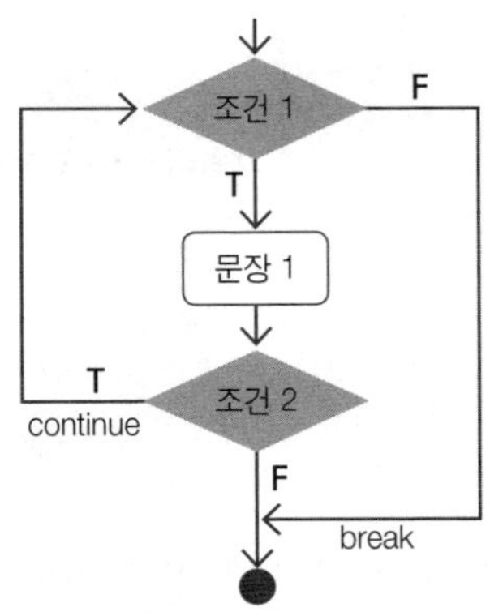

while 문으로 조건이 참인 동안 계속해서 처리하고, 참인 경우에 if문의 조건을 검사해서 참인 경우는 contiue 문 이하를 수행하지 않고, 다시 while 문 처음으로 돌아간다. 거짓인 경우는 while 문을 완전히 탈출한다. continue 문과 break 문을 이용하여 11에서 하나씩 감소하면서 0이 될 때까지 반복 수행을 하다가 5이하인 경우에만 연산을 수행하는 프로그램을 작성해 보자.

5-25.html

```
01 <HTML> <HEAD> <TITLE> break/continue</TITLE></HEAD>
02 <BODY><H1> break/continue 연습</H1>
03 <SCRIPT LANGUAGE="JavaScript">
04 <!--
05   i=11
06   while(true) {
07     i--;
08     if(i>5) continue
09       if(i==0) break
10         document.write(i, " + ", i ," = ", i+i, "<br>");
11   }
12 // 자바스크립트 끝 -->
13 </SCRIPT></BODY></HTML>
```

6행에서 시작된 while 문은 11행에서 종료되는데, 6행에서 조건이 무조건 참이므로 무한 반복을 수행한다. 하지만 8행에서 I값이 5보다 크면 10행을 처리하지 않고, 다음으로 넘어가고, 작으면 10행을 처리한다. 이때 9행에서 I값이 0이 되면 반복처리를 종료하여 11행으로 빠져나가게 된다. 7행에서 I값을 1씩 감소시키므로 결국 5보다 작은 경우에만 결과를 출력한다.

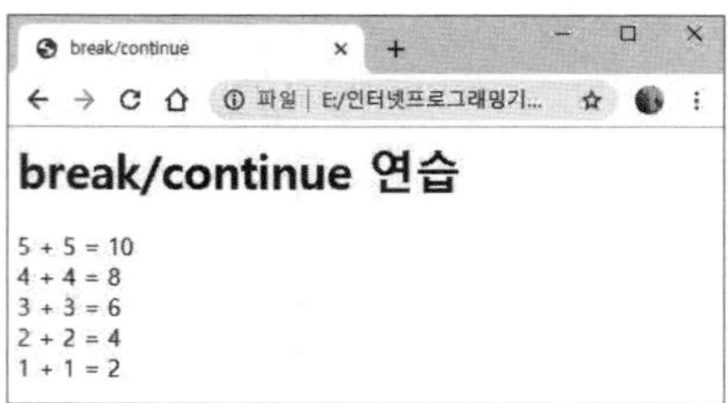

[그림 5-29]

continue 문과 break 문은 다음과 같이 문번호를 주어서 계속되는 위치와 중지시키 후 분기할 수 있는 부분을 명시할 수 있다.

5-26.html

```
<HTML> <HEAD> <TITLE> label 연습</TITLE></HEAD>
<BODY><H3> label 연습</H3>
<SCRIPT LANGUAGE="JavaScript">
<!--
  var i = 0
  while (i < 10) {
    i++;
    if (i==7)
      continue;
      document.write(i + " ");
  }
  document.write("<br>");
  for(i=0; i<4; i++) {
    if (i==2)
      continue;
      document.write(i + " ");
  }
  lab:
  for(i=0; i<3; i++) {
    document.write("<BR>" + " test " + i + ": ");
      for(j=0; j<10; j++) {
        document.write(j + " ");
        if(j==i)
        continue lab;
      }
  }
// 자바스크립트 끝 -->
</SCRIPT></BODY></HTML>
```

결과는 다음과 같다.

[그림 5-30]

switch 문

다중 선택문이고, 여러 가지 조건에 따라서 실행되어야 하는 경우에 이용된다.

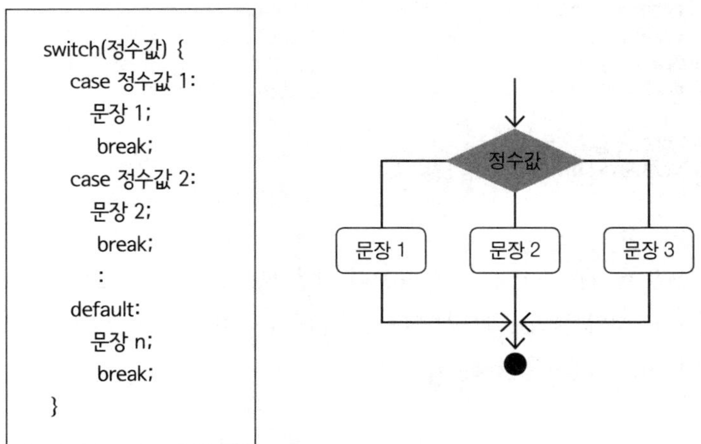

switch 문 안의 정숫값이 1인 경우에 문장 1을 수행하고, 2인 경우는 문장 2를 수행한다. 이처럼 정숫값에 따라 각각 해당하는 문장을 수행한다. 해당 값이 없는 나머지의 경우는 default의 문장 n을 수행한다. 입력받은 값이 1, 2, 3, 4인 경우에만 해당 값을 출력하는 프로그램을 작성해보자.

```
5-27.html

01 <HTML> <HEAD> <TITLE> switch ...case</TITLE></HEAD>
02 <BODY><H3> switch ...case 연습</H3>
03 <SCRIPT LANGUAGE="JavaScript">
04 <!--
05   i=0;
06   while(i<10) {
07     i++;
08     switch(i) {
09       case 1 :
10         document.write( i ," = 값이 1이군요<BR>");
11         break;
12       case 2 :
13         document.write( i ," = 값이 2이군요<BR>");
14         break;
15       case 3 :
16         document.write( i ," = 값이 3이군요<BR>");
17         break;
18       case 4 :
19         document.write( i ," = 값이 4이군요<BR>");
20         break;
21       default :
22         document.write( i ," = 값이 1,2,3,4가 아니군요<BR>");
23     }
24   } // 자바스크립트 끝 -->
25 </SCRIPT></BODY></HTML>
```

6행에서 24행은 while 문으로서 i가 10보다 작을 때까지 8행에서 23행의 switch~case 문을 처리한다. 여기서 case 값에 따라서 1부터 4까지는 값을 출력하고 나머지 경우는 21행의 default 이후의 22행을 처리한다.

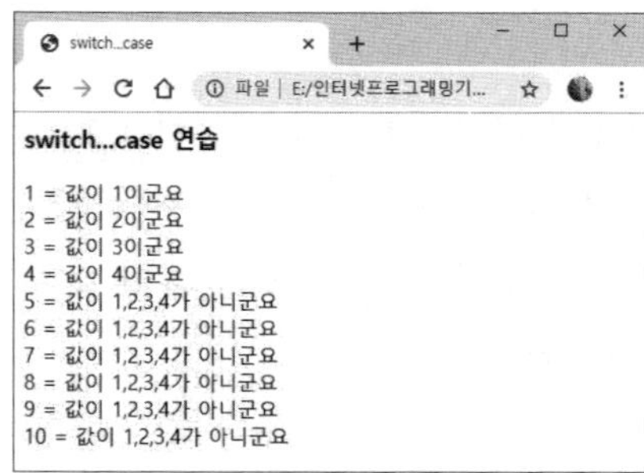

[그림 5-31]

입력값에 따라서 성별을 구별하는 프로그램을 작성해보자.

5-28.html

```
01 <HTML> <HEAD><TITLE>switch 연습</TITLE>
02 <SCRIPT LANGUAGE="JAVASCRIPT">
03 <!--
04   function gu(x) {
05     var y;
06       switch(x) {
07       case "M": y="남자";break;
08       case "F": y="여자";break;
09        default: y="중성"
10       }
11       document.write(y+"  입니다<br>")
12   }
13   // 자바스크립트 끝-->
14 </script> </HEAD> <BODY background="back2.gif">
15 <H3> SWITCH 문</H3>
16 <SCRIPT LANGUAGE="JAVASCRIPT">
17 <!--
18   gu("M");
19  gu("F");
20    gu("S");
21 --></SCRIPT></BODY></HTML>
```

4행에서 12행은 gu(x) 함수를 정의하는데, x값에 따라서 "M"과 "F"를 처리하게 되고, 18행에서 12행은 함수를 호출하는 부분으로서 각각의 값에 따라서 차례대로 결과를 출력한다.

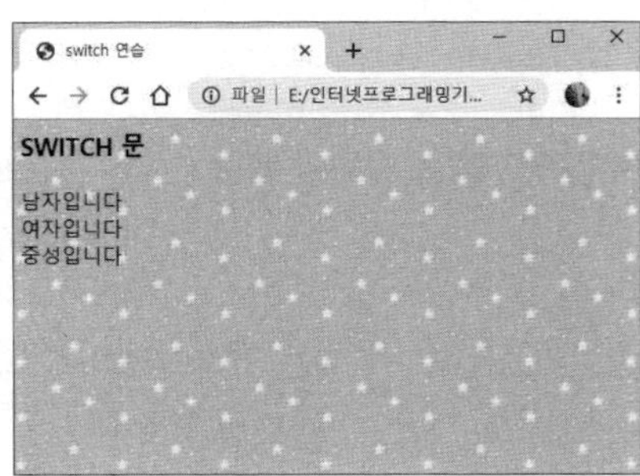

[그림 5-32]

연습문제 EXERCISE

※ 다음 빈칸에 알맞은 용어를 채우시오.

1 (   )는 제대로 된 코딩 언어다. 반복문, 변수, 조건문 같은 프로그래밍 명령문을 사용할 수 있다.

2 자바스크립트는 HTML 문서의(   )태그 내에서 선언하고 〈BODY〉 태그 내에서 실행하는 것이 기본적인 형태이고, 자바스크립트 코드는 〈SCRIPT〉..............〈/SCRIPT〉 태그 내에서 구성한다.

3 소스 코드에 HTML의 주석문에 해당하는 (   )로 자바스크립트 코드를 감싸서 혹시 자바스크립트가 지원되지 않는 경우에는 화면에 소스 코드가 출력하는 것을 방지한다.

4 자바스크립트 소스 코드 안에서 사용하는 주석문은 여러 행인 경우는 (   )를 사용하고, 한 줄인 경우는 "//"를 사용한다.

5 자바스크립트 코드를 선언하고 실행하는 방법에는 (   ), (   ), (   )으로 분류할 수 있다.

6 자바스크립트 내장 함수인 경고창을 출력할 때는 (   )함수를 이용 이용한다.

7 일정하게 반복되는 명령문의 집합인 (   )는 자바스크립트 소스 코드를 선언하고, 이를 호출하여 사용한다.

8 ( )란 프로그램에서 특정 값을 저장할 수 있는 저장장소를 의미하고, 자바스크립트에서 식별자는 선언 없이 사용한다.

9 자바스크립트에서 사용할 수 있는 데이터의 기본 자료형의 종류로는 정수, 부동소수점, 문자열, Boolean, (   ), null, undefined가 있다.

10 연산자에는 관계, 조건, 비트, ( ) 연산자 등이 있다.

11 조건 연산자는 조건에 따라서 결과를 참과 거짓으로 나타내는 연산자이다.

12 여러 종류의 연산자에는 우선순위가 있어서 여러 가지 연산이 복합되어 있을 경우는 우선순위에 따라서 연산을 하는데, 일반적으로 ( ), 관계, 논리 연산 순이다.

13 (   )이란 주어진 조건 동안 계속해서 연산을 수행하게 할 때 사용하는 명령문으로서 for, while, do....while 문 등이 있고, 이들을 제어하기 위하여 break, continue 문을 사용한다.

14 반복문을 제어하는 명령으로 두 명령문 다 반복문을 중지시키는 기능을 하는 것은 동일하지만, (   )은 반복문을 완전히 종료시키기 위한 명령이고, (   )은 해당 반복문만 넘어가게 한다.

연습문제 EXERCISE

※ 다음 조건에 해당하는 소스 코드를 작성하시오.

15 다음 그림과 같은 결과를 만들 수 있도록 프로그램을 작성하시오.
(ex5-1.html)

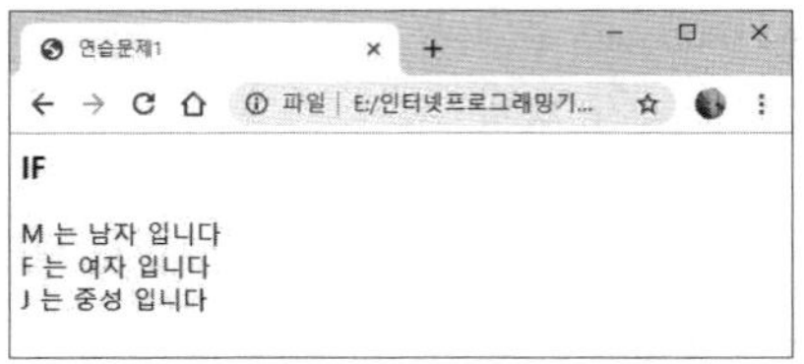

16 다음 그림과 같은 결과를 만들 수 있도록 for문을 사용하여 프로그램을 작성하시오.
(ex5-2.html)

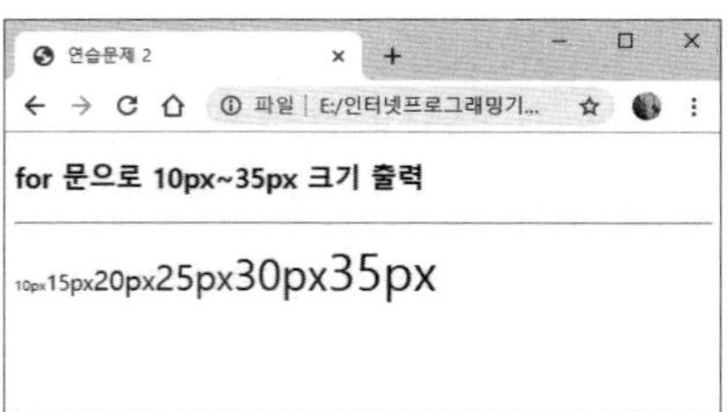

17 다음 그림과 같은 결과를 만들 수 있도록 프로그램을 작성하시오.
(ex5-3.html)

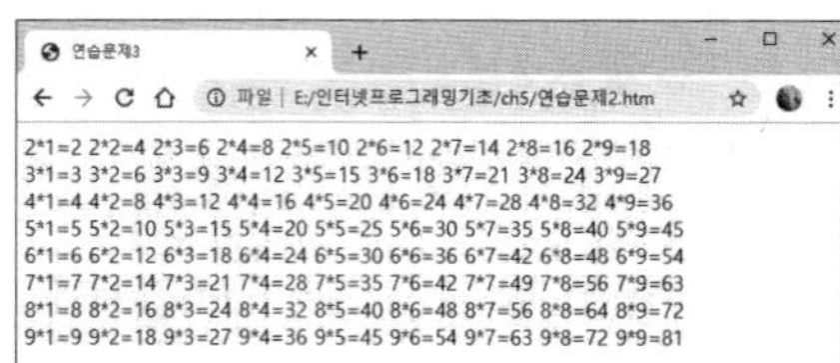

18 다음 그림과 같은 결과를 만들 수 있도록 프로그램을 작성하시오.
(ex5-4.html)

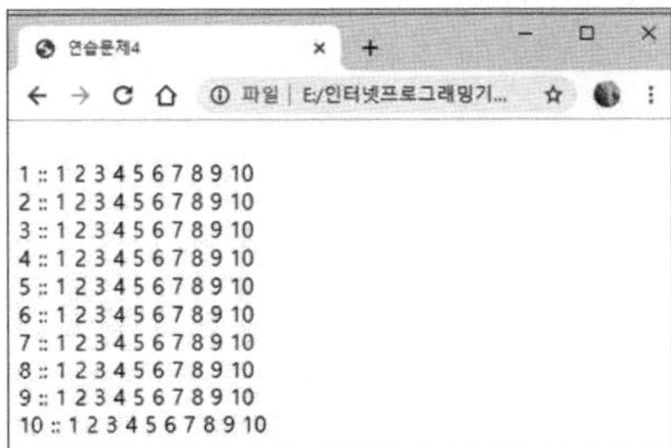

19 다음 그림과 같은 결과를 만들 수 있도록 프로그램을 작성하시오.
(ex5-5.html)

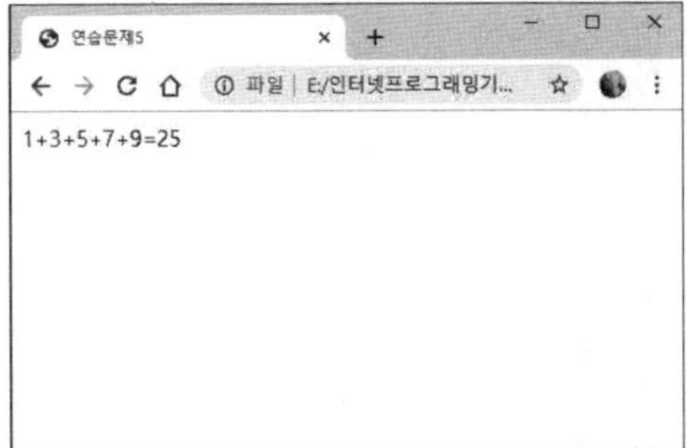

20 다음 그림과 같은 결과를 만들 수 있도록 프로그램을 작성하시오.
(ex5-6.html)

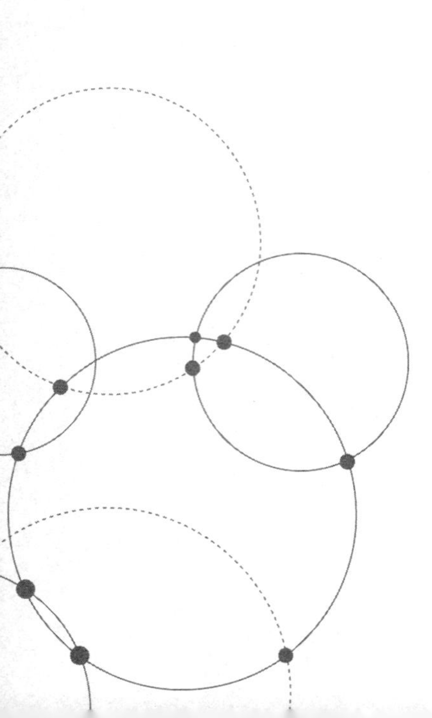

3부

Step by Step!

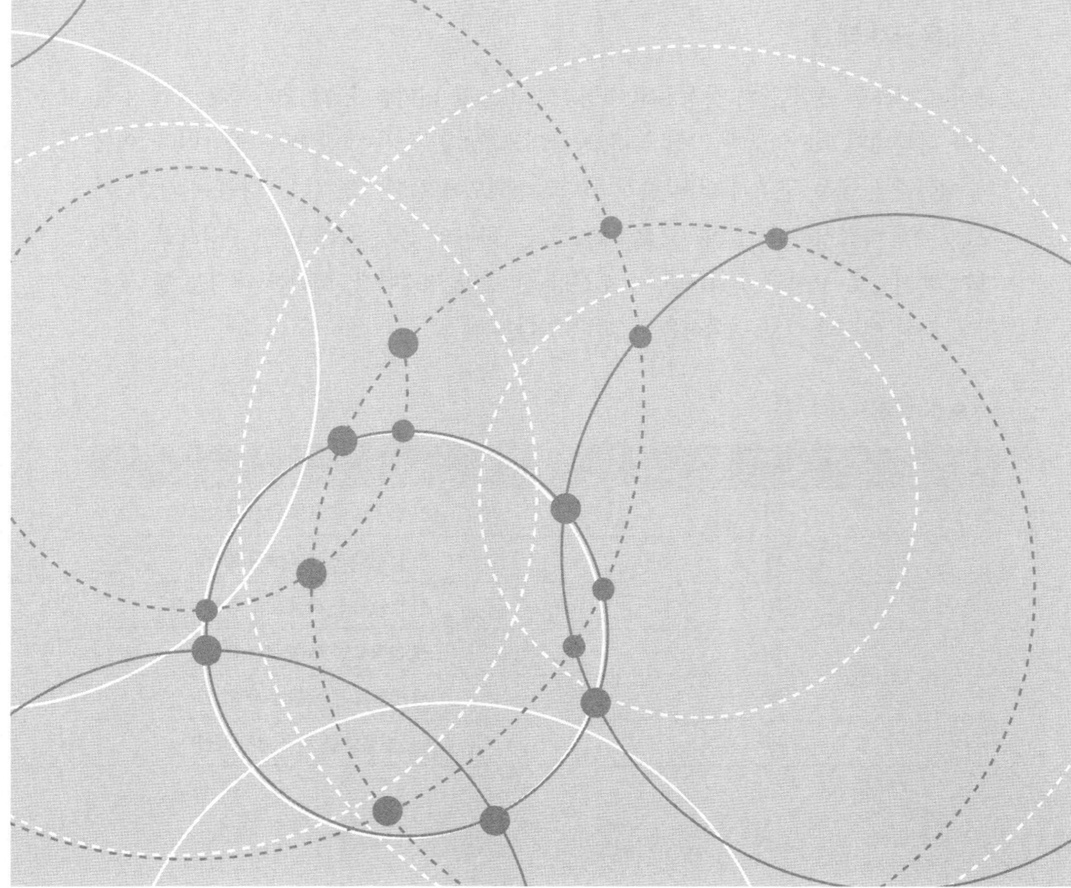

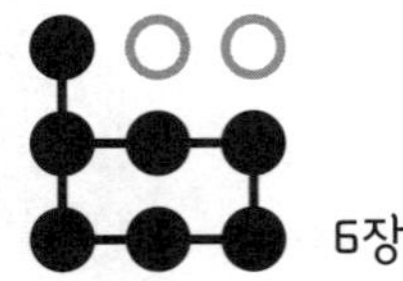

6장

문서작성하기

6.1 폰트 관련 태그와 스타일시트

폰트 관련 태그

제목글자 태그

문서의 제목을 표현할 때 사용하고, h는 Heading를 의미한다. 각 숫자들은 제목의 등급을 나타내며, h1 요소가 가장 높은 등급이고, h6 요소가 가장 낮은 등급이다. 이는 웹 페이지를 계층 구조에 맞게 순서대로 작성되도록 한다. 즉, 〈h1〉 다음에 〈h2〉 가 오는 것이 바람직하다. 원칙적으로 h1 요소는 하나의 문서에 한 번만 지정하고, 여러 개의 섹션으로 구성된 문서라면 각 섹션당 한 번만 지정한다. 이러한 헤딩을 잘 사용하면 검색 엔진의 정보 인식성을 높일 수 있다.

〈표 6-1〉 제목글자 태그

태그	설명
h1	첫 번째로 큰 제목 글자 생성
h2	두 번째로 큰 제목 글자 생성
h3	세 번째로 큰 제목 글자 생성
h4	세 번째로 큰 제목 글자 생성
h5	세 번째로 큰 제목 글자 생성
h6	여섯 번째로 큰 제목 글자 생성

6-1.html

```
<html>
  <head>
    <meta charset="utf-8">
    <title>html5+css3 text</title>
  </head>
  <body>
    <h1>제목 글자 태그 1</h1>
    <h2>제목 글자 태그 2</h2>
    <h3>제목 글자 태그 3</h3>
    <h4>제목 글자 태그 4</h4>
    <h5>제목 글자 태그 5</h5>
    <h6>제목 글자 태그 6</h6>
  </body>
</html>
```

결과 화면은 다음과 같다.

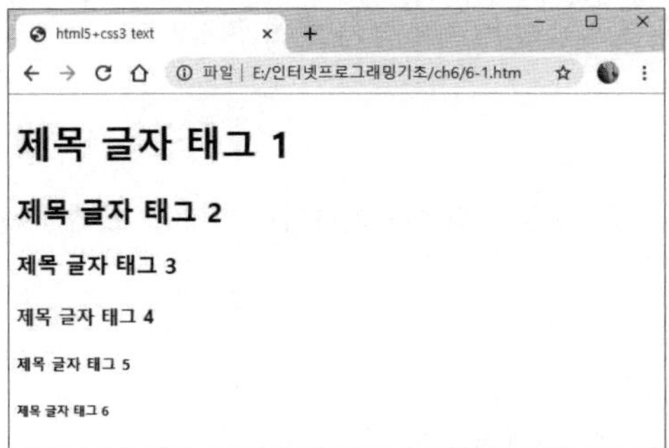

[그림 6-1]

6-1-1.html

```
<h1>웹페이지 작성 시작</h1>
<section>
    <h2>웹페이지 만들기</h2>
    <p>코딩 세계에 오신 것을 환영합니다. 이 교재는 넘사벽 코딩을 쉽게하려는
      목표를 가지고 있습니다.</p>
</section>
<section>
    <h2>웹프로그래밍 언어</h2>
    <p>언어는 커뮤니케이션의 수단입니다.</p>
</section>
<section>
    <h2>웹프로그래밍을 위한 구성요소</h2>
    <section>
        <h3>HTML</h3>
        <p> HTML은 바로 그 웹의 최소 단위인 웹페이지를 만드는 언어로서
            코팅의 출발점입니다. </p>
    </section>
    <section>
        <h3>CSS</h3>
        <p>HTML이 웹페이지의 '뼈'라면 CSS는 '살'이고, HTML이 웹페이지의 정보를
          표현한다면, CSS는 HTML을 보기 좋게 디자인하는 역할을 하는 언어입니다.</p>
    </section>
</section>
<section>
    <h2>JavaScript</h2>
    <p>웹페이지에 상호작용을 도와주는 시나리오 입니다. 웹페이지를 동적으로 만들어
      줍니다. </p>
</section>
```

계층형으로 제목을 작성한 문서의 실행 화면은 다음과 같다.

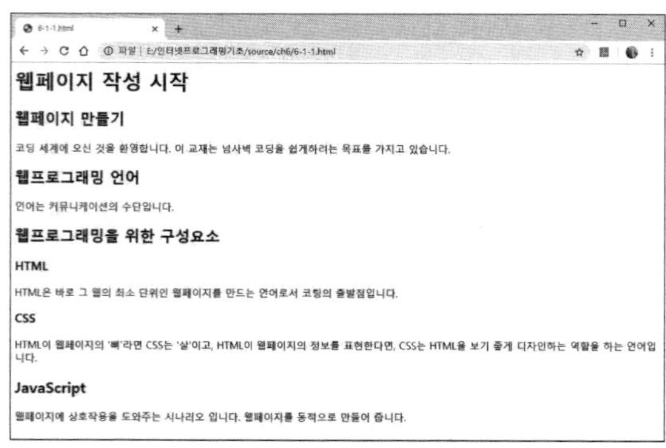

[그림 6-2]

○ 글자모양 태그

웹 페이지에서 가장 기본이 되는 글자 태그가 〈font〉이고, 여기에 글자의 크기, 색상, 글자체 등을 지정하는 속성이 있다.

〈표 6-2〉 포트 태그의 속성과 속성값

기능	속성	속성값	사용 예
글자색 지정	color	색상	`<body bgcolor="red">`
글꼴 지정	face	글자체	`<font face = "굴림체">`
글자 크기 지정	size	숫자	`<font size = "2">`

글꼴을 표현하는데 속성값으로 지정하지 않고, 태그를 이용할 수 있는데, 이에 해당하는 태그는 다음과 같다.

〈표 6-3〉 글자모양 태그

태그	설명
b	굵은 글자
i	기울어진 글자
small	작은 글자
sub	아래 첨자
sup	위 첨자
ins	밑줄 글자
del	가운데 줄이 그어진 글자(취소선)

6-2.html

```
<html>
<head>
    <title>HTML TEXT Basic Page</title>
</head>
<body>
    <h1><b>Lorem ipsum dolor sit amet</b></h1>
    <h1><i>Lorem ipsum dolor sit amet</i></h1>
    <h1><small>Lorem ipsum dolor sit amet</small></h1>
    <h1>Lorem ipsum dolor <sub> sit amet</sub></h1>
    <h1>Lorem ipsum dolor <sup> sit amet</sup></h1>
    <h1><ins>Lorem ipsum dolor sit amet</ins></h1>
    <h1><del>Lorem ipsum dolor sit amet</del></h1>
    <hr />
    <b>Lorem ipsum dolor sit amet</b><br />
    <i>Lorem ipsum dolor sit amet</i><br />
    <small>Lorem ipsum dolor sit amet</small><br />
    Lorem ipsum dolor <sub> sit amet</sub><br />
    Lorem ipsum dolor <sup> sit amet</sup><br />
    <ins>Lorem ipsum dolor sit amet</ins><br />
    <del>Lorem ipsum dolor sit amet</del><br />
</body>
</html>
```

실행결과는 다음과 같다.

[그림 6-3]

다양한 글꼴 태그 이외에 특수문자를 출력해야 하는 경우에 사용하는 태그는 다음과 같다.

〈표 6-4〉 마크업 언어 비교

표기법	설명	표기법	설명
<	여는 괄호	©	저작권 표시
>	닫는 괄호	™	상표 표시
	공백 문자	®	등록상표 표시
&	& 기호 표기	£	프랑 표시
"	쌍따옴표	¥	엔 표시

6-3.html

```
01 <html><head><title>글꼴 태그</title></head>
02 <body>
03 태그           설명             
             결과 <br><br>

04 b             bold (굵은 글자)    <b>bold</b><br>
05 i             italic (이탤릭체)      <i>italic</i>
   <br>
06 u           underline (밑줄)     <u>underline </u>
   <br>
07 em      emphasis (강조할 때) 이태릭체로 표현 <em>emphasis
   </em><br>
08 strong   strong emphasis (강한 강조) 굵은 문자로 표현 <strong>
   strong emphasis</strong><br>
09 </body></html>
```

공백 / 굵은 글씨 / 이탈릭체 / 밑줄표시 / 강조

3행에서 공백을 주기 위하여 를 사용하고, 4행은 굵은 글씨를 위한 〈b〉 태그를 사용한다. 5행은 이택릭체를 표현하기 위하여 〈i〉 태그를 6행은 밑줄을 표시하기 위해 〈u〉태그를 사용한다. 7행에서 강조체는 〈em〉을 사용한다. 결과 화면은 다음과 같다.

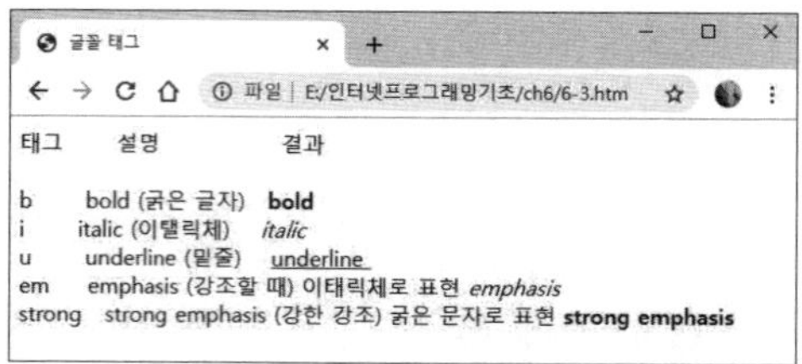

[그림 6-4]

6-4.html

```
<html><head><title>글꼴 태그</title></head>
 <body background="bg6.gif">
                <font size=7 color=red face=굴림체>빨</font>
     <font size=6 color=orange face=궁서체>주</font>
                <font size=5 color=yellow face=돋움체>노</font>
     <font size=4 color=green face=바탕체>초</font>
                <font size=3 color=blue face=고딕체>파</font>
     <font size=2 color=navy face=명조체>남</font>
                <font size=1 color=purple face=샘물체>보</font>
</body></html>
```

결과 화면은 다음과 같다.

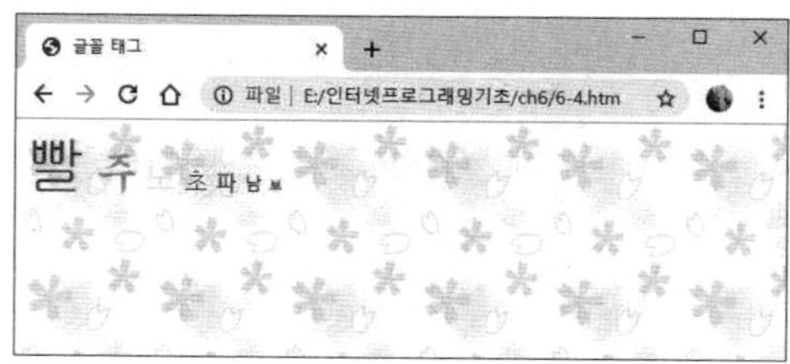

[그림 6-5]

: 폰트 관련 스타일시트

웹 페이지에서 글자에 대한 스타일을 정의해주면 좀 더 화려하고 세련된 문서를 작성할 수 있다. 폰트 속성과 속성값에 해당하는 정의는 다음과 같다.

〈표 6-5〉 폰트 속성과 속성값

종류	속성	속성값	사용 예
font-style	이탤릭체 등의 글꼴의 스타일 지정	normal: 기본 italic: 이탤릭체	font-style: italic
font-weight	글자 두께	미리 정의된 단어나 100~900 사이의 숫자	font-weight: bold
font-size	글자 크기	px, px, em, 등의 단위와 small, big 등의 상수 크기를 사용	font-size: 20px;
font-family	글꼴 (굴림, 돋움, …)	〈font〉 태그의 face 속성과 효과와 동일	font-family: "궁서"
line-height	줄 간격	글꼴 변형 (소문자를 대문자로 바꾸는 등의)	line-height: 1.2em
font-variant	글꼴 변형 (소문자를 대문자로 바꾸는 등의)	normal, small-caps	font-variant:small-caps

6-5.html

```
01 <HTML><HEAD><TITLE> 폰트 스타일</TITLE>
02    <STYLE type="text/css">
03    <!--
04       H3 {font-family : 굴림 ; font-weight : lighter; color : red }
05       p {font-family : Helvetica ; font-weight : bolder ; font-style : italic
   ; font-size : 20pt ; }
06    --></STYLE></HEAD>
07 <BODY><H3> 폰트 스타일시트 (H3 스타일 적용 중) 테스트</H3>
08    <P>글자 크기는 20pt이고, 이탤릭체이며 폰트의 종류는 Helvetica 입니다.</P>
09 </BODY></HTML>
```

4행에서는 〈h3〉 태그 부분에 대하여 글꼴은 굴림, 글자 굵기는 기본값인 400보다 한 단계 낮은 lighter, 글자색은 빨간색으로 정의하였고, 5행에서는 〈p〉 태극에 대하여 8행과 동일한 기능을 설정하였다.

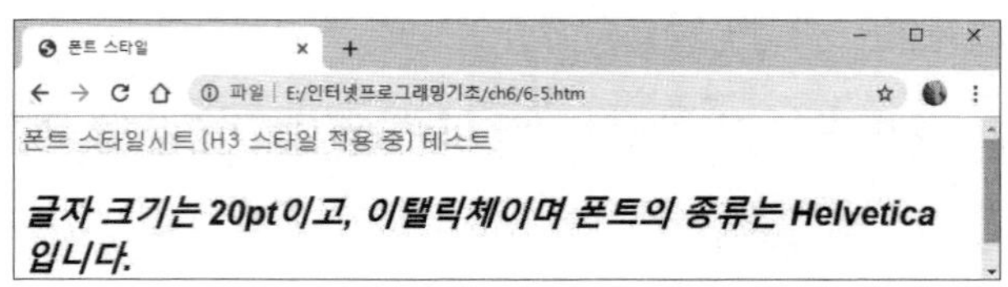

[그림 6-8]

스타일시트에서 속성값을 지정할 때 사용되는 단위를 정리하면 다음과 같다.

〈표 6-6〉 속성값의 단위

단위	의미	사용 예
em	배수	font-size : 5em; 현재 폰트의 5배 크기
%	퍼센트	font-size : 200%; 현재 폰트의 200% 크기
px	픽셀 수	font-size :10px; 10픽셀 크기
cm	센티미터	margin-left : 5cm; 왼쪽 여백 5cm
mm	밀리미터	margin-left : 10mm; 왼쪽 여백 10mm
in	인치. 1in=2.54cm=96px	margin-left : 3in; 왼쪽 여백 3인치
pt	포인터. 1pt=1in의 1/72 크기	margin-left : 50pt; 왼쪽 여백 50포인트
pc	피카소(picas). 1pc=12pt	font-size : 5pc; 5pc 크기의 폰트
deg	각도	transform : rotate(50deg); /시계 방향으로 50도 회전

스타일시트 속성값에 사용되는 너비(width)와 높이(height)는 가로와 세로 길이를 의미한다. 값을 정의할 때는 "100px" 처럼 숫자 뒤에 단위를 표시하여 사용한다.

```
{width: 100px; height: 60px}
```

또한 여백을 나타내는 속성에 margin, padding이 있는데, 이는 border을 기준으로 각각 바깥쪽 여백과 안쪽 여백을 지정한다.

```
{margin: 10px; padding: 20px}
```

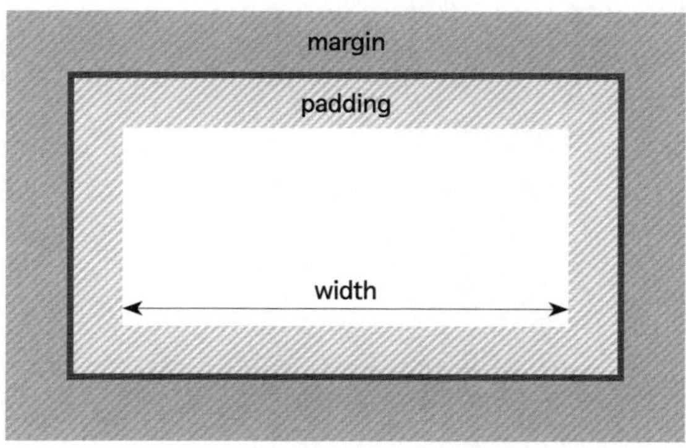

[그림 6-7]

클래스를 사용하여 문단 중심의 속성들을 적용한 예제를 작성하여 보자.

6-6.html

```
<HTML><HEAD><TITLE> 폰트 스타일</TITLE>
      <STYLE type="text/css">
      <!--
         span {font-variant : small-caps ; font-weight : bold; color : red}
         .test1 {letter-spacing : 0 em; line-height: 1 em;}
         .test2 {letter-spacing : 0.5 em; line-height: 2 em;}
         .test3 {letter-spacing : 1 em; line-height: 3 em;}
       --></STYLE></HEAD>
   <BODY><span> font 스타일시트 테스트</span>
<P class="test1">진정한 천재란, </P>
<P class="test2">진정한 천재란, </P>
<P class="test3">진정한 천재란, </P>
</BODY></HTML>
```

결과 화면은 다음과 같다.

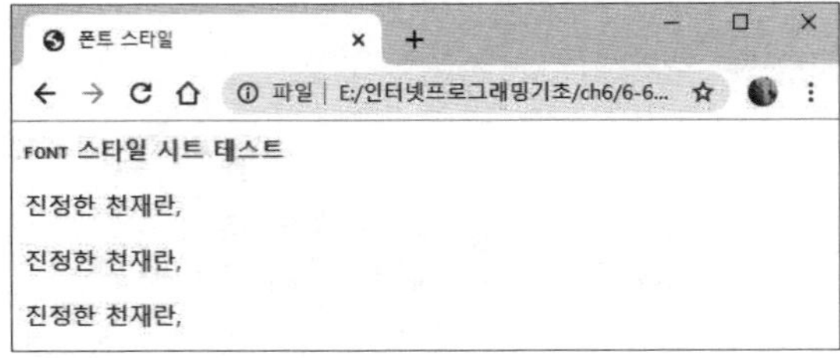

[그림 6-8]

6.2 텍스트 관련 태그와 스타일시트

텍스트 관련 태그

문단 관련 태그

메모장에서 입력한 내용이 브라우저에 그대로 나타나지 않기 때문에 줄바꿈이나 주석문, 수평선 등을 입력하고자 할 경우에는 태그를 사용하여야 한다. 이와 관련된 태그가 문단 관련태그이고, 다음과 같이 정리할 수 있다.

〈표 6-7〉 문단 관련 태그

기능	속성	속성값	사용 예
줄바꿈	〈br〉		내용〈br〉
문단 구분 및 줄바꿈	〈p〉	align	내용〈p〉 //내용 후 줄 바꿈 〈p align=center〉내용〈/p〉 //내용을 중앙 정렬
문단 구분	〈div〉	align	〈div align=left〉내용〈/div〉
제목 출력	〈h숫자〉	align	〈h2 align=center〉내용〈/h2〉 //h2 크기로 중앙 정렬해서 내용 출력 숫자는 1~6까지 사용 가능
중앙 정렬	〈center〉		〈center〉내용〈/center〉
수평선	〈hr〉	align size width color Noshade	〈hr size=굵기 width=길이 align=정렬방식 color=색상 Noshade〉
키보드로 입력한 형식 유지	〈pre〉		〈pre〉내용〈/pre〉 //내용은 그대로 출력되므로 공백을 위한 특수 문자는 사용하지 않음
태그 그대로 출력	〈xmp〉		〈xmp〉내용〈/xmp〉 //내용에 있는 태그 그대로 출력되므로 html 태그 강의록 작성 시 유리함
주석문	〈!-- --〉		〈 !--설명문 --〉
문자열 흘러가기	marquee	width height behavior direction loop scrolldelay scrollmount bgcolor	〈marquee width=너비 height=높이 behavior=scroll/slide/alternate direction=left/right/up/down loop=횟수 scrolldelay=시간 간격 scrollamount=움직이는 거리 bgcolor=배경색〉내용〈/marquee〉

줄바꾸기에 이용하는 〈br〉과 〈p〉 태그는 일반 줄바꾸기와 문단 줄바꾸기로 분류할 수 있다.

6-8.html

```
<html><head><title>문단 관련 태그</title></head>
 <body>
 지식 경영, 자원 경영, 권력 경영 <br>
 3가지 모델을 구체적 사안에 맞추어 유기적으로 사용함으로써<p>
 <p> 한국적 상황에 맞는 효율적 경영이 가능하다</p>

 ------ h 태그 연습 ---------------<br>
<h1>지식 경영(Knowledge Management)</h1>
<h2>지식 경영(Knowledge Management)</h2>
<h3>지식 경영(Knowledge Management)</h3>
<h4>지식 경영(Knowledge Management)</h4>
<h5>지식 경영(Knowledge Management)</h5>
<h6>지식 경영(Knowledge Management)</h6>

</body></html>
```

결과 화면은 다음과 같다.

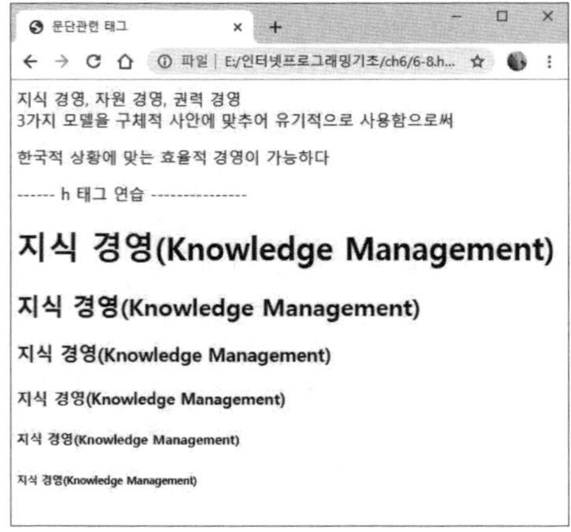

[그림 6-9]

다음은 〈hr〉을 이용하여 수평선을 그리고, 동적인 표현을 위한 〈marquee〉 태그 속성값을 이용한 프로그램을 작성해보자.

6-9.html

```
<html><head><title>문단 관련 태그</title></head><body>
<hr>
<marquee width="400" height="50" behavior="scroll" direction="left" loop="10"
 scrolldelay="500">지식경영(Knowledge management)</marquee>
<hr width="80%">
<hr width="70%" noshade>
</body></html>
```

결과 화면은 다음과 같다.

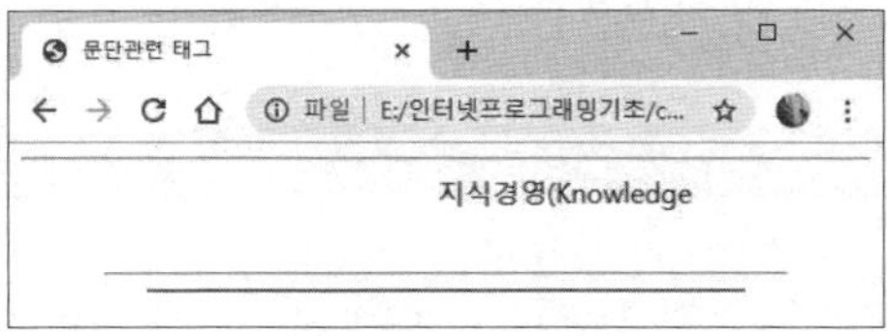

[그림 6-10]

도형과 특수문자를 표시하는 프로그램을 작성해 보자.

6-10.html

```
<html><head><title>문단 관련 태그</title></head>
<body text=white bgcolor=#191970>
<h3>특수 문자 이용법</h3>
      ♥♥
      ♥♥<br>
    ♥♥♥♥  ♥♥♥♥<br><br><br>
<pre>
     ♥♥      ♥♥
   ♥♥♥♥ ♥♥♥♥
</pre>
<!-- 코딩4 :xmp태그 사용례  -->
<xmp>
     ♥♥      ♥♥<br>
   ♥♥♥♥ ♥♥♥♥<br>
</xmp></body></html>
```

결과는 다음과 같다.

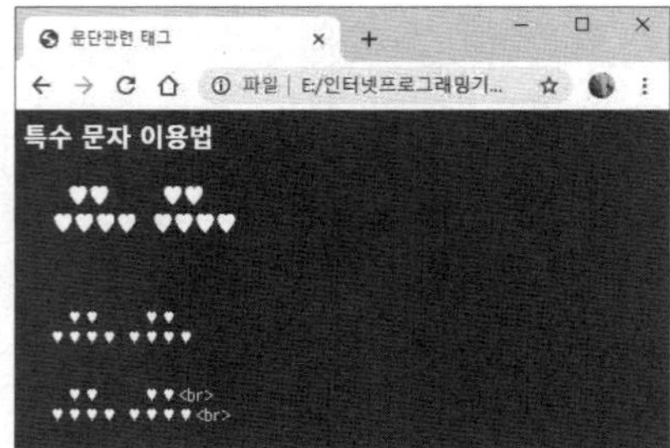

[그림 6-11]

다음은 문단태그를 활용하는 프로그램을 작성해 보자.

6-11.html

```
01 <html><head><title>문단 관련 태그</title></head>
02 <body bgcolor=#B22222 text=#ffff0 leftmargin=200 topmargin=100>
03 <marquee width="400" height="50" behavior="scroll" direction="left" loop="10"
   scrolldelay="500"> 지식경영(Knowledge management)</marquee><br>
04 <font size="7" face="arial black">D</font>on't try to beat the market <br><br>
05 <font size="7" face="궁서체">시</font>장을 이기려 시도하지 마라
06 </body></html>
```

2행에서 배경색과 글자색, 왼쪽 여백 200, 윗 여백 100을 설정하고 3행에서 〈marquee〉 태그는 움직이는 글자를 설정하는 태그로서 왼쪽 500, 왼쪽 방향으로 10회 반복하면서 글자가 움직인다.

[그림 6-12]

텍스트 관련 스타일시트

웹 페이지에서 여러 가지 문서의 스타일을 정의하기 위해서 사용하는 스타일시트가 텍스트 관련 스타일시트이다.

```
text-indent : <length>|<percentage>;/* 들여쓰기 */
text-align : left|right|center|justify;/* 정렬 */
text-decoration : none|underline|overline|line-through;/* 텍스트 꾸미기 */
```

6-12.html

```
01 <HTML><HEAD><TITLE> 텍스트 스타일</TITLE>
02 <STYLE type="text/css">
03 <!--
04    H3 {text-align:right ; text-indent:3cm ; }
05    p {text-decoration:overline ; text-transform:uppercase ; font-style : italic ;
   font-size: 20pt ; }
06    --></STYLE></HEAD>
07 <BODY><H3> 텍스트 스타일 </H3>
08    <P>텍스트 장식은 overline이고, 이탤릭체이며, 폰트의 크기는 20 포인트입니다.</P>
09 </BODY></HTML>
```

4행은 〈h3〉 태그의 스타일을 중앙정렬, 글자사이의 간격을 3cm로 정의하고, 5행에서는 〈p〉 태그에 글자 위에 밑줄을 그리고 글자 중 영문자 소문자를 대문자로 변경한다.

[그림 6-13]

6-13.html

```
<html>
<head><title>텍스트 꾸미기</title>
<style>
h3 {
      text-align : right; /* 오른쪽 정렬 */
}
span {
      text-decoration : line-through; /* 중간 줄 */
}
strong {
      text-decoration : overline; /* 윗줄 */
}
.p1 {
      text-indent : 3em; /* 3 글자 들여쓰기 */
      text-align : justify; /* 양쪽 정렬 */
}
.p2 {
      text-indent : 1em; /* 1 글자 들여쓰기 */
      text-align : center; /* 중앙 정렬 */
} </style>
</head>
<body>
<h3>텍스트 꾸미기</h3>
<hr>
      <p class="p1">HTML의 태그만으로 기존의
            워드 프로세서와 같이 들여쓰기, 정렬, 공백,
            간격 등과 세밀한 <span>텍스트 제어</span>를
            할 수 없다. </p>
      <p class="p2">그러나,
            <strong>스타일시트</strong>는 이를
             가능하게 한다. 들여쓰기, 정렬에 대해서
             알아본다
      </p>
</body></html>
```

결과는 다음과 같다.

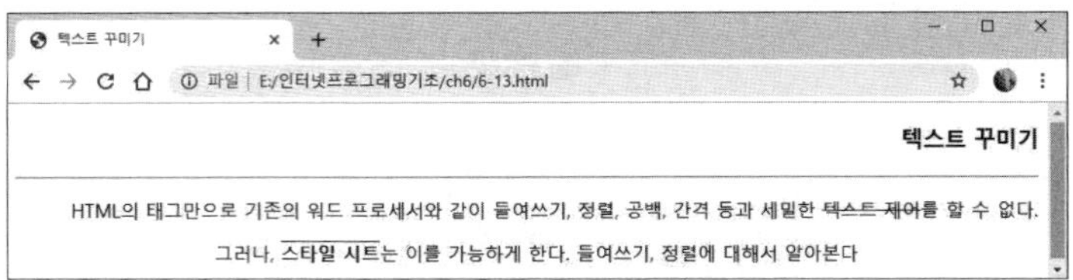

6.3 배경 관련 태그와 스타일시트

배경 관련 태그

문서 전체 속성을 지정하는 태그는 〈body〉이고, 다양한 속성을 통하여 전체 문서를 표현할 수 있다.

〈표 6-8〉 배경 관련 태그의 속성과 속성값

기능	속성	속성값	사용 예
배경색 지정	bgcolor	속성값	〈body bgcolor="red"〉
배경 이미지 지정	backgroung	이미지 파일명	〈body background="이미지파일명"〉
배경 글자색 지정	text	색상	〈body text="white"〉
하이퍼링크 글자색 지정	link	색상	〈body link="red"〉
클릭될 하이퍼링크 글자색 지정	alink	색상	〈body link="blue"〉
클릭 후 하이퍼링크 글자색 지정	vlink	색상	〈body vlink="black"〉
문서의 윗 여백 지정	topmargin	픽셀	〈body topmargin="100"〉
문서의 왼쪽 여백 지정	leftmargin	픽셀	〈body leftmargin="50"〉
배경 이미지 고정	bgproperties	fixed	〈body bgproperties="fixed"〉
스크롤 바 비활성화	scroll	no	〈body scroll="no"〉

속성값으로 사용되는 값으로는 일반적인 영문 컬러명과 색상을 표기하는 RGB(Red Green Blue)를 16진수 2자리로 표기한다. 이때 색상명 앞에 "#"을 붙여서 사용하며, 각 자리는 0에서 16진수 최댓값인 F까지 설정할 수 있다. 이러한 RGB 색상을 이용하면 단순한 색상이 아니라 혼용된 색상을 사용하면 고급스러운 문서 작성이 가능하다.

〈표 6-9〉 RGB 표기법

이름	코드	색	이름	코드	색
brown	#A52A2A		deepskyblue	#00BFFF	
blueviolet	#8A2BE2		gold	#FFD700	
darkorange	#FF8C00		olivedrab	#6B8E23	

6-14.HTML

```
<html><head><title>배경 태그</title></head>
<body bgcolor=#8B4513 text="#FFFAFA" leftmargin="100">
전화 통화의 예절

나의 하루 일과를 보면, 그 대부분이 전화통화 아니면 회의를 하는 시간인데,
아마 여느 경영진들도 이와 크게 다르지 않으리라 본다. 따라서 이 두 업무활동만
잘 조절할 수 있다면, 나머지 모든 것들은 자연스럽게 적절한 위치에 배치될 것이다.
</body></html>
```

결과는 다음과 같다.

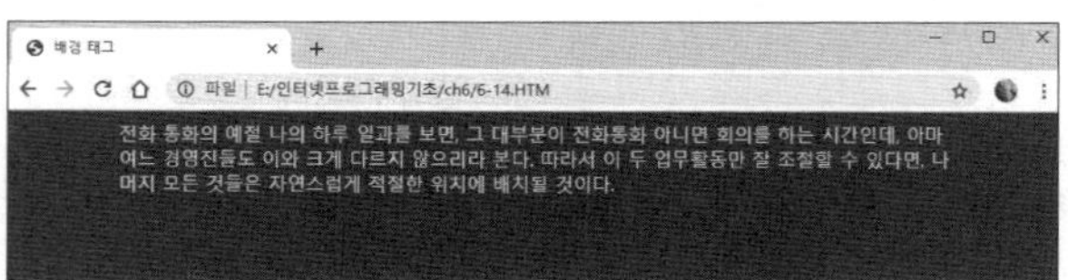

[그림 6-14]

배경 관련 스타일시트

웹 페이지에서 배경색뿐만 아니라 이미지를 연결하여 배경으로 저장이 가능한데, 이와 관련된 스타일의 속성과 속성값은 〈표 6-7〉과 같다.

6-15.html

```
01 <HTML><HEAD><TITLE> 배경 스타일</TITLE>
02 <STYLE type="text/css">
03  body {background-color:red;background-image:url("bg2.jpg"); background-
        position:10% 10%}
04  P.TEST1 {font-size : 15pt; line-height : 1.5; text-decoration : over-line; }
05  P.TEST2 {font-size : 18pt; text-decoration : line-through; text-align :center;}
06  P.TEST3 {font-size : 14pt; text-indent : 10;text-decoration : overline; text-
          align : right;}
07 </STYLE></HEAD> <BODY><H3> 잠언 시집 </H3><BR>
08    <P CLASS=TEST1> 종은 누가 그걸 울리기 전에는 종이 아니다. </P>
09    <P CLASS=TEST2> 그런 길은 없다. </P>
10    <P CLASS=TEST3> 일찍 일어나는 새 당신이 새라면 아침에 일찍 일어나야 한다.</P>
11 </BODY></HTML>
```

3행은 〈body〉 태그의 속성을 지정하고 있는데, 배경 이미지와 위치를 설정한다. 4행에서 6행은 〈p〉태그에서 사용할 수 있는 클래스 TEST1, 2, 3의 스타일을 정의하고, 8행에서 10행은 이들을 호출하고 있다.

[그림 6-15]

6-16.html

```
<HTML><HEAD><TITLE> 배경 스타일</TITLE>
<STYLE type="text/css">
   body {background-image:url("bg1.gif"); background-repeat : repeat;
         background-position:10% 30%}
</STYLE></HEAD> <BODY><H3> 잠언 시집 </H3><BR>
   종은 누가 그걸 울리기 전에는 종이 아니다.
   노래는 누가 그걸 부르기 전에는 노래가 아니다.
   당신의 마음속에 있는 사랑도 한쪽으로 치워 놓아선 안된다.
   사랑은 주기 전에는 사랑이 아니니까 그런 길은 없다.
   아무리 어둔 길이라도 나 이전에 누군가는 이 길을 지나갔을 것이다.
</BODY></HTML>
```

결과는 다음과 같다.

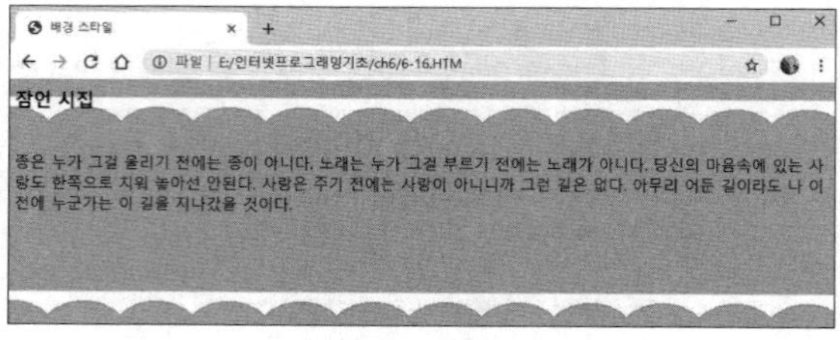

[그림 6-16]

색과 관련된 대표적인 속성들을 정리하면 다음과 같다.

```
color : 색                    / * HTML 태그의 텍스트 글자색  * /
background-color :            / * HTML 태그의 배경 색  * /
border-color :                / * HTML 태그의 테두리 색  * /
```

6-17.html

```
<html>
<head><title>CSS3 색 활용</title>
<style>
div {
      margin-left : 30px;
      margin-right : 30px;
      margin-bottom : 10px;
      color : white; /* 모든 <div> 글자 색은 white */
}
</style>
</head>
<body>
<h3>CSS3 색 활용</h3>
<hr>
<div style="background-color:deepskyblBue">
      deepskyblue(#00BFFF)</div>
<div style="background-color:brown">
      brown(#A52A2A)</div>
<div style="background-color:fuchsia">
      fuchsia(#FF00FF)</div>
<div style="background-color:darkorange">
      darkorange(#FF8C00)</div>
<div style="background-color:#008B8B">
      darkcyan(#008B8B)</div>
<div style="background-color:#6B8E23">
      olivedrab (#6B8E23)</div>
</body>
</html>
```

결과는 다음과 같다.

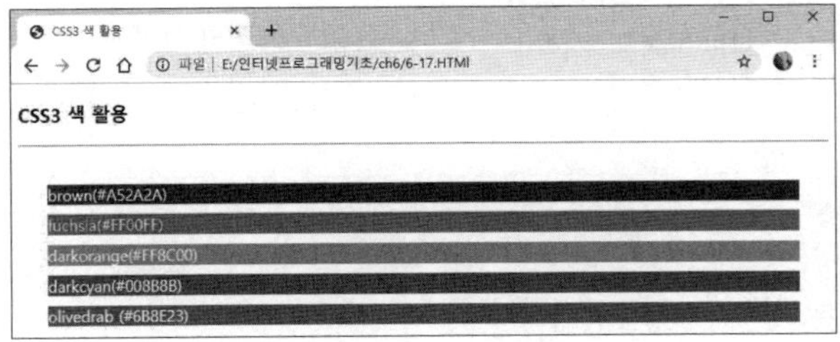

[그림 6-17]

6.4 목록 관련 태그와 스타일시트

목록 관련 태그

웹 페이지에서 목록을 만들어서 사용하는 경우가 많으며, 목록 앞에 여러 가지 기호를 사한다. 목록을 제공하는 태그로는 비순서리스트인 〈ul〉과 순서리스트인 〈ol〉이 있다. 또한 사전식 목록을 제공하는 〈dl〉과 인용문 처리를 가능하게 하는 〈blockquote〉 등이 있다.

일반목록

```
<ul type = "불릿 종류">
    <lh>목록의 제목
    <li>목록 1
    <li>목록 2
</ul>
```

목록의 제목
1. 목록 1
2. 목록 2

여기서 불릿은 둥근 모양(disk)를 기본으로 하고, “circle” ,“square” 등을 지정할 수 있다.

```
<ol type = "불릿 종류">
    <lh>목록의 제목
    <li>목록 1
    <li>목록 2
</ol>
```

목록의 제목
- 목록 1
- 목록 2

순서 목록의 기본 형식은 숫자형식이다.

〈표 6-10〉 목록태그 속성

기능	속성	사용 예
시작 번호 지정	start	〈ol start=10〉 //10부터 번호 부여
해당 목록의 시작 번호 지정	value	〈li value=10〉 //10부터 목록 번호를 부여
목록 번호 스타일 지정	type	〈ol type=a〉 //소문자로 번호를 부여 〈li type=i〉 //로마자 소문자로 해당목록의 번호 부여

○ 사전식 목록

```
<dl>
    <dt>용어 제목
    <dd>용어 설명
</dl>
```

여기서 〈dl〉은 Dictionary List이고, 〈dt〉는 Dictionary Title이고, 〈dd〉는 Dictionary Document의 약어이다.

○ 인용문

```
<blockquote>
    인용문
</blockquote>
```

이러한 목록들을 활용한 프로그램을 작성해보자.

6-18.html

```
<HTML><HEAD><TITLE>목록 태그 연습</TITLE><HEAD>
<BODY>
  <UL type=square>
     <LH>과일의 종류 <LI>사과 <LI>딸기 <LI>포도 </UL>
   <OL type=A>
     <LH>자동차 제조사<LI>현대<LI>대우 <LI>쌍용</OL>
   <OL type=1 start=100><LH>부자 되기 원칙
     <LI>Start early<LI>Use your 401(k) <LI>Keep it simple </LI></OL>
   <UL type=square>
     <LI>로맨틱코미디
       <OL><LI>해리와 샐리가 만났을 때 <LI>당신이 잠든 사이에 </OL>
     <LI>액션
       <OL><LI>글래디에이터 <LI>트랜스포머 <LI>나쁜녀석들  </OL>
</BODY> </HTML>
```

결과는 다음과 같다.

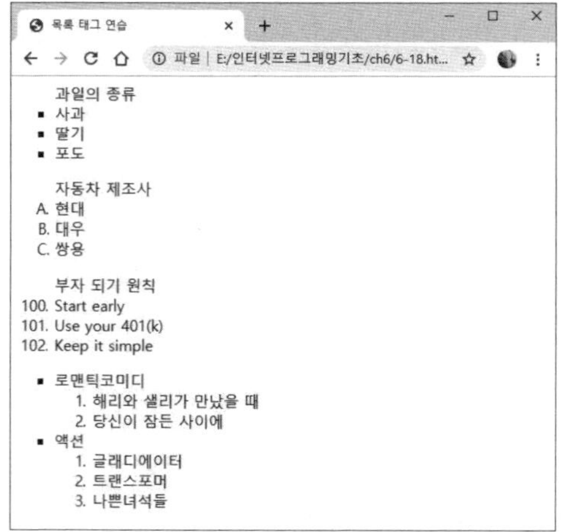

[그림 6-18]

불릿을 이미지로 대체하여 작성하여 보자.

6-19.html

```
<HTML><HEAD><TITLE>목록 태그 연습</TITLE><HEAD>
<BODY>
  <UL type=square>
      <img src="bullet1.gif">로맨틱코미디
            <UL><img src="bullet2.gif">해리와 샐리가 만났을 때 <BR>
                <img src="bullet2.gif">당신이 잠든 사이에 </UL>
    <img src="bullet1.gif">액션
            <UL><img src="bullet2.gif">글래디에이터<BR>
                <img src="bullet2.gif">트랜스포머 <BR>
                <img src="bullet2.gif">나쁜녀석들 </UL>
                    <img src="bullet1.gif">공포
            <UL> <img src="bullet2.gif">쏘우<BR>
                    <img src="bullet2.gif">므이<BR>
                    <img src="bullet2.gif">극락도살인사건</UL>
</UL></BODY></HTML>
```

결과는 다음과 같다.

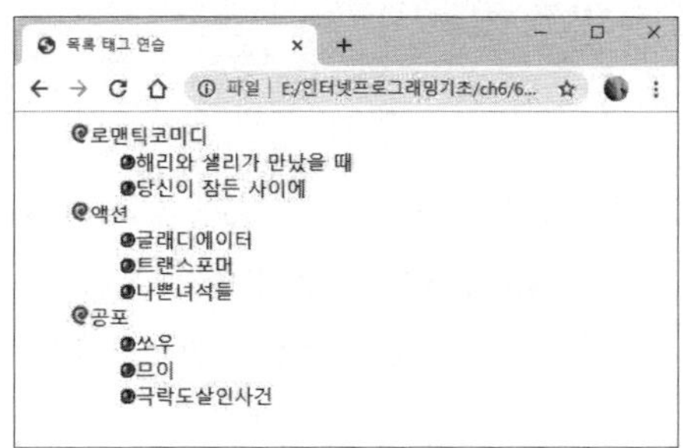

[그림 6-19]

: 목록 관련 스타일시트

목록에서 이용하는 〈ul〉과 〈li〉태그를 이용하여 기본적으로 제공되는 검은색 사각형이나 원, 로마자, 알파벳 문자 이외의 불릿을 스타일로 지정하여 변경할 수 있다.

〈표 6-11〉 목록 관련 속성과 속성값

프로퍼티	설명
list-style-type	아이템 마커 타입 지정
list-style-image	아이템 마커 이미지 지정
list-style-position	아이템 마커의 출력 위치 지정(아이템 영역 내 혹은 영역 바깥)
list-style	앞의 3개 프로퍼티 값을 한 번에 지정하는 단축 프로퍼티

6-20.html

```
01 <HTML><HEAD><TITLE> 불릿 스타일</TITLE>
02 <STYLE type="text/css">
03    .TEST1 {list-style-type:squre;}
04    .TEST2 {list-style-image:url("bullet1.gif");list-style-position:inside}
05    .TEST3 {list-style-image:url("bullet2.gif");list-style-position:outside}
06 </STYLE></HEAD> <BODY>
07    <ul CLASS="TEST1">성공의 조건 <li>꾀<li>꼴<li>끼<li>깡 </ul>
08    <ul CLASS="TEST2">피터드러그<li>프로페셔널의 조건<li>경영학바이블<li>성공시대 </ul>
09    <ul CLASS="TEST3">하버드 스타일<li>자유<li>경쟁<li>변화 </ul>
10 </BODY></HTML>
```

3행은 불릿 스타일을 사각형을 지정하고, 4행과 5행은 이미지를 불릿으로 사용한다. 차이점은 inside는 제목을 중심으로 리스트들이 안으로 들어가고 outside는 밖에 위치해 있다는 점이다. 이들은 7행에서 9행에서 호출되어 실행된다.

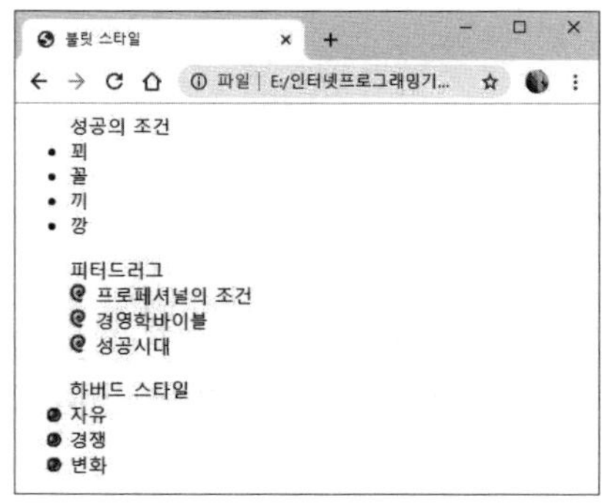

[그림 6-20]

목록과 관련된 스타일 형식과 사용례는 다음과 같다.

```
ist-style-type : disc | armenian | circle|cjk-ideographic|decimal | geotgian | lower-alpha |
lower-roman | square | upper-alpha | upper-roman | none
```

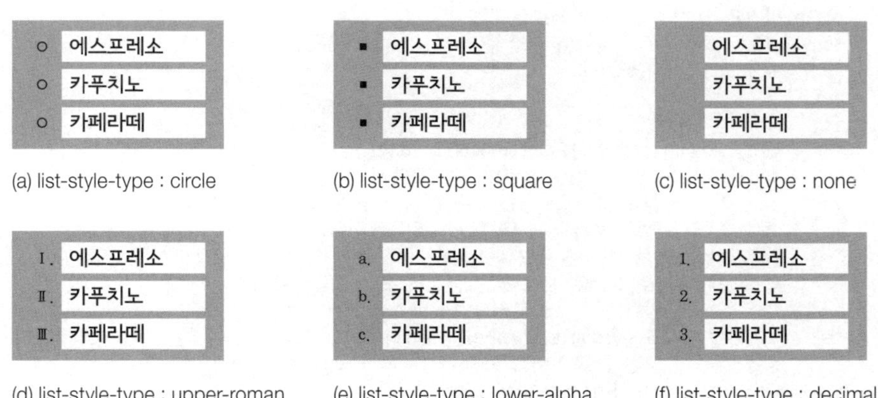

(a) list-style-type : circle (b) list-style-type : square (c) list-style-type : none

(d) list-style-type : upper-roman (e) list-style-type : lower-alpha (f) list-style-type : decimal

6-21.html

```
<HTML><HEAD><TITLE> 목록 스타일</TITLE>
<STYLE type="text/css">
   ul{list-style:squre url("bullet3.gif") inside}
</STYLE></HEAD> <BODY>
   <ul>최근 읽은 책 <li>웹 2.0<li>경영학 바이블<li>하버드 스타일<li>성공의 조건 </ul>
</BODY></HTML>
```

결과는 다음과 같다.

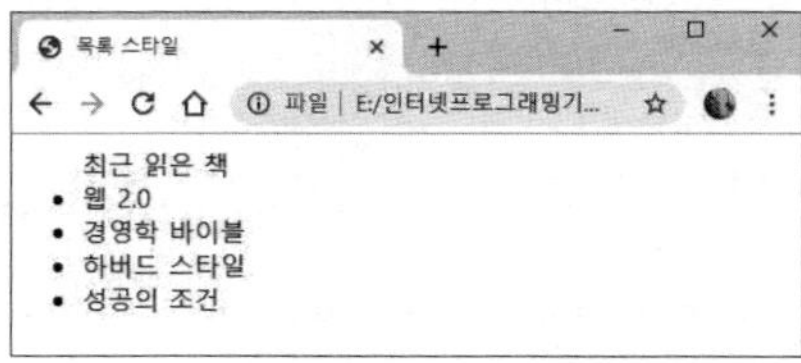

[그림 6-21]

사전식 목록을 사용하는 예제를 작성해보자.

6-21-1.html

```
<!DOCTYPE html>
<html>
<head>
<meta charset="UTF-8">
<title>리스트 실습</title></head>
<body>
<h3>웹 프로그래밍 기초</h3>
<hr>
<dl>
	<dt><strong>월드와이드 웹(WWW)</strong>
	<dd>인터넷은 많은 작은 네트워크가 모여서 만들어지는데,
		월드 와이드 웹은 수백만의 사람들이 매일 같이 사용하는
		많은 컴퓨터가 연결된 네트워크이다.
	<dt><strong>웹 브라우저</strong>
	<dd>웹페이지를 볼 때 사용하는 컴퓨터 프로그램으로
		인터넷 익스플로러(Internet Explorer),
		크롬(Google Chrome), 사파리(Safari),
		모질라 파이어폭스(Mozilla Firefox) 등이 있다.
	<dt><strong>웹서버</strong>
	<dd>다른 컴퓨터에 정보를 제공해주는 컴퓨터를 서버라고 하며,
		웹브라우저에 웹페이지 정보를 제공해주는 하드웨어
		혹은 소프트웨어를 웹서버라고 한다.
</dl>
</body>
</html>
```

결과는 다음과 같다.

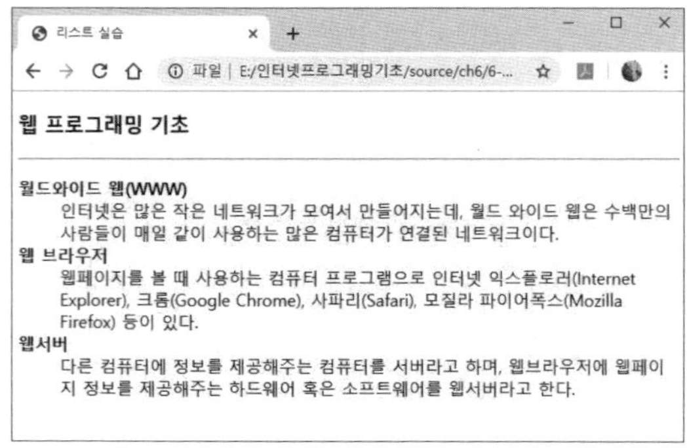

[그림 6-22]

6.5 하이퍼링크 태그와 스타일시트

하이퍼링크 관련 태그

웹 페이지는 링크로 연결되어 있고, 이는 〈a〉 태그를 사용하여 연결한다. 이러한 하이퍼링크의 방법에는 동일 컴퓨터에서 2개의 웹페이지 연결 혹은 다른 컴퓨터에 있는 웹 페이지 연결, 메일주소와 연결, 한 웹 페이지 내에서 위치 이동하는 등의 형태가 있다.
〈a〉 태그는 텍스트에 링크를 설정하고, 속성은 대표적으로 href와 target이 있다. href는 링크 주소를 지정하고, target은 링크를 어떤 프레임에 열 것인지를 결정하는데, 여기에는 새 창을 여는 _blank, 부모창에 여는 _parent, 자신의 창에 여는 _self 등이 있다. 화면이 여러 프레임으로 이루어진 경우 모든 프레임을 지우고 전체 화면에 여는 _top도 있고, 이외의 속성으로 name과 title이 있다.
〈a〉 태그는 문단, 목록, 테이블뿐만 아니라 섹션 전체를 감쌀 수도 있으나, 태그 안에 버튼이나 링크 등 인터렉티브한 요소가 포함되어 있으면 안된다.

〈표 6-12〉 하이퍼링크 태그 속성

기능	속성	사용 예

접속 기능	href	〈a href=http://www.naver.com〉
		//네이버 사이트 접속
		〈a href="aa.htm"〉
		//aa.htm 파일로 연결
		〈a href="a.gif"〉〈imag src="a.gif"〉
		//a.gif이미지 파일로 연결
		〈a href="mailto:a@naver.com"〉
		//해당 매일 주소로 아웃룩 익스프레스 실행
		〈a href="top"〉
		//현재 문서의 top 책갈피로 이동

표시할 목적 위치 지정	target	〈a href="aa.htm" target=blank〉
		//aa.htm파일을 새 창에서 보여줌
		〈a href="aa.htm" target=self?
		//aa.htm파일을 현재 창에서 보여줌
		〈a href="aa.htm" target=win1〉
		//aa.htm파일을 win1 창에서 보여줌

책갈피 지정	name	〈a name="#top"〉 //top이라는 이름으로 책갈피 설정
설명글 지정	title	〈a href="aa.htm" title="설명문"〉 //링크에 마우스를 올리면 설명문 보여줌

동일 컴퓨터 내에서 2개의 웹 페이지를 연결하기 위해서는 다음과 같은 형식을 취한다.

```
<a href="연결할 파일명" title="설명" target="창이름"> 화면에 표시될 글자 </a>
```

예를 들어, 다음 명령은 결과 화면과 같이 출력된다.

```
<a href="a.htm" title="가족관계">  직장생활을 어렵게 만드는 고정관념 깨뜨리기</a>
```

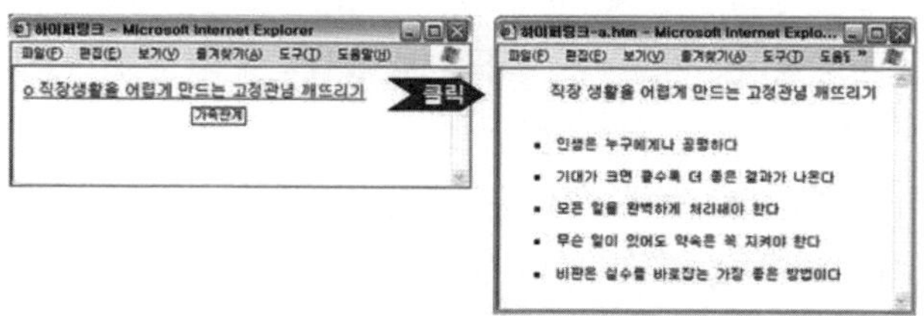

[그림 6-23]

다른 컴퓨터 2개의 웹페이지를 연결할 경우는 다음과 같다.

```
<a href="연결할 파일의 url 주소" title="설명"> 화면에 표시될 글자 </a>
```

예를 들어,

```
<a href="http://www.ducsi.ac.kr/index.htm">동국대 전산원 메인 페이지</a>
```

로 설정하면 해당 웹 페이지로 연결된다.

메일주소와 연결하기 위해서는 다음과 같은 형식을 취한다.

```
<a href="mailto:관리자메일?subject=메일제목"> 화면에 표시될 글자 </a>
```

예를 들면, 〈a href = mailto : mjgo@dongguk.edu? subject = 하이퍼링크〉관계자 메일 〈/a〉로 사용한다.

한 문서 내에서 위치 이동을 하는 방법은 다음과 같다.

```
<a href="#top"> 화면에 표시될 글자 </a>
```

이 경우에는 소스 코드를 작성할 때 top이라는 표기를 〈a name= "top" 〉으로 표기된 상태에서 이동이 가능하고 반드시 "#" 기호를 사용하여 호출한다.

6-22.html

```
01 <html><head><title>하이퍼링크 연습</title></head>
02 <body text=red>
03 <center> <img src="fruit1.gif">다양한 과일 <img src="fruit2.gif"><br><br>
04 <img src="bullet2.gif"><a href="fruit.zip">과일이미지 모임</a> <br>
05 <img src="bullet2.gif"><a href="handy.exe">핸디오피스 실행</a><br> <hr>
06 <a href="2-10.htm">이전문서 열기</a><br>
07 <a href="mailto:mjgo@dongguk.edu">관리자에게 메일을</a><br>
08 </center></body></html>
```

4행에서는 이미지 압축파일을 하이퍼링크로 자동실행하도록 하고 5행에서는 실행파일을 직접 실행하도록 한다. 6행은 동일한 폴더의 문서를 실행하는 하이퍼링크를 7행에서는 관리자에게 이메일을 보내는 하이퍼링크를 지정한다.
실행결과는 다음과 같다.

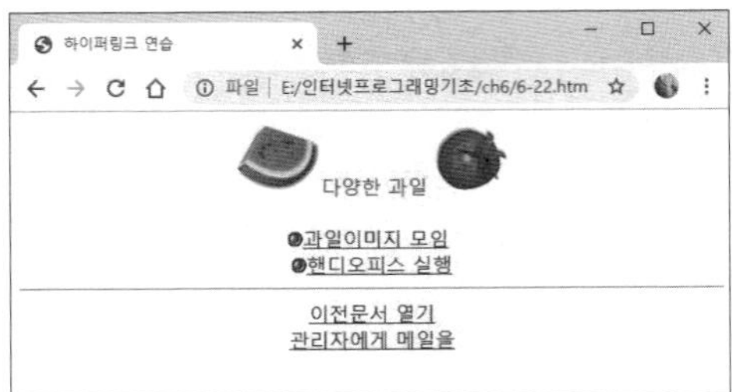

[그림 6-24]

다음은 하이퍼링크 태그에 대한 다른 사례로서 각 학교 로고를 클릭하면 해당 내용으로 가고, "메뉴로 돌아가기" 를 선택하면 다시 메뉴로 올라가도록 프로그램을 작성하자.

6-23.html

```
<html><head><title>하이퍼링크 연습</title></head>
<body background="bg4.gif" >
***********************************************************************
<h3> 각 대학 별 키워드-학교 로고를 선택하세요. </h3>
<a href="#test1"><img src="seoul.jpg" border=0 width="70" height="70"></a>
<a href="#test2"><img src="korea.jpg" border=0 width="70" height="70"></a>
<a href="#test3"><img src="yonse.jpg" border=0 width="70" height="70"></a>
<br><br><br>
***********************************************************************
<br><br>
<a name=test1></a>
<h3>   o 서울 대학교 </h3>
<img src="seoul.jpg" align=left border=0 hspace=10 width=100 height=100>
 <ul><li> 주소: 서울시 관악구 관악로
      <li> 상징: 백학, 느티나무
      <li> 캠퍼스 : 관악캠퍼스
</ul><a href="#top">메뉴로 돌아가기</a>
<br><br><br>
*************************************************************************
<a name=test2></a>
<h3>   o  고려 대학교</h3>
<img src="korea.jpg" align=left border=0 hspace=10 width=100 height=100>
 <ul><li> 주소: 서울시 성북구 안암동
      <li> 상징: 호랑이, 잣나무
      <li> 캠퍼스 : 서울, 서창캠퍼스
</ul><a href="#top">메뉴로 돌아가기</a>
<br><br><br>
*************************************************************************
<a name=test3></a>
```

```
<h3>   o연세 대학교</h3>
<img src="yonse.jpg" align=left border=0 hspace=10 width=100 height=100>
 <ul><li> 주소: 서울시 서대문구 신촌
     <li> 상징: 독수리
     <li> 캠퍼스 : 서울, 원주캠퍼스
</ul><a href="#top">메뉴로 돌아가기</a>
<br> ****************************************************
</body></html>
```

결과는 다음과 같다.

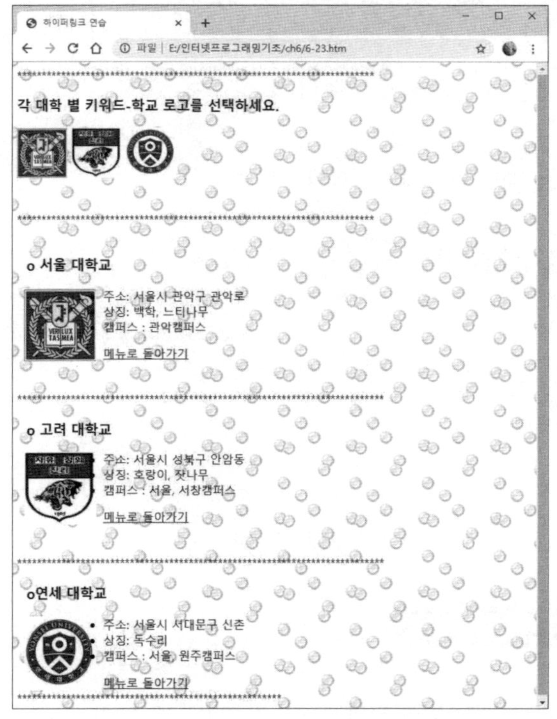

[그림 6-25]

〈a〉 태그 속성에서 target은 링크로 원하는 장소에 웹페이지를 열려고 할 때 사용한다. "target=_blank" 속성을 이용하여 링크가 클릭되면 새 윈도우를 열어서 사이트가 출력되는 예제를 작성해 보자.

6-23-1.html

```
<!DOCTYPE html>
<html>
<head>
<meta charset="UTF-8">
<title>웹 프로그래밍 사이트</title></head>
<body>
<h3>웹 프로그래밍 사이트</h3>
<hr>
<ul>
<li><a href="https://html5.validator.nu/" target="_blank">HTML5 태그 검사</a></li>
<li><a href="http://www.css-validator.org/validator.html.ko" target="_blank">CSS3
스타일시트 검사</a></li>
<li><a href="http://www.html5.org" target="_blank">HTML5 표준 제공</a></li>
</ul>
</body>
</html>
```

실행결과는 새로운 페이지에 원하는 페이지가 출력된다.

[그림 6-26]

하이퍼링크 관련 스타일시트

웹 페이지를 연결하는 하이퍼링크와 관련된 스타일 속성은 다음과 같다. 아래 상태들은 순서대로 정의해야 의도한 대로 스타일을 적용할 수 있다. 만약 active를 hover보다 먼저 정의했다면 hover가 active를 오버라이드 하여 active상태를 볼 수가 없다. link는 기본적인 링크 상태로 아직 방문한 적이 없거나 아무런 행동도 하기 전 상태를 의미하고, visited는 방문한 적이 있는 링크의 상태, hover는 마우스 커서가 링크 위에 올라가 있는 상태를 의미한다. focus는 링크에 키보드 등을 이용해서 포커스가 위치해 있는 상태이고, active는 마우스를 눌렀다가 놓는 동안의 상태를 나타낸다. 이를 정리하면 다음과 같다.

〈표 6-13〉 하이퍼링크 속성

종류	기능
a	하이퍼 링크에 대한 모든 설정
a:link	기본 링크 속성 설정
a:visited	방문한 적이 있는 링크 속성 설정
a:active	링크를 클릭하려는 순간의 속성 설정
a:hover	마우스가 링크 위에 올라가 있을 때 속성 설정

6-24.html

```
01 <HTML><HEAD><TITLE> 하이퍼링크 스타일</TITLE>
02 <STYLE type="text/css">
03 <!--
04    a:link {text-decoration:none; color:gray; }
05  a:active {text-decoration:none; color:blue; }
06    a:vicited {text-decoration:none; color:red; }
07    a:hover {text-decoration: Underline; color:yellow; }
08 --></STYLE></HEAD>
09 <BODY><H3> 하이퍼링크 스타일</H3>
10    방문전 사이트 스타일 : <a href="http://www.naver.com">네이버 </a> <br>
11    방문후 사이트 스타일 : <a href="http://www.naum.co.kr">다음 </a> <br>
12    마우스 올린 스타일 : <a href="http://www.yahoo.com">야후</a> <br>
13 </BODY></HTML>
```

4행에서 처음 링크가 걸린 상태에서 “gray” 로 링크를 설정하였고, 5행은 클릭하는 순간 링크의 색상을 “blue” 로 설정한다. 6행에서는 방문한 후의 링크 색상이 “red” 이고, 7행에서는 마우스가 올려 졌을 때 “yellow” 로 설정된다.

네이버는 방문한 후의 결과이고, 다음은 마우스가 올려진 상태이고, 야후는 방문하기 전의 상태를 보여준다.

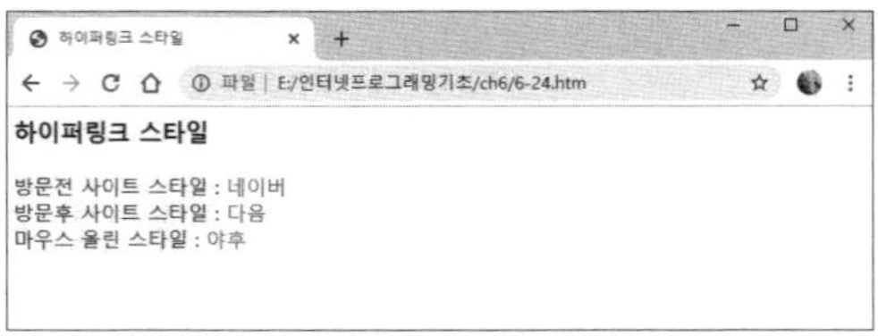

[그림 6-27]

〈a〉 태그의 download 속성은 이미지, ppt, 등의 모든 파일을 손쉽게 다운로드 할 수 있도록 HTML5에서 지원한다. 사용형식은 〈a href="tal1.gif download〉하회탈 1 이미지 다운로드〈/a〉 이다.

6-24-1.html

```
<!DOCTYPE html>
<html>
<head>
<meta charset="UTF-8">
<title>파일 다운로드</title></head>
<body>
<h3> 여기서 하회탈이미지 다운받으세요!</h3>
<hr>
<ul>
      <li><a href="tal1.gif" download>하회탈 1 이미지 다운로드</a>
      <li><a href="tal2.gif" download>하회탈 2 이미지 다운로드</a>
      <li><a href="tal3.gif" download>하회탈 3 이미지 다운로드</a>

</ul>
</body>
</html>
```

결과는 다음과 같다

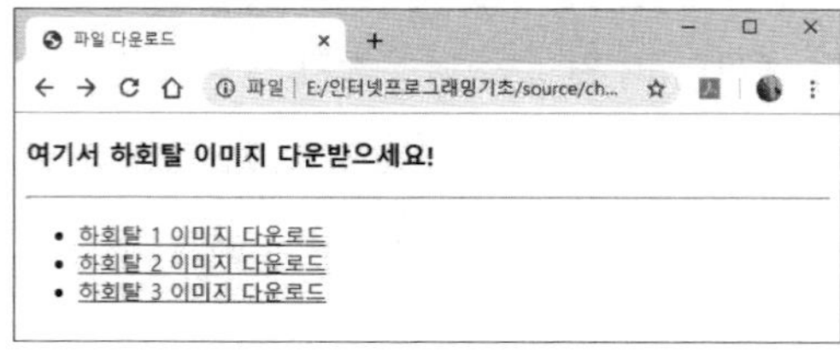

[그림 6-27]

6.6 이미지 관련 태그와 스타일시트

이미지 관련 태그

웹페이지에 이미지를 삽입하는 태그가 〈img〉 이고, 이를 사용하는 형식은 다음과 같다.

```
<img src="그림파일명" alt="설명문" width="가로"height="세로" border="테두리"
align="정렬방식" vspace="상하여백"  hspace="좌우여백">
```

이미지에 하이퍼링크를 설정하는 방법은 이전에 학습하였고, 하나의 이미지에 여러 개의 링크를 설정하는 이미지 맵을 살펴보다 이를 위해서는 〈map〉 태그를 이용하여 이미지 위치값을 활용하여 링크를 설정한다. 형식은 다음과 같다.

```
<img src="그림파일명" usemap="#맵이름">
<map name="이름">
<area shape="맵의 종류" coords="좌표값" href="링크될 주소" alt="설명문">
</map>
```

6-25.html

```
<html><head><title>이미지태그</title></head>
<body>
<img src="tal1.gif" alt="하회탈 *^^*" border=1  align=left>
<img src="tal2.gif" alt="하회탈 *^^*" border=5  align=center>
<img src="tal3.gif" alt="하회탈 *^^*" border=15 align=right>
</body></html>
```

결과는 다음과 같다

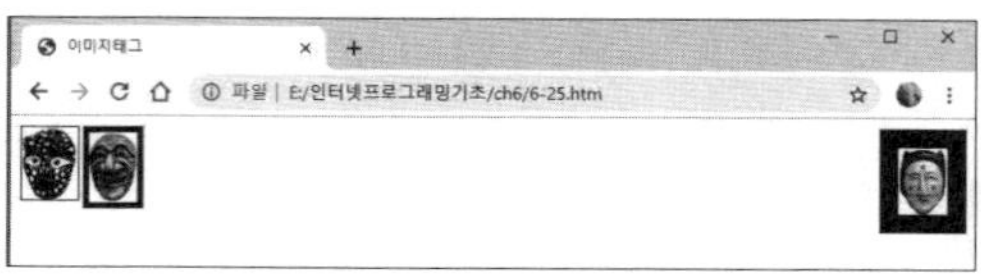

[그림 6-29]

다음은 이미지 맵을 사용한 사례이고, 해당 도형을 클릭하면 새로운 창에서 연결된 주소의 내용이 출력되도록 프로그램을 작성하자.

6-26.html

```
<html><head><title>이미지태그</title></head>
<body bgcolor="white" text="black" link="#a52a2a" vlink="483d8b" alink="ff1493">
<p align="center"><font size="6" color="#996600">최후의 만찬</font><br><br>
<img src="last.jpg" width="640" height="410" border="1" usemap="#Map1"><br><br>
<font size="2" color="#996600">그림의 특정 부분을 클릭하면 해당 사이트로 이동합
니다.</font></p>
<map name="Map1">
<area shape="rect" coords="182, 191, 322, 272"  href="http://en.wikipedia.org/
wiki/The_Last_Supper_(Leonardo)" target="_blank" >
<area shape="poly" coords="386, 29, 342, 117, 408, 216, 470, 150, 490, 95, 460,
47, 417, 26" href="http://www.~~" target="_blank" >
<area shape="circle" coords="105, 150, 70" href="http://en.wikipedia.org/wiki/
The_Last_Supper_(Leonardo)" target="_blank" >
</map></body></html>
```

결과는 다음과 같다

[그림 6-30]

: 이미지 관련 스타일시트

이미지 위치를 지정하거나 정렬하여 이미지 옆에 문장을 입력, 이미지 크기만큼 문장을 줄 단위로 입력 가능하게 해주는 방법으로 float, clear 속성 두 가지가 있다.
float 속성은 배치할 위치(이미지에 많이 사용됨)를 표시해주는 속성으로 이미지 옆에 문자열을 넣어 이미지 옆에 붙게 되며 나머지 문장은 아래로 내려가게 할 때 사용된다.

```
FLOAT : left, right, none
```

clear 속성은 해제방향으로 이미지 박스의 좌우에 떠다니는 box의 다음 줄로 내려가게 한다.

```
CLEAR : left, right, both,none
```

```
<style="float:left;"/>문장<span style="clear:both;">문장</span>
```

이미지의 테두리를 두께 20px, 패딩 10px로 지정하여 이미지와 테두리 사이에 공간을 지정하는 예제를 작성해 보자.

6-27.html

```
<!DOCTYPE html>
<html>
<head>
<meta charset="UTF-8">
<title></title>
<style>
img {
      padding : 10px;
      border : 20px solid grey;
      border-image : url("lighthouse.jpg") 30 round;
}

</style>
</head>
<body>
<h3>이미지 강조</h3>
<hr>
      <img src="lighthouse.jpg" width="200" height="100">
</body>
</html>
```

결과는 다음과 같다

[그림 6-31]

연습문제 EXERCISE

※ 다음 빈칸에 알맞은 용어를 채우시오.

1 문서의 제목을 표현할 때 사용하는 태그는 ( )이고 이는 ( )을 의미한다.

2 웹 페이지에서 가장 기본이 되는 글자 태그가 ( )이고, 여기에 글자의 크기, 색상, 글자체 등을 지정하는 속성이 있다.

3 공백을 주기 위하여 ( )를 사용하고, 굵은 글씨를 위한 ( ) 태그를 사용한다.

4 줄바꾸기에 이용하는 ( )과 ( ) 태그는 일반 줄바꾸기와 문단 줄바꾸기로 분류할 수 있다

5 속성값으로 사용되는 값으로는 일반적인 영문 컬러명과 색상을 표기하는 ( )를 16진수 2자리로 표기한다.

6 목록을 제공하는 태그로는 비순서리스트인 ( )과 순서리스트인 ( )이 있다.

7 하이퍼링크의 방법에는 동일 컴퓨터에서 2개의 웹페이지 연결 혹은 다른 컴퓨터에 있는 웹페이지 연결, 메일주소와 연결, 한 웹 페이지 내에서 위치 이동하는 등의 형태가 있다. 이는 ( ) 태그를 사용하여 연결한다.

연습문제 EXERCISE

※ 다음 조건에 해당하는 소스 코드를 작성하시오.

8 폰트와 관련된 태그와 속성을 이용하여 다음과 같은 소스 코드를 작성하시오. (ex6-1.html)

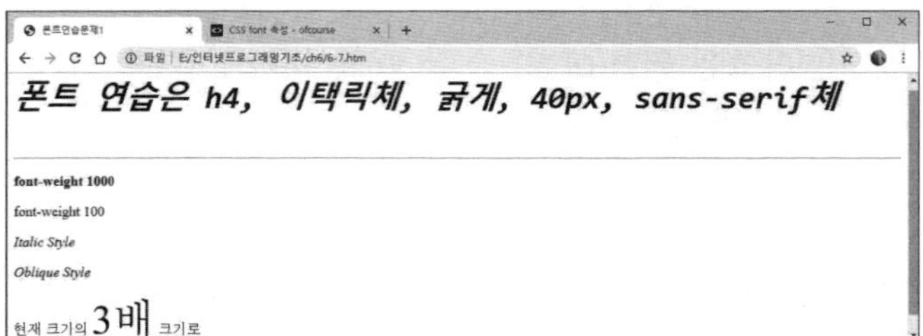

9 문단과 관련된 태그와 속성을 이용하여 다음과 같은 소스 코드를 작성하시오. (ex6-2.html)

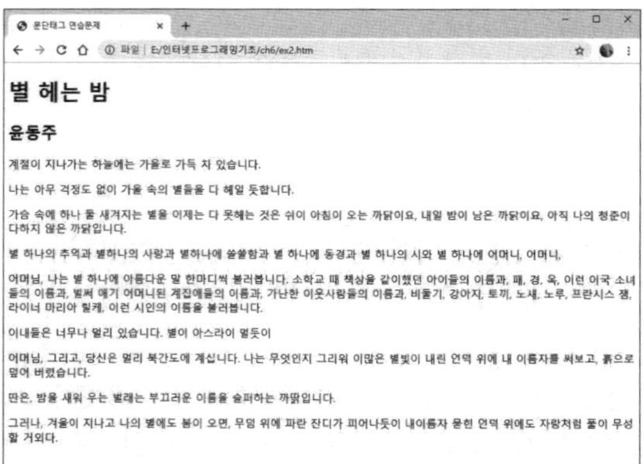

10 배경과 관련된 태그와 속성을 이용하여 다음과 같은 소스 코드를 작성하시오. (ex6–3.html)

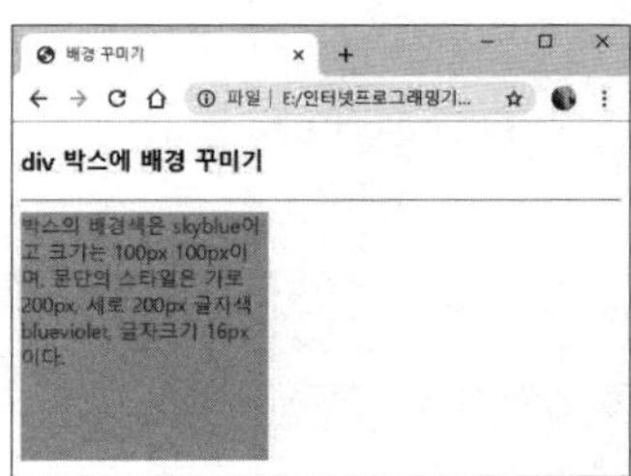

11 목록과 관련된 태그와 속성을 이용하여 다음과 같은 소스 코드를 작성하시오. (ex6–4.html)

12 목록과 관련된 태그와 속성을 이용하여 다음과 같은 소스 코드를 작성하시오. (ex6–5.html)

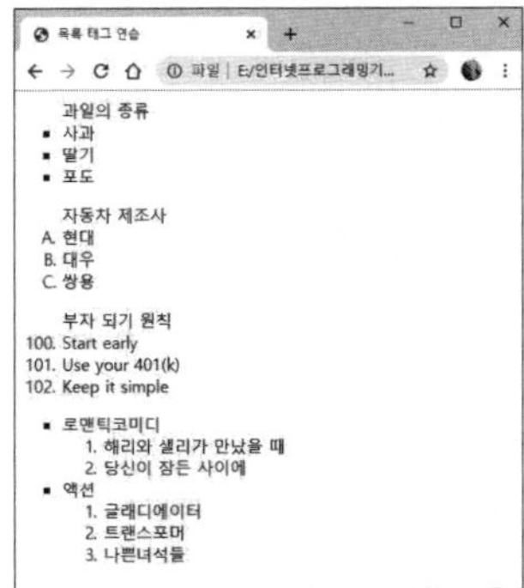

연습문제 EXERCISE

13 멀티미디어 관련된 태그와 속성을 이용하여 다음과 같은 소스 코드를 작성하시오. (ex6-6.html)

첫 번째는 dance.mp4, 두 번째는 baby.mp3, 마지막은 Lighthouse.jpg를 호출

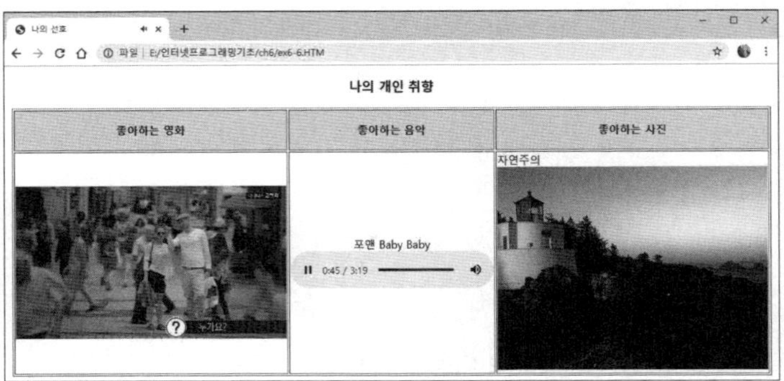

14 문서 관련된 태그와 속성을 이용하여 다음과 같은 소스 코드를 작성하시오. (ex6-7.html)

스타일 조건 : 배경스타일 background-color : linen/ color : blueviolet
제목스타일 text-align : right/ color : blue
음영스타일 background-color : skyblue/ color : blue

연습문제 EXERCISE

15 하이퍼링크 관련된 태그와 속성을 이용하여 다음과 같은 소스 코드를 작성하시오. (ex6-8.html)

작성조건 : 밑줄이 없는 초록색 링크를 만들고, 마우스가 올라가면 밑줄과 더불어 violet 색으로 변환

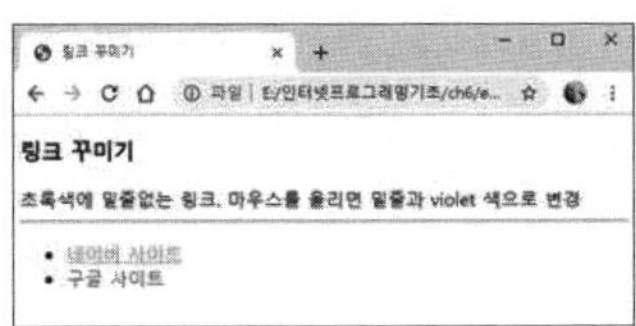

16 하이퍼링크 관련된 태그와 속성을 이용하여 다음과 같은 소스 코드를 작성하시오. (ex6-9.html)

작성조건 : 마우스를 이미지에 올리면 이미지가 변경

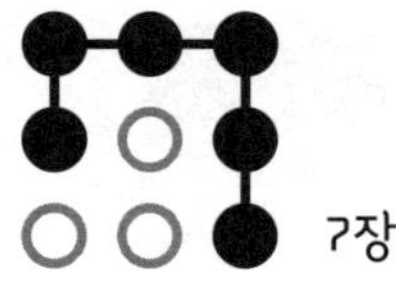

7장

테이블 만들기

7.1 테이블 관련 태그

테이블 태그

웹 페이지를 구조적으로 표현하기 위해서는 ⟨table⟩ 태그를 사용하는데, 이 태그를 통하여 이미지와 텍스트 사이를 자연스럽게 편집할 수 있다. ⟨table⟩ 태그는 1차원 이상의 데이터를 표의 형태로 나타낸다. 테이블은 레이아웃을 목적으로 사용해서는 안 된다. 테이블은 다음 요소를 포함하고 있다.
⟨tr⟩ 태그는 행(row), ⟨th⟩ 태그는 열(column)로 셀을 정의, ⟨td⟩는 표 안의 항목, ⟨caption⟩은 표 제목, ⟨thead⟩는 제목 행을 그룹화, ⟨tfoot⟩은 푸터행을 그룹화, ⟨tbody⟩는 본체 행을 그룹화, col은 열의 속성값과 스타일을 위한 그룹화, colgroup은 열의 구조적 그룹화로서 col요소를 포함할 수 있다.

테이블의 기본 구조는 다음과 같다.

```
<table>
  <caption>표 제목</caption>
   <tr>--> 행 구분
    <th>열의 제목 </th>
    <td>셀의 내용 </td>
   </tr>
  </table>
```

〈th〉와 〈td〉 태그는 동일하게 셀의 내용을 표기하지만, 〈th〉는 그 열의 제목으로 굵은 글자체와 가운데 정렬을 기본적으로 제공한다.

〈표 7-1〉 테이블 관련 태그

태그	설명
table	표(Table) 삽입
thead	표의 머리(Table Head) 생성
tbody	표의 본문(Table Boby) 생성
tfoot	표의 꼬리(Table Foot) 생성
tr	표의 행(Table Row) 삽입
th	표의 제목 요소(Table Header) 생성
td	표의 일반 요소(Table Data) 생성

예를 들어 간단한 성적표를 테이블을 이용하여 작성하여 보자.

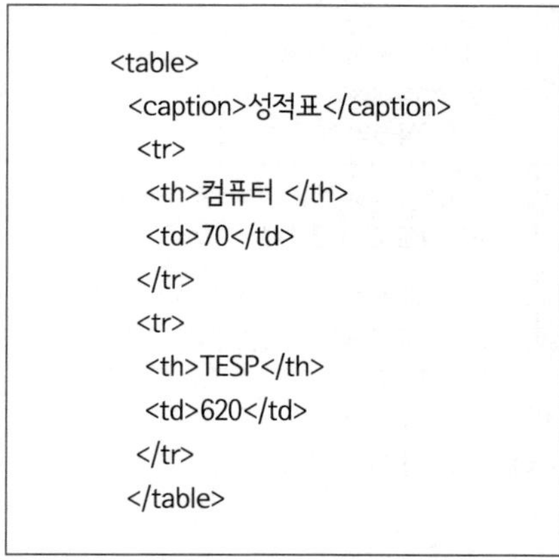

```
<table>
 <caption>성적표</caption>
  <tr>
   <th>컴퓨터 </th>
   <td>70</td>
  </tr>
  <tr>
   <th>TESP</th>
   <td>620</td>
  </tr>
 </table>
```

테이블의 테두리가 없으면서 전체적인 내용을 정렬하는 효과를 볼 수 있다.
테이블에서 이용될 수 있는 속성은 다음과 같다.

〈표 7-2〉 테이블 관련 태그

기능	속성	사용 예
전체 너비 지정	width	〈table width="600"〉 //테이블 전체 너비를 600픽셀로 지정
전체 높이 지정	height	〈table height="600"〉 //테이블 전체 높이를 600픽셀로 지정
배경색 지정	bgcolor	〈table bgcolor="600"〉 //테이블 전체 색상을 빨간색으로 지정
배경 이미지 지정	background	〈table backgroung="bg.gif"〉 //테이블 전체의 이미지 지정
정렬 방식 지정	align	〈table aligh="center"〉 //테이블 전체의 정렬 방식을 중앙으로 지정
셀 안의 여백 지정	cellpadding	〈table cellpadding="5"〉 //셀 안의 내용과 경계선 사이 여백을 5픽셀로 지정
셀 간의 여백 지정	cellspacing	〈table cellspacing="5"〉 //셀 간의 여백을 5픽셀로 지정
테이블의 그림자	bordercolordark	〈table bordercolordark="red"〉 //테이블 우측과 아랫부분에 그림자를 빨간색으로 지정
테두리선의 유무 지정	frame	〈table frame="voide/hside/vside/above/below /lhs/rhs/box"〉 //테이블선의 유무를 지정
테이블 안쪽 경계선의 유무 지정	frame	〈table rules="none/rows/cols/group/all"〉 //테이블 안쪽 경계선의 지정
테이블과 주변 글들과의 여백 지정	hspace/vspace	〈table hspace/vspace="left/top"〉 //테이블 내용은 왼쪽 정렬이고, 수직으로는 위쪽 정렬

다양한 테이블 태그의 속성을 포함한 예제를 작성해보자.

7-1.html

```
<html><head><title>테이블태그</title></head><body>
<table border="1" align="center" width="400" height="200" bgcolor="skyblue">
  <caption> 성적표 </caption>
  <tr><th>컴퓨터  </th><td>70 </td></tr>
  <tr><th>TESP</th><td>620 </td></tr>
</table></body></html>
```

결과는 다음과 같다.

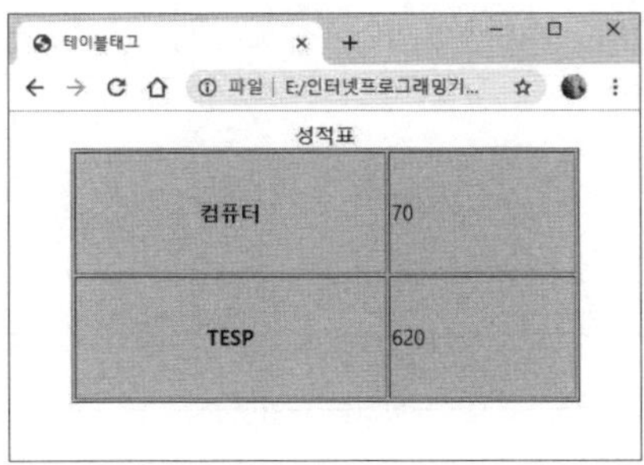

[그림 7-1]

테이블의 외곽선 스타일을 지정하는 frame과 가로와 세로 선을 지정하는 rules 속성을 조합한 다양한 형태의 표를 작성해보자.

7-2.html

```
<html><head><title>테이블태그</title></head>
<body>
<table frame="vside" rules="rows" align="center" width="400" height="200"
cellpadding="8" cellspacing="0" bordercolor="white" bordercolorlight="#999999">

   <caption> 성적표 </caption>
   <tr>
      <th>컴퓨터  </th>
      <td>70 </td>
   </tr>
   <tr>
      <th>TESP</th>
      <td>620 </td>
   </tr>
 </table>
<body></html>
```

3행은 테이블 속성을 지정하는데, 표에서 가로 선만 표현하고, 셀과 글자 사이의 여백을 8로 지정하고, 외곽선 기본색은 white, 외곽선 우측과 상단의 색을 #999999로 설정한다. 결과는 다음과 같다.

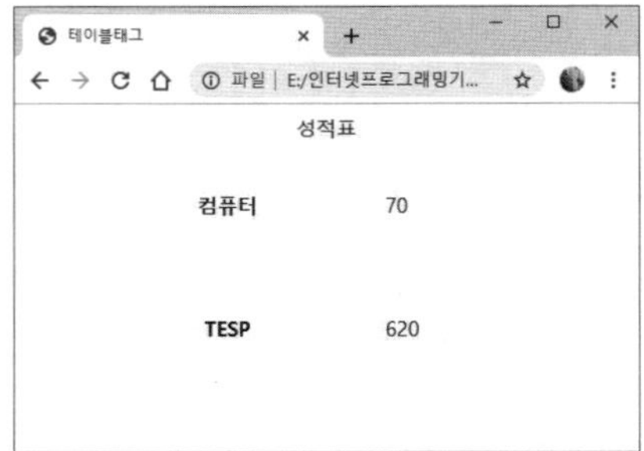

[그림 7-2]

: 행과 셀 내용의 속성

테이블을 작성할 때는 행을 중심으로 그리는데, 이에 해당하는 〈tr〉 태그의 속성은 다음과 같다.

〈표 7-3〉 테이블 관련 태그

기능	속성	사용 예
전체 너비 지정	width	〈tr width="600"〉 //행 너비를 600픽셀로 지정
행 높이 지정	height	〈tr height="600"〉 //행 높이를 600픽셀로 지정
행의 배경색 지정	bgcolor	〈tr bgcolor="red"〉 //행 전체 색상을 빨간색으로 지정
정렬 방식 지정	align/valign	〈tr align="center" valigh="top"〉 //행의 가로는 중앙, 세로는 상단으로 정렬

행과 관련된 속성을 사용한 예를 살펴보자.

7-3.html

```
<html><head><title>테이블태그</title></head><body>
<table  border="1" align="center" width="400" height="200" >
   <caption> 성적표 </caption>
   <tr  bgcolor="#3CB371"><th>컴퓨터  </th><td>70 </td></tr>
   <tr  bgcolor="#F0268C"><th>TEPS</th><td>620 </td></tr>
 </table></body></html>
```

결과는 다음과 같다.

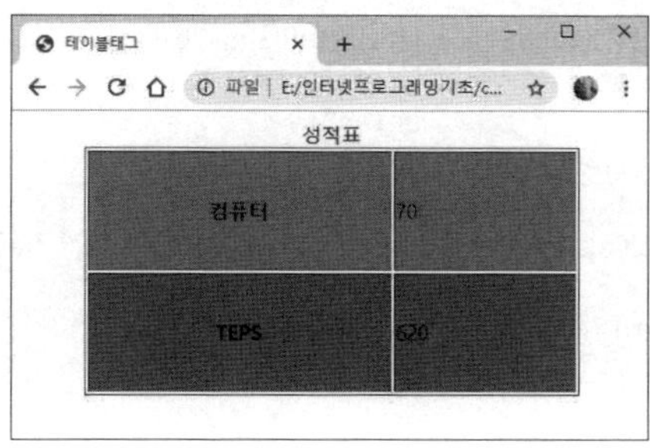

[그림 7-3]

테이블에서 셀 내용을 작성하는 태그가 〈td〉이고, 이에 해당하는 속성은 다음과 같다.

〈표 7-4〉

기능	속성	사용 예
셀 내용 너비 지정	width	〈td width="600"〉 //셀 내용 너비를 600픽셀로 지정
셀 내용 높이 지정	height	〈td height="600"〉 //셀 내용 높이를 600픽셀로 지정
셀 내용의 배경색 지정	bgcolor	〈td bgcolor="red"〉 //셀 내용 전체 색상을 빨간색으로 지정
셀 내용의 이미지 지정	background	〈td background="bg.gif"〉 //셀 내용 이미지 지정
정렬 방식 지정	align/valign	〈td align="center" valign="top"〉 //셀 내용의 가로는 중앙, 세로는 상단으로 정렬
여러 행에 있는 칸들을 통합	rowspan	〈td rowspan="2"〉 //셀 내용이 담긴 2행을 1행으로 합침
여러 열에 있는 행들을 통합	hspace/vspace	〈td colspan="2"〉 //셀 내용이 담긴 2열을 1열로 합침

다음은 앞에서 다룬 기본 예제들에 셀과 관련된 속성을 추가한 예제이다.

```
7-4.html
<html><head><title>테이블태그</title></head><body>
<table  border="1" cellspacing="0" cellpadding="0" >
   <caption align="center"> 성적표 </caption>
   <tr  bgcolor="#3CB371" align="center">
          <th width="200" valign="middle">컴퓨터  </th><td  width="200"
           valign="bottom">70 </td></tr>
   <tr  bgcolor="#F0268C"><td colspan="2" align="center" height="100">comment
   </td></tr>
 </table></body></html>
```

결과는 다음과 같다.

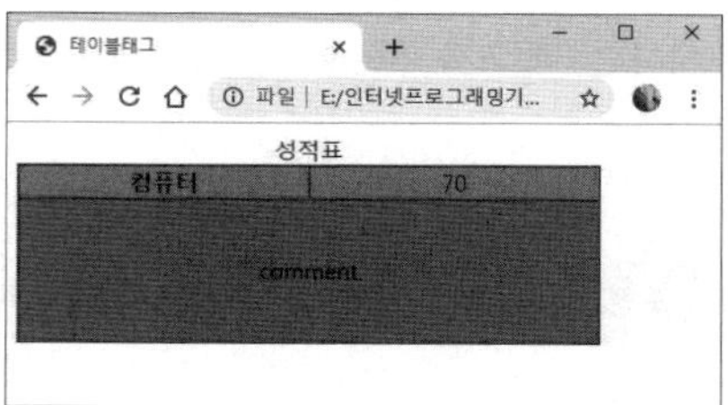

[그림 7-4]

행과 열의 셀 합치기

테이블의 행과 열들을 합치는데 rowspan과 colspan 속성을 사용하고, 이를 통해서 웹 페이지의 구조를 만들 수 있다.

〈표 7-5〉

속성	설명
colspan	셀의 너비 지정
rowspan	셀의 높이 지정

행을 합치는 예를 살펴보자.

```
<table border>
<caption> 성적표 </caption>
<tr><td colspan="2">강댕이 </th>
<td> 강강이 </td></tr>
<tr><td>강냉이 </td></tr>
</table>
```

<table>
<tr><td rowspan="2">강강이</td><td>강냉이</td></tr>
<tr><td>강댕이</td></tr>
</table>

```
<table border>
<caption> 성적표 </caption>
<tr><td> 강강이 </th>
<td>강냉이 </td></tr>
</tr><td colspan="2">강댕이 </td></tr>
</table>
```

<table>
<tr><td>강강이</td><td>강냉이</td></tr>
<tr><td colspan="2">강댕이</td></tr>
</table>

필요한 부분의 셀을 합치는 기본 예제를 작성해 보자.

7-5.html

```
<html><head><title>테이블태그</title></head><body>
<table height=300 align="center" border="1" cellpadding="8" cellspacing="0"
 bordercolor="white" bordercolorlight="#999999" frame=hsides rules=rows>
    일정표
  <tr bgcolor="#CCCCCC">
        <th width=40>Sun</th>
        <th width=40>Mon</th>
              <th width=40>Tue</th>
              <th width=40>Wed</th>
        <th width=40>Thu</th>
              <th width=40>Fri</th>
              <th width=40>Sat</th>
    </tr>
    <tr><td>1</td><td>2</td><td>3</td><td>4</td>
        <td bgcolor="skyblue" colspan="3">5</td></tr>
    <tr><td background="bg6.gif" rowspan="2"><b>6</b></td>
        <td>7</td><td>8</td><td>9</td><td>10</td>
        <td>11</td> <td>12</td>  </tr>
    <tr> <td>13</td><td>14</td> <td>15</td>
        <td>16</td><td>16</td><td>17</td></tr>
</table></body></html>
```

결과는 다음과 같다.

[그림 7-5]

테이블에 이미지를 불러들이는 예제를 작성해보자.

7-6.html

```
<html><head><title>테이블태그</title></head><body>
<body bgcolor="#b22222" text="#ffff0">
<table border="0" align="center" width="390" bgcolor="#b22222">
   <tr><td height="100" colspan="2" background="bg1.gif"> </td> </tr>
   <tr><td bgcolor="#b22222">
       <img src="fruit2.gif" width="80" height="70" border="0"></td>
       <td valign="top" bgcolor="#b22222">
       <font size="2" color="#ffff0"> 토마토는 비타민 C의 흡수를 돕고 또 체온을
    낮추는 작용이 있어서 감기, 기관지염, 발열증상에 각각 좋은 효과가 있다.</font>
       </td> </tr>
</table></body></html>
```

결과는 다음과 같다.

[그림 7-6]

응용예제를 작성해 보자.

다음과 같은 표를 작성해보자. 셀 안의 숫자는 셀의 너비와 높이를 의미한다.

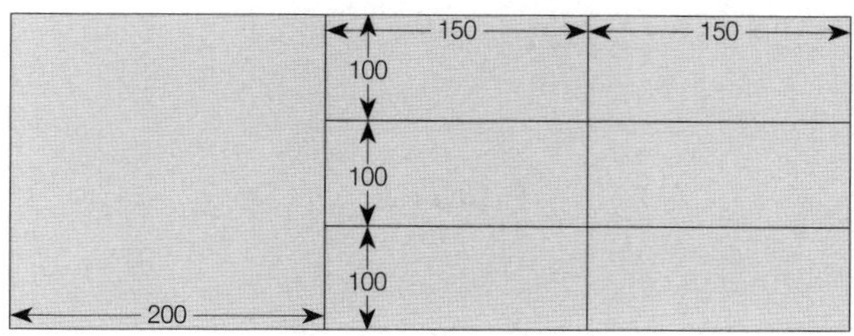

이달의 계획표를 작성하는 예제를 살펴보자.

7-7.html

```
<html><head><title>이달의 계획</title></head><body>
<table border="1">
  <caption>이달의 계획표</caption>
  <tr>
        <th>Sun</th>
        <th>Mon</th>
             <th>Tue</th>
             <th>Wed</th>
        <th>Thu</th>
             <th>Fri</th>
             <th>Sat</th>
    </tr>
    <tr><td>1</td><td>2</td><td>3</td><td>4</td>
        <td colspan="3">5</td></tr>
    <tr><td rowspan="2"><b>6</b></td>
        <td>7</td><td>8</td><td>9</td><td>10</td>
        <td>11</td> <td>12</td>  </tr>
    <tr> <td>13</td><td>14</td> <td>15</td>
        <td>16</td><td>16</td><td>17</td></tr>
</table></body></html>
```

결과는 다음과 같다.

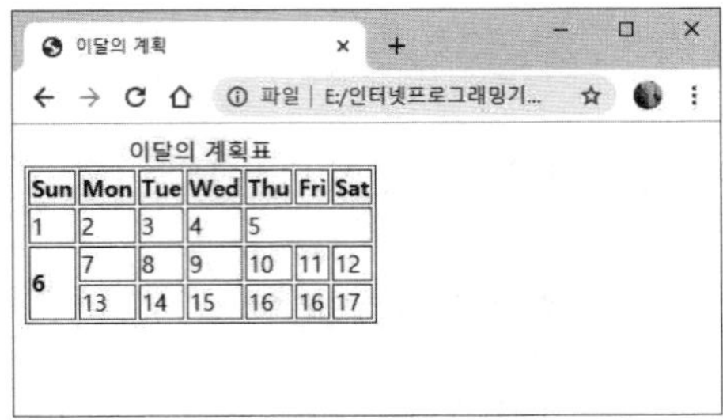

[그림 7-7]

7.2 테이블 내용 속성과 스타일시트

웹 페이지에서 사용되는 테이블의 스타일에는 크게 여백(margin), 테두리(border), 안 여백(padding), 내용(content) 등이 있다. 여기서 내용(content)은 순수한 콘텐츠이고, 안 여백(padding)은 콘텐츠와 경계선 사이의 여백이며, 테두리(border)는 경계선, 여백(margin)은 경계선 밖에서 박스모델의 최종 경계선까지의 여백을 의미한다.

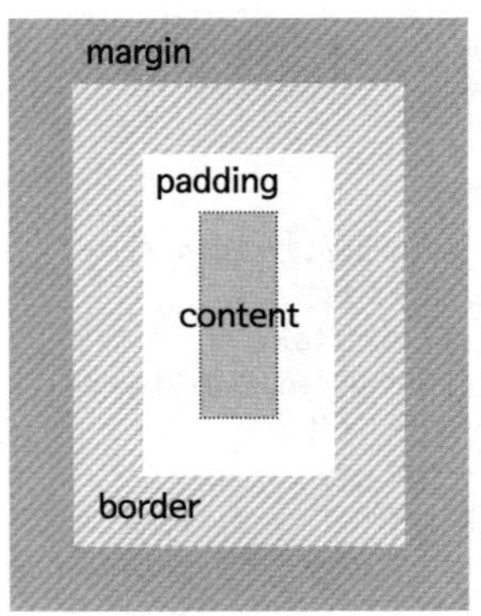

[그림 7-8] 테이블 관련 용어

이와 관련된 속성을 정리하면 다음과 같다.

〈표 7-6〉

속성	콘텐츠	패딩	테두리	여백
크기 관련 속성	width heigtht	padding-top padding-right padding-bottom padding-left	border-top-width border-right-width border-bottom-width border-left--width	margin-top margin-right margin-bottom margin-left
크기 관련 단축 속성		padding	border-width	margin
스타일 관련 속성			border-top-style border-right-style border-bottom-style border-left-style	
스타일 관련 단축 속성			border-style	
색 관련 속성		패딩의 색은 따로 없음. 태그의 배경색으로 칠해짐	border-top-color border-right-color border-bottom-color border-left-color	여백은 투명, 부모 태그의 배경이 비춰 보임
색 관련 단축 속성			border-color	
크기 관련 속성			border	

속성들을 이용한 텍스트를 작성해 보기 위하여 텍스트 스타일의 기본이 되는 사항들을 고려한 예제를 작성해 보자.

7-8.html

```
<HTML><HEAD><TITLE> 테이블 스타일시트 연습 </TITLE>
<STYLE>
   P.TEST1 {border-style : solid ;border-color : red ; font-size : 15pt;
                        line-height : 1.5;}
   P.TEST2 {border-style : double ; background-color : pink ; font-size : 12pt;
           text-decoration : line-through; text-align : center; }
           P.TEST3 { border-style : inset ; border-color : blue ;
           padding-top : 2em ; font-size : 15pt; text-indent : 10;
           text-decoration : overline; text-align : right;}
</STYLE></HEAD>
<BODY><H3> 잠언 시집 </H3><BR>
   <P CLASS=TEST1> 종은 누가 그걸 울리기 전에는 종이 아니다. </P>
   <P CLASS=TEST2> 그런 길은 없다 </P>
   <P CLASS=TEST3> 일찍 일어나는 새가 먹이를 먼저 잡는다. </P>
</BODY></HTML>
```

결과는 다음과 같다.

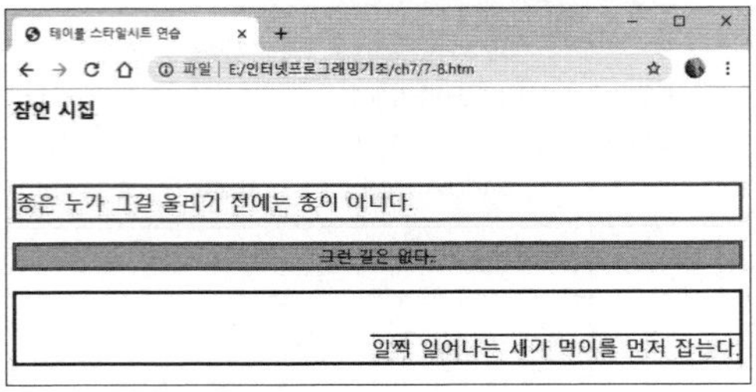

잠언 시집

종은 누가 그걸 울리기 전에는 종이 아니다.

그런 길은 없다.

일찍 일어나는 새가 먹이를 먼저 잡는다.

[그림 7-9]

박스에 스타일을 입히는 방법은 다양하다. 다음과 같은 스타일을 완성해 보자.

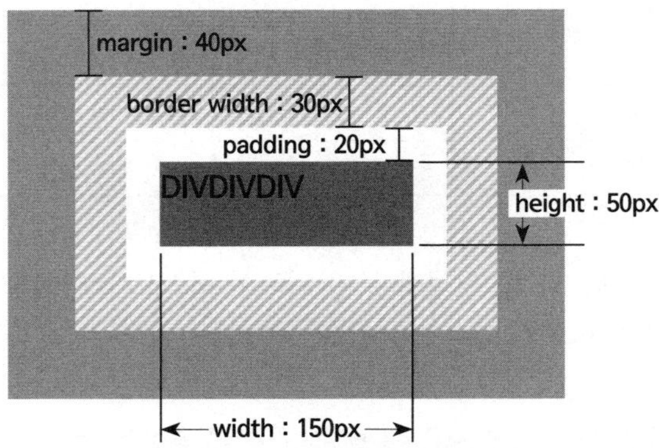

[그림 7-10] 예제 스타일 옵션

우선 CSS로 박스 전체의 스타일을 입히고, HTML 코드로 호출하여 사용한다.

```
div.box{
  width:150px;
  height:50px;
  margin:40px;
  border-width:30px;
  padding:20px;
}
```

```
<div class="box">
  DIVDIVDIV
</div>
```

다음은 클래스를 이용하고, 한 개의 속성에 여러 개의 값을 지정하여 사용하는 프로그램을 작성해 보자.

7-9.html

```
01 <HTML><HEAD><TITLE> 테이블 스타일시트 연습 </TITLE>
02 <STYLE>
03    .TEST1 { padding : 10pt ;margin : 5pt; border:7pt outset blue; background
   -color:skyblue;}
04    .TEST2 { border-top : 12pt outset red; border-right : 5pt groove green ; font
   -size : 14pt;}
05 </STYLE></HEAD><BODY><H3> 잠언 시집 </H3><BR>
06    <P CLASS=TEST1> 좋은 누가 그걸 울리기 전에는 종이 아니다. </P>
07    <P CLASS=TEST2> 그런 길은 없다. </P>
08 </BODY></HTML>
```

4행에서 테이블 테두리의 윗부분의 두께는 12pt이고, red로 바깥으로 나오는 형식이다. 그리고, 테두리의 오른쪽은 5pt이고, green이면서 groove 스타일로 정의하였다. 결과는 다음과 같다.

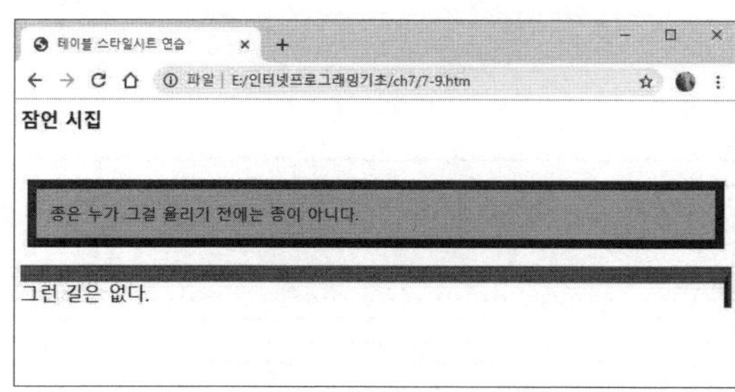

[그림 7-11]

다양한 테두리선 스타일시트를 활용해보자.

```
7-10.html

<html>
<head><title>다양한 테두리</title></head>
<body>
<h3>다양한 테두리</h3>
<hr>
<p style="border: 5px solid blue">5픽셀 soild</p>
<p style="border: 5px none blue">5픽셀 none</p>
<p style="border: 5px hidden blue">5픽셀 hidden</p>
<p style="border: 5px dotted blue">5픽셀 dotted</p>
<p style="border: 5px dashed blue">5픽셀 dashed</p>
<p style="border: 5px double blue">5픽셀 double</p>
<hr>
<p style="border: 15px groove yellow">15픽셀 groove</p>
<p style="border: 15px ridge yellow">15픽셀 ridge</p>
<p style="border: 15px inset yellow">15픽셀 inset</p>
<p style="border: 15px outset yellow">15픽셀 outset</p>
</body>
</html>
```

결과는 다음과 같다.

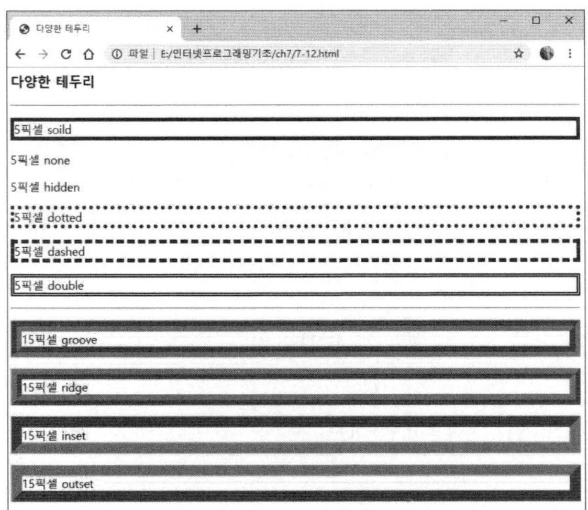

[그림 7-12]

둥근 모서리를 가진 테이블의 테두리를 만들기 위해서는 border-radius를 사용하는데,

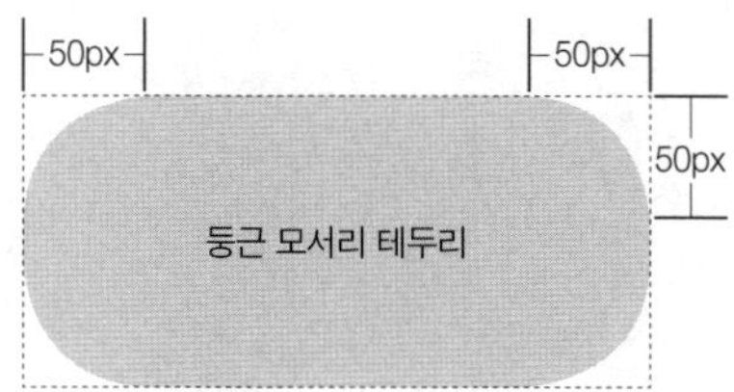

위처럼 작성하기 위해서는 border-radius : 50px;로 지정한다.

border-radius : 0px 20px 40px 60px;의 의미는 시계방향순으로 다음과 같이 지정함을 의미한다.

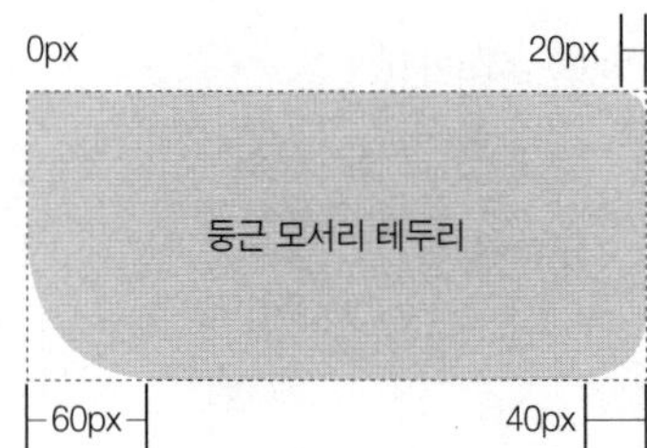

이들을 활용한 예제를 작성해보자.

7-11.html

```
<html>
<head><title>둥근 모서리 테두리</title>
<style>
p {
      background : #90D0ff;
      width : 300px;
      padding : 20px;
}
#r1 { border-radius : 50px; }
#r2 { border-radius : 0px 20px 40px 60px; }
#r3 { border-radius : 0px 20px 40px; }
#r4 { border-radius : 0px 20px; }
#r5 { border-radius : 50px;
                                   border-style : dotted; }
</style>
</head>
<body>
<h3>둥근 모서리 테두리</h3>
<hr>
<p id="r1">반지름 50픽셀의 둥근 모서리</p>
<p id="r2">반지름 0, 20, 40, 60 둥근 모서리</p>
<p id="r3">반지름 0, 20, 40, 20 둥근 모서리</p>
<p id="r4">반지름 0, 20, 0, 20 둥근 모서리</p>
<p id="r5">반지름 50의 둥근 점선 모서리</p>
</body>
</html>
```

결과는 다음과 같다.

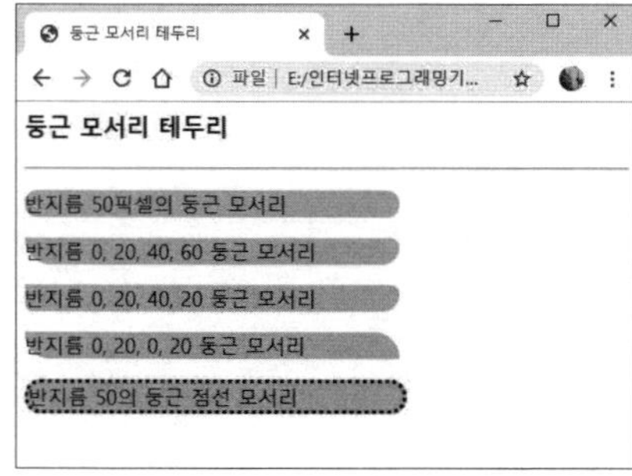

[그림 7-13]

테이블 태그에 스타일시트를 적용하면 새로운 테이블을 작성할 수 있다. 테이블의 옆선을 나타나지 않도록 하는 예제를 작성해보자.

7-12.html

```
01 <html><head><title>테이블  스타일</title>
02 <style type="text/css">
03 <!--
04   table{border-top:double 15px blue; border-bottom:double 6px blue;border-
         collapse:collapse;width:600px; text-align:center; left:20%}
05   th{border-bottom:dotted 5px blue ; background-color:#2F4F40; color:white;
        padding:10px}
06   td{border-bottom:dotted 2px blue ; padding:10px}
07   caption { color:#2F4F40; font-size:12pt; font-weight:bold}
08   .test{border-left:solid 2px blue}
09 --></style></head><body>
10   <table><caption>샤프의 종류</caption>
11   <tr><th>제작사</th><th class=test>제품명</th></tr>
12   <tr><td>펜텔</td><td class=test>매카니카</td></tr>
13   <tr><td>파이로트</td><td class=test>닥터그립</td></tr>
14   <tr><td>스테들러</td><td class=test>925-85</td></tr>
15   <tr><td>파버카스텔</td><td class=test>pg5</td></tr>
16 </table></body></html>
```

4행은 테이블 전체의 스타일을 정의한다. 테이블 윗 경계선 스타일은 2줄이고, 두께는 15px, 아래 경계선도 두 줄이고, 두께는 6px, 경계선 색상은 blue, 외곽선들 간의 간격은 없고, 폭은 600px, 중앙정렬, 왼쪽 여백 20%이다. 5행은 각 행의 제목에 대한 스타일을 정의하고, 6행은 테이블 데이터에 대한 정의, 7행은 테이블 제목 스타일, 8행은 테이블의 세로줄에 대한 클래스 정의이다. 세로줄은 왼쪽만 표기되므로 이에 해당하는 셀에서만 호출한다.

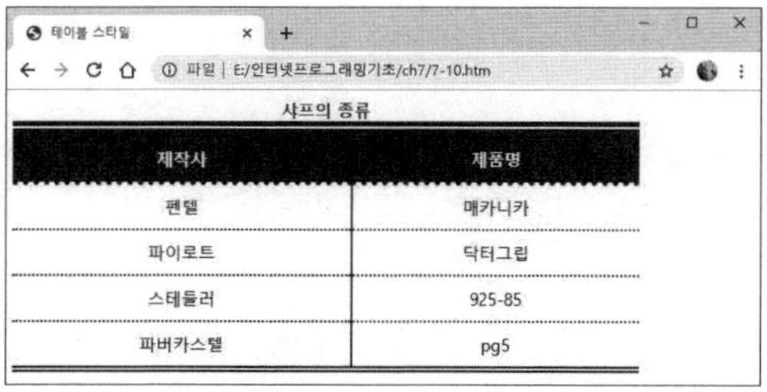

[그림 7-14]

〈table〉, 〈td〉, 〈th〉에 모든 테두리를 주어서 테두리가 이중으로 나타나는데, 이를 하나로 합치기 위해서는 다음 예제와 같이 border-collapse 속성에 collapse 값을 주면 된다.

바탕으로 점선과 배경 이미지를 적용한 테이블을 작성해보자.

7-13.html

```
<html><head><title>테이블  스타일</title>
<style type="text/css">
<!--
 table{border:none 1px orange; border-collapse:collapse; text-align:center;
 width:500px; }
 th{background-image:url(bg3.gif); color:#3366CC; padding:15px}
 td{padding:10px;}
 caption { color:#6600FF; font-size:11pt; font-weight:bold}
 .test{background-image:url(dot.gif)}
--></style></head>
<body><table><caption>샤프의 종류</caption>
<tr><th>제작사</th><th >제품명</th></tr>
<tr><td class=test colspan=2></td><tr>
<tr><td>펜텔</td><td >매카니카</td></tr>
<tr><td class=test colspan=2></td><tr>
<tr><td>파이로트</td><td >닥터그립</td></tr>
<tr><td class=test colspan=2></td><tr>
<tr><td>스테들러</td><td >925-85</td></tr>
<tr><td class=test colspan=2></td><tr>
<tr><td>파버카스텔</td><td >pg5</td></tr>
<tr><td class=test colspan=2></td><tr>
</table></body></html>
```

테이블의 점선 표시줄을 이미지로 처리하기 위하여 8행에서 정의하였고, 테이블의 전선 행이 필요한 경우에 12, 14, 16, 18, 20행처럼 클래스를 호출하여 작성하였다.

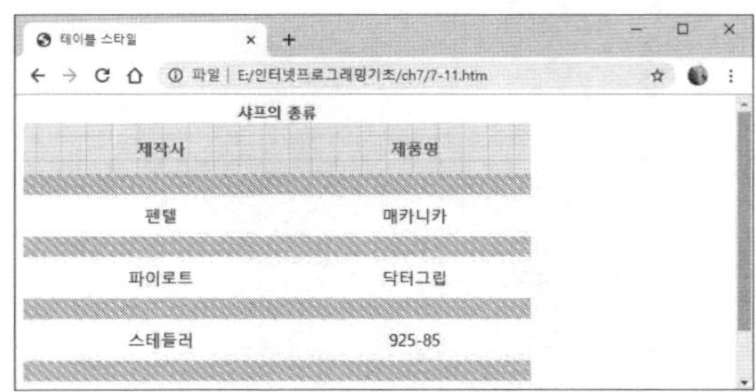

[그림 7-15]

행에 번갈아 가면서 무늬를 만들면 가독성이 높아지는데, 홀수 행에만 배경색을 노란색으로, 여기서 홀수행이라는 지정을 위해 스타일시트에서 사용한 가상 클래스를 ":nth-child(odd)" 를 활용한다. 이는 행을 나타내는 tr로 함께 정의하여 사용하게 된다.

```
tr:nth-child(odd) {
   background : yellow;
}
```

7-14.html

```
<html><head><title>테이블  스타일</title>
<style type="text/css">
<!--
  tr:nth-child(odd) {
   background : yellow;
}
--></style></head>
<body><table><caption>샤프의 종류</caption>
<tr><th>제작사</th><th >제품명</th></tr>
<tr><td colspan=2></td><tr>
<tr><td>펜텔</td><td >매카니카</td></tr>
<tr><td  colspan=2></td><tr>
<tr><td>파이로트</td><td >닥터그립</td></tr>
<tr><td  colspan=2></td><tr>
<tr><td>스테들러</td><td >925-85</td></tr>
<tr><td  colspan=2></td><tr>
<tr><td>파버카스텔</td><td >pg5</td></tr>
<tr><td colspan=2></td><tr>
</table></body></html>
```

결과는 다음과 같다.

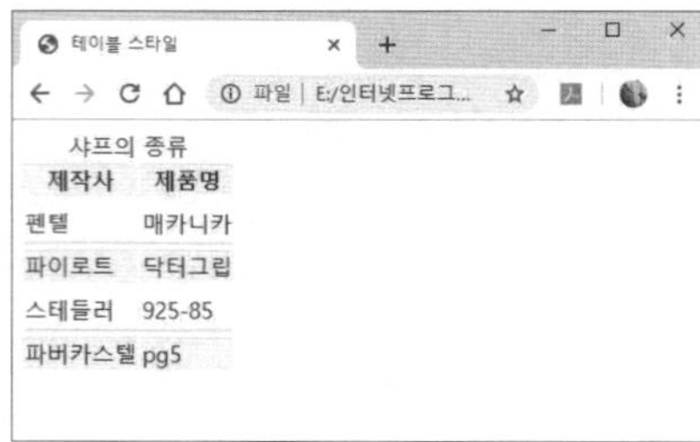

[그림 7-16]

여기서 테이블의 두 줄을 없애고, 짝수 행은 배경은 회색으로 하고, 글자색은 노란색으로 변경하여 보자.

7-15.html

```
<html><head><title>테이블  스타일</title>
<style type="text/css">
<!--
 table{
   border-collapse:collapse;
   text-align:center;
   width:500px;
}
 tr:nth-child(even) {
   background : gray;
   color :yellow;
}
--></style></head>
<body><table><caption>샤프의 종류</caption>
<tr><th>제작사</th><th >제품명</th></tr>
<tr><td colspan=2></td><tr>
<tr><td>펜텔</td><td >매카니카</td></tr>
<tr><td  colspan=2></td><tr>
<tr><td>파이로트</td><td >닥터그립</td></tr>
<tr><td  colspan=2></td><tr>
<tr><td>스테들러</td><td >925-85</td></tr>
<tr><td  colspan=2></td><tr>
<tr><td>파버카스텔</td><td >pg5</td></tr>
<tr><td colspan=2></td><tr>
</table></body></html>
```

결과는 다음과 같다.

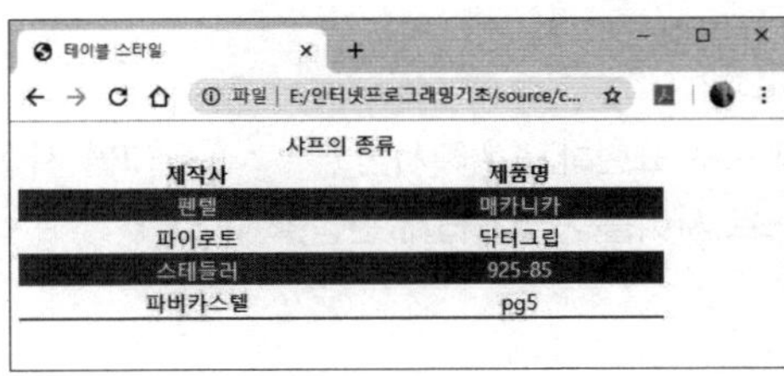

[그림 7-17]

연습문제 EXERCISE

※ 다음 빈칸에 알맞은 용어를 채우시오.

1 웹 페이지를 구조적으로 표현하기 위해서는 ( ) 태그를 사용하는데, 이 태그를 통하여 이미지와 텍스트 사이를 자연스럽게 편집할 수 있다.

2 테이블의 외곽선 스타일을 지정하는 ( )과 가로와 세로 선을 지정하는 ( ) 속성이 있다.

3 테이블을 작성할 때는 행을 중심으로 그리는데, 이에 해당하는 것이 ( ) 태그이다.

4 테이블의 행과 열들을 합치는데 ( )과 ( ) 속성을 사용한다.

5 웹 페이지에서 사용되는 테이블의 스타일에는 크게 여백(margin), ( ), 안 여백(padding), 내용(content) 등의 스타일을 정의할 수 있다. 여기서 내용(content)은 순수한 콘텐츠이고, 안 여백(padding)은 콘텐츠와 경계선 사이의 여백이며, ( )는 경계선, 여백(margin)은 경계선 밖에서 박스모델의 최종 경계선까지의 여백을 의미한다.

6 둥근 모서리를 가진 테이블의 테두리를 만들기 위해서는 ( )를 사용한다.

※ 다음 조건에 해당하는 소스 코드를 작성하시오.

7 테이블 관련 태그를 활용하여 다음과 같은 테이블을 완성하시오.

<table border="1">
<tr><td colspan="3"> </td></tr>
<tr><td rowspan="3"> </td><td rowspan="2"> </td><td> </td></tr>
<tr><td> </td></tr>
<tr><td> </td><td> </td></tr>
<tr><td colspan="3"> </td></tr>
<tr><td> </td><td> </td><td> </td></tr>
<tr><td> </td><td> </td><td> </td></tr>
<tr><td colspan="3"> </td></tr>
<tr><td colspan="3">
 </td></tr>
</table>

8 테이블 관련 태그를 활용하여 다음과 같은 테이블을 완성하시오.

(ex7-1.html)

작성조건 :
두드림 코포레이션을 클릭하면 동국대전산원(http://ducsi.ac.kr)로 연결
셀 배경색은 #f0e68c
각 셀 행의 너비는 200px

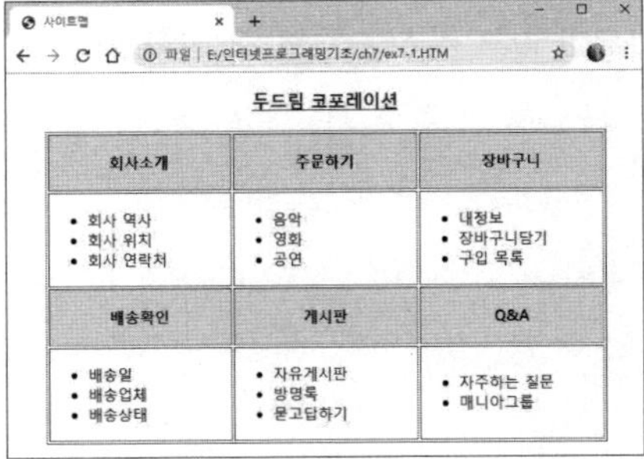

연습문제 EXERCISE

9 테이블 관련 태그를 활용하여 다음과 같은 테이블을 완성하시오. (ex7–2.html)

작성조건 :
테이블 안에 사용된 폼 양식은 제외한 형태만 작성
테이블이 전체적으로 중앙 배치
상담카드는 h2로 지정
좌우명의 text 크기는 60으로 지정
학번, 이름, 메일주소의 text 크기는 20로 지정
주민번호 뒷부분은 패스워드 타입으로 지정
상담 희망일은 date 활용
연락처는 011, 017, 010, 016이고 010이 기본값으로 지정

나의 이력 작성
파일 | E:/인터넷프로그래밍기초/ch7/ex7-2.htm

상담카드

좌우명			
학번		이름	
주민번호	-	메일주소	
상담 희망일	연도-월-일	연락처	010 ▾ - -
희망 진로	○개인사업 ○직장인 ○결혼 ◉창업		
학습량(0~10시간)	시간 집중 정도(1~10) : 1 10		
상담 희망 목록			

상담은 진심과 열정을 준비하시고 오면 됩니다.

10 테이블 관련된 태그와 속성을 이용하여 다음과 같은 소스 코드를 작성하시오. (ex7–3.html)

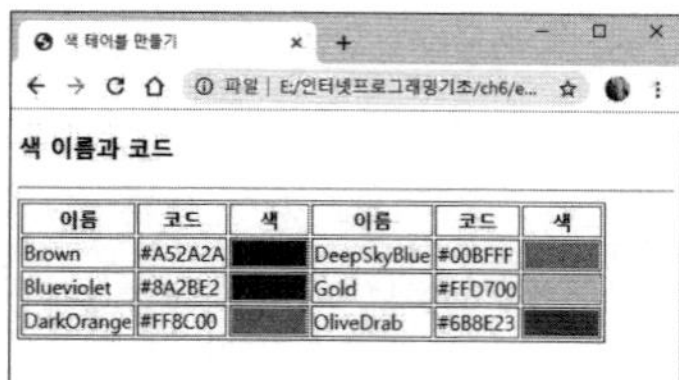

색 이름과 코드

이름	코드	색	이름	코드	색
Brown	#A52A2A		DeepSkyBlue	#00BFFF	
Blueviolet	#8A2BE2		Gold	#FFD700	
DarkOrange	#FF8C00		OliveDrab	#6B8E23	

11 테이블 관련된 태그와 속성을 이용하여 다음과 같은 소스 코드를 작성하시오. (ex7-4.html)

작성조건 :
table{border-collapse:collapse; border:solid 1px #F0268C ; height:100px;}
th{border:solid 1px #F0268C ; background-color: #F5F5DC; }
td{border:solid 1px #F0268C ; width:80; height:80 ; padding:8 ;vertical-align:top; font-weight:bold; text-align:right; }
.TEST{color: #FF1493; font-size:12pt}

July 7 2007

Sun	Mon	Tue	Wed	Thu	Fri	Sat
5 가족 모임	6 조찬 회의	7 업무 분장	8 팀장 모임	9 결혼 기념일	10 보고서	10 주말 파티

12 테이블 관련된 태그와 속성을 이용하여 다음과 같은 소스 코드를 작성하시오. (ex7-5.html)

작성조건 : 이미지 파일 eg2.gif를 활용하여 필터를 이용하여 컬러사진을 흑백사진으로 변환

연습문제 EXERCISE

13 테이블 관련된 태그와 속성을 이용하여 다음과 같은 소스 코드를 작성하시오.
(ex7–6.html)

작성조건 :
테이블 속성은 이중 테두리 제거, 짝수 <tr>에 적용, 마우스가 올라오면 yellow 배경
전체 속성 { text–align : left; padding : 5px; height : 15px; width : 100px;}

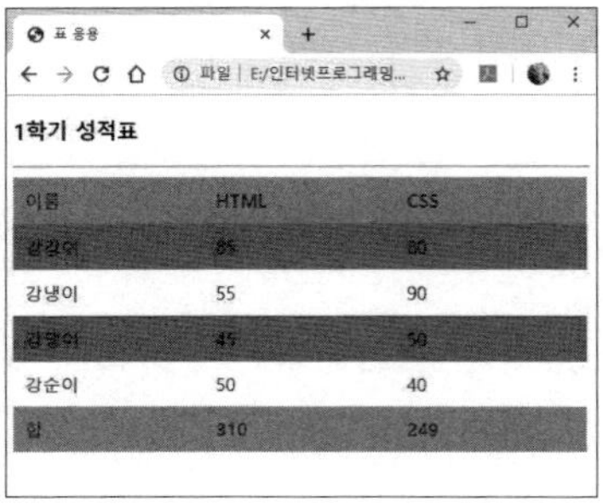

표 응용

파일 | E:/인터넷프로그래밍...

1학기 성적표

이름	HTML	CSS
[illegible]	85	80
강냉이	55	90
[illegible]	45	50
강순이	50	40
합	310	249

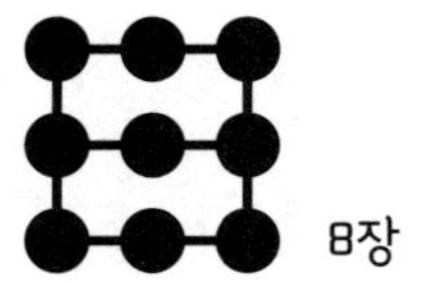
8장

폼 만들기

웹 페이지에서 사용자에게 정보를 입력받을 수 있는 형식은 〈form〉 태그이다. 여기에는 〈input〉 형식, 〈select〉 형식, 〈textarea〉 형식 등이 있다. 이들을 이용하여 사용자에게 받은 정보를 서버에 전달하는 동적인 처리가 가능해진다. 폼 양식을 사용하는 방법은 다음과 같다.

```
<form name="폼이름" action="연결될 서버 프로그램명" method="전송방식">
<input type= ·················>
<select> ················· </select>
<textarea> ················· </textarea>
</form>
```

폼의 속성 중에서 method는 전송방식을 지정하는 것으로 표준지정 방식은 “get”, 사용자 정의 전송방식은 “post”로 설정한다. 여기서 target 속성을 이용하여 실행결과를 보여줄 창을 지정할 수 있다.

전송 방식	설명
GET	주소에 데이터를 직접 입력해 전달
POST	별도의 방법을 사용해 데이터를 해당 주소로 전달

action 속성은 폼 양식에서 입력된 값을 처리할 서버 프로그램명을 지정하는 것으로서 연결 가능한 프로그램으로는 php, jsp, asp, c 언어 등이 있다. 〈form〉 태그 내부에는 3가지 형태의 태그를 포함할 수 있다.

8.1 Input 형식 사용법

사용자로부터 텍스트 입력 시에 사용하는 형태로 사용하는 형식은 다음과 같다.

```
<form>
<input type="입력종류" name="이름" size="길이" value="기본 문자열">
</form>
```

type의 종류에 따라서 다양한 입력 양식을 제공할 수 있다.

〈표 8-1〉

기능	속성		사용 예
text	name size maxlength value title	이름 화면에 나타날 크기 최대 입력 글자 수 기본 문자값 설명문	〈input type="text" size="10" value="학생"〉
password	name size maxlength value title	이름 화면에 나타날 크기 최대 입력 글자 수 기본 문자값 설명문	〈input type="password" size="10"〉
radio	name value checked	이름 선택한 값을 서버에 전달 초기 체크 표시	〈input type="radio" checked〉
checkbox	name value checked	이름 선택한 값을 서버에 전달 초기 체크 표시	〈input type="checkbox" checked〉
button	name value	이름 버튼 위에 표기한 문자	〈input type="button" value="전송"〉
submit	name value	이름 버튼 위에 표기한 문자	〈input type="submit" value="쿼리전송"〉
reset	name value	이름 버튼 위에 표기한 문자	〈input type="reset" value="원래대로"〉
file	name value	이름 버튼 위에 표기한 문자	〈input type="file" value="찾아보기"〉
image	name value src	이름 사용할 이미지 파일 설정	〈input type="image" value="버튼"src="button.gif"〉
hidden	name value	이름 초기값	〈input type="hidden" value="홍길동"〉 //보이지 않는 형식

폼 태그의 기본 속성을 이용한 기본 예제를 작성해 보자.

8-1.html

```
<html>
<head>
    <title>Form Basic</title>
</head>
<body>
    <form>
        <!-- 사용자가 입력하는 입력 양식 -->
      이름  <input type="text" name="text" value="text" /><br />
      비밀번호  <input type="password" name="password" value="password" /><br />
        파일업로드 <input type="file" name="file" value="file" /><br />
        선택버튼<input type="checkbox" name="checkbox" value="checkbox" /><br />
        다중선택<input type="radio" name="radio" value="radio" /><br />

        <!-- 보이지 않는 입력 양식 -->
        보이지않기<input type="hidden" name="hidden" value="hidden" /><br />

        <!-- 버튼 -->
        버튼<input type="button" value="button" /><br />
        초기화<input type="reset" value="reset" /><br />
        제출<input type="submit" value="submit" /><br />
        이미지<input type="image" src="http://placehold.it/100×100" />
    </form>
</body>
</html>
```

결과는 다음과 같다.

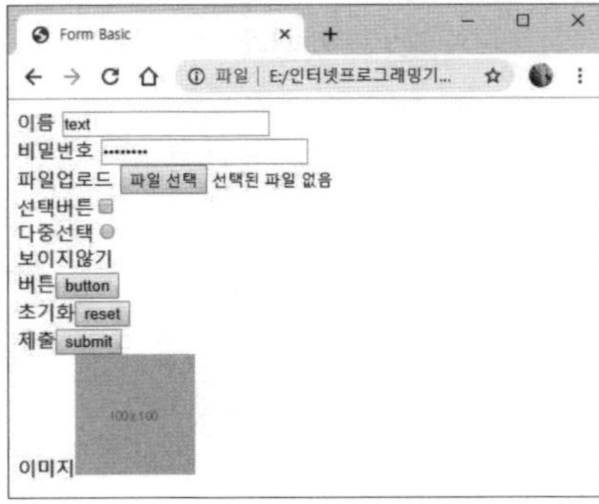

[그림 8-1]

사용자 정보를 받는 창에 스타일을 입혀서 예제를 작성해 보자.

8-2.html

```
01 <html><head><title>폼 연습</title></head>
02 <body><form >
03 <table border=0 align=center cellspacing=1  bgcolor="#dcdcdc">
04   <tr><td colspan=2 ><img src="title.gif" width=476 border=0></b></td></tr>
05   <tr align=center><td colspan=2 ><b>회원 로그인</b><br><br></td></tr>
06   <tr align=center><td>아이디</td><td><input type="text" size="15"></td></tr>
07   <tr align=center>
08   <td>비밀번호</td><td><input type="password" size="15"><br><br></td></tr>
09   <tr align=center><td colspan=2 ><input type="submit" value="전송">
10 <input type="reset" value="재작성"></td></tr>
11 </table></form></body></html>
```

3행에서 테이블의 외곽선이 없도록 설정하고 있으며, 4행에서 2개의 셀을 합쳐서 이미지를 호출한다. 6행에서는 제목과 입력 창을 설정하고 있다.

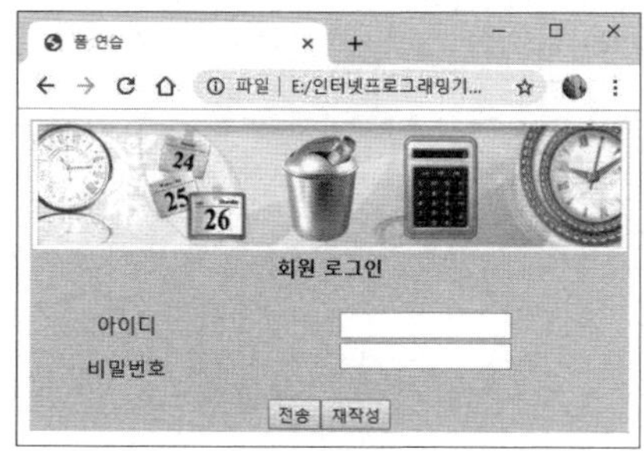

[그림 8-2]

다른 형태의 입력 양식을 활용한 예제를 작성해보자.

8-3.html

```
<html>
<head>
    <title>Form Basic</title>
</head>
<body>
    <form>
        <table>
            <tr>
                <td><label for="username">이름</label></td>
                <td><input id="username" type="text" name="username" /></td>
            </tr>
            <tr>
                <td>성별</td>
                <td>
                    <input id="man" type="radio" name="gender" value="m" />
                    <label for="man">남자</label>
                    <input id="woman" type="radio" name="gender" value="w" />
                    <label for="woman">여자</label>
                </td>
            </tr>
        </table>
        <input type="submit" value="가입" />
    </form>
</body>
</html>
```

결과는 다음과 같다.

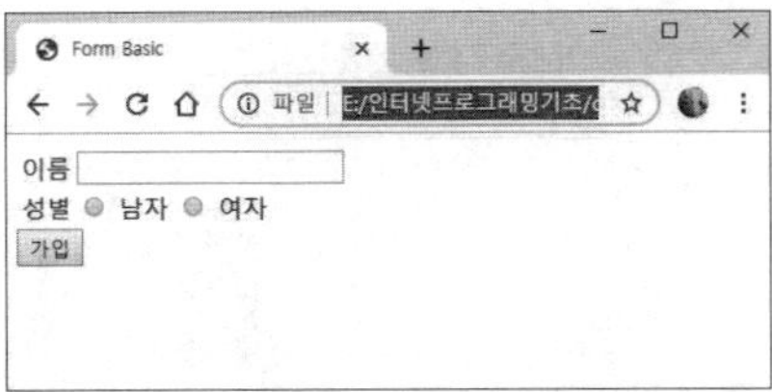

[그림 8-3]

테이블과 폼을 혼용한 예제를 작성해보자.

8-4.html

```
01 <html><head><title>폼 연습</title></head>
02 <body ><form >
03 <table border=0 align=center cellspacing=1  bgcolor="#dcdcdc">
04 <tr  align=center><td colspan=2>회원 가입</td></tr>
05 <tr  align=center><td colspan=2 ><img src="title.gif"></td></tr>
06 <tr><td  align=center>아이디</td><td><input type=text name=id size=12
    maxlength=12></td></tr>
07 <tr><td  align=center>패스워드</td><td><input type=password name=pw size=12
    maxlength=8></td></tr>
08 <tr><td align=center>성별</td><td><input type=radio name=sex value=1>남
   <input type=radio name=sex value=2 checked>여</td></tr>
09 <tr><td align=center>국적</td><td><input type=text value=대한민국 >
   <input type=button value=국적변경></td></tr>
10 <tr><td  align=center>가족사항</td>
11      <td><input type=checkbox value=2 checked>부모
12          <input type=checkbox  value=3>형제자매
13          <input type=checkbox 4 value=4>배우자
14          <input type=checkbox 5 value=5>자식</td></tr>
15 <tr><td  align=center>이력서</td><td><input type=file size=40></td></tr>
16 <tr><td  colspan=2 align=center><input type=submit value=가입>
17         <input type=reset value=재작성></td></tr>
18 </table></form></body></html>
```

5행은 이미지를 불러들이고, 7행은 패스워드 형식이다. 8행은 radio 형태의 속성을 사용한다. 11행은 checkbox 형식으로 checked 사용으로 초기 화면에 부모가 표시된 상태로 보여진다. 15행은 파일 첨부 형식이다.

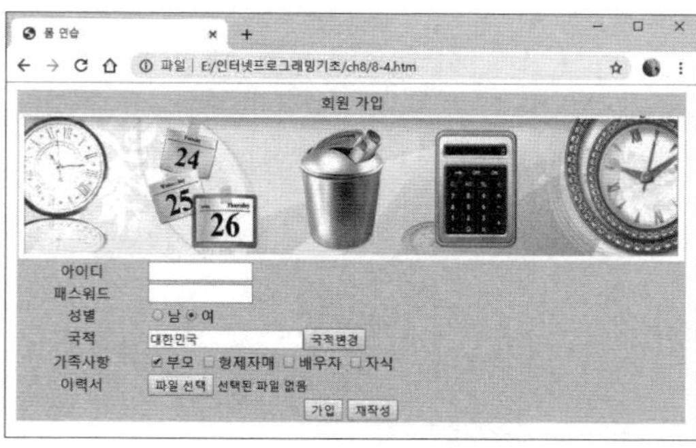

[그림 8-4]

8.2 Select 형식 사용법

목록 상자 입력 형식에 사용되는 태그가 〈select〉이고, 하위 〈option〉 태그로 목록의 리스트를 표현하는데, 사용형식은 다음과 같다.

```
<form>
  <select name="이름">
  <option value="해당 목록선택 시 전송될 값"> 화면에 표시할 내용
  ..................
  </select>
</form>
```

목록 태그에서 사용할 수 있는 속성으로는 이름을 나타내는 name, 선택 값을 서버로 전달하는 값을 전달하는 value, 초기에 기본값을 설정될 selected, 목록상자의 크기를 지정하는 size, 동시에 2개 이상의 기본값을 지정하고자 할 때 사용하는 multiple 등이 있다.

8-5.html

```
<html>
<head>
    <title>Form Basic</title>
</head>
<body>
    <select>
        <option>김밥</option>
        <option>떡복이</option>
        <option>순대</option>
        <option>어묵</option>
    </select>
</body>
</html>
```

결과는 다음과 같다.

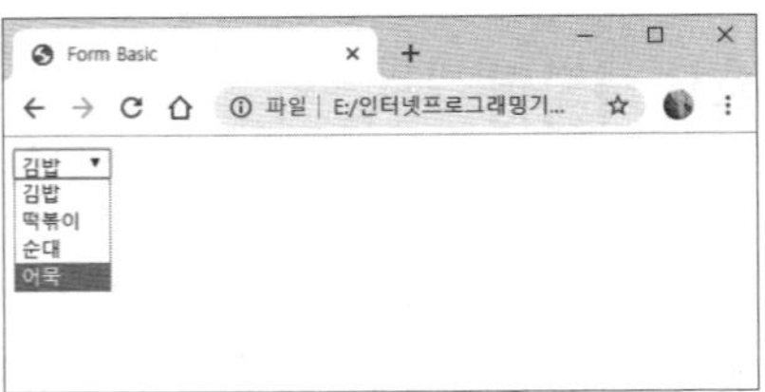

[그림 8-5]

여기에 multiple 속성을 활용해 보자.

8-6.html

```
<html>
<head>
    <title>Form Basic</title>
</head>
<body>
    <select multiple="multiple">
        <option>김밥</option>
        <option>떡볶이</option>
        <option>순대</option>
        <option>어묵</option>
    </select>
</body>
</html>
```

[그림 8-6]

목록을 응용하여 〈optgroup〉 태그로 유사한 것들 끼리 묶는 예제를 작성해보자.

8-7.html

```
<html>
<head>
    <title>Form Basic</title>
</head>
<body>
    <select>
        <optgroup label="HTML5">
            <option>Multimedia Tag</option>
            <option>Connectivity</option>
            <option>Device Access</option>
        </optgroup>
        <optgroup label="CSS3">
            <option>Animation</option>
            <option>3D Transform</option>
        </optgroup>
    </select>
</body>
</html>

<html>
<head>
    <title>Form Basic</title>
</head>
<body>
    <select>
        <optgroup label="HTML5">
            <option>Multimedia Tag</option>
            <option>Connectivity</option>
            <option>Device Access</option>
        </optgroup>
        <optgroup label="CSS3">
            <option>Animation</option>
            <option>3D Transform</option>
        </optgroup>
    </select>
</body>
</html>
```

결과는 다음과 같다.

[그림 8-7]

8.3 Textarea 형식 사용법

사용자로부터 여러 줄 입력을 가능하게 하는 태그가 〈textarea〉 이고, 형식은 다음과 같다.

```
<form>
  <textarea name="이름"rows="행의 수"cols="열의 수">
  ..................
  <textarea>
</form>
```

형식에 지정된 속성 이외의 자동 줄 바꿈을 가능하게 하는 wrap이 있는데, 지정할 수 있는 값으로는 자동 줄 바꿈을 지정하는 physical과 서버로 전송될 때 전체가 이어지는 형태로 전송되는 virtual 등을 설정할 수 있다.

8-8.html

```
<html><head><meta charset="utf-8"><title>폼연습</title></head>
<body><form>
<table border="0" align="center" bgcolor="#dcdcdc">
                    <tr align="center">
  <td colspan="2">간단한 프로필 가입</td></tr>

<tr><td align="center">휴대폰</td>

                         <td> <select name="phone1">

                                <option value="1" SELECTED>011</option>

           <option value="2">016</option>

           <option value="3">017</option>
                                <option value="4">018</option>

                                <option value="5">010</option>

                            </select></tr>

                    <tr><td align="center">자기 소개</td>
                         <td><textarea cols="50" rows="15" name="memo">
하고싶은말을 쓰세요.^^</textarea>
                       </td></tr>
<tr><td colspan="2" align="center"><input type="submit" value="가입">
                         <input type="reset" value="재작성"></td></tr>
</table></form>

     </body>
</html>
```

결과는 다음과 같다.

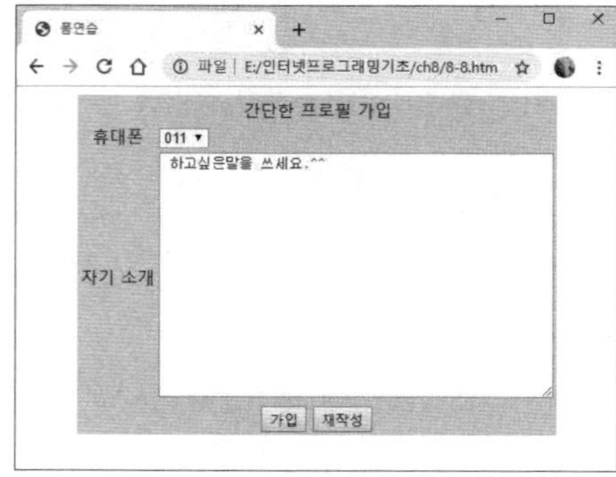

[그림 8-8]

전체적인 태그들을 활용한 종합 예제를 작성해보자.

8-9.html

```
<html><head><title>폼 연습</title></head><body ><form >
<table background="bg5.gif" width="601" cellspacing=0 cellpadding=0 border=0
align=center><tr><td>
<table  cellspacing=0 cellpadding=5 width="100%" border=1>
<tr><td >제목 </td><td colspan=4><input type="text"  size=60> </td></tr>
<tr><td >아이디</td> <td ><input type="text" size=15> </td>
  <td >비밀<br>번호</td><td ><input type="password" size=15> </td>
  <td  rowspan=5 ></td></tr><tr><td>주민<br>번호</td><td>
  <input type="text" size=6>-<input type="text" size=7></td>
  <td >메일<br>주소 </td><td ><input type="text"  size=20></td></tr>
<tr><td >오피스</td> <td >
  <input type="text" size=3>- <input type="text"  size=4>-
  <input type="text" size=4></td><td>핸드폰 </td>
  <td ><select>
  <option>011<option>010<option>016<option>017<option>019</select>-
  <input type="text"  size=4>-<input type="text" size=4></td></tr>
<tr><td>관심 <br>분야</td>
  <td colspan=3 ><input type="radio">부동산<input type="radio">엔터테인먼트
  <input type="radio">재태크<input type="radio">결혼
  <input type="radio">학업 및 진로</td></tr>
<tr><td>상담<br>내용</td><td colspan=3>
  <textarea rows="5" cols="65"></textarea></td></tr></table></td></tr>
<tr ><td align=middle> 상담 신청 내용은 신속히 처리하여 통보해 드립니다.
</td></tr></table></form></body></html>
```

3행에서 테이블을 설정하고, 형식은 행을 중심으로 작성된다. 한 행이 4개로 구분되어서 제목과 내용을 셀 통합으로 작성한다.

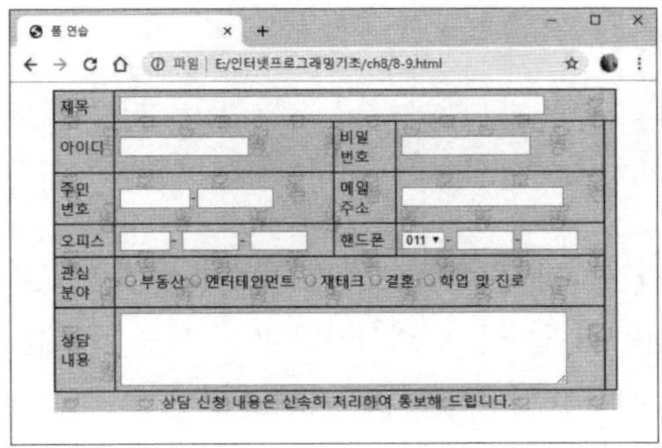

[그림 8-9]

8.4 폼 관련 스타일시트

〈input type=text〉로 폼 요소에 스타일을 적용하는 방법을 살펴보자.

```
input[type=text] {
     color : blue;
 }
```

이는 〈input〉의 type 속성이 text인 경우에만 적용하라는 의미이다. 또한 스타일에 테두리를 둥근 모서리로 지정하고자 할 경우는 다음과 같이 사용한다.

```
input[type=text] {
     color : blue;
     border-radius : 5px;
 }
```

폼 요소에 마우스가 올라가면 입력 창의 배경색이 노란색으로 바꾸고, 마우스를 내리면 원래대로 돌아가려고 한다면 다음과 같이 지정한다.

```
input[type=text]:hover {
     background : yellow;
}
```

여기서 ":hover"는 마우스가 올라오는 것을 지정하는 이벤트 핸들러이다. 이를 대신해서 ":focus"를 사용하면 입력창에 커서가 포커스 되는 경우를 의미한다. 이들을 활용한 예제를 작성해 보자.

8-9-1.html

```
<!DOCTYPE html>
<html><head>
<meta charset="UTF-8">
<title>폼 스타일시트 </title>
<style>
input[type=text] {
      color : red;
            border-radius : 5px;
}
input:hover, textarea:hover {
      background : yellow;
}
input[type=text]:focus, input[type=email]:focus {
      font-size : 120%;
}

</style></head>
<body>
<h3>연락처</h3>
<hr>
<form>
      ID : <input type="text"><br><br>
      Email<input type="email" placeholder="mjgo@naver.com"><br><br><br>
      Comment</span><textarea placeholder="코멘트 부탁합니다"></textarea><br><br>
      <input type="submit" value="submit">

</form>
</body></html>
```

실행결과는 다음과 같다.

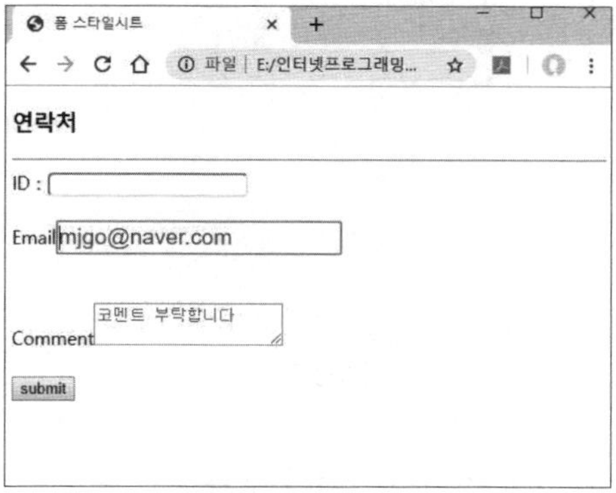

[그림 8-10]

〈datalist〉 태그는 목록 리스트를 작성할 때 유용한 태그로서 〈input type= "text" 〉에 입력 가능한 데이터의 기본값을 설정할 수 있다.

8-10.html

```
<html>
<head>
<title>datalist 연습</title></head>
<body>
<h3>살기 좋은 나라</h3>
<hr>
<form>
나라 : <input type="text" name="country" list="countries"><br>
            <datalist id="countries">
                   <option value="가나">
                   <option value="스위스">
                   <option value="브라질">
            </datalist>
</form>
</body>
</html>
```

결과는 다음과 같다.

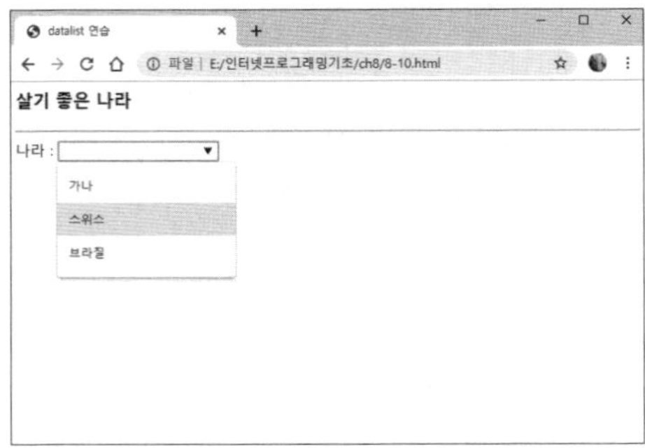

[그림 8-11]

다양한 형태의 기본값을 가진 목록을 작성해 보자.

8-11.html

```
<html>
<head>
<title>데이터 목록을 가진 텍스트 입력</title></head>
<body>
<h3>가보고 싶은 곳</h3>
<hr>
<form>
나라 : <input type="text" name="country" list="countries"><br>
            <datalist id="countries">
                   <option value="가나">
                   <option value="스위스">
                   <option value="브라질">
            </datalist>
보고싶은것 : <input type="text" list="what"><br>
            <datalist id="what">
                   <option value="산">
                   <option value="바다">
                   <option value="도시">
            </datalist>
</form>
</body>
</html>
```

결과는 다음과 같다.

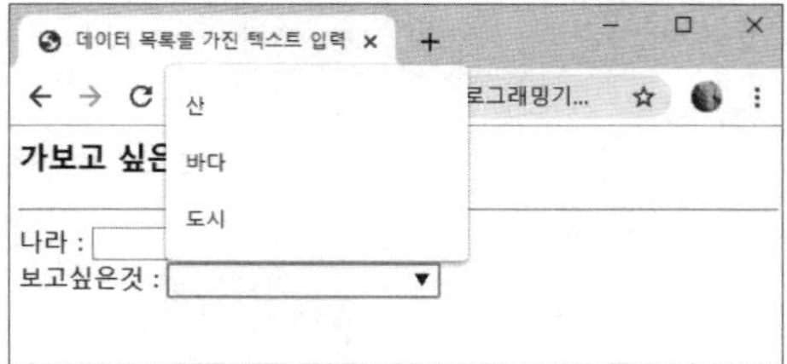

[그림 8-12]

<button> 태그를 이용해서 텍스트나 이미지 버튼을 만들 수 있다. 다양한 버튼을 만드는 예제를 작성해보자.

8-12.html

```
<html>
<head><title>다양한 버튼</title></head>
<body>
<h3>버튼을 만들자</h3>
<hr>
<form>
      검색: <input type="text" size="10" value="">
                    <input type="button" value="질문1">
                    <button type="button">질문2</button><br>
      submit 버튼 : <input type="submit" value="전송1">
                            <button type="submit">전송2</button><br>
      reset 버튼 :   <input type="reset" value="리셋1">
                             <button type="reset">리셋2</button><br>
      이미지버튼 :  <input type="image" src="dd.jpg" alt="이미지 버튼">
                             <button type="button">
                                <img src="ddd.jpg" alt="이미지 버튼">
                                        </button>
</form>
</body>
</html>
```

결과는 다음과 같다.

[그림 8-13]

〈input type="checkbox"〉 체크박스와 〈input type="radio"〉 라디오버튼을 name 속성값이 같은 라디오버튼들이 하나의 그룹을 형성하는 방법을 살펴보자.

8-13.html

```
<html>
<head><title>체크 박스 만들기</title></head>
<body>
<h3> 좋아하는 음식을 모두 체크하세요</h3>
<hr>
<form>
      스파게티 <input type="checkbox" value="1">
      피 자 <input type="checkbox" value="2" checked>
      리조또 <input type="checkbox" value="3">
</form>
</body>
</html>
```

결과는 다음과 같다.

[그림 8-14]

8-14.html

```
<html>
<head><title>라디오버튼 만들기</title></head>
<body>
<h3>먹고 싶은 것 하나만 선택?</h3>
<hr>
<form>
      <input type="radio" name="china" value="1">
                  스파게티<img src="s.jpg"><br>
      <input type="radio" name="china" value="2" checked>
                  피 자<img src="p.jpg"><br>
      <input type="radio" name="china" value="3">
                  리조또 <img src="r.jpg">
</form>
</body>
</html>
```

결과는 다음과 같다.

[그림 8-15]

〈label〉로 폼 요소에 캡션을 만들 수 있는데, 여기서 캡션이란 폼 양식 앞에 오는 제목에 해당한다. 〈label〉 태그로 캡션과 폼 요소를 한 단위로 묶어서 처리할 수 있다.

8-15.html

```
<html>
<head><title>로그인 폼</title></head>
<body>
<h3>로그인 폼에 캡션지정</h3>
<hr>
<form name="fo" method="get">
      <label>아이디 : <input type="text" size="15" value="">
      </label><br>
      <label for="pass">비밀 번호 : </label>
      <input id="pass" type="password" size="15" value="">
      <input type="submit" value="완료">
</form>
</body>
</html>
```

결과는 다음과 같다.

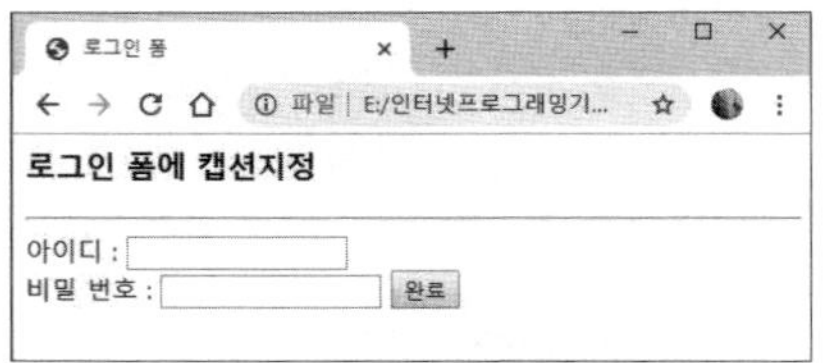

[그림 8-16]

<input type= "color" > 태그를 이용하여 컬러가 포함된 입력 창을 작성할 수 있다.

8-16.html

```
<html>
<head><title>색 입력</title></head>
<body>
<h3>컬러다이얼로그로 색 입력</h3>
<hr>
<form>
      색 선택
      <input type="color" value="#00BBFF" onchange="document.body.style.
       color=this.value">
</form>
</body>
</html>
```

기본색은 "#00BBFF"로 하고,
onchange="document.body.style.color=this.value "를 이용하여
색상 선택표에서 원하는 색을 선택하면 버튼의 색이 변경되는 이벤트를 추가하였다.

[그림 8-17]

이외에도 〈input type="month|week|date|time|datetime-local"〉 등의 속성 설정이 가능하다.

〈표 8-2〉

type 속성값	입력 데이터	value의 형식
〈input type="month"〉	년/월	2016-09
〈input type="week"〉	년/몇 번째 주	2016-W16
〈input type="date"〉	년/월/일	2016-09-01
〈input type="dateime-local"〉	해당 나라의 시간 년/월/일/오전,오후/시/분/초/100분의 1초	2016-09-01T21:30:10.32
〈input type="time"〉	시/분	21:30

8-17.html

```
<html>
<head><title>시간 입력하는 폼 활용</title></head>
<body>
<h3>시간 정보 HTML5 폼 요소들</h3>
초기 세팅 : 2020년 9월 1일 밤 9시 30분(10초 32)<br>
<hr>
<form>
<pre>
년/월 지정 : <input type="month" value="2020-09"><br>
년/주 지정 : <input type="week" value="2020-W30"><br>
년/월/일 지정 :              <input type="date" value="2020-09-01"><br>
시/분 지정 :         <input type="time" value="21:30"><br>
해당나라시간 :               <input type="datetime-local"

value="2020-09-01T21:30:10.32"><br>
</pre>
</form>
</body>
</html>
```

결과는 다음과 같다.

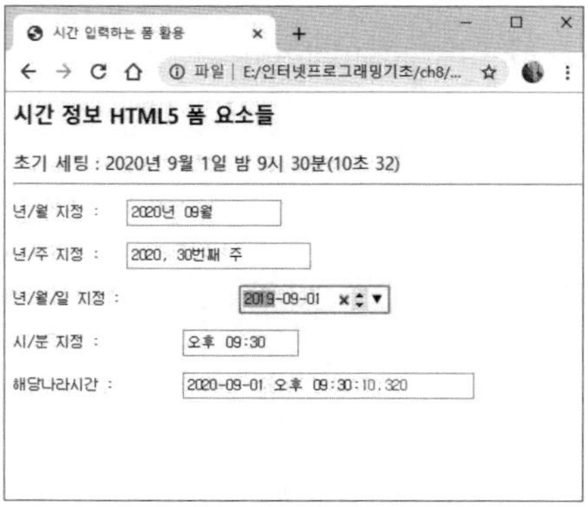

[그림 8-18]

⟨input type="number|range"⟩로 편리한 숫자 입력이 가능하다.

8-18.html

```
<html>
<head><title>스타일시트 숫자 입력</title></head>
<body>
<h3> 온도 조절 시스템</h3>
<hr>
<form>
      온도유지시간 (0.0~22.0시간) :
      <input type="number" min="0.0" max="22.0"
                                                step="0.5"><br><br>
      온도 설정 :20&deg;
      <input type="range" min="10" max="50"

list="temperatures">50&deg;
      <datalist  id="temperatures">
             <option value="12" label="Low">
             <option value="25" label="Medium">
             <option value="38" label="High">
      </datalist>
</form>
</body>
</html>
```

결과는 다음과 같다.

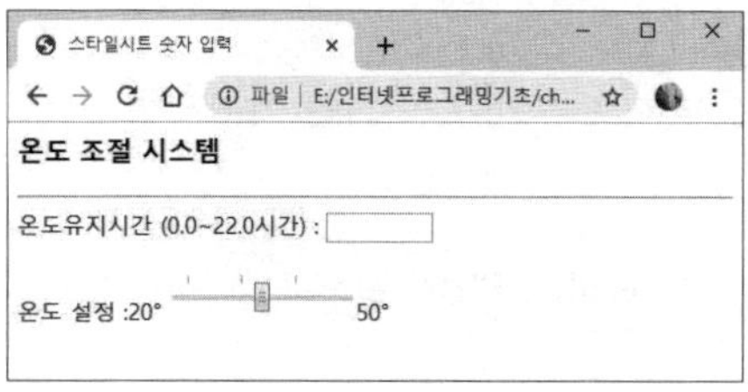

[그림 8-19]

형식을 가진 텍스트를 입력하는 방법은 다음과 같다.

〈input type= "email" 〉은 email 주소 입력이고,
이메일 주소 :

```
<input type="email" placeholder="id@host">
<input type="submit" value="전송">
```

〈input type= "url" 〉은 URL 입력으로,

```
<input type="url" placeholder="http://">
```

〈input type= "tel" 〉은 전화번호 입력이며,

```
<input type="tel" placeholder="010-234-5678">
```

검색어 입력은 〈input type= "search" 〉 방법을 사용한다.

```
<input type="search" placeholder="검색어">
```

이를 활용한 예제를 작성하여 보자.

8-19.html

```
<html>
<head><title>형식을 가진 텍스트 입력</title></head>
<body>
<h3>회원 정보를 입력해주세요.</h3>
<hr>
<form>
      email : <input type="email" placeholder="id@host"><br>
      홈페이지 : <input type="url" placeholder="http: //"><br>
      전화번호 : <input type="tel" placeholder="010-234-5678">
                          <input type="submit" value="확인"><br><br>
<hr>
      검색어 : <input type="search" placeholder="검색어">
                          <input type="button" value="검색">
</form>
</body>
</html>
```

결과는 다음과 같다.

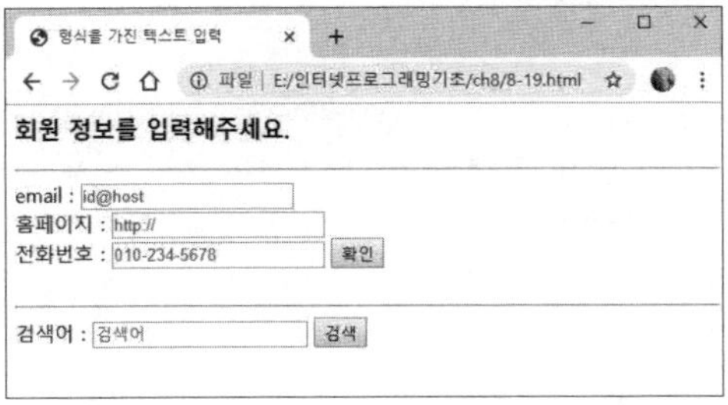

[그림 8-20]

텍스트 창에 색을 지정하는 스타일시트 예제를 작성해 보자.

8-20.html

```
<HTML><HEAD><TITLE> 폼 스타일시트</TITLE>
<STYLE type="text/css">
<!--
   body {scrollbar-track-color:red;scrollbar-face-color:white;scrollbar-
highlight-color:ee0e66;scrollbar-3dight-color:skyblue;scrollbar-darkshadow-
color:black;scrollbar-arrow-color
:yellow;scrollbar-shadow-color:black;}
   select { font-family: 궁서; color: blue; border:1 groove #ee147c}
   textarea { color:#4eecdf; background-color:#ee00ff; font-size:12pt;}
   input {color:white;background-color:#8b4513;}
--></STYLE></HEAD>
<BODY><h3> 폼 스타일시트 </h3> <br><br>
<form>
   <select>직업 <option>학생 </option><option>교수</option><option>직원
</option></select><br><br><br>
   하고싶은말<br><textarea cols="30" rows="10">이야기 해주세요 ..</textarea><br><br>
   <input type="submit" value="전송">
</BODY></HTML>
```

결과는 다음과 같다.

[그림 8-21]

텍스트 내용(content)에 스타일을 정의하는 예제를 작성하자.

8-21.html

```
<HTML><HEAD><TITLE>방명록</TITLE>
  <STYLE>
    textarea.content{
      font-family: "궁서";
      color : #dc143c;
      border : 1px #ff1493 solid;
      line-height: 15pt;
      scrollbar-face-color : #ffffff;
      scrollbar-shadow : # fa8072;
      scrollbar-arrow-color:#4b0082;
  </STYLE></HEAD> <BODY><center><H3>  이메일 창 꾸미기  </H3><P>
  <FORM >  남기고 싶은 말 <BR>
     <TEXTAREA class="content" rows="10" cols="40"></TEXTAREA><p>
        <input type="reset" value="재입력">
  </FORM></center> </BODY></HTML>
```

결과는 다음과 같다.

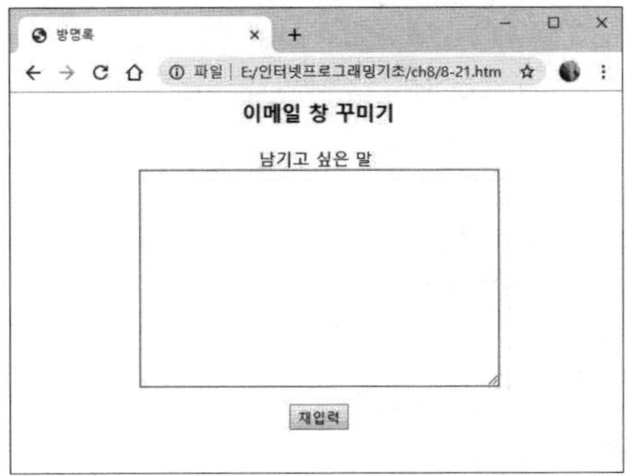

[그림 8-22]

시맨틱 블록 태그에는 〈details〉와 〈summary〉 태그가 있는데, 〈details〉는 상세 정보를 담는 시맨틱 블록 태그이고, 〈summary〉 태그는 〈details〉로 구성되는 블록의 제목을 표현한다.

〈details〉와 〈summary〉 활용하면 고급스러운 웹 페이지 작성이 가능하다.

예제는 〈details〉 태그를 이용하여 Q&A 리스트를 만든 예제로 사용자가 핸들(▶)을 클릭하여 항목을 보거나 숨길 수 있다.

8-22.html

```
<html>
<head>
<title>details와 summary 태그</title>
</head>
<body>
<h3>details와 summary 태그</h3>
Q &amp; A 리스트
<hr>
<details>
   <summary>질문 1</summary>
   <p>웹 페이지 작성을 위한 3 가지?</p>
</details>
<details>
   <summary>정답 1</summary>
   <p>HTML5, CSS, Javascript</p>
</details>
</body>
</html>
```

결과는 역삼각형을 누르면 요약된 내용 전체를 볼 수 있다.

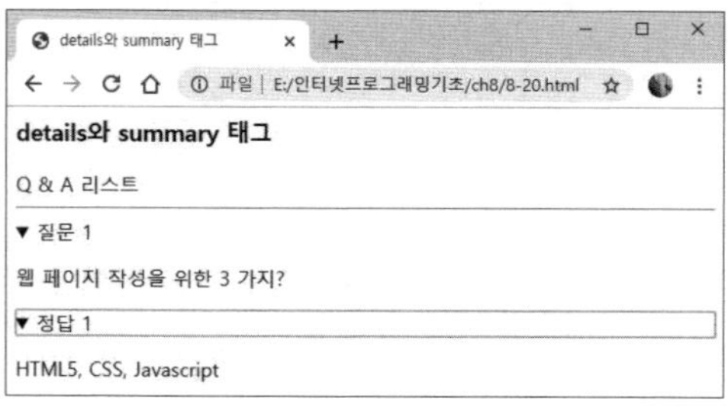

[그림 8-23]

시맨틱 인라인 태그로서 〈mark〉 태그는 중요한 텍스트임을 표시하고, 〈time〉 태그는 텍스트의 내용이 시간임을 표시한다. 〈meter〉 태그는 주어진 범위나 %의 데이터 량 표시하고, 〈progress〉는 작업의 진행 정도 표시한다.

4가지 인라인 시맨틱 태그를 사용한 사례를 작성해보자. 〈mark〉 태그의 텍스트는 브라우저에 따라 다르게 표현되며 크롬에서는 노란색 배경으로 출력된다.

8-23.html

```
<html>
<head>
<title>인라인 시맨틱 태그</title>
</head>
<body>
<h3>인라인 시맨틱 태그 사례</h3>
<hr>
<p>내일 <mark>HTML5 시험</mark><br>
시간은 <time>11:00</time><br>
난이도 <meter value="0.8">80%</meter><br>
답안지 업로딩(20%)
      <progress value="2" max="10"></progress><br>
</p>
</body>
</html>
```

결과는 다음과 같다.

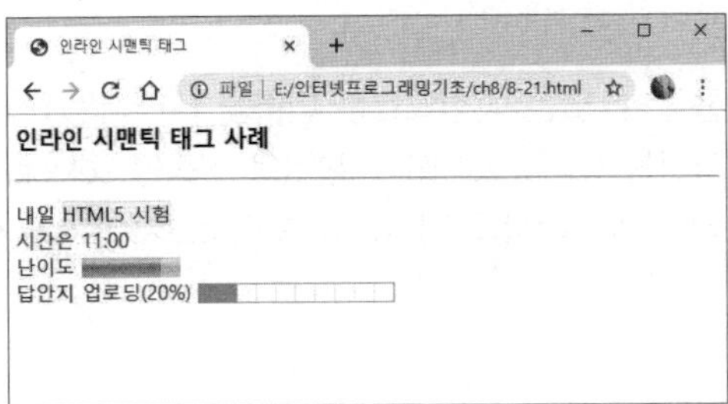

[그림 8-24]

다음 태그들은 문서의 시맨틱 구조를 저해한다는 이유로 HTML5에서 제거되었다.

<big>, <center>, <dir>, <tt>, <xmp>, <acronym>, <applet>, <basefont>, <frame>, <frameset>, <noframes>, <strike>

연습문제 EXERCISE

※ 다음 빈칸에 알맞은 용어를 채우시오.

1 웹 페이지에서 사용자에게 정보를 입력받을 수 있는 형식은 (　　　) 태그이고, 이들을 이용하여 사용자에게 받은 정보를 서버에 전달하는 동적인 처리가 가능해진다.

2 폼의 속성 중에서 method는 전송방식을 지정하는 것으로 표준지정 방식은 (　　　), 사용자 정의 전송방식은 (　　　)로 설정한다.

3 (　　　) 속성은 폼 양식에서 입력된 값을 처리할 서버 프로그램명을 지정하는 것으로서 연결 가능한 프로그램으로는 php, jsp, asp, c 언어 등이 있다.

4 목록 상자 입력 형식에 사용되는 태그가 (　　　)이고, 하위로 〈option〉 태그로 목록의 리스트를 표현한다.

5 목록 태그에서 사용할 수 있는 속성으로는 이름을 나타내는 name, 선택 값을 서버로 전달하는 값을 전달하는 value, 초기에 기본값을 설정될 selected, 목록상자의 크기를 지정하는 size, 동시에 2개 이상의 기본값을 지정하고자 할 때 사용하는 (　　　)을 사용한다.

6 사용자로부터 여러 줄 입력을 가능하게 하는 태그가 (　　　)이고, 형식은 다음과 같다.

7 Textarea 형식에 지정된 속성 이외의 자동 줄 바꿈을 가능하게 하는 (　　　)이 있는데, 지정할 수 있는 값으로는 자동 줄 바꿈을 지정하는 physical과 서버로 전송될 때 전체가 이어지는 형태로 전송되는 virtual 등을 설정할 수 있다.

8 (　　　　　) 태그인 〈details〉와 〈summary〉 태그가 있는데, 〈details〉는 상세 정보를 담는 시맨틱 블록 태그, 〈summary〉 태그는 〈details〉로 구성되는 블록의 제목 표현한다.

※ 다음 조건에 해당하는 소스 코드를 작성하시오.

9 폼 관련 태그를 활용하여 다음과 같은 테이블을 완성하시오.

(ex8-1.html)

작성조건 : 9개의 버튼을 가진 프로그램 작성

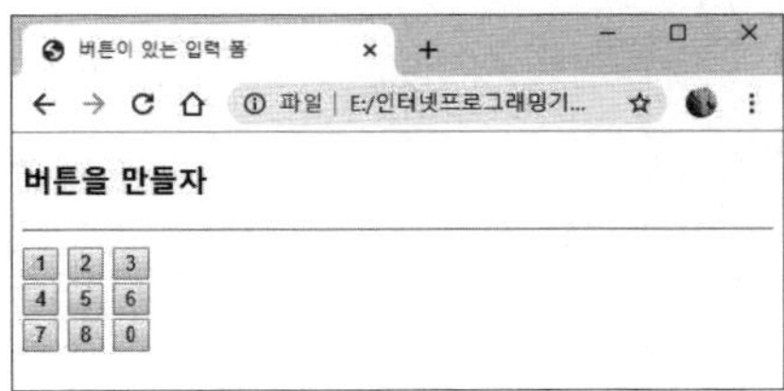

10 폼 관련 태그를 활용하여 다음과 같은 테이블을 완성하시오.

(ex8-2.html)

작성조건 : 〈label〉, 〈input〉 태그를 사용하여 작성

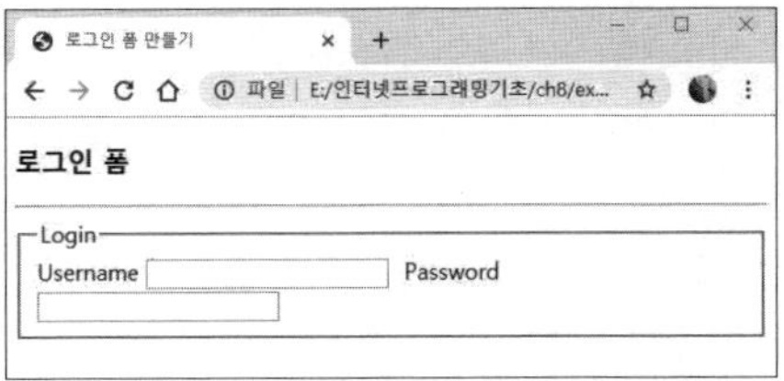

연습문제 EXERCISE

11 폼 관련 태그를 활용하여 다음과 같은 테이블을 완성하시오.

(ex8–3.html)

작성조건 : 선 종류 select 사용
선두께 type=number (1~50, step=1)
선색 type=color (value="#00bfff")
투명도 type="range" (0~100) (0–50–100)

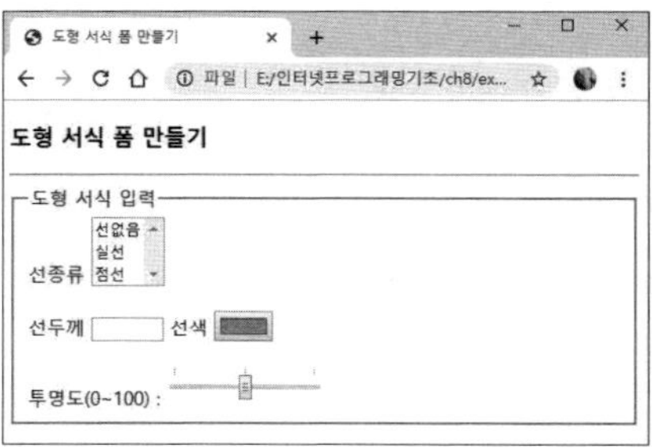

12 폼 관련 태그를 활용하여 다음과 같은 테이블을 완성하시오.

(ex8–4.html)

작성조건 : 입력란의 글씨 색상 지정 #4f94cd
입력란 안에 쓴 글자는 9포인트
입력란의 외곽선 두께, 유형, 색상 border:1 groove #ff1493;
입력란의 배경색 #f8f8ff
입력란의 정렬 방식 right

13 폼 관련 태그를 활용하여 다음과 같은 테이블을 완성하시오.

(ex8-5.html)

작성조건 : 1) 버튼의 글자색을 파란색으로 함 (ex8-5-1.html)
2) 버튼에 마우스가 올라갈 때만 노란색으로 변함 (ex8-5-2.html)
3) 버튼을 클릭하면 노란색으로 변함 (ex8-5-3.html)

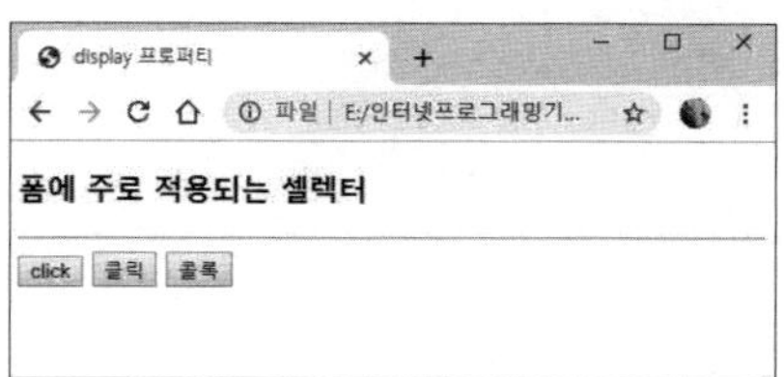

14 폼 관련 태그를 활용하여 다음과 같은 테이블을 완성하시오.

(ex8-6.html)

작성조건 : 테이블이 전체적으로 중앙 배치
상담카드는 h2로 지정
좌우명의 text 크기는 60으로 지정
학번, 이름, 메일주소의 text 크기는 20로 지정
주민번호 뒷부분은 패스워드 타입으로 지정
상담 희망일은 date 활용
연락처는 011, 017, 010, 016이고 010이 기본값으로 지정
학습량은 number로 지정하고, 집중정도는 range(1-5-10)사용
상담희망목록은 rows=5, cols=65로 지정

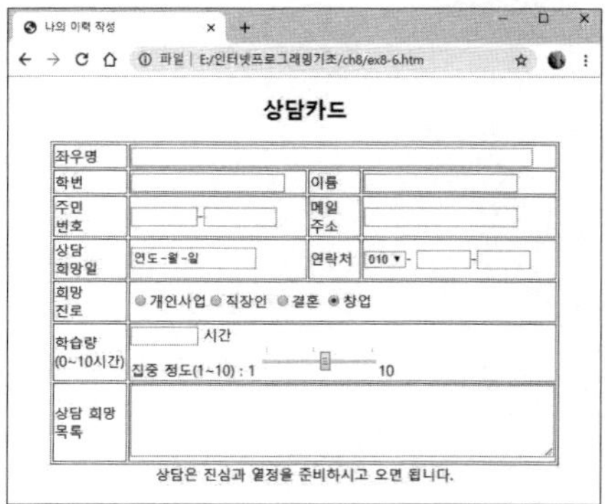

연습문제 EXERCISE

15 폼 관련 태그를 활용하여 다음과 같은 테이블을 완성하시오.

(ex8–7.html)

작성조건 : 시간정보를 입력받는 〈input〉 태그를 사용하여 생일의 날짜를 입력받는 양식 제작

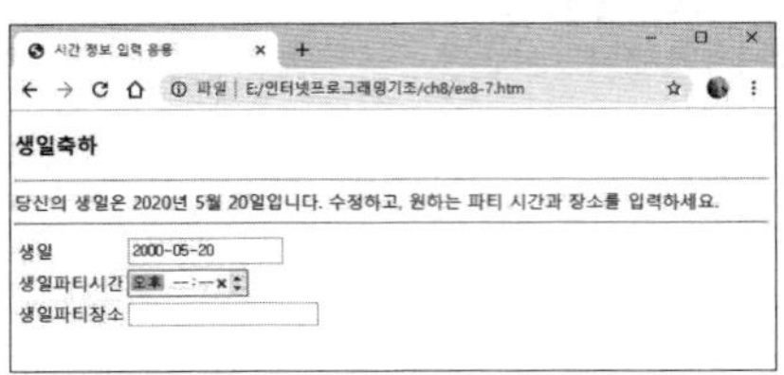

16 폼 관련 태그를 활용하여 다음과 같은 테이블을 완성하시오.

(ex8–8.html)

작성조건 : 〈details〉와 〈summary〉 활용

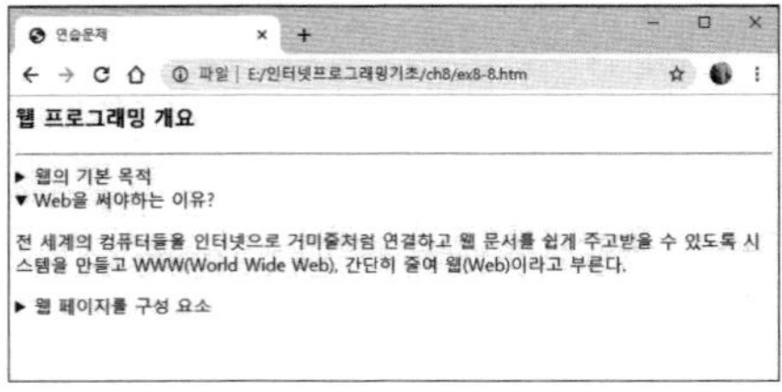

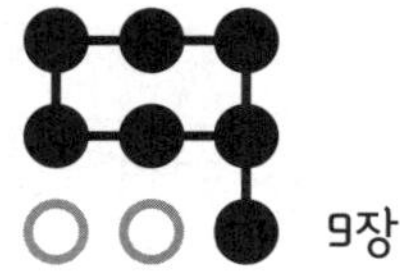

9장

프레임과 미디어 활용하기

9.1 프레임 사용법

〈iframe〉이란 내부 프레임(inline frame)으로서 프레임을 나누지 않고, 문서 안에서 여러 개의 문서를 보여주고자 할 때 사용한다.

속성	내용
src	내부 프레임 안에 출력될 문서 지정
name	내부 프레임의 이름을 지정
width	내부 프레임의 너비를 지정
height	내부 프레임의 높이를 지정
frameborder	내부 프레임의 경계선 표시 유무 지정
align	내부 프레임에서 정렬 방식 지정
scrolling	내부 프레임에서 스크롤 사용 여부 지정(YES/NO/AUTO)
marginheight	내부 프레임의 상하 여백을 픽셀 단위로 지정
marginwidth	내부 프레임의 좌우 여백을 픽셀 단위로 지정

사용하는 형식은 다음과 같고, 아래 형식에서 content.html은 프레임에 보여줄 파일을 의미한다.

```
<iframe src="content.html" width="200" height="150">
        iframe 표시
</iframe>
```

내부 프레임을 지정하고, 그 프레임에서 cont.htm을 호출하는 예제를 작성해 보자.

9-1.html

```
<HTML><HEAD><TITLE>아이프레임 연습</TITLE>
   </HEAD><center><h3>프로와 포로의 차이점</h3>
    <iframe src="cont.htm" width=500 height=300 frameborder=1 marginwidth=65
     marginheight=35>
</iframe></BODY></HTML>

cont.htm
<HTML><HEAD><TITLE>프레임 이름 정하기 연습</TITLE></HEAD>
    <BODY  background="love3.jpg">
   <CENTER><H3> 프로와 포로의 차이</H3>
   <ul type=squre>
      <li> 프로는 공과 사를 분명히 한다
      <li> 프로는 불편할수록 대면한다
      <li> 포로는 상사의 눈을 피해 다닌다<li> 프로는 카리스마
      <li> 포로는 히스테리 <li> 프로는 멘토를 찾는다
      <li> 포로는 욕할 대상을 찾는다
      <li> 포로는 남자와의 대화법을 알고 있다<li> 포로는 여성성만 내세운다
      <li> 프로는 융통성 있게 대처한다 <li> 포로는 냄비 같은 열정만 있다
  </ul>  </CENTER></BODY></HTML>
```

실행결과는 다음과 같다.

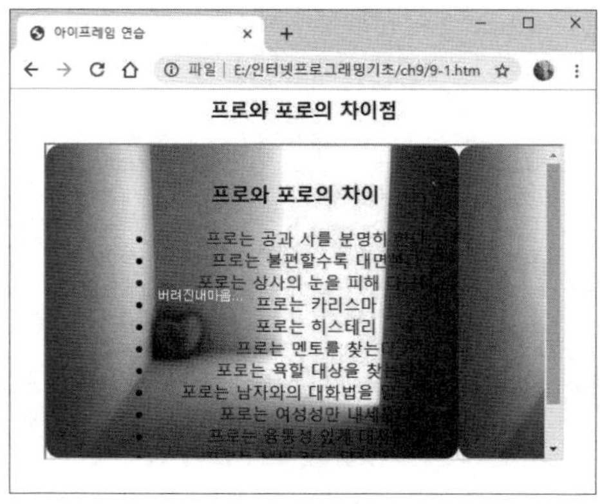

[그림 9-1]

2개의 인라인 프라임을 가진 웹 페이지를 만들어 보자.

9-2.html

```
<html>
<head><title>iframe을 가지는 웹 페이지</title>
</head>
<body>
<h3>2 개의 &lt;iframe&gt;을 가집니다.</h3>
<hr>
<iframe src="content1.html" width="200" height="150">
</iframe>
<iframe src="content2.html" width="200" height="100">
</iframe>
</body>
</html>
```

두 개의 프레임을 설정하고, 각각 content1.html과 content2.html 파일을 호출하였다.

content1.html

```
<html>
<head>
<title>첫 번째 iframe</title></head>
<body>
<h4>첫 번째 iframe</h4>
</body>
</html>
```

content2.html

```
<html>
<head>
<title>두 번째 iframe</title></head>
<body>
<h4>두 번째 iframe</h4>
</body>
</html>
```

결과 화면은 다음과 같다.

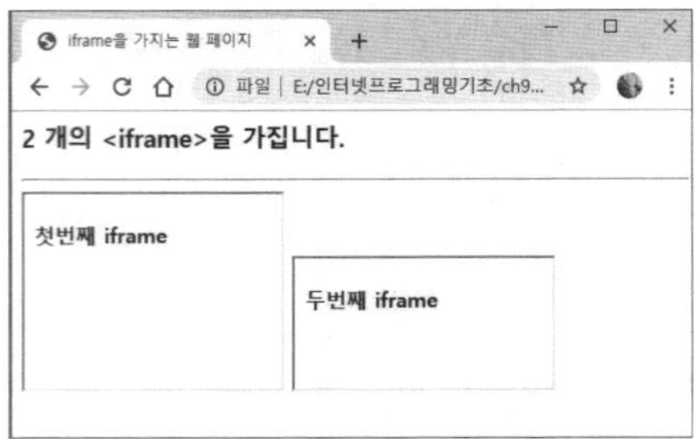

[그림 9-2]

공지 사항을 작성하는 응용 프로그램을 작성해 보자. 이를 위해서 내부 프레임에 출력할 파일 view.htm을 작성한 후 전체 프로그램을 실행한다.

```
9-3.html

<HTML><HEAD><TITLE>아이프레임 연습</TITLE></HEAD>
 <body><base target=view><center><h3>사랑이야기</h3>
<iframe src="con1.htm"  name=view width=500 height=300 frameborder=1 04
 marginwidth=65 marginheight=35>
</iframe><br>
 <a href="love1.htm"><img src="clip3.gif" border="0"></a>
 <a href="love2.htm"><img src="clip3.gif" border="0"></a>
 <a href="love3.htm"><img src="clip3.gif" border="0"></a>
 <a href="love4.htm"><img src="clip3.gif" border="0"></a>
</BODY></HTML>
```

각 이미지에 파일을 링크를 걸어서 이미지를 클릭하면 프레임에 다른 파일을 불러들이는 프로그램이다.

```
view.htm

<HTML><HEAD><TITLE>프레임 연습</TITLE></HEAD>
    <BODY  bgcolor="#a9a9a9">
    <CENTER>
    <TABLE BORDER WEIGHT=400 HEIGHT=500>
      <TR><TD ><IMG SRC=love4.jpg border=0>
      <tr> 사랑이란.........
   </table></BODY></HTML>
```

결과는 다음과 같다.

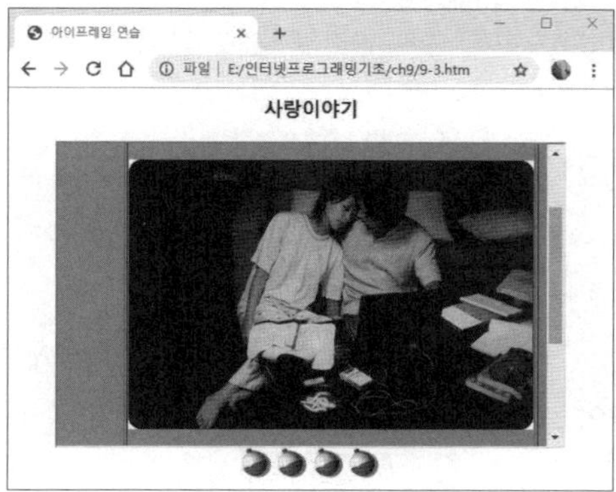

[그림 9-3]

인라인 프레임에 출력하는 문서를 srcdoc 속성으로 만들어 보자.
〈iframe〉 태그의 srcdoc 속성은 〈iframe〉 요소에 보일 웹 페이지의 HTML 코드를 명시한다. 만약 srcdoc 속성이 명시되어 있고, 해당 브라우저가 srcdoc 속성을 지원하면, 〈iframe〉 요소의 src 속성값은 srcdoc 속성값으로 재정의된다. 하지만 srcdoc 속성이 명시되어 있지만 해당 브라우저가 srcdoc 속성을 지원하지 않으면, 브라우저는 src 속성에 명시된 파일을 〈iframe〉 요소에 보여준다.

9-4.html

```
<html>
<head><title>srcdoc 속성 활용</title></head>
<body>
<h3>srcdoc에 HTML 문서 작성</h3>
<hr>
<iframe src="iframe1.html" width="200" height="80"
                    srcdoc="<html><head></head>
<body>헬로우~ 여기는 프레임 안입니다^^</body></html>"
></iframe>
</body>
</html>
```

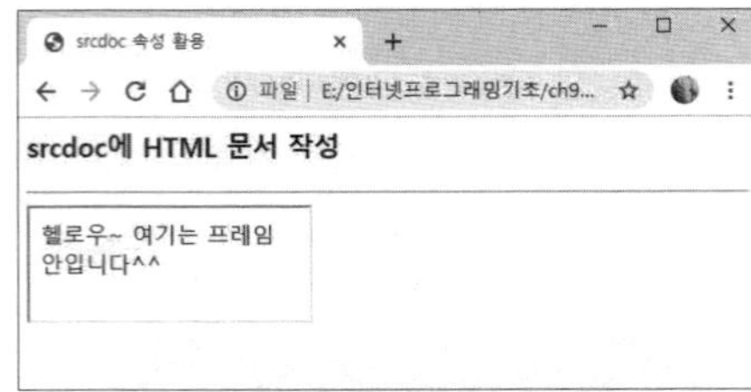

[그림 9-4]

이 프로그램에서 srcdoc 속성을 이용하면 src 속성은 무시하게 된다. 2개의 사이트를 내장한 예제를 작성하여 보자.

9-5.html

```
<html>
<head><title>iframe을 사이트 호출</title></head>
<body>
<h3>대표 케이블 채널</h3>
<hr>
<iframe src="http://jtbc.joins.com/" width="300" height="300"></iframe>
<iframe src="http://tvn.tving.com/" width="300" height="300"></iframe>
</body>
</html>
```

결과 화면은 다음과 같다

[그림 9-5]

윈도우의 계층관계를 설정해서 홈페이지 메인 페이지를 작성해 보자.

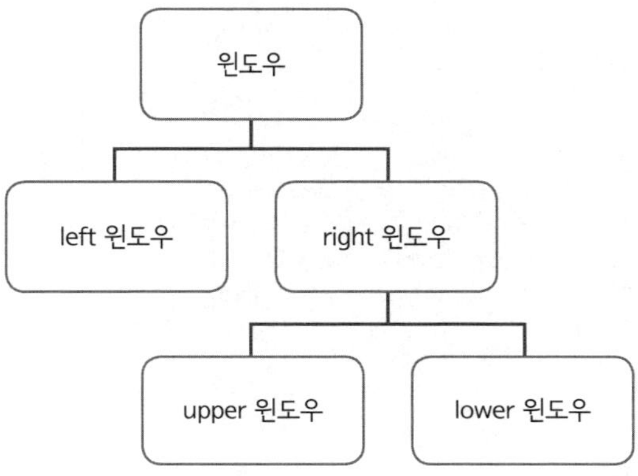

9-6.html

```
<html>
<head><title>브라우저 윈도우(top)</title></head>
<body>
<h3>2 개의 &lt;iframe&gt; 윈도우</h3>
<hr>
      <iframe src="leftcont.html" name= "left"
                          width="100" height="500"></iframe>
      <iframe src="rightcont.html" name= "right"
                          width="400" height="500"></iframe>
</body>
</html>
```

leftcont.html

```
<html><head><title>left iframe </title></head>
<body><h4>left iframe</h4>
<hr>
 왼쪽 인라인 프레임
</body></html>
```

rightcont.html

```
<html>
<head>
<title>right iframe</title></head>
<body>
<h4>right iframe</h4>
<hr>
<iframe src="http://jtbc.joins.com/" name="upper"
            width="100%" height="200"></iframe>
<iframe src="http://tvn.tving.com/" name="lower"
            width="100%" height="200"></iframe>
</body>
</html>
```

결과는 다음과 같다.

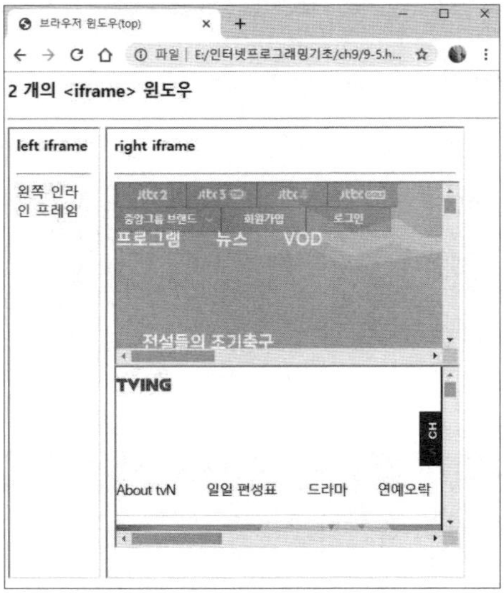

[그림 6-5]

target 속성으로 출력할 윈도우 지정해보자. target 속성에는 〈base〉, 〈a〉, 〈area〉, 〈form〉 태그에서 HTML 페이지를 출력할 윈도우 지정한다.

target 속성에 사용 가능한 값으로는 _blank(새로운 브라우저 윈도우(탭) 생성), _self(

현재 윈도우), _parent(부모 윈도우), _top(최상위 브라우저 윈도우), 윈도우이름(대상 윈도우 이름) 등이 있다.

```
<iframe src="http://www.w3c.org" name="frame1"></iframe>
....
<a href="http://www.w3c.org" target="frame1">W3C</a>
```

링크 클릭 시 새 윈도우(탭)에 W3C 사이트 호출 할 때,

```
<a href="http://www.w3c.org" target="_blank">W3C</a>
```

링크 클릭 시 현재 윈도우(탭 혹은 프레임 윈도우)에 W3C 사이트 호출 할 때,

```
<a href="http://www.w3c.org" target="_self">W3C</a>
```

링크를 클릭하면 부모 윈도우에 W3C 사이트 호출 할 때,

```
<a href="http://www.w3c.org" target="_parent">W3C</a>
```

링크 클릭시 모든 프레임 윈도우 제거, 브라우저 윈도우에 W3C 호출 할 때,

```
<a href="http://www.w3c.org" target="_top">W3C</a>
```

을 사용한다.

9-7.html

```
<html>
<head><title>target 속성 활용</title></head>
<body>
<h3>target 속성 활용</h3>
<hr>
<iframe src="content3.html" name="left" width="200" height="300">
</iframe>
<iframe src="http://www.w3c.org" name="right" width="300" height="300">
</iframe>
</body>
</html>
```

content3.html

```
<html>
<head><title>사이트 리스트</title></head>
<body>
<h4>사이트 리스트</h4>
<ul>
<li><a href="http://www.tving.com" target="right">티빙</a>
<li><a href="http://news.jtbc.joins.com" target="_self">뉴스룸</a>
<li><a href="http://www.ytn.co.kr" target="_top">YTN</a>
<li><a href="http://www.w3c.org" target="_blank">새 창에 W3C</a>
</ul>
</body>
</html>
```

결과는 다음과 같다.

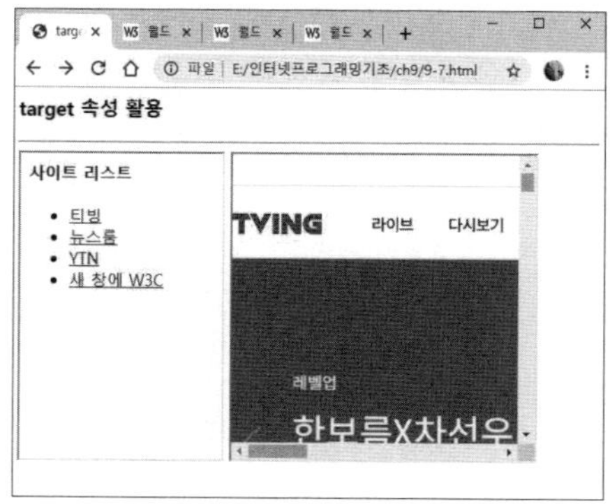

[그림 9-7]

9.2 미디어 활용법

멀티미디어 파일을 활용하여 웹 페이지를 생동감 있게 표현할 수 있는데, 주로 〈embed〉 태그를 사용한다. 멀티미디어 파일의 종류는 다음과 같다.

확장자	내용
wav	윈도우에서 설정한 음악 파일 확장자
mid	내부 프레임의 이름을 지정
mp3	mpeg에서 작성된 음악 파일 확장자
avi	비디오 파일의 음악 파일 확장자
mov	비디오 파일 확장자
swf	애니메이션 파일 확장자

웹 페이지가 브라우저에 나타날 때 효과음을 들리게 하는 방법은 다음과 같고, 다음 태그를 〈head〉 태그에 삽입한다.

```
<bgsound src="소리 파일명" loop="반복횟수">
```

웹 페이지에 음악 파일을 연결시키기 위해서는 다음과 같이 사용한다.

```
<a href="음악 파일명">화면에 보이는 문자</a>
```

웹 페이지에 플러그인을 활용하여 멀티미디어 파일을 삽입하기 위해서는 다음과 같이 설정한다.

```
embed src="멀티미디어 파일명" width="가로" height="세로"
 autostart=" true/false" loop="true/false" hidden="true/false">
</embed>
```

mp3 음악 파일을 계속해서 재생하는 프로그램을 작성해보자.

9-8.html

```
<HTML><HEAD><TITLE>멀티미디어실습</TITLE>
   </HEAD><body><center><h3>음악 듣기</h3>
    <embed src="music.wav" autoatart="true" loop="true"> 연주곡</embed>
</BODY></HTML>
```

mp3 음악 파일을 계속해서 재생하는 프로그램을 작성해보자.

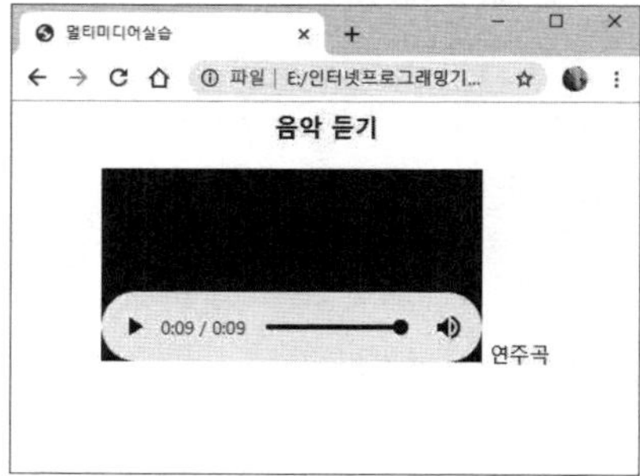

[그림 9-8]

플래시 파일을 포함한 웹 페이지를 작성해 보자.

9-8.html

```
<HTML><HEAD><TITLE>멀티미디어실습</TITLE>
   </HEAD><body><center><h3>플래시 파일 보기</h3>
    <embed src="r.swf" autostart="true" loop="true"></embed>
</BODY></HTML>
```

실행결과는 다음과 같다.

[그림 9-9]

HTML5에서 웹 페이지에 미디어 삽입의 표준화로 주로 〈audio〉, 〈video〉 태그를 사용하여 멀티미디어 파일을 이용한다. 'AVI 파일' 이나 'MP4 파일' 이 비디오 파일이라고 여기지만 실제, 'AVI' 나 'MP4' 는 비디오 컨테이너 포맷이다. ZIP 파일이 종류에 상관없이 파일을 담을 수 있는 것과 마찬가지로 비디오 컨테이너 포맷은 내부 저장 방법만 정의한다. 비디오 파일은 대개 오디오가 없는 비디오 트랙과 비디오가 없는 하나 이상의 오디오 트랙으로 구성된다. 트랙은 일반적으로 상호 연관되어, 각 트랙은 비디오 트랙의 화면 비율이나 오디오 트랙의 언어정보 같은 메타데이터를 담고 있다. 컨테이너 역시 비디오 제목과 표지 디자인, 에피소드 번호 등의 메타데이터를 저장한다. 비디오 포멧의 종류에 따라 이를 실행하는데 각각의 코덱이 필요하다. 현재 업계의 표준 코덱은 H.264로서, 이 코덱은 'MPEG-4 part 10' 또는 'MPEG-4 AVC' 라고 알려져 있다.
이는 애플에서 적극적으로 사용하는 코덱이고 모바일에서 보이는 유튜브 동영상도 H.264 코덱을 이용하고 있다. 이를 이용한 파일의 확장자는 mp4 또는 m4v 이다. 파이어폭스와 오페라는 로열티가 전혀 없는 Theora 코덱을 사용한다. 이는 확장자가 ogg, ogv 이다. 오픈 소스용 동영상 포멧으로 WebM이 있는데, 기술적으로 H.264 코덱과 비슷한 성능으로 발전 가능성이 높아 크롬은 전적으로 이 코덱을 이용해서 서비스를 하겠다고 공헌했다. 확장자는 webm이고, 유투브에 사용될 것으로 예상된다. 어도비 플래시는 mp4를 지원한다. 거의 모든 브라우저가 플러그인으로 어도비 플래시를 지원하기에 이를 대체 방안으로 삼을 수 있다. HTML5에서 재생 가능한 비디오 타입을 정리하면 다음과 같다.

	IE	Chrome	Firefox	Opera	Safari
mp4	IE9이상 지원	지원	미지원	미지원	지원
ogg	미지원	지원	지원	지원	미지원
webM	미지원	지원	지원	지원	미지원

여기서 오디오나 비디오를 삽입하는 표준 태그는 플러그인 필요 없고, HTML5 표준 브라우저는 플러그인 없이 오디오와 비디오를 재생한다. 만약, 비표준 미디어 재생 시, 예를 들면, 플래시 등을 이용하려고 할 때는 〈embed〉, 〈object〉 태그를 사용한다.

〈video〉 태그로 소스 파일을 별도로 지정하는 방법은 다음과 같다.

```
<video width="320" height="240" controls autoplay>
      <source src="bear.mp4" type="video/mp4">
      브라우저가 video 태그를 지원하지 않습니다.
</video>
```

9-10.html

```
<html>
<head><title>비디오 실행하기</title></head>
<body>
<h3>비디오실행하기</h3>
<hr>
<video src="bear.mp4"  width="340" height="340" controls autoplay>
            브라우저가 video 태그를 지원하지 않습니다.
</video>
</body>
</html>
```

결과 화면에 동영상이 실행되지 않으면, 컴퓨터에 코덱을 설치하면 된다.

[그림 9-10]

〈audio〉 태그를 사용하는 형식은 다음과 같다.

```
<audio controls autoplay>
        <source src="mymusic.mp3" type="audio/mpeg">
        <source src="mymusic.ogg" type="audio/ogg">
        브라우저가 audio 태그를 지원하지 않습니다.
</audio>
```

오디오 태그는 웹브라우저에서 플러그인의 도움 없이 음악을 재생할 수 있게 만들어 주는 HTML5 태그 이다. HTML5에서 추가된 기능이므로 IE8 이하에서는 사용할 수 없다.

오디오 태그의 속성은 다음과 같다.

속성 이름	값	설명
src	URL	음악파일의 경로지정
controls	"controls","",-	음악 재생 도구를 출력할지 지정
autoplay	"autoplay","",-	음악을 자동 재생할지 지정
loop	"loop","",-	음악을 반복할지 지정
ptoload	"none","metadate","auto"	음악을 재생하기 전에 모두 불러올지 지정 none :사용자가 오디오를 필요로하지 않을 것이라고 명시, 미리 다운로드 하지 않음 metadata : 사용자가 오디오를 필요로 하지 않을 것이지만, 기본정보(크기, 첫프레임, 오디오길이 등)는 가져옴. auto :사용자가 비디오를 필요로 하고 미리 다운로드함. (기본값)

오디오 태그 사용형식은 다음과 같다

```
<audio src="Kalimba.mp3" controls="" autoplay="" loop="" preload="auto">
</audio>
```

지원하는 브라우저와 파일 속성을 정리하면 다음과 같다.

	IE	크롬	파이어폭스	사파리	오페라
MP3	○	○	×	○	×
OGG	×	○	○	○	○
WAV	×	○	○	×	○

9-11.html

```
<html>
<head>
<title>오디오 삽입</title>
</head>
<body>
<h3>오디오 삽입</h3>
<hr>
페이지 로드 즉시 음악이 연주됩니다.
<audio src="Emb.mp3"
                    controls autoplay loop>
   브라우저가 audio 태그를 지원하지 않습니다.
</audio>
</body>
</html>
```

결과는 다음과 같다.

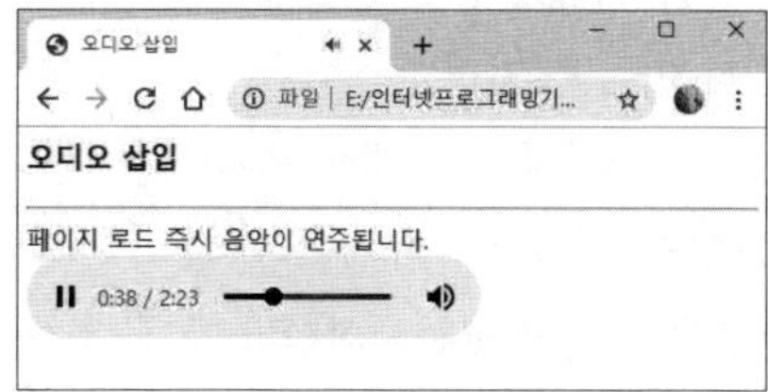

[그림 9-11]

9.3 애니메이션 스타일시트

CSS3로만 HTML 태그 모양의 동적 변화가 가능하고, 이전에 자바스크립트로 구현하던 것을 CSS3로 작성 가능하다. 여기서는 애니메이션(animation), 전환(transition), 변환(transform) 기법을 활용한다.

HTML 태그의 모양 변화를 시간 단위로 설정하는 방법으로 애니메이션을 위한 코딩 작업에는 두 가지 방법이 있다.

@keyframes으로 HTML 태그의 시간별 모양 변화 작성 방법은 다음과 같다.

@keyframes 은 어떤 모양에서 어떤 모양으로 변할지를 지정한다.

name : 애니메이션의 이름을 지정
0% : 시작할 때의 모양을 지정, 0% 대신 from을 사용 가능
n% : n% 일 때의 모양을 지정
100% : 끝날 때의 모양을 지정, 100% 대신 to를 사용가능

```
@keyframes name {
    시간비율 { 스타일; 스타일; } /* 시간비율 시점까지 적용할 스타일 시트 작성 */
        .........
    시간비율 { 스타일; 스타일; } /* 이전 시점에서 시간비율 시점까지 적용할 스타일 시트 작성 */
}
```

애니메이션 스타일시트 작성하는 방법은 다음과 같다.

여기에서 사용하는 속성은 다음과 같다.

animation-name : 애니메이션의 중간 상태를 지정하기 위한 이름을 정의
animation-duration : 한 싸이클의 애니메이션이 얼마에 걸쳐 일어날지 지정

animation-delay : 엘리먼트가 로드되고 나서 언제 애니메이션이 시작될지 지정
animation-direction : 애니메이션이 종료되고 다시 처음부터 시작할지 역방향으로 진행할지 지정
animation-iteration-count : 애니메이션이 몇 번 반복될지 지정
animation-play-state : 애니메이션을 멈추거나 다시 시작
animation-timing-function : 중간 상태들의 전환을 어떤 시간간격으로 진행할지 지정
animation-fill-mode : 애니메이션이 시작되기 전이나 끝나고 난 후 어떤 값이 적용될지 지정

```
animation-name : 애니메이션 이름;    /* @keyframes의 name 지정 */
animation-duration : 시간 ;          /* 1회 애니메이션 시간 */
animation-iteration-count : 애니메이션 반복 횟수; /* 숫자로도 줄 수 있지만, infinite로 주면
                                                   무한 반복 */
```

2초를 주기로 <p> 태그의 글자색을 파란색, 초록색, 빨간색으로 바꾸는 애니메이션을 작성해보자.

9-12.html

```
<html>
<head><title>애니메이션</title>
<style>
@keyframes textColorAnimation {
      0% { color : blue; }
      30% { color : green; }
      100% { color : red; }
}
div {
      animation-name : textColorAnimation;
      animation-duration : 2s;
      animation-iteration-count : infinite;
}

</style></head>
<body>
<h3><div>GO !!GO !!</div>글자색를 2초에 blue, green, red로 변환시도!</h3>
</body>
</html>
```

결과 화면은 다음과 같다.

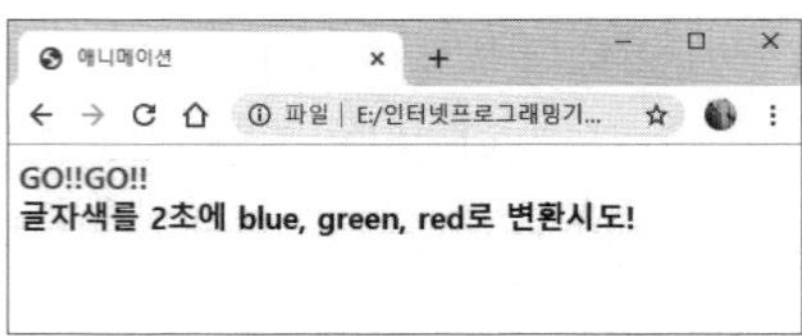

[그림 9-12]

전환(transition)은 HTML 태그에 적용된 CSS3 프로퍼티 값의 변화를 서서히 진행시켜 애니메이션 효과 생성한다. HTML 태그의 색이나 모양, 위치 등이 서서히 변하는 효과를 낸다. 전환 설정은 transition 속성을 이용한다.

9-13.html

```
<html>
<head><title>전환</title>
<style>
span {
      transition : font-size 3s;
}
span:hover {
      font-size : 500%;
}
</style>
</head>
<body>
<h3>글자크기가 바뀌네요ㅠㅠ</h3>
<hr>
<p><span>GO!GO!</span> 글자에
 마우스를 올려보세요.</p>
</body>
</html>
```

3초 간격으로 글자의 크기가 변경된다.

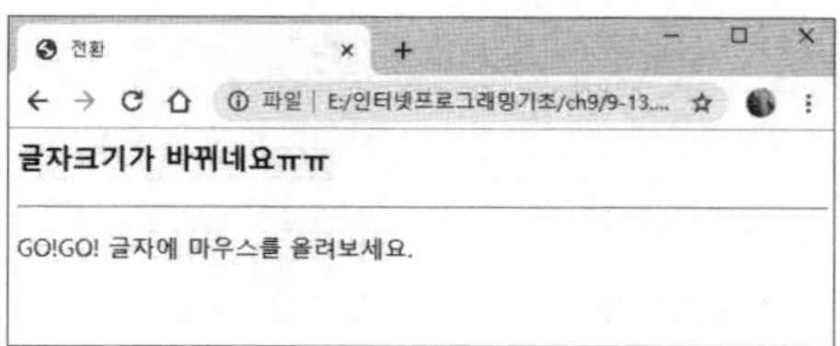

[그림 9-13]

transition과 animation 차이는 다음과 같다. transition 속성과 animation 속성은 플래시의 기술이나 자바스크립트의 도움 없이 요소에 직접 애니메이션 효과를 적용하는 속성이다.
transition 속성은 요소의 상태가 변해야 애니메이션을 실행한다. animation 속성은 요소의 모양과 동작을 키프레임 단위로 변경할 수 있다. 키프레임 동작은 재생 횟수, 재생 방향등 여러 애니메이션 속성으로 제어할 수 있다. transition 속성과 animation 속성의 가장 큰 차이는 transition 속성은 요소의 상태가 바뀌어야 바뀌는 상태를 애니메이션으로 표현하지만, animation 속성은 요소의 상태 변화와 상관 없이 애니메이션을 실행한다. 또한 @keyframes 속성으로 프레임을 추가할 수 있다.

변환(transform)은 텍스트나 이미지를 회전, 확대 다양한 기하학적인 모양으로 출력
회전 각도의 단위는 deg이며 시계방향의 회전한다.

변환 함수		설명
위치 이동	translate(x,y)	태그를 X-축, Y-축으로 x, y만큼 이동
	translate(x,y)	태그를 X-축으로 n만큼 이동
	translateY(n)	태그를 Y-축으로 n만큼 이동
확대/축소	scale(w,h)	태그의 폭과 높이를 각각 w, h배 만큼 조절. w나 h를 0으로 주면 보이지 않게 됨
	scaleX(n)	태그의 폭을 n배 만큼 조절
	scaleY(n)	태그의 높이를 n배 만큼 조절
회전	rotate(angle)	태그를 angle 각도 만큼 시계 방향 회전
기울임	skewX(angle)	태그를 X-축과, Y-축을 기준으로 각각 x-angle, y-angle 각도만큼 기울임 변환
	skewX(angle)	태그를 X-축을 기준으로 angle 각도만큼 기울임
	skewY(angle)	태그를 Y-축을 기준으로 angle 각도만큼 기울임

9-14.html

```
<html><head><title>변환 사례</title>
<style>
div {
      display : inline-block;
      padding : 5px;
      color : white;
      background : blue;
}

div#rotate { transform : rotate(45deg); }
div#skew { transform : skew(0deg,-20deg); }
</style>
</head>
<body>
<h3>다양한 Transform</h3>
 회전(rotate), 기울임(skew 적용된 사례 )
<br><br><hr>
<div id="rotate">회전 45도</div>
<div id="skew">사선으로 (0,-20deg)</div>
</body></html>
```

결과는 다음과 같다.

[그림 9-14]

연습문제 EXERCISE

※ 다음 빈칸에 알맞은 용어를 채우시오.

1 ( )이란 내부 프레임( )으로서 프레임을 나주지 않고, 문서 안에서 여러 개의 문서를 보여주고자 할 때 사용한다.

2 프레임 태그에서 ( ) 속성을 이용하면 src 속성은 무시하게 된다.

3 윈도우 객체의 ( ) 속성은 출력할 윈도우 지정하고, 여기에는 〈base〉, 〈a〉, 〈area〉, 〈form〉 등의 태그에서 HTML 페이지를 출력할 윈도우 지정한다.

4 멀티미디어 파일을 활용하여 웹 페이지를 생동감 있게 표현할 수 있는데, 주로 ( ) 태그를 사용한다.

5 HTML5에서 웹 페이지에 미디어 삽입의 표준화로 주로 ( ), ( ) 태그를 사용하여 멀티미디어 파일을 이용한다. 만약, 비표준 미디어 재생 시, 예를 들면, 플래시 등을 이용하려고 할 때는 〈embed〉, 〈object〉 태그를 사용한다.

6 ( )은 HTML 태그에 적용된 CSS3 프로퍼티 값의 변화를 서서히 진행시켜 애니메이션 효과 생성한다.

7 ( )은 텍스트나 이미지를 회전, 확대 다양한 기하학적인 모양으로 출력 회전 각도의 단위는 deg이며, 시계방향의 회전한다.

※ 다음 조건에 해당하는 소스 코드를 작성하시오.

8 멀티미디어 관련 태그를 활용하여 다음과 같은 테이블을 완성하시오.
(ex9-1.html)

작성조건 : 결과 화면과 이미지(Penguins.jpg)를 호출하고, 메시지를 출력하는 프로그램 작성

9 멀티미디어 관련 태그를 활용하여 다음과 같은 테이블을 완성하시오.
(ex9-2.html)

작성조건 : 결과 화면과 같이 이미지를 출력
(<img src="SKY.jpg" alt="천지창조"" width="400" height="500"/>)

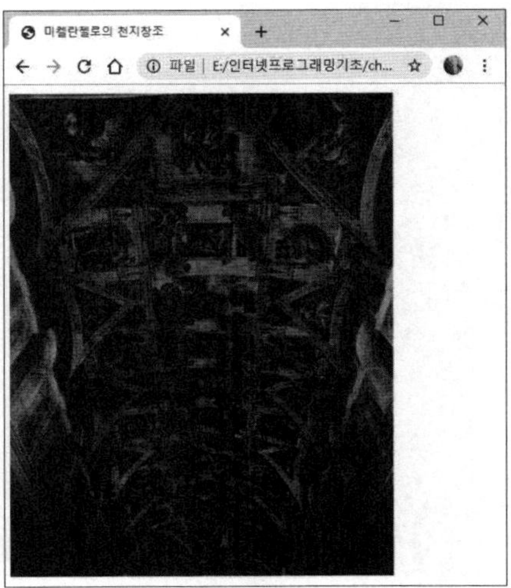

연습문제 EXERCISE

10 멀티미디어 관련 태그를 활용하여 다음과 같은 테이블을 완성하시오. (ex9-3.html)

작성조건 : 스타일을 활용하여 스크롤 시에도 이미지(egypt2.jpg)가 고정되도록 작성

11 멀티미디어 관련 태그를 활용하여 다음과 같은 테이블을 완성하시오. (ex9-4.html)

작성조건 : 〈img〉 태그로 이미지를 출력하고, 액자모양의 이미지 테두리를 작성 테두리 두께는 15px, 패팅은 5px로 하여 테두리와 이미지 사이에 공간이 있도록 소스작성

12 멀티미디어 관련 태그를 활용하여 다음과 같은 테이블을 완성하시오.

(ex9-5.html)

작성조건 : 다음 전환(transition)이 일어나는 css 소스작성 (christmastree.png)
〈img〉 태그의 폭을 지정하는 width 프로퍼터가 변경되면, 3초에 걸쳐 천천히 이미지 폭이 변함.

13 멀티미디어 관련 태그를 활용하여 다음과 같은 테이블을 완성하시오.

작성조건 : 다음 전환(transform)이 일어나는 css 소스작성
1) 180도 회전 (ex9-6-1.html)
2) Y축으로 -20도 기울임 (ex9-6-2.html)
3) 90도 회전하고 1:3 비율로 확대 (ex9-6-3.html)

연습문제 EXERCISE

14 멀티미디어 관련 태그를 활용하여 실행이 되면 해당 오디오 파일(말하는대로)의 가사와 음원이 실행되는 프로그램을 작성하시오.

(9-7.html)

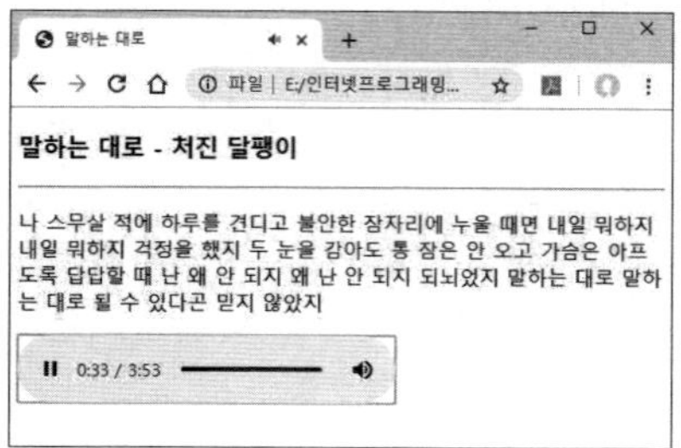

4부

Upgrade Programming!

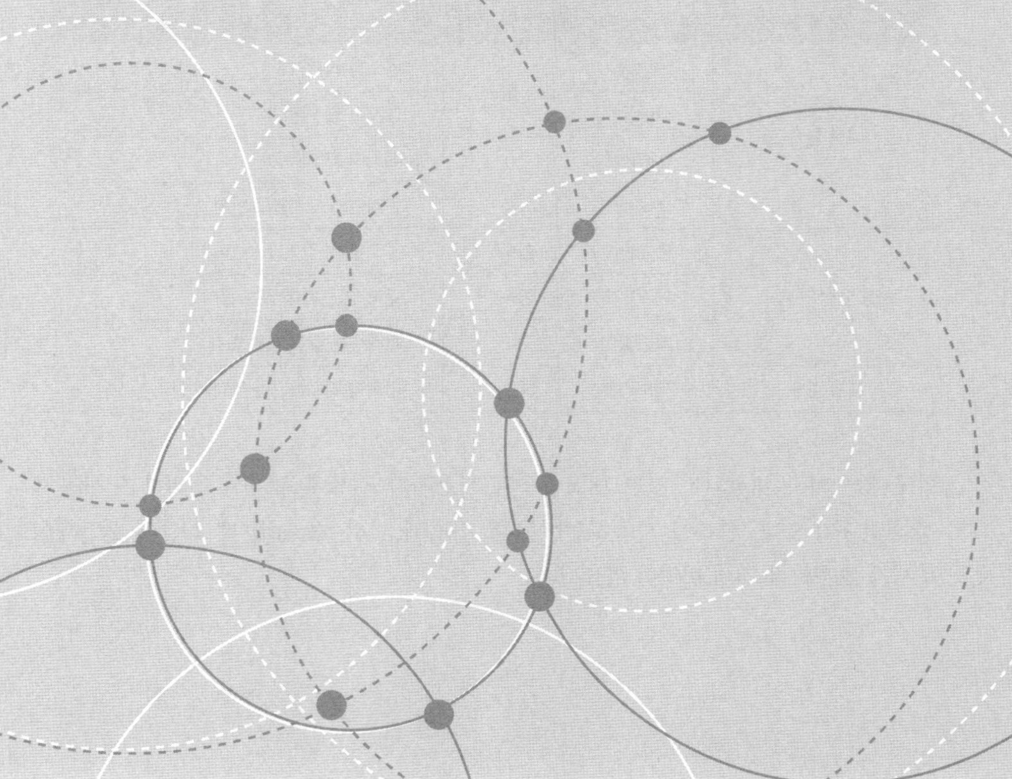

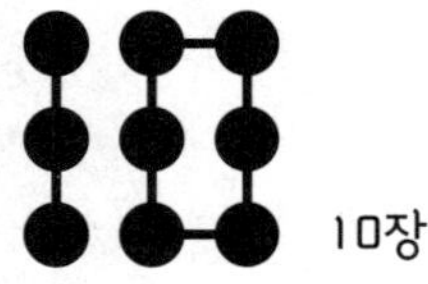

10장

함수 사용하기

10.1 함수란

함수란 사용자가 특정한 목적을 위해 사용하는 명령들을 묶어서 처리하는 것으로서 그 안에 변수, 연산자 등을 포함한다. 자바스크립트에서 사용할 수 있는 함수의 종류는 다음과 같다.

분류	함수 종류	설명
내장 함수	alert( )	경고창 띄우기
	ptompt( )	메시지 창 띄우기
	confirm( )	메시지 창 띄우기
	eval( )	문자열의 숫자열로 변환
사용자 정의 함수	매개변수가 있는 함수	주고 받는 값이 있는 형태
	매개변수가 없는 함수	주고 받는 값이 없는 형태
	리턴값이 있는 함수	돌려주는 값이 있는 형태
재귀 함수	팩토리얼	반복적으로 동일한 작업 수행

함수에는 미리 내장되어 있는 내장함수와 사용자가 필요에 따라서 정의하는 사용자 정의 함수가 있다. 함수를 사용하는 형식은 다음과 같다. 〈head〉 태그 안에 선언하여 문서가 호출되기 전에 번역이 완료된다.

```
<HTML>
</HEAD> <TITLE>함수의 형식</TITLE>
  <SCRIPT LANGUAGE="Java Script">
    function 함수명(매개변수1, 매개변수2, ……) {
      함수처리 내용;
    }
</SCRIPT>
</HEAD>
</BODY>
 함수명;
</BODY>
</HTML>
```

함수는 function으로 시작하며, 함수명은 사용자 정의함수의 경우는 사용자가 임의로 부여하고, 내장함수일 경우에는 미리 정해져 있다. 이 함수명은 함수를 사용하고자 할 때 호출되는 이름이다. 또한 매개변수는 함수를 실행하고자 할 때 대상 데이터가 되는 것으로 이들을 정의하는 방식에 따라서 매개변수가 있는 경우와 없는 경우로 구분할 수 있다. 여기서 동시에 매개변수를 여러 개 정의하는 경우는 콤마(,)로 구분하여 사용한다. 〈head〉 태그의 자바스크립트에서 정의된 함수는 대부분의 경우 〈body〉 태그에서 함수명을 호출하여 실행한다.

10.2 함수란

사용자 정의 함수는 사용자가 임의로 함수를 정의하여 사용하는 것으로 크게 매개변수가 있는 함수와 결과값을 돌려주는 함수의 형태로 분류한다.

: 매개변수가 없는 함수

매개변수가 없는 사용자 정의 함수는 가장 단순한 형태로 함수를 호출하고 처리를 종료하는 경우에 사용한다. 함수명 이외에는 아무 값도 지정하지 않는 방법이 매개변수가 없는 사용자 정의 함수이다.

```
function 함수명( ) {
    함수 처리 내용;
}
```

10-1.html

```
01 <HTML>
02     <HEAD>
03         <TITLE>매개변수 없는 사용자 정의 함수</TITLE>
04         <SCRIPT LANGUAGE="JavaScript">
05         <!--
06             function Mtest() {
07                 alert(" 매개변수가 없는 함수 Mtest를 호출하셨습니다.")
08             }
09         // 자바스크립트 끝 -->
10         </SCRIPT>
11     </HEAD>
12     <BODY>
13         <H1> 매개변수 없는 함수 </H1>
14         <SCRIPT LANGUAGE="JavaScript">
15         <!--
16             Mtest()
17         // 자바스크립트 끝 -->
18         </SCRIPT>
19     </BODY>
20 </HTML>
```

6행에서 8행의 Mtest() 함수는 괄호 안에 매개변수를 포함하지 않고 있다. 이 함수에서는 alert()라는 내장함수를 실행하도록 하는데, alert()는 다음절에 나오는 내장함수로서 사용자가 괄호 안에 설정한 메시지를 출력한다. 여기서 정의된 함수는 16행의 〈body〉 태그 안에서 호출되어 실행된다. 이와 같이 자바스크립트의 함수는 정의 부분과 호출하는 3개의 부분으로 이루어져 있다. 하나 브라우저에 따라서 자바스크립트를 지원하지 않는 경우에 이 부분이 그대로 화면에 출력되는 것을 방지하기 위해서 5행에서 9행까지 〈!-- ...... --〉로 주석문 처리를 한다. 그리고 자바스크립트 내에서 사용한 "//"는 자바스크립트 주석문으로 실행에 참여하지 않는다.

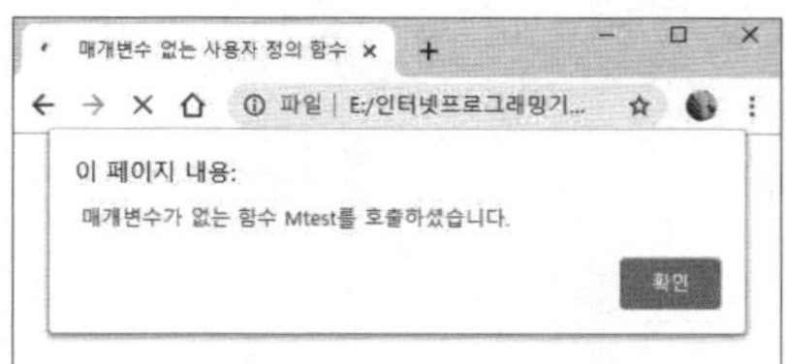

[그림 10-1]

매개변수가 없는 사용자 정의함수 프로그램을 작성해 보자.

10-2.html

```
<HTML>
    <HEAD>
        <TITLE>매개변수 없는 사용자 정의 함수</TITLE>
        <SCRIPT LANGUAGE="JavaScript">
        <!--
            function Jtest() {
                alert(" 매개변수가 없는 함수를 호출하셨습니다.")
            }
        // 자바스크립트 끝 -->
        </SCRIPT>
    </HEAD>
    <BODY>
        <H1> 매개변수 없는 함수 </H1>
        <SCRIPT LANGUAGE="JavaScript">
        <!--
            Jtest()
            document.write("함수를 실행한 다음입니다.")
        // 자바스크립트 끝 -->
        </SCRIPT>
    </BODY>
</HTML>
```

결과는 다음과 같다.

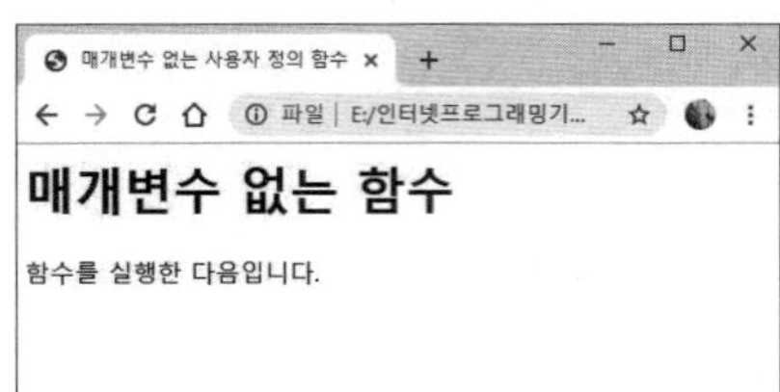

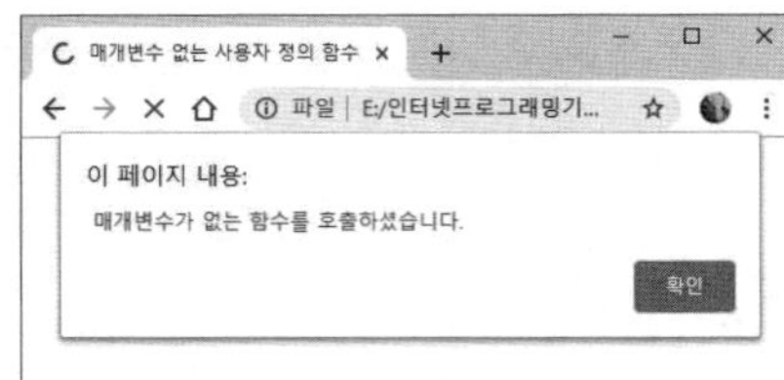

[그림 10-1]

매개변수가 있는 함수

매개변수가 있는 사용자 정의 함수는 함수에 사용자가 값을 주는 형태로 여러 가지 값을 가지고 함수를 호출한다.

```
function 함수명(매개변수1,매개변수2,.......) {
   함수 처리 내용;
 }
```

함수 명 안에 매개변수를 주어서 함수를 실행하고, 매개변수들은 콤마(,)를 사용하여 구분한다.
다음은 매개변수로 넘겨받은 내용을 담은 경고창을 출력하는 예제이다.

```
10-3.html

01 <HTML>
02     <HEAD>
03         <TITLE>매개변수 있는 사용자 정의 함수</TITLE>
04         <SCRIPT LANGUAGE="JavaScript">
05         <!--
06             function Mtest(name) {
07                 alert(" 안녕하셔요. 저는 " + name + "입니다.")
08             }
09         // 자바스크립트 끝 -->
10         </SCRIPT>
11     </HEAD>
12     <BODY>
13         <H1> 매개변수 있는 함수 </H1>
14         <SCRIPT LANGUAGE="JavaScript">
15         <!--
16             Mtest("강강이")
17         // 자바스크립트 끝 -->
18         </SCRIPT>
19     </BODY>
20 </HTML>
```

6행의 Mtest() 함수와 이를 위한 매개변수를 name로 정의하였다. Mtest() 함수는 〈body〉에서 "강강이" 라는 값을 가지고 호출된다. 이 경우에 name 매개변수가 이 값을 받아서 실행하게 된다. alert()을 실행하면서 경고창에 name의 값이 "강강이" 를 출력하여 사용자가 원하는 이름을 넣고 싶을 때는 함수명의 매개변수에 이름을 넣어 호출하면 된다.

6행에서 8행은 Mtest() 함수 안에 경고창을 출력하는 내용을 정의하고 있다. 7행에서 alert() 함수는 괄호 안에 매개변수로 받은 name을 포함하고 있는데, 여기서 큰 따옴표(" ") 내의 글자는 그대로 출력된다. 14행에서 18행은 함수를 호출하는 내용으로 매개변수 한 개가 정의되어 있으므로 이 값을 가지고 Mtest()를 호출한다.

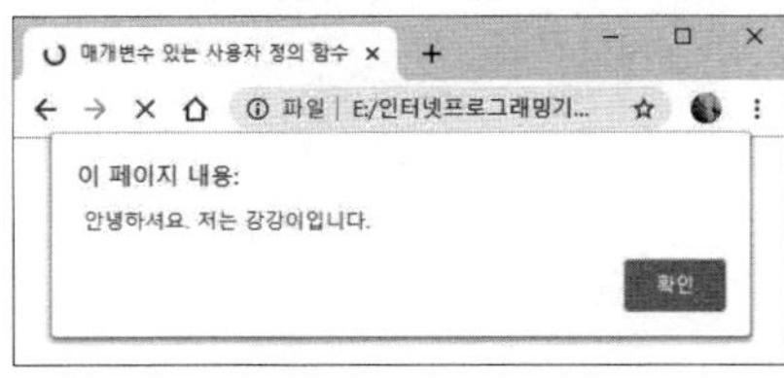

[그림 10-3]

기본 예제를 활용하여 다음 프로그램을 작성해보자.

10-4.html

```
01 <HTML>
02     <HEAD>
03         <TITLE>매개변수 있는 사용자 정의 함수</TITLE>
04         <SCRIPT LANGUAGE="JavaScript">
05         <!--
06             function Jtest(no, name) {
07                 alert( no + "번" + name + "입니다.")
08             }
09         // 자바스크립트 끝 -->
10         </SCRIPT>
11     </HEAD>
12     <BODY>
13         <H1> 매개변수 있는 함수 </H1>
14         <SCRIPT LANGUAGE="JavaScript">
15         <!--
16             Jtest(1, "강강이")
17         // 자바스크립트 끝 -->
18         </SCRIPT>
19     </BODY>
20 </HTML>
```

6행에서는 번호와 이름을 매개변수로 받아서 출력하고, 첫 번째는 경고창을 출력하는 내장함수를 16행에서는 함수를 호출하는데, 매개변수를 가지고 호출할 경우는 함수 정의에서 괄호 안의 매개변수의 수를 맞추어야 한다.

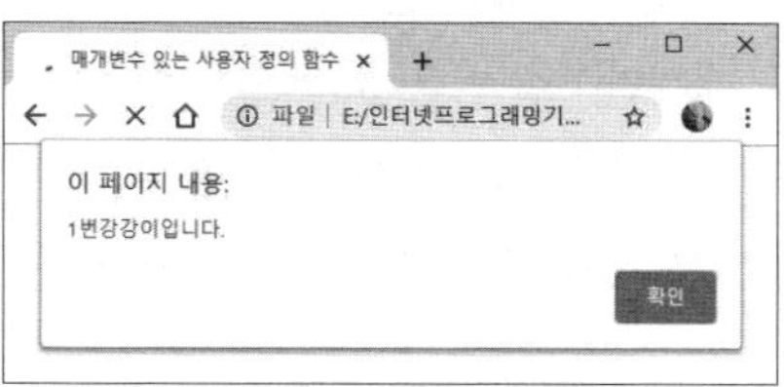

[그림 10-4]

: 결과를 돌려주는 사용자 정의 함수

사용자 정의 함수 중에서 처리한 결과를 다시 호출 부분에서 처리하는 경우가 있다. 이는 결과값을 함수문과 내용이 주고받는 경우로서 return을 사용하는데, 해당 함수를 호출한 호출문에 결과를 되돌려 주는 역할을 한다.

```
function 함수명(매개변수1,매개변수2,.......) {
  return 결과값;
 }
```

내장함수 alert()와 유사한 confirm()을 사용한 예제를 살펴보자. 다음은 가입 여부에 따라 결과를 출력하는 프로그램이다.

10-5.html

```
<HTML>
    <HEAD>
        <TITLE>결과를 돌려주는 사용자 정의 함수</TITLE>
        <SCRIPT LANGUAGE="JavaScript">
        <!--
            function Mtest(message) {
                var kk
                kk = confirm(message);
                if(kk == true)
                    return "환영합니다.";
                else
                    return "다음에 뵙겠습니다."
            }
        // 자바스크립트 끝 -->
        </SCRIPT>
    </HEAD>
    <BODY>
        <H3> 자바스크립트 동호회에 가입하시겠습니까? </H3><br>
        <SCRIPT LANGUAGE="JavaScript">
        <!--
            var result
            result = Mtest("가입을 원하시면 확인을 누르셔요.");
            document.write("결과는?" + result);
        // 자바스크립트 끝 -->
        </SCRIPT>
    </BODY>
</HTML>
```

confirm()은 사용자에게 확인과 취소 중 하나를 선택하게 하는 내장함수이다. 6행에서 Mtest(message) 함수를 정의하고 7행과 8행에서는 kk 변수를 선언하고, confirm(message)를 통해서 얻은 결과값을 저장한다. 출력결과에서 처럼 사용자가 확인과 취소를 선택하는 두 가지 경우가 있다. 여기서 확인을 누르면 true, 취소를 누르면 false 값을 할당받는다. 9행에서 12행은 if문을 사용하여 true와 false인 경우에 각각 돌려줄 결과를 처리하고 있다. 즉, true인 경우는 "환영합니다"를 출력하고, false인 경우는 "다음에 뵙겠습니다"를 호출한 부분으로 되돌려 준다. 19에서 25행은 정의된 함수를 호출한 부분으로 매개변수 message에 "가입을 원하시면 확인을 누르셔요" 라는 내용을 담아 호출한다. 이는 〈head〉 부분의 Mtest 함수에서는 message 변수로 받아서 confirm 함수를 실행하게 된다. 21행에서 지역변수 result를 선언하고 22행에서는 Mtest 함수 호출결과를 저장한다. 23행은 출력하는 부분으로서 자바스크립트에서 출력문이 document.write를 이용하여 result에 저장된 값을 출력한다.

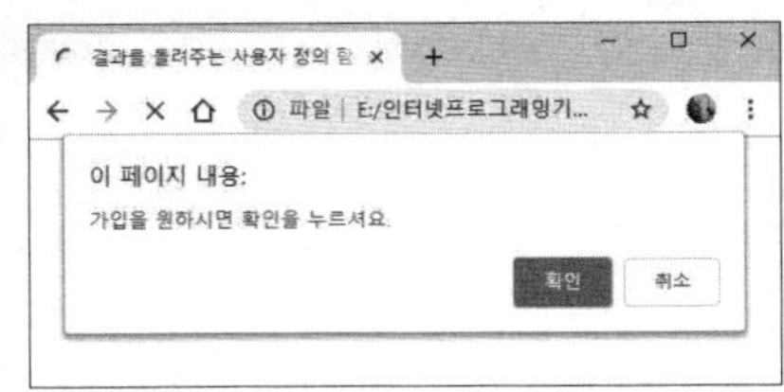

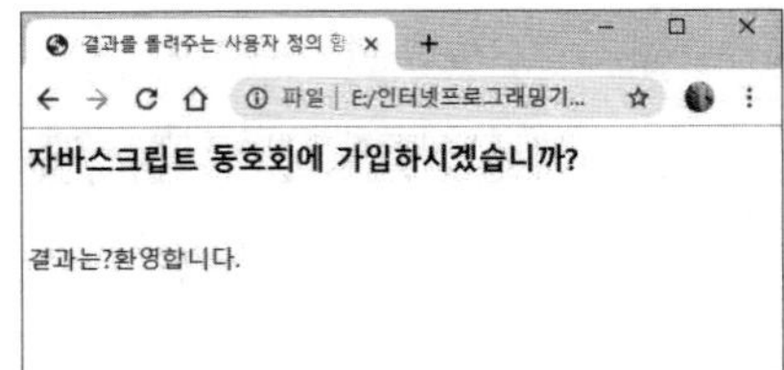

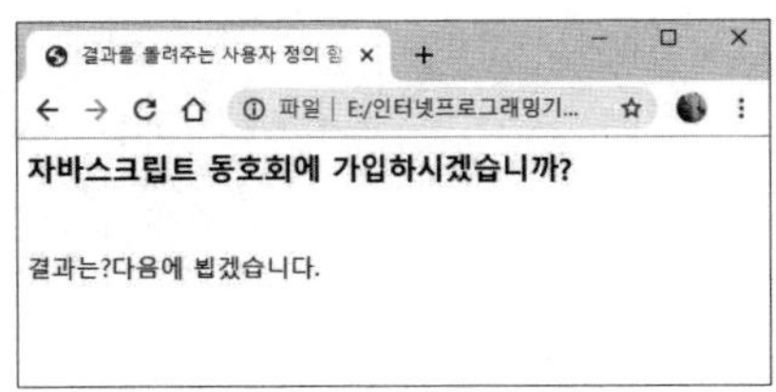

[그림 10-5]

주어진 값에 따라 결과를 출력하는 프로그램을 작성해보자.

10-6.html

```
<HTML><HEAD><TITLE>결과를 돌려주는 사용자 정의 함수</TITLE>
<SCRIPT LANGUAGE="JavaScript">
<!--
  function Jtest(no1, no2) {
    var k
    k = no1 + no2;
    if(k == 100)
      return "만점입니다.";
    else
      return "조금만 더 노력하세요."
  }// 자바스크립트 끝 -->
</SCRIPT></HEAD>
<BODY><H3> 성적을 확인하세요?</H3><br>
<SCRIPT LANGUAGE="JavaScript">
<!--
   var result
   result = Jtest(30, 20);
   document.write("결과는?" + result);
// 자바스크립트 끝 -->
</SCRIPT></BODY></HTML>
```

결과는 다음과 같다.

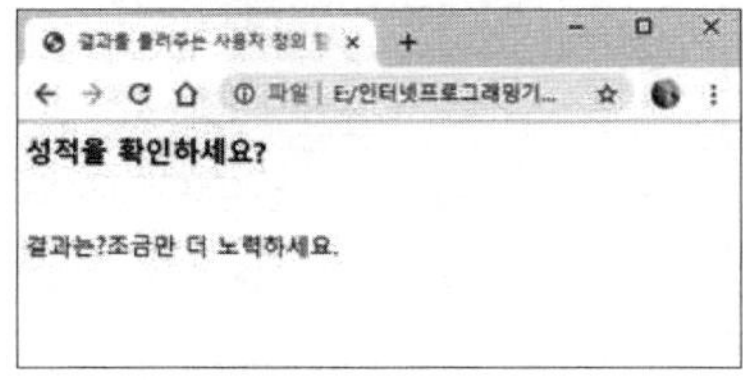

[그림 10-6]

10.3 내장함수 사용법

내장함수는 자바스크립트에 미리 저장되어 있는 함수이다. 이는 사용자 정의 함수와 다르게 함수 처리 내용이 미리 정의되어 있으므로 새로 정의할 필요가 없다. 내장 함수의 종류는 다음과 같다.

내장 함수	기능
alert("출력내용")	경고창을 출력함
confirm ("출력내용")	확인과 취소를 선택할 수 있는 창을 출력함
prompt ("출력내용", "기본문구")	입력받을 수 있는 창을 출력함
eval( )	문자열을 수식으로 변경하여 계산하여 출력함
isNan( )	입력값이 숫자인지 문자인지 구별하여 숫자가 아닌 경우에 true 값을 출력함
parseFloat( )	문자열을 정수로 변환하여 출력함
parseFloat( )	문자열을 실수로 변환하여 출력함
escape( )	ISO-Latin-1 문자셋을 아스키 값으로 변경하여 출력함
unescape( )	아스키 값을 ISO-Latin-1 문자 셋으로 변경하여 출력함
String( )	객체를 문자로 변환하여 출력함
Number( )	객체를 숫자로 변환하여 출력함
isFinite( )	입력 값이 유리수인지 판단하여 유리수의 경우에 true 값으로 변환하여 출력함

: alert( ) 함수

경고창으로 내용을 출력할 때 사용하는 내장함수로서 window 객체의 메소드 중 하나이다. document.alert()의 형태가 기본 명령이지만 앞부분의 document는 생략 가능하다.

```
alert("경고창에 보여줄 텍스트");
```

여기서 경고창에 출력할 텍스트가 길어져 줄을 바꾸고자 할 때는 줄 바꿈 명령(\n)을 텍스트 중간에 사용하면 된다. 그리고 텍스트 변수들 사이를 연결하기 위해서는 “+”를 사용한다.

```
10-4.html

01 <HTML>
02     <HEAD>
03         <TITLE>alert() 함수</TITLE>
04     </HEAD>
05     <BODY>
06         <H3> alert() 연습</H3><br>
07         <SCRIPT LANGUAGE="JavaScript">
08         <!--
09                 alert ("Hi 강강이 !");
10                 i ="안녕하세요?";
11                 j ="강냉이입니다. ";
12                 alert ( i + "\n\n" + j);
13         // 자바스크립트 끝 -->
14         </SCRIPT>
15     </BODY>
16 </HTML>
```

9행은 단순한 메시지를 경고창에 출력하고, 10행과 11행은 변수에 각각 값을 할당한다. 12행에서 이들을 “+” 기호로 연결하여 출력하는데, 두 줄의 메시지를 줄을 바꾸어서 처리하도록 줄 바꿈(\n) 기호를 이용하고 있다. 처음 경고창이 떴을 때 확인을 누르면 i와 j에 각각 값을 저장한 뒤에 alert 문을 실행한다.

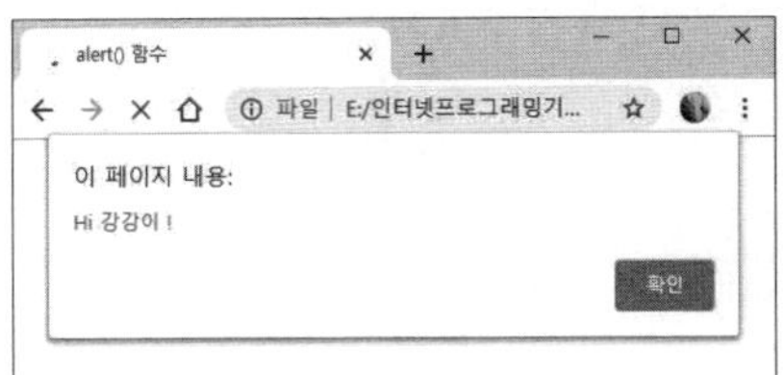

[그림 10-7]

다음은 alert() 함수에 값을 입력해보는 프로그램을 작성해 보자.

10-8.html

```
<HTML>
    <HEAD>
        <TITLE>alert() 함수</TITLE>
    </HEAD>
    <BODY>
        <H3> alert() 연습</H3><br>
        <SCRIPT LANGUAGE="JavaScript">
        <!--
                 var i, j ;
                 i =100;
                 j =200;
                 alert ( "두수의 합은"+(i+j)+ "\n\n"+"두수의 곱은"+(i*j)+"입니다.");
        // 자바스크립트 끝 -->
        </SCRIPT>
    </BODY>
</HTML>
```

결과는 다음과 같다.

[그림 10-8]

: confirm() 함수

사용자로부터 확인과 취소 중 하나를 선택하도록 할 때 사용하고, 형식은 다음과 같다.

```
confirm("창에 보여줄 텍스트");
```

창에 보여줄 텍스트가 길어져 줄을 바꾸고자 할 때는 줄 바꿈 명령어를 텍스트 중간 어디든 입력하면 된다. 또한 텍스트 변수를 연결할 때는 "+"를 사용한다.
다음은 사용자에게 자바스크립트 연구실의 입학 여부를 묻는 프로그램이다.

10-9.html

```
<HTML>
    <HEAD>
        <TITLE>confirm 함수</TITLE>
    </HEAD>
    <BODY>
        <H3> confirm 연습</H3><br>
        <H4>자바스크립트 연구실에 입학하시겠습니까?</H4>
        <SCRIPT LANGUAGE="JavaScript">
        <!--
             confirm(" 입학을 원하면 확인, 아니면 취소를 누르셔요.");
         // 자바스크립트 끝 -->
        </SCRIPT>
    </BODY>
</HTML>
```

결과는 다음과 같다.

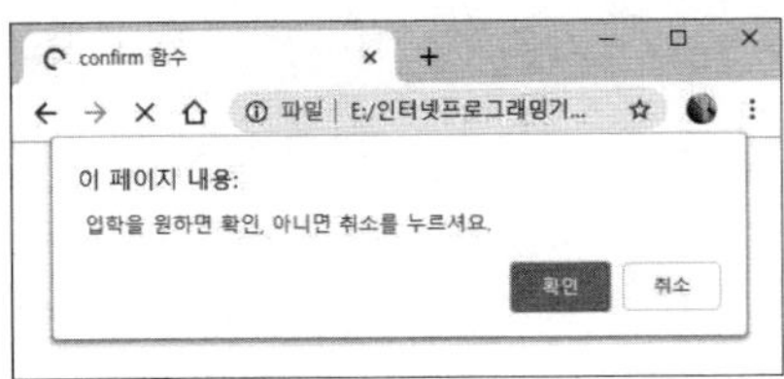

[그림 10-9]

다음은 확인 버튼을 누르면 메시지가 출력되는 프로그램이다.

10-10.html

```
01 <HTML>
02     <HEAD>
03         <TITLE>confirm 함수</TITLE>
04     </HEAD>
05     <BODY>
06         <H3> confirm 연습</H3><br>
07         <H4>자바스크립트 연구실에 입학하시겠습니까?</H4>
08         <SCRIPT LANGUAGE="JavaScript">
09         <!--
10              var i
11              i=confirm(" 입학을 원하면 확인, 아니면 취소를 누르셔요.");
12              if(i==true)
13                document.write("환영합니다")

14          // 자바스크립트 끝 -->
15         </SCRIPT>
16     </BODY>
17 </HTML>
```

12행에서 13행은 조건문인 if(조건) document.write(내용) 형식을 사용하여 해당 조건이 참인지를 판별한다.

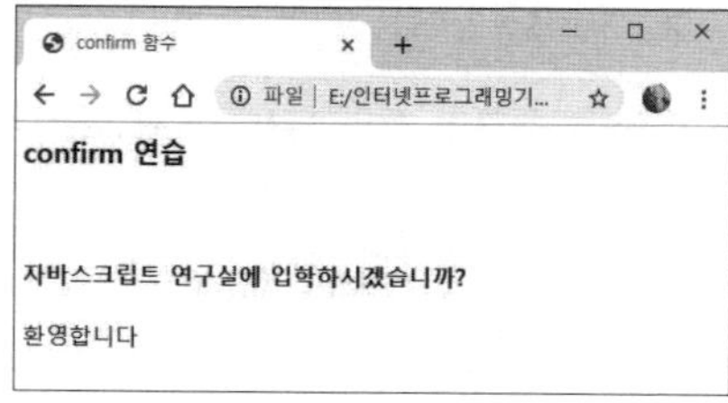

[그림 10-10]

: prompt() 함수

단순한 "예" 혹은 "아니오" 라는 반응 대신에 다른 텍스트를 입력하도록 하는 함수로서 형식은 다음과 같다.

```
prompt("창에 보여줄 텍스트", [기본 값]);
```

기본값을 생략하면 undefined라고 창에 나타나고, 기본값을 설정하면 기본값이 창에 출력된다.

10-11.html

```
<HTML>
    <HEAD>
        <TITLE>prompt 함수</TITLE>
    </HEAD>
    <BODY>
        <H3> prompt 연습</H3><br>
        <H4>자바스크립트 연구실에서 기대되는 내용을 입력하셔요?</H4>
        <SCRIPT LANGUAGE="JavaScript">
        <!--
                prompt(" 입력내용은 연구에 반영됩니다.");
         // 자바스크립트 끝 -->
        </SCRIPT>
    </BODY>
</HTML>
```

결과는 다음과 같다.

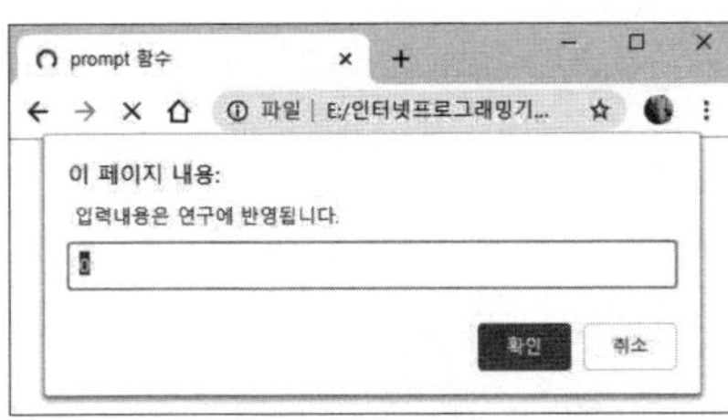

[그림 10-11]

: eval( ) 함수

사용자가 입력한 수식의 계산 결과를 보여주는 함수로서 형식은 다음과 같다.

```
eval("계산할 수식");
```

주의할 점은 계산할 수식에 연산기호(=, -, *, / 등)가 포함되어도 문자로 인식하여 계산한 결과값도 문자로 되돌려준다. 그러므로 이 값을 받아서 연산에 응용하려면, 다시 이 값을 수치화하는 작업이 필요하다.
간단한 계산기 프로그램을 작성해 보자.

10-12.html

```
<HTML>
    <HEAD>
        <TITLE>eval 함수</TITLE>
    </HEAD>
    <BODY>
        <H3> eval 연습</H3><br>
        <H4> 간단한 계산기</H4>
        <SCRIPT LANGUAGE="JavaScript">
        <!--
              cal = prompt(" 계산할 수식을 입력하셔요?");
              document.write("입력한 수식 : " + cal + " 결과값 :" + eval(cal));
         // 자바스크립트 끝 -->
        </SCRIPT>
    </BODY>
</HTML>
```

실행결과는 다음과 같다.

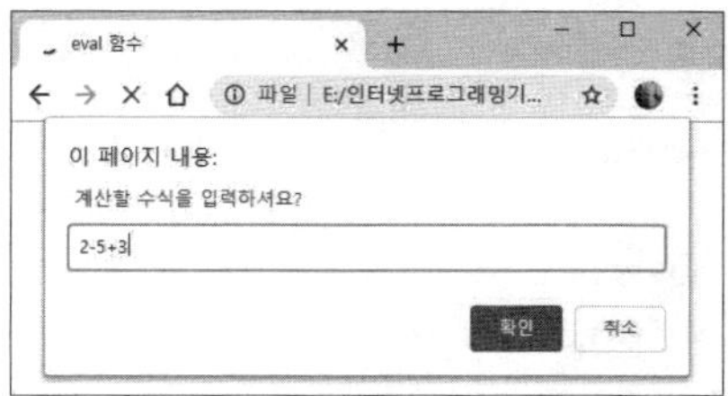

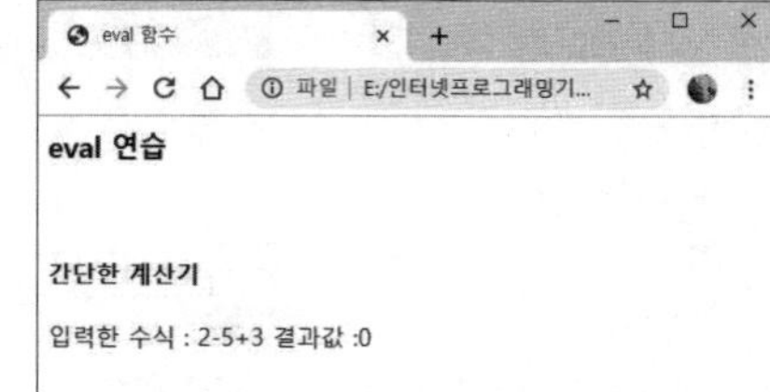

[그림 10-12]

사용자 정의 함수 Cal()을 정의하고, 여기서 처리하는 프로그램을 작성해보자.

10-13.html

```
<HTML>
    <HEAD>
        <TITLE>eval 함수</TITLE>
        <SCRIPT LANGUAGE="JavaScript">
        <!--
           function Cal(){
              var i, j
              i = prompt(" 계산할 수식을 입력하셔요?");
              return i;
           }
         // 자바스크립트 끝 -->
        </SCRIPT>
    </HEAD>
    <BODY>
        <H3> eval 연습</H3><br>
        <H4> 간단한 계산기</H4>
        <SCRIPT LANGUAGE="JavaScript">
        <!--
              j=Cal();
              document.write("입력한식 : " + j + "<br>결과값 :" + eval(j));
         // 자바스크립트 끝 -->
        </SCRIPT>
    </BODY>
</HTML>
```

결과는 다음과 같다.

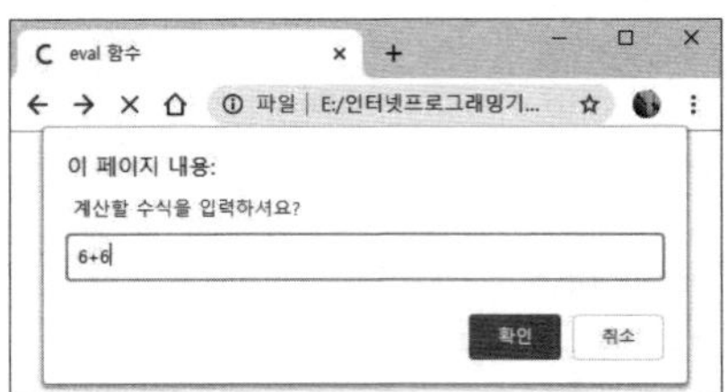

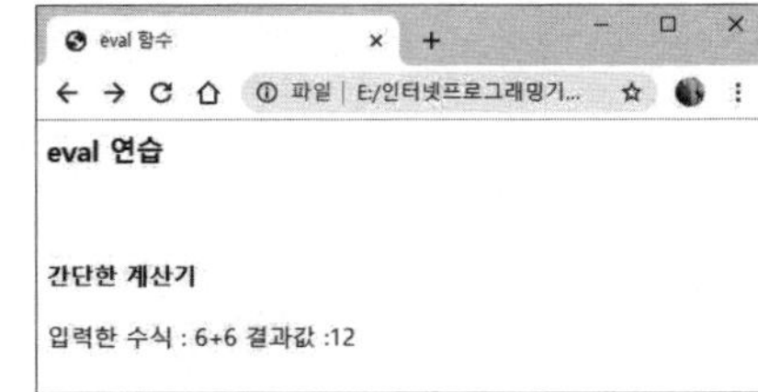

[그림 10-13]

: parseInt()와 parseFloat() 함수

문자를 숫자로 바꾸어 주는 내장함수로서 parseInt()는 문자열을 정수로 변환하고, parseFloat()는 문자열을 실수로 변환한다.

```
parseInt(문자열, 변환 진법)
parseFloat(문자열)
```

10-14.html

```
<HTML>
    <HEAD>
        <TITLE>paserInt/parseFloat 연습</TITLE>
    </HEAD>
    <BODY>
        <H3> 문자열을 숫자로 변경하기 </H3>
        <SCRIPT LANGUAGE="JavaScript">
        <!--
         var fstr
         var  istr
         // 사용자로부터 수식을 입력받는다
         fstr = prompt("실수 변환할 값을 입력하셔요.")
         document.write("<H3> 입력값(문자열)  : " + fstr + "<H3><P>")
         document.write("<H3> 부동소수점(숫자)  : " + parseFloat(fstr) + "<H3>")

         // 사용자로부터 수식을 입력받는다
         istr = prompt("정수로 변환할 값을 입력하셔요.")
         document.write("<H3> 입력값(문자열)  : " + istr + "<H3><P>")
         document.write("<H3> 고정소수점(숫자)  : " + parseInt(istr) + "<H3>")
        // 자바스크립트 끝 -->
        </SCRIPT>
    </BODY>
</HTML>
```

9행과 10행은 변수를 선언하는 명령이고, 12행은 실수로 변환할 입력값을 prompt() 함수를 이용하여 처리한다. 13행에서 14행은 입력받은 값을 처리하는 과정인데, 14행은 parseFloat() 함수를 이용하여 입력받은 문자를 실수형 숫자로 변환한다. 16행과 18행은 문자열을 입력받아서 정수로 출력하는 동일한 과정을 수행한다. 실수는 소수점이 있는 숫자이고, 정수는 소수점이 없는 숫자이다.

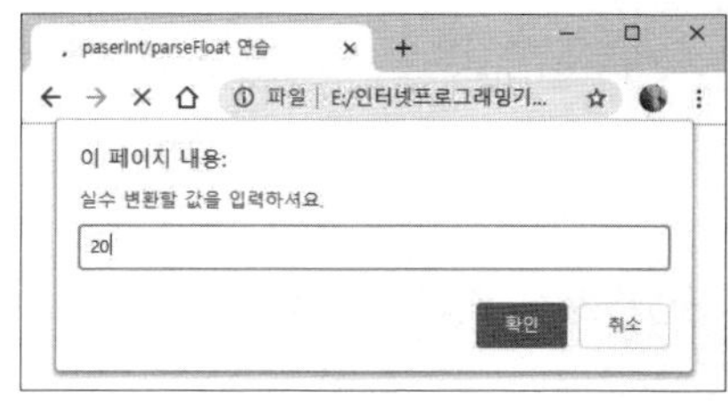

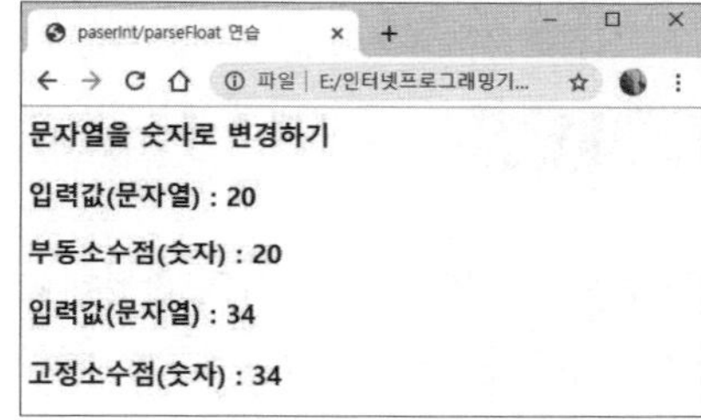

[그림 10-14]

문자열을 숫자로 변환하는 프로그램을 작성해보자.

10-15.html

```
01 <HTML>
02    <HEAD>
03         <TITLE>parseInt/parseFloat 연습</TITLE>
04     </HEAD>
05     <BODY>
06         <H3> 문자열을 숫자로 변경하기 </H3>
07         <SCRIPT LANGUAGE="JavaScript">
08         <!--
09          document.write("2.5" + 10 + "<br>");
10          document.write(parseInt("2.5") + 10 + "<br>");
11          document.write(parseFloat("2.5") + 10 + "<br>");
12         // 자바스크립트 끝 -->
13         </SCRIPT>
14     </BODY>
15  </HTML>
```

10행은 일반적인 숫자가 문자로 인식되어서 계산되지 못하는 경우이고, 11행은 입력된 실수가 정수로 변환되어 계산되도록 하며, 8행은 입력된 실수로 인식되어 실수 연산 결과가 출력되도록 한다.

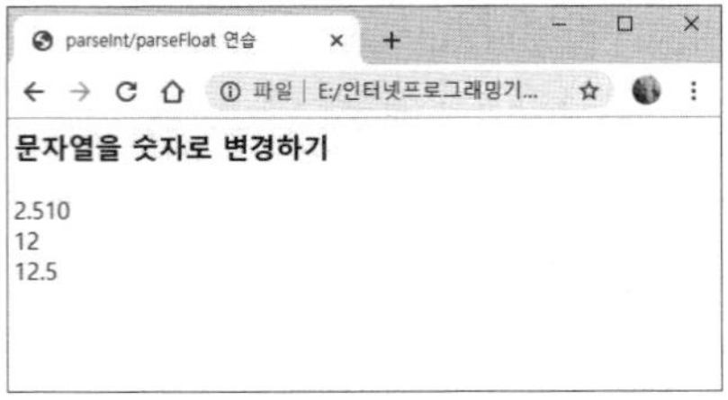

[그림 10-15]

: isNaN( ) 함수

입력된 값이 숫자인지 아닌지를 판단하는 내장함수로서 숫자가 아니면 true, 숫자면 false 값을 돌려준다.

```
isNaN("판별할 내용")
```

위 함수를 이용하여 해당 내용이 숫자인지를 판별하는 프로그램을 작성해 보자.

10-16.html

```
<HTML>
 <HEAD>
   <TITLE>isNan 연습</TITLE>
    </HEAD>
     <BODY>
        <H3> 숫자인지 판별하기 </H3>
        <SCRIPT LANGUAGE="JavaScript">
        <!--
         document.write(isNaN("100")+"<br>");
         document.write(isNaN("홍길동")+"<br>");
         document.write(isNaN(10)+"<br>");
         // 자바스크립트 끝 -->
        </SCRIPT>
    </BODY>
</HTML>
```

결과는 다음과 같다.

[그림 10-16]

사용자가 입력한 내용이 숫자인지 판별하는 프로그램을 작성해보자.

10-17.html

```
<HTML>
 <HEAD>
   <TITLE>isNan 연습</TITLE>
    </HEAD>
     <BODY>
        <H3> 숫자인지 판별하기 </H3>
        <SCRIPT LANGUAGE="JavaScript">
        <!--
         var i;
         i=prompt("판별할 자료를 입력하세요. 숫자(false) 또는 문자(true)");
         document.write("결과는 "+isNaN(i)+" 입니다");
         // 자바스크립트 끝 -->
        </SCRIPT>
    </BODY>
</HTML>
```

결과는 다음과 같다.

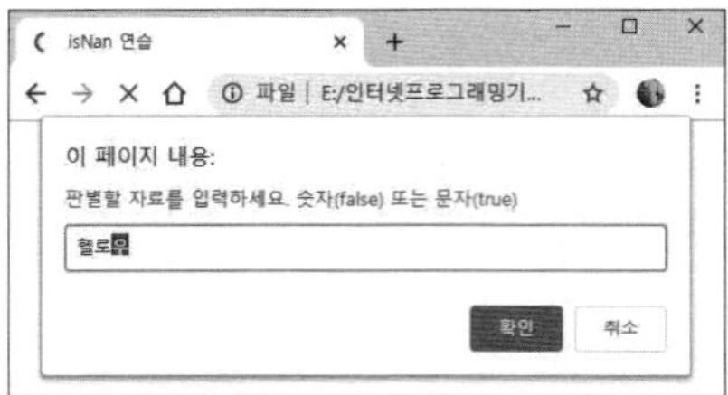

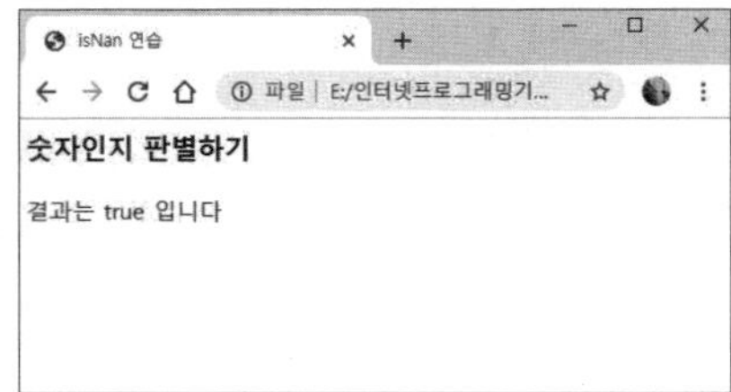

[그림 10-17]

재귀함수

함수를 수행하는 중에 다시 자신을 호출해 사용하는 경우가 있는데, 이를 재귀함수(recursive function)라고 한다. 여기서 재귀란 함수 내부에서 자신을 호출하는 것을 의미하고, 재귀 호출은 유용할 때도 있지만 무한루프로 빠지는 위험이 있으므로 주의하여 사용해야 한다. 재귀적 성격을 가진 가장 대표적인 사례가 계승(factorial)을 구하는 경우로서 5!=5×4×3×2×1로 계산한다. 이를 함수로 정의 하면 다음과 같다.

```
function factorial(num) {
  if(num>1) {
    return num*factorial(num-1)
  }
  else {
    return num
  }
}
```

자세히 보면, factorial 계산이 완료되기도 전에 처리과정에서 다시 factorial을 호출한다. 5!을 계산하는 과정은 다음과 같다.

```
num=5
f(5) = 5*factorial(4)
f(4) = 4*factorial(3)
f(3) = 3*factorial(2)
f(2) = 2*factorial(1)
f(1) = 1
```

제일 마지막 f(1)부터 계산이 완료되어 f(1)→f(2)→f(3)→f(4)→f(5) 순으로 계산된다.

다음은 사용자가 원하는 수만큼의 factorial을 계산하는 프로그램을 작성해보자.

10-18.html

```
01 <HTML>
02     <HEAD>
03         <TITLE>재귀 함수 연습</TITLE>
04         <SCRIPT LANGUAGE="JavaScript">
05         <!--
06             function factorial(num) {
07                 if(num > 1) {
08                     var kk
09                     kk = num * factorial(num-1)
10                     return kk
11                 }
12                 else {
13                     return num
14                 }
15             }
16         // 자바스크립트 끝 -->
17         </SCRIPT>
18     </HEAD>
19     <BODY>
20         <H3> 재귀 함수 결과 </H3> <P>
21         <SCRIPT LANGUAGE="JavaScript">
22         <!--
23         var num

24        // 사용자로부터 수식을 입력받는다
25       num = prompt("factorial을 구할 수를 입력하시요")
26       document.write("<H3>"+ num +" factorial = " + factorial(num) + "<H3><P>")
27         // 자바스크립트 끝 -->
28         </SCRIPT>
29     </BODY>
30 </HTML>
31     </BODY>
32 </HTML>
```

6에서 15행은 재귀함수 factorial(num)을 정의하고, num 변수를 통하여 계산할 값을 입력받아 처리한다. 6행에서 if문으로 입력창에 1이 입력되었는지를 반복적으로 검사하는 조건문을 수행한다. 25에서 26행은 처리된 factorial 값을 출력하는 코드로서 재귀 횟수와 결과를 출력한다.

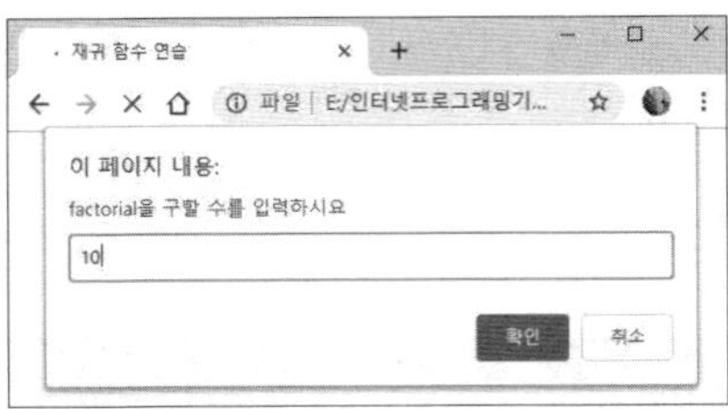

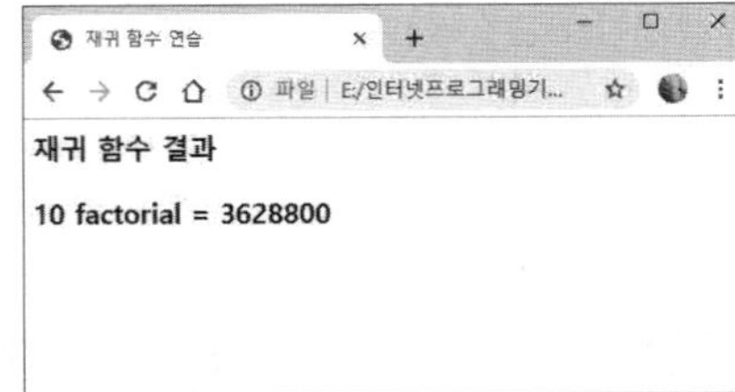

[그림 10-18]

피보나치 수열은 앞의 2개의 수를 더하여 다음 수를 만들어 내는 수열이다. 이를 구하기 위해 재귀 함수를 활용할 수 있다.

10-19.html

```
<HTML>
    <HEAD>
        <TITLE>재귀 함수 연습</TITLE>
        <SCRIPT LANGUAGE="JavaScript">
        <!--
           cnt=0;   //반복할 카운터
           str="";  //식을 저장할 카운터
           j="";    //값을 저장할 변수
           k=0;     //이전값
           n=0;     //리턴값
          function Pivo(v,lit){ //파라메터로 반복회수와, 반복한계를 받는다.
            str+=v+"+"; // 연산식 증가
            n=v+k; // 리턴값 증가
            k=v; // 이전값 갱신
            if(cnt<lit){ //한계만큼 반복되지 않았다면,
             cnt++; //카운터 증가
              Pivo(n,lit); //재귀호출
            }
          }
         Pivo(2,10); //2부터 10만큼 반복
         j=str.substr(0,str.length-1); //연산식의 마지막 + 를 제거
         document.write("<H3>피보나치 수열</H3>")
         document.write("계산결과는<br>"+j+"="+eval(j)); //연산식과, 연산결과를 출력
       // 자바스크립트 끝 -->
     </SCRIPT>
  </HEAD>
  <BODY>
```

프로그램은 스크립트부터 시작되는데 4행에서 8행은 변수를 선언하고, 초기값을 할당한다. 11행에서 18행까지 Pivo(v, lit) 함수가 선언되어 있는데, 11행은 결과값을 계속 누적하는 변수이다. 여기에는 결과 숫자뿐만 아니라 각 숫자들을 연결하는 "+" 기호도 포함되어 있는데, 20행에서 함수가 호출되고 22행과 23행에서 결과를 출력한다. 각 변숫값의 변환을 살펴보면 다음과 같다.

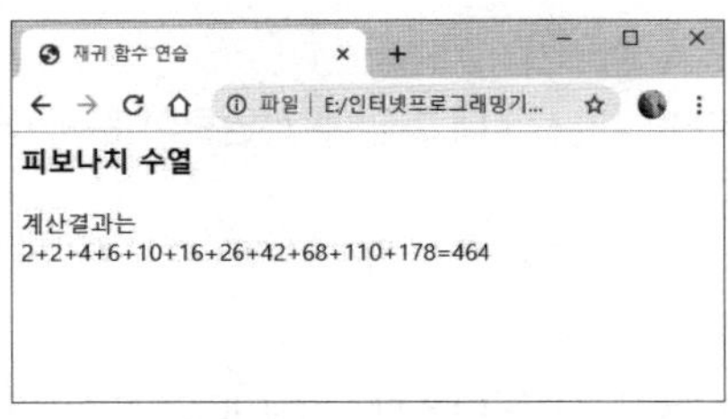

[그림 10-19]

연습문제 EXERCISE

※ 다음 빈칸에 알맞은 용어를 채우시오.

1 (   )란 사용자가 특정한 목적을 위해 사용하는 명령들을 묶어서 처리하는 것으로서 그 안에 변수, 연산자 등을 포함한다.

2 함수를 사용하는 형식은 (   ) 태그 안에 선언하여 문서가 호출되기 전에 번역이 완료된다.

3 (   )는 함수를 실행하고자 할 때 대상 데이터가 되는 것으로 이들을 정의하는 방식에 따라서 (   )가 있는 경우와 없는 경우로 구분할 수 있다.

4 (   )는 사용자가 임의로 함수를 정의하여 사용하는 것으로 크게 매개변수가 있는 함수와 결과값을 돌려주는 함수의 형태로 분류한다.

5 사용자 정의 함수 중에서 처리한 결과를 다시 호출 부분에서 처리하는 경우가 있다. 이는 결과값을 함수문과 내용이 주고받는 경우로서 (   )을 사용하는데, 해당 함수를 호출한 호출문에 결과를 되돌려 주는 역할을 한다.

6 (   ) 함수는 사용자에게 확인과 취소 중 하나를 선택하게 하는 내장함수이다.

7 (   ) 함수는 경고창으로 내용을 출력할 때 사용하는 내장함수로서 window 객체의 메소드 중 하나이다.

8 (   ) 함수는 단순한 "예" 혹은 "아니오"라는 반응 대신에 다른 텍스트를 입력하도록 하는 함수이다.

9 (　　) 함수는 사용자가 입력한 수식의 계산 결과를 보여주는 함수이다.

10 문자를 숫자로 바꾸어 주는 내장함수로서 (　　　　) 함수는 문자열을 정수로 변환하고, parseFloat( )는 문자열을 실수로 변환한다.

11 (　　　) 함수는 입력된 값이 숫자인지 아닌지를 판단하는 내장함수로서 숫자가 아니면 true, 숫자면 false 값을 돌려준다.

12 함수를 수행하는 중에 다시 자신을 호출해 사용하는 경우가 있는데, 이를 (　　　　　　　　　　　　　　)라고 한다.

※ 다음 조건에 해당하는 소스 코드를 작성하시오.

13 함수를 활용하여 다음과 같은 테이블을 완성하시오.
(ex10-1.html)

작성조건 : 결과 화면처럼 사용자에게 조건에 따라서 성별 판별하는 프로그램 작성

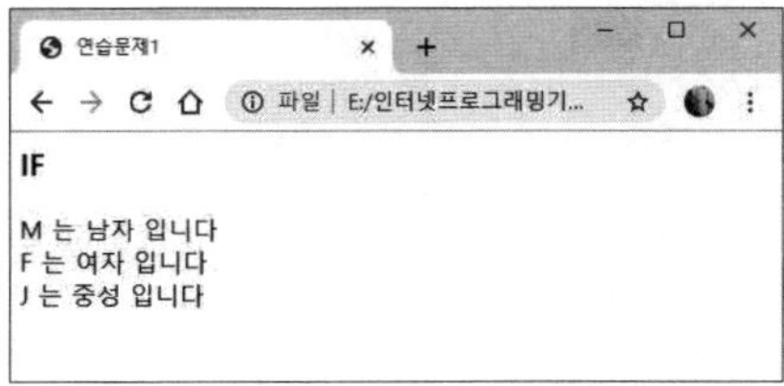

연습문제 EXERCISE

14 함수를 활용하여 다음과 같은 테이블을 완성하시오.

(ex10-2.html)

작성조건 : 결과 화면처럼 구구단을 출력하는 프로그램 작성

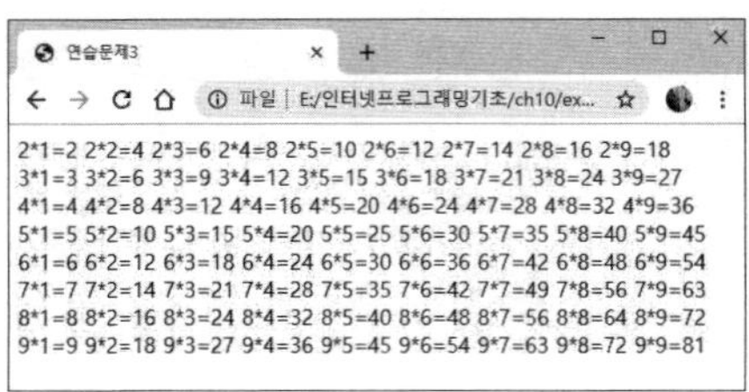

15 함수를 활용하여 다음과 같은 테이블을 완성하시오.

(ex10-3.html)

작성조건 : 반복문을 사용하여 피라미드를 출력하는 프로그램 작성

16 함수를 활용하여 다음과 같은 테이블을 완성하시오.
(ex10-4.html)

작성조건 : 반복문과 함수를 사용하여 다음과 같이 출력하는 프로그램 작성

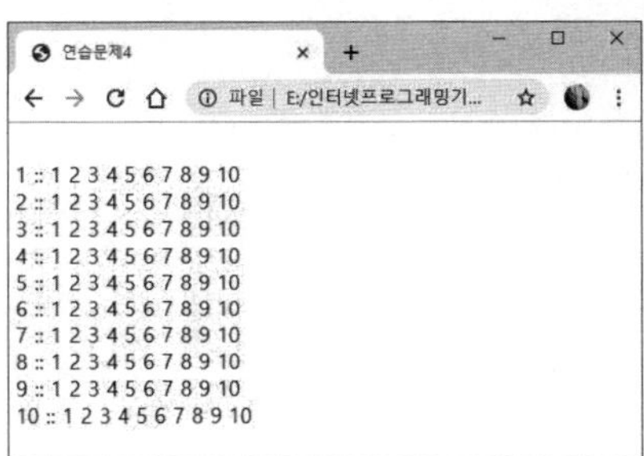

17 함수를 활용하여 다음과 같은 테이블을 완성하시오.
(ex10-5.html)

작성조건 : 반복문과 함수선언으로 다음과 같이 출력하는 프로그램 작성

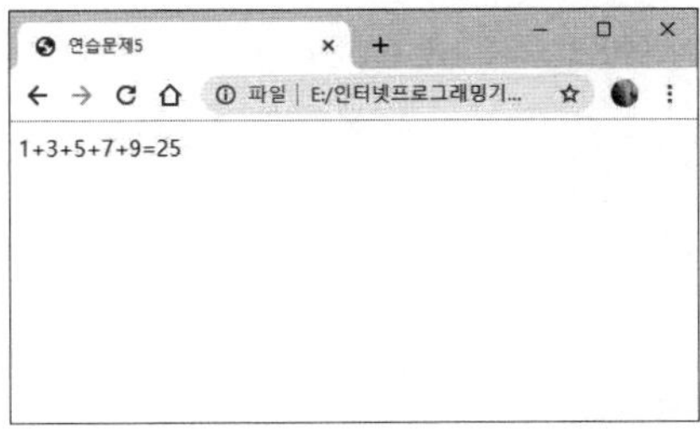

연습문제 EXERCISE

18 함수를 활용하여 다음과 같은 테이블을 완성하시오.
(ex10-6.html)

작성조건 : if 문, alert( ), document.write 사용하여 프로그램 작성

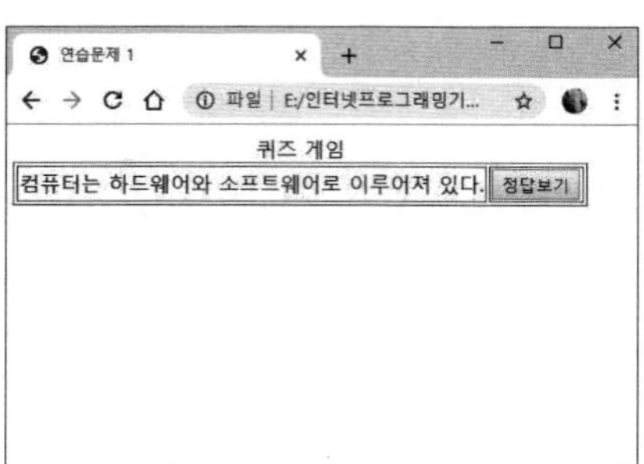

19 함수를 활용하여 다음과 같은 테이블을 완성하시오.
(ex10-7.html)

작성조건 : for 문, prompt( ), document.write 사용하여 프로그램 작성

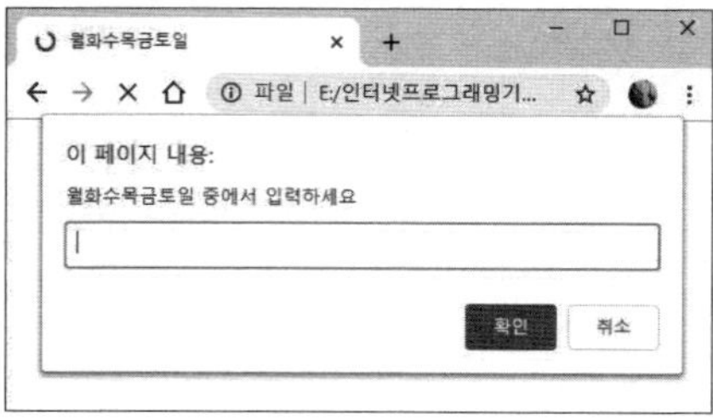

20 함수를 활용하여 다음과 같은 테이블을 완성하시오.
(ex10–8.html)

작성조건 : switch case문, prompt( ), document.write 사용하여 프로그램 작성

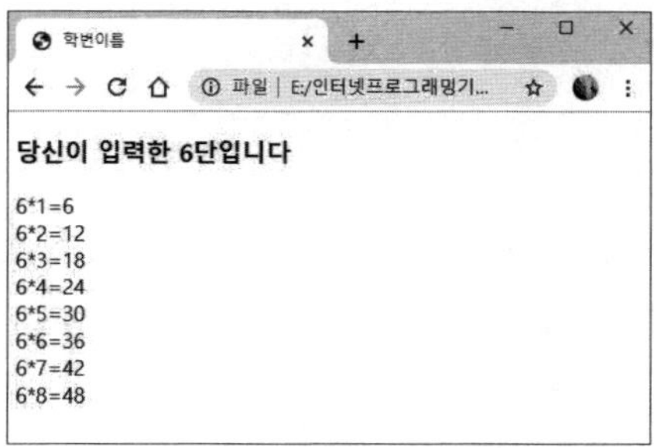

21 함수를 활용하여 다음과 같은 테이블을 완성하시오.
(ex10–9.html)

작성조건 : switch case문, confirm( ), document.write 사용하여 프로그램 작성

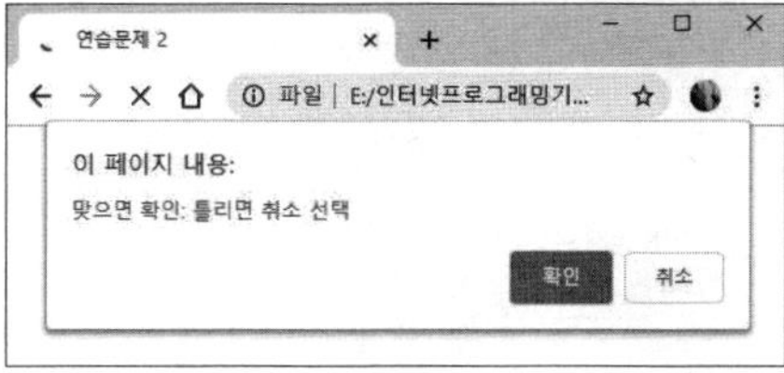

연습문제 EXERCISE

22 함수를 활용하여 다음과 같은 테이블을 완성하시오.
(ex10-10.html)

작성조건 : 테이블과 폼을 사용하여 프로그램 작성

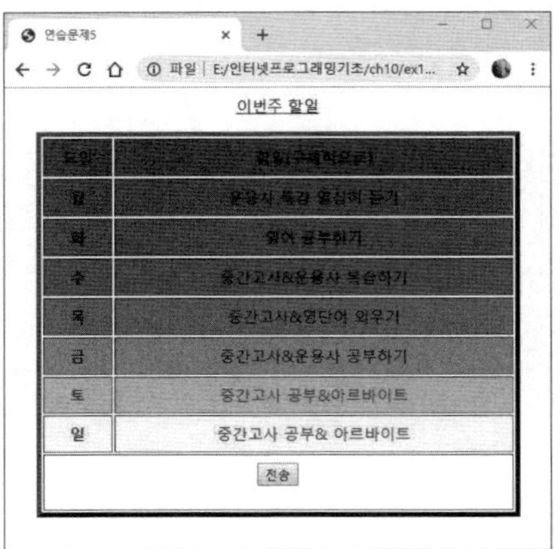

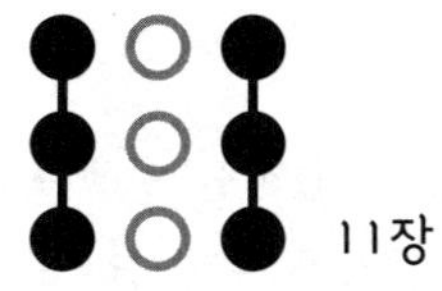

11장

객체 사용하기

11.1 객체란

자바스크립트는 객체기반의 스크립트 언어이고, 자바스크립트를 이루고 있는 모든 것들이 객체로 존재한다. 객체(Object)의 기본정의는 자바스크립트 그 자체이고, 데이터(주체)와 그 데이터에 관련되는 동작(절차, 방법, 기능)을 모두 포함하고 있는 개념이다.

프로퍼티(Property) 와 메소드(Method)

객체란 것은 결국 껍데기를 구성하는 개념이고, 실제 객체를 완성하는 구성요소들은 이 프로퍼티와 메소드이다.

프로퍼티(property)

객체의 일부로 이름과 값 사이 연결을 의미하고, 객체의 속성을 나타내는 접근 가능한 이름과 활용 가능한 값을 가지는 특별한 형태이다. 이는 객체를 활용함에 있어서 매우 유용하며, 특정객체가 가지고 있는 정보를 품고 있어서 객체가 가진 정보에 직접적으로 접근할 수 있게 한다. 프로퍼티란 기본적으로 이름과 값을 가지고 객체의 정보를 담고 있다. 프로퍼티의 접근 연산자는 '.' 이다. 이 연산자를 통해 프로퍼티를 추가 할 수도 있고 프로퍼티에 접근 할 수도 있다.

메소드(method)

객체가 가지고 있는 동작으로, 함수처럼 메소드가 서로 일련의 동작을 실행한다. 메소드를 수행하기 위해서는 객체를 통해서 해당 메소드를 수행하여야 한다. 즉 그 동작을 수행하는 주체는 객체이며, 그 동작을 수행하기 위해서는 객체에게 그 동작을 수행하라고 지시한다. 함수는 그 동작을 수행하기 위해 객체에게 어떠한 동작을 수행하라고 명령하지 않아도 된다는 점에서 차이가 있다. 함수는 자체가 그 동작을 정의한 함수객체이기 때문에 자기 자신을 수행하는 것이다. 메소드는 객체를 움직이는 동작이며, 그 동작을 수행하기 위해서 객체의 정보를 담고 있는 프로퍼티를 사용할 수 있다.

자바스크립트의 객체(Object)의 종류로는 크게 3가지로 구분하고 있다.

○ 자바스크립트 내장객체 (Built-in Object)

Global, Object, String, Number, Boolean, Date, Array, Math, RegExp, Error 등 많은 내장객체들이 있다. 이들은 자바스크립트 엔진이 구동되는 시점에서 바로 제공되며 자바스크립트코드 어디에서든 사용이 가능하다.

○ 브라우저 내장 객체(Native Object)

자바스크립트가 구동되는 시점에서 바로 사용이 가능한 객체들로서 자바스크립트 엔진을 구동하는 경우에 내장된 객체들이다. 자바스크립트 프로그램을 작성하면서 사용하는 브라우저 객체 모델(BOM)과 문서 객체모델(DOM)들이 이에 속한다. 이 객체들은 내장객체가 구성된 후에 처리되며, 브라우저마다 지원되는 객체가 다른 경우가 있다.

○ 사용자 정의 객체(Host Object)

사용자가 생성한 객체들로 사용자가 객체를 정의하고 확장시키므로 이전 두 가지 객체들이 구성된 이후에 처리된다.

객체란 속성(Attribute)과 이들을 처리하는 연산에 해당하는 행위(Method)로 이루어진 작업을 의미한다. 자바스크립트에서도 객체(Object)가 지원되지만, 프로그래밍 전용 언어인 자바(Java)처럼 상속(Inheritance)이나 클래스(Class)의 개념은 지원되지 않는다. 자바스크립트의 객체에는 이미 내장되어 있는 내장 객체와 사용자가 정의해서 사용하는 객체가 있다. 여기서는 단지 함수의 행태로 객체가 지원된다. 예를 들어 컴퓨터를 개체로 가정한다면 컴퓨터의 속성은 다양한 하드웨어의 특징을 의미하고, 행위는 속성을 다루는 연산인 "계산", "종료" 등을 말한다.

: 객체 선언 및 생성

객체를 사용하기 전에 선언이 필요하고, 이는 하나의 객체를 담당할 변수를 할당하는 일로서 단순한 하나의 값을 저장하는 일반 변수와 다르다. 이들을 구별하기 위해서 이 변수를 객체변수라고 하고 다음과 같이 선언한다.

```
객체 변수 =new 객체이름([전달인수 리스트]);
```

다음은 Date() 객체를 사용하기 위하여 today를 객체 변수로 선언한 예이다.

```
today= new Date();
```

객체는 생성자 함수를 이용하여 정의되는데, 이들을 정의하는 방법은 일반 함수를 생성하는 과정과 동일하다. 객체 생성 형식은 다음과 같다.

```
function 객체이름([전달인수 리스트])
{
속성을 위한 변수 [=초기값];
..........
메소드를 위한 함수 =함수이름;
...........
```

예를 들어 student라는 객체를 선언한다면 다음과 같이 사용한다.

```
function student(name, age, sex) {
    this.name=name;
    this.age=age;
    this.sex=sex;
    this.print=print;
}
```

student 객체는 name, age, sex 속성을 갖는다. student는 일반 함수와 다른 생성자 함수(Construction Function)라고 한다. 또한 this란 예약어로서 현재 이 생성자 함수를 호출한 객체 자신을 의미한다. print는 메소드로서 실제 연산을 수행하는 함수로 정의되어 있다.

메소드는 객체가 연산을 처리하도록 하는 것이며, 생성자 함수에서 선언한 이름과 동일해야 한다. 예제에서 print로 메소드 함수를 선언해서 처리했고, 이를 선언하는 형식은 일반 함수형식과 동일하다.

```
function print(){
    document.write("성별"+this.name);
    document.write("나이"+this.age);
    document.write("성별"+this.sex);
}
```

생성자 함수와 메소드 함수가 작성된 후에는 이들을 이용하여 객체를 선언하고, 이용해야 하는데 이 방법은 이전의 new를 이용한 객체 선언과 동일하다.

```
kang=new student(name, age, sex);
```

student 객체를 사용하기 위하여 새로운 객체인 kang을 객체 변수로 선언하고, 이미 선언된 student 생성자 함수를 사용하려고 한다. 여기서 객체변수와 함수를 이용하는 형식은 일반 변수와 다르다.

```
객체변수.멤버변수;
객체변수.메소드([전달인수리스트]);
객체변수.["멤버변수"];
```

멤버 변수란 student 객체 내의 name, age, sex 등을 의미한다. 예를 들면 다음과 같다.

```
kang.name="강강이";  //name 멤버변수에 강강이를 할당
kang.["age"]=44;     //age 멤버 변수에 44를 할당
kang.print();        // 메소드인 print 호출
```

다른 형태의 객체를 생성해보자. student 객체 중에서 kang 객체를 생성하면 다음과 같다.

```
kang.name="강강이";
kang.age=44;
kang.sex="man";
```

kang 객체는 student 생성자 함수에 의해 name은 kang, age는 44, sex는 man이라는 속성을 갖게 된다.

```
kang=new student("kang", 44, "man");
```

여기서는 this가 kang이 되고, 이처럼 새로운 객체를 생성할 때는 new를 사용하며, 점(.) 연산자는 객체, 속성 또는 연산을 나타낼 때 사용한다.

11-1.html

```
01 <HTML><HEAD><TITLE>객체 연습</TITLE></HEAD>
02     <BODY><H3> 객체 연습 </H3>
03         <SCRIPT LANGUAGE="JavaScript">
04         <!--
05             function profile() {
06               this.name = prompt("이름을 입력하셔요.","")
07               this.tel = prompt("전화번호를 입력하셔요.","")
08               this.address = prompt("주소를 입력하셔요","")
09               this.showprof = showprof;
10             }
11             function showprof() {
12               document.write("이름 : " + this.name+"<br>");
13               document.write("전화번호 : " + this.tel+"<br>");
14               document.write("주소 : " + this.address+"<br>");
15             }
16             newpro = new profile();
17          //자바스크립트 끝 -->
18          </SCRIPT>
19          <SCRIPT LANGUAGE="JavaScript">
20          <!--
21           //profile 객체의 내부 함수 showprof를 실행
22            newpro.showprof();
23         // 자바스크립트 끝 -->
24         </SCRIPT></BODY></HTML>
```

5행에서 9행은 profile 생성자 함수를 통하여 name, tel, address라는 3개의 속성을 생성한다. prompt() 함수를 통하여 값들을 입력받아서 name, tel, address 변수에 저장하고, 9행의 메소드 showprof를 통해서 입력값을 출력한다. 이는 21행에서 생성된 newpro 객체의 형태를 정의한다. 11행에서 15행은 메소드를 정의하고 있는데, name, tel, address 값을 제목과 함께 출력한다. 16행은 new를 이용하여, 새로운 객체 newpro를 생성하고, 21행은 새로 생성된 newpro 객체가 showprof 메소드를 실행하기 위하여 객체, 메소드를 정의한다. 결과 화면은 다음과 같다.

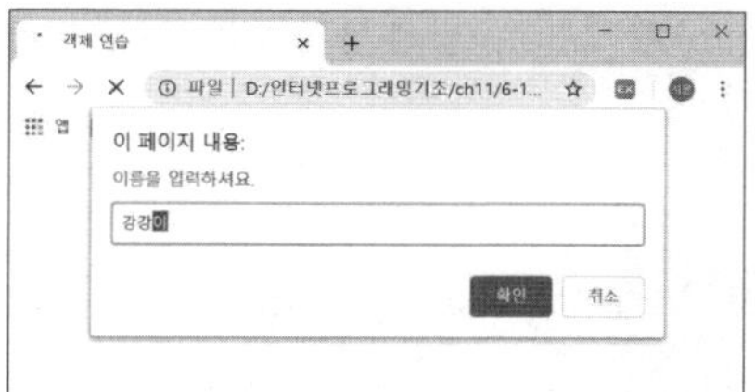

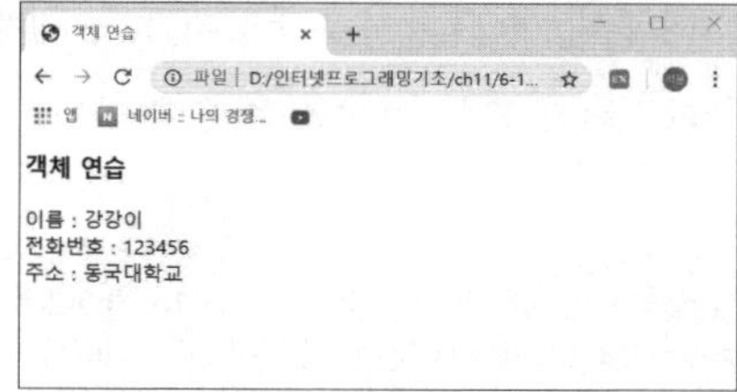

[그림 11-1]

: 객체에서 다른 객체를 속성으로 사용

객체를 정의하고, 객체에서 다른 객체를 속성으로 이용하는 방법을 살펴보자.

```
function sungJuk(math, english, science){
    this.math=math;
    this.english=english;
    this.science=science
}
```

위와 같은 sungJuk 생성자 함수를 정의하고, 새로운 객체 kJuk, lJuk을 다음과 같이 정의하자.

```
kJuk = new sungJuk(100, 90, 80);
lJuk = new sungJuk(75, 88, 82);
```

이들 객체를 student 객체에서 사용해보자.

```
function student(name, age, sungJuk){
    this.name=name;
    this.age=age;
    this.sungJuk=sungJuk;
}
```

객체 내에서 객체를 사용해보자. 즉, 객체를 구체적으로 활용하기 위하여 "kang"과 "ggo"를 통해서 이들을 호출해 본다.

```
kang= new student("강강이", 11, "kJuk");
ggo=new student("강냉이", 12, "lJuk");
```

이들은 다음과 같은 의미를 갖는다.

```
kang.name="강강이";
kang.age=11;
```

그리고 "kJuk"는 하위에 sungJuk 생성자 함수의 형태로 이루어지므로, 다음과 같이 정의된다.

```
kang.kjuk.amth=100;
kang.kjuk.english=90;
kang.kjuk.science=80;
```

이 과정을 프로그램을 통하여 살펴보자.

11-2.html

```
01 <HTML><HEAD><TITLE>객체 연습</TITLE>
02         <SCRIPT LANGUAGE="JavaScript">
03         <!--
04             // 생성자 함수
05            function sungJuk(math, english, science) {
06               this.math = math;
07               this.english = english;
08               this.science = science;
09               }
10           function student(name, age) {
11               this.name = name;
12               this.age = age;
13               this.sungJuk= sungJuk;
14               }
15           //새로운 객체를 생성
16             kJuk = new sungJuk(100, 90, 80);
17             lJuk = new sungJuk(75, 88, 92);
18             //객체 내에서 다른 객체를 사용
19             kang = new student("강강이", 11, "kJuk");
20             ggo =  new student("강냉이", 14, "lJuk");
21         // 자바스크립트 끝 --> </SCRIPT></HEAD>
22     <BODY><H3> 객체 만들기 </H3> <P>
23         <SCRIPT LANGUAGE="JavaScript">
24         <!--
25             // new를 통해 만들어진 객체의 출력
26             document.write("<H2> kang </H2><P>");
27             document.write(" 이름 :" + kang.name +" //");
28             document.write(" 나이 :" + kang.age +"<P>");
29             document.write(" 수학 :" + kJuk.math +" //" );
30             document.write(" 영어 :" + kJuk.english +"<P>");
31             document.write(" 컴퓨터 :" +kJuk.science +"<P>");
32             document.write("<H2> ggo </H2><P>");
33             document.write(" 이름 :" + ggo.name +"<P>");
34             document.write(" 나이 :" + ggo.age +" //");
35             document.write(" 수학 :" + lJuk.math +"<P>");
36             document.write(" 영어 :" + lJuk.english +" //");
37             document.write(" 컴퓨터 :" + lJuk.science +"<P>");
38         </SCRIPT></BODY></HTML>
```

프로그램의 시작은 19행, 20행에서 kJuk와 lJuk라는 두 개의 객체가 4행에서 9행까지 정의된 생성자 함수 sungJuk에 의해서 만들어진다. 16행에서 sungJuk 함수 성격을 가진 kJuk의 속성값은 각각 math는 100, english는 90, science는 92를 갖는다. 또한 이들은 19에서 20행의 새로운 객체에서 호출된다. "kang" 과 "ggo" 는 생성자 함수 student에 의해서 새로 작성된다. 19행의 "kang" 의 name은 "강강이" , age는

11, 나머지는 kJuk 값으로 math는 100, english는 90, science는 80을 갖는다. 20행의 "ggo" 도 동일한 방법으로 처리되면 22행에서 33행의 출력문을 통하여 결과를 출력한다. 결과 화면은 다음과 같다.

[그림 11-2]

객체에서 메소드 선언

객체에서 속성을 추가하기 위해서는 생성자 함수에 속성을 추가하면 되고, 동시에 메소드도 추가할 수 있다. 예제에서는 document.write 문을 객체마다 사용해야 하므로 이를 처리하기 위한 메소드 print() 함수를 이용하면, 프로그램을 더욱 단순화 할 수 있다.

```
function print() {
   document.write("이름:" + this.name + "//");
   document.write("나이:" + this.age + "<br>");
   document.write("수학:" + this.sungJuk.math + "//");
   document.write("영어:" + this.sungJuk.english + "<br>");
   document.write("수학:" + this.sungJuk.science + "<br>");
}
```

이와 같이 정의한 함수객체에 메소드를 포함시키기 위해서 생성자 함수를 수정해야한다.

```
function student(name, age, sungJuk) {
   this.name = name;
   this.age = age;
   this.sungJuk = sungJuk;
   this.print = print;
}
```

만약 kang 객체가 print 함수를 이용한다면, kang.print() 라고 정의하면 된다. 기본 예제에서는 객체에서 객체를 호출하여 사용하였는데, 각각의 객체 내용을 출력하기 위해서 출력문을 속성만큼 사용해야 하는 어려움이 있었다. 지금 설명한 객체에서 메소드를 선언하는 방법으로 소스를 간소화 하는 과정을 살펴보자.

11-3.html

```
01 <HTML><HEAD> <TITLE>객체 연습</TITLE>
02       <SCRIPT LANGUAGE="JavaScript">
03         <!--
04           function student(name, age, sungJuk) {
05               this.name = name;
06               this.age = age;
07               this.sungJuk = sungJuk;
08               this.print=print;
09               }
10             // 생성자 함수
11            function sungJuk(math, english, science) {
12               this.math = math;
13               this.english = english;
14               this.science = science;
15               }
16            //새로운 객체를 생성
17             kJuk = new sungJuk(100, 90, 80);
18             lJuk = new sungJuk(75, 88, 92);
19             //객체 내에서 다른 객체를 사용
20             kang = new student("강강이", 11, kJuk);
21             ggo =  new student("강냉이", 14, lJuk);
22          function print(){// new를 통해 만들어진 객체의 출력
23             document.write(" 이름 :" + this.name +" //");
24             document.write(" 나이 :" + this.age +"//");
25             document.write(" 수학 :" + this.sungJuk.math +" //" );
26             document.write(" 영어 :" + this.sungJuk.english +"//");
27             document.write(" 컴퓨터 :" +this.sungJuk.science +"<BR>");
28             }
29         // 자바스크립트 끝 --></SCRIPT></HEAD><BODY>
30         <H1> 객체 만들기 </H1> <P>
31         <SCRIPT LANGUAGE="JavaScript">
32         <!--
33           kang.print();
34           ggo.print();
35  </SCRIPT></BODY></HTML>
```

기본 예제에 비해 출력을 위한 소스 코드가 22행의 print() 함수로 정의되어 간단해졌다. 이는 출력할 객체의 속성만큼 출력문 document.write를 사용하는 것이 아니라 생성자 함수 sungJuk를 사용하고, 이를 8행의 student 생성자 함수 내용으로 추가한 차이점이 있다.

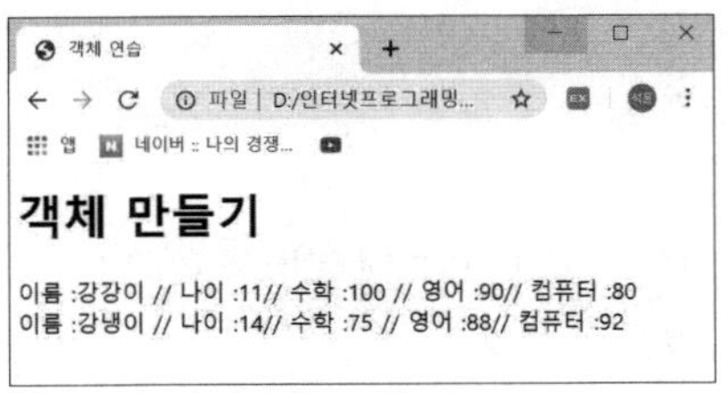

[그림 11-3]

11.2 자바스크립트 내장객체

자바스크립트로 프로그램을 작성할 때는 이전에 언급한 객체를 사용자가 선언하는 경우보다는 미리 기억된 내장 객체를 사용하는 경우가 더 많으며, 이러한 다양한 내장 객체의 이용만으로 좋은 프로그램 작성이 가능하다. 가장 흔하게 사용하는 내장 객체로는 Date, 객체, Array 객체, Math 객체, String 객체, Function 객체, Argument 객체, History 객체, Number 객체, Screen 객체 등이 있다. 우선 이들을 살펴보고, 이후의 장들에서 다른 내장 객체들을 설명한다.

Array 객체

배열이란 여러 개의 값을 저장할 수 있는 연속된 저장 공간이다. 자바스크립트는 Array() 내장 객체를 이용하여 길이가 정해지지 않은 배열을 생성한다. 배열의 첨자는 0부터 시작하며, 형식은 다음과 같다.

```
변수명 =new Array(첨자);
변수명 =new Array();
```

예를 들어보자.

```
name= new Array();
```

이처럼 정의하면 수가 정해지지 않은 name 배열이 생성된다. 이때 괄호에 숫자를 넣으면 배열의 길이를 정해줄 수 있다.

```
name = new Array(10);
```

이는 10개의 공간이 확보된 name 배열이 생성되고, 배열의 크기와 요소의 값을 다음과 같이 지정할 수 있다.

```
name = new Array("강강이", 17, "men");
```

이렇게 지정하면 다음과 같은 값이 순서대로 할당된다.

```
name[0]=="강강이";
name[1]==17;
name[2]=="man";
```

배열을 선언하고 초기값을 할당하여 이들을 출력하는 예제를 작성해보자.

11-4.html

```
01 <HTML><HEAD><TITLE>배열 객체 연습</TITLE></HEAD><BODY>
02 <SCRIPT LANGUAGE="JavaScript">
03 <!--
04    array = new Array();
05    array[0] = "강강이"
06    array[1] = "강냉이"
07    array[2] = "강댕이"
08    document.write("<H3>크기를 정하지 않은 배열의 결과</H3><P>");
09    for(var i=0; i<=2; i++) {
10       document.write("배열 " + i + " : " + array[i] + " <p>");
11    }
12    array = new Array(5);
13    array[0] = "강강이"
14    array[2] = "4"
15    array[4] = "Teacher"
16    document.write("<H3>크기를 지정한 배열의 결과</H3><P>");
17    for(var i=0; i<=4; i++) {
18       document.write("배열 " + i + " : " + array[i] + "<P>");
19    }
20    array = new Array("강아지", 1, "Man");
21    document.write("<H3>초기값을 부여한 배열의 결과</H3><P>");
22    for(var i=0; i<=2; i++) {
23       document.write("배열 " + i + " : " + array[i] + "<P>");
24    }
25 // 자바스크립트 끝 -->
26 </SCRIPT></BODY></HTML>
```

4행에서 11행은 배열의 크기를 정하지 않은 후, 기본값을 할당하고, 이를 출력하는 부분이다. 12행에서 19행은 배열의 크기를 정하고, 할당된 값만 출력한다. 20행에서 24행은 배열생성과 동시에 기본값을 할당하는 방법으로서 배열의 첨자는 0, 1, 2 순으로 처리된다. 여기서 배열의 크기를 정하지 않을 경우에 입력하는 값에 따라서 크기가 결정되고, 크기를 정하고 초기값을 넣지 않는 경우는 undefined로 출력됨을 볼수 있다. 결과는 다음과 같다.

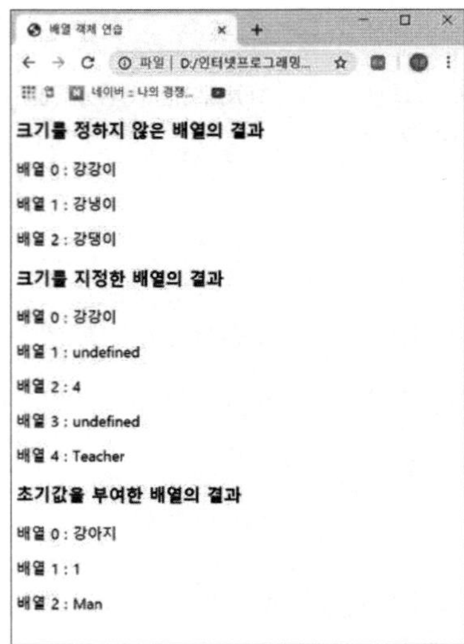

[그림 11-4]

Array 객체에서 사용할 수 있는 속성 형식은 다음과 같다.

```
변수명=new Array(첨자);
변수명.속성(혹은 메소드);
```

예를 들어 color는 새로운 객체로 Array의 성격을 가졌고, 이 객체의 길이를 나타내는 속성 length를 점(.)으로 구분하여 사용한다.

```
color= new Array(5);
color.length;
```

Array 객체로 새로운 변수를 생성하고, 생성된 객체의 속성은 점(.)을 이용하는데, 여기서 사용할 수 있는 속성과 메소드는 다음과 같다.

속성	내용
length	배열 내의 항목 수
prototype	Array 객체에 속성을 부가하는 수단 (comment는 설명문을 추가하는 변수로 자주 사용됨)
메소드	**내용**
join (문자열)	배열의 각 요소를 포함한 문자열을 반환
reverse( )	배열의 순서를 반대로 변경
sort(함수)	함수에 따라 배열을 정렬
slice(시작, 끝)	배열의 일부를 추출
concat(배열)	두 개의 배열을 연결

이 프로그램은 color 배열 객체를 생성하여 초기값을 할당하고, 다양한 메소드를 활용하여 값을 출력해보는 프로그램이다.

11-5.html

```
<HTML><HEAD><TITLE>Array 객체 연습</TITLE></HEAD>
<BODY background="bg1.gif">    <h3>배열 객체</h3>
<SCRIPT LANGUAGE="JavaScript">
<!--
   color = new Array(5)    //배열 선언
   color[0] = "yellow"
   color[1] = "blue"
   color[2] = "red"
   color[3] = "black"
   color[4] = "white"
    Array.prototype.comment = null
    // 새로운 prototype 속성에 comment변수 초기값 null 할당
    color.comment = "This array is the value of color"   // 새 특성에 값 할당
   document.write("참조 : " + color.comment + "<BR><BR>")   // 출력
   for(i=0; i<color.length; i++) {
      document.write("color[" + i + "] = " + color[i] + "<BR><BR>")
   }
   document.write("초기값 : " + color.join(" * ")+ "<BR><BR>")   // 원래 배열 출력
   document.write("거꾸로 출력 : " + color.reverse().join(" * ")+ "<BR><BR>")
   // 역순으로 배열 출력
   document.write(" 순서대로 출력 : " + color.sort().join(" * ")+ "<BR><BR>")
   // 정렬한 후 배열 출력
   document.write("문자열 일부 출력 : " + color.slice(0, 2))
   // 앞에서 두개만 추출
// 자바스크립트 끝 -->
</SCRIPT></BODY></HTML>
```

5행에서 10행은 배열을 선언하고, 기본값을 할당하였으며, 11행에서는 comment 변수로 속성값을 초기화하여 12행에서 새로운 값을 할당하였다. 결과는 다음과 같다.

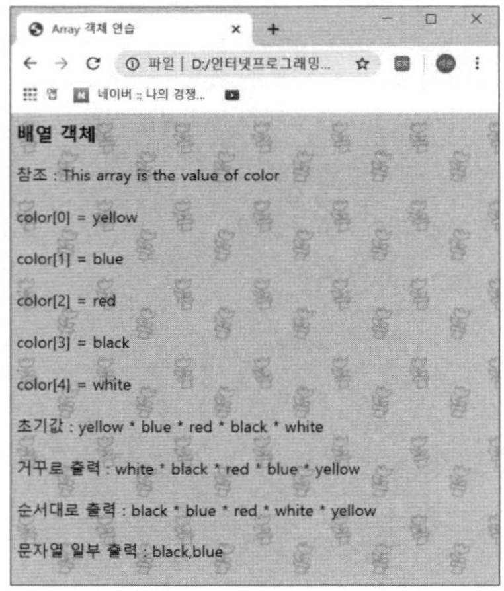

[그림 11-5]

: Date 객체

Date 객체는 프로그램에서 날짜와 시간에 대한 정보를 제공한다. 객체선언은 다음과 같다.

```
객체명=new Date();
객체명=new Date(년,월,일);
객체명=new Date(년,월,일,시,분,초);
```

예를 들어 보자.

```
today = new Date(); //일반적인 날짜 선언
today = new Date(2000, 2, 5);//2000년 2월 5일로 지정하여 선언
today = NEW Date(2000, 2, 5, 10, 30, 00);//200년 2월 5일 10시 30분 00초로
날짜와 시간을 지정하여 선언
```

이들을 사용하기 위해서는 객체.속성[혹은 메소드()]이고, 올해의 년도를 선언하기 위해서는 today.getYear()라고 표기한다. Date 객체의 속성과 메소드는 다음과 같다.

속성	내용
prototype	Date 객체에 속성 부여
메소드	**내용**
getYear( )	년도(2개의 숫자로 1970년 이후의 년도를 표시)
getMonth( )	월(0=1월, 1=2월, 2=3월로 표시)
getDate( )	일(1에서 31의 정수로 표시)
getDay( )	요일(0=일요일, 1=월요일로 표시)
getHours( )	시(0과 23 사이의 수로 표시)
getMinute( )	분(0과 59 사이의 수로 표시)
getSeconds( )	초(0과 59 사이의 수로 표시)
getTime( )	1970.1.1.일 0시 이후의 시간을 ms(1000분의 1초)로 표시

날짜와 관련된 값을 숫자로 치환하거나, 문자로 인식하는 값을 숫자로 인식하는 메소드는 다음과 같다.

메소드	내용
getDate(날짜값)	1에서 31까지의 숫자로 날짜를 변경
getHours(시간)	0에서 23까지의 숫자로 시간을 변경
getMinute(분)	0에서 59까지의 숫자로 분을 변경
getMonth(월)	0에서 11까지의 숫자로 월을 변경
getSeconds(초)	0에서 59까지의 숫자로 초를 변경
getTime(시간)	1970.1.1. 0시 이후의 시간을 ms(1000분의 1초)의 숫자로 변경
getYear(년도)	1900보다 큰 년도를 4개의 숫자로 변경
parse(날짜 문자열)	1970.1.1. otl 이후의 ms의 숫자를 문자열과 변경
loGMTString( )	인터넷의 GMT 규약을 사용해 현재의 날짜와 시간을 변경
loLocaleStrning( )	현재 지역 시간을 현재의 Date 객체의 값에 반환

날짜와 시간에 관련된 메소드를 이용하여 새로운 Date 객체를 선언하고, 출력하는 예제를 살펴보자.

11-6.html

```
<HTML><HEAD><TITLE>Date 객체 연습</TITLE></HEAD>
   <BODY><h3> Date 객체 </h3>
   <SCRIPT LANGUAGE="JavaScript">
   <!--
     today = new Date()
     document.write("날짜 : " , today.getYear() , "년 ", today.getMonth()+1,
                    "월 ", today.getDate(), "일<br>")
     document.write("시간 : " , today.getHours() + "시 ", today.getMinutes(),
                    "분 ", today.getSeconds(), "초")
        // 자바스크립트 끝 -->
        </SCRIPT></BODY></HTML>
```

실행결과는 다음과 같다.

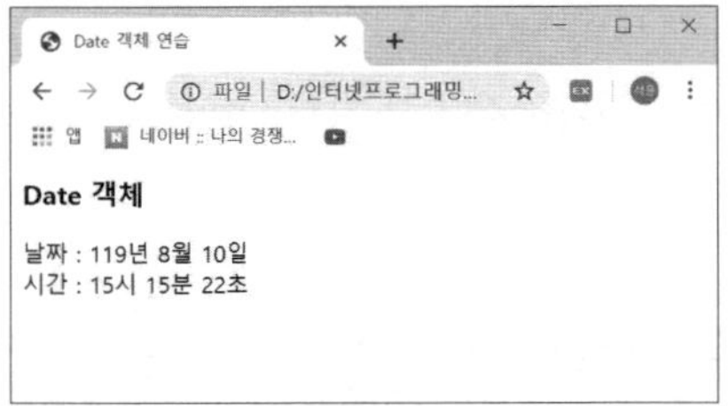

[그림 11-6]

set 메소드는 기본값을 부여하여 새로운 값을 설정할 수 있도록 하는데, 이와 관련된 예제를 작성해보자.

11-7.html

```
<HTML><HEAD><TITLE>Date 객체</TITLE></HEAD>
<BODY bgcolor="Goldenrod"><H3> Date 객체 예제 </H3>
<SCRIPT LANGUAGE="JavaScript">
<!--
   today = new Date();
   today.setYear(1000);
   today.setMonth(0);
   today.setDate(1);
   today.setHours(1);
   today.setMinutes(3);
   today.setSeconds(25);
   document.write("변경 날짜 : " + (today.getYear() + 1900) + " 년" +
         (today.getMonth() + 1) + " 월" + today.getDate() +"<P>");
   document.write("변경 시간 : " + today.getHours() + " 시" +
         today.getMinutes() + " 분" + today.getSeconds() + "<P>");
//자바스크립트 끝-->
</SCRIPT></BODY></HTML>
```

결과는 다음과 같다.

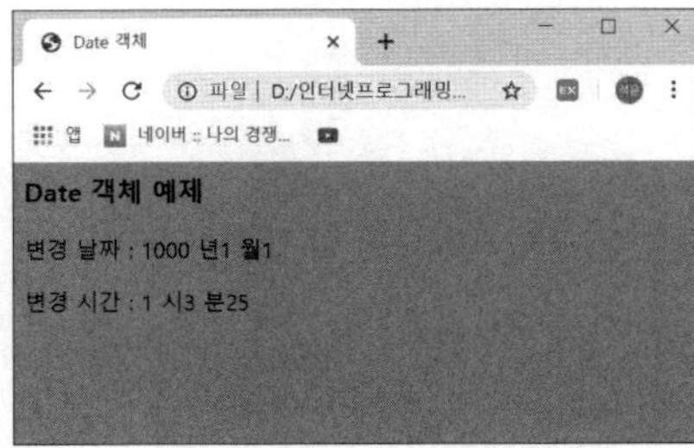

[그림 11-7]

: String 객체

자바스크립트에서 사용되는 문자열을 처리하는 객체로서 new 연산자를 사용하지 않고, 따옴표(“”) 기호를 통해서 String 객체를 선언한다.

```
변수="문자열";
"문자열".속성[메소드()];
```

예를 들면, kangkangi를 대문자로 출력하고자 할 경우는 다음과 같이 사용한다.

```
kangkangi.big();
```

String 객체의 속성과 메소드는 다음과 같다.

속성		내용	
length		문자열이 가지고 있는 문자의 개수	
prototype		String 객체에 속성 부가	
메소드		**내용**	**동일 기능 HTML 태그**
문자 모양	big( )	글자를 좀더 크게	〈BIG〉 글자 〈/BIG〉
	small( )	글자를 좀더 작게	〈SMALL〉 글자 〈/SMALL〉
	big( )	볼드체	〈B〉 글자 〈/B〉
	fixed( )	타자기체	〈TT〉 글자 〈/TT〉
	italics( )	이탤릭체	〈I〉 글자 〈/I〉
	strike( )	글자 가운데 줄긋기	〈STRIKE〉 글자 〈/STRIKE〉
	sub( )	아래 첨자	〈SUB〉 글자 〈/SUB〉
	sup( )	윗 첨자	〈SUP〉 글자 〈/SUP〉
	fontcolor(색)	글자색	〈FONT COLOR="색"〉 글자 〈/FONT〉
	fontsize(크기)	글자 크기	〈FONT SIZE="크기"〉 글자 〈/FONT〉
하이퍼텍스트 연결	anchor("표식")	표식 지정	〈A NAME="표식"〉 글자 〈/A〉
	link("위치")	하이퍼텍스트 연결	〈A HREF="위치"〉 글자 〈/A〉
문자 처리	charAt(n)	n번째에 해당하는 문자 찾기	
	indexOff("문자열")	지정된 문자열의 위치값 계산(왼쪽부터)	
	lastindexOff("문자열")	지정된 문자열의 위치값 계산(오른쪽부터)	
	subString(n,m)	문자열의 n번째 문자부터 m번째 문자까지 표시, 음수값은 무시	
	concat("문자열")	문자열을 문자열 객체에 연결	
	slice(n,m)	subString과 동일, 음수값은 오른쪽부터 순번으로 계산	
	split("구분문자")	구분문자로 문자열 분리	
	toUpperCase( )	대문자로 만들기	
	toLowerCase( )	소문자로 만들기	

문자들의 속성을 선언하는 예제를 작성해보자.

11-8.html

```
<HTML><HEAD><TITLE>String 객체 연습</TITLE></HEAD>
<BODY><h3> 다양한 글자 모양</h3>
<SCRIPT LANGUAGE="JavaScript">
<!--
   document.write(" BIG ".big() + "<BR>")
   document.write(" SMALL ".small() + "<BR>")
   document.write(" BOLD ".bold() + "<BR>")
   document.write(" FIX ".fixed() + "<BR>")
   document.write(" ITALICS ".italics() + "<BR>")
   document.write(" STRIKE ".strike() + "<BR>")
   document.write(" SUB ".sub() + "<BR>")
   document.write(" SUPER ".sup() + "<BR>")
   document.write(" FONTCOLOR = yellow".fontcolor("yellow") + "<BR>")
   document.write(" FONTCOLOR = BLUE ".fontcolor("blue") + "<BR>")
   document.write(" FONTCOLOR = RED ".fontcolor("red") + "<BR>")
   document.write(" FONT SIZE 5 ".fontsize(5) + "<BR>")
   document.write(" FONT SIZE 10 ".fontsize(10) + "<BR>")
   document.write("파랗고 크게".big().fontcolor("blue")+"<BR>")
   //여러 개의 메뉴를 사용하기 (. 연산자를 이용)
   document.write("이탤릭체와 강조를 빨간색으로".italics().strike().
   fontcolor("red")+"<BR>")
   document.write("크기는 5이면서 볼드체로".fontsize(5).bold()+"<BR>")
// 자바스크립트 끝 -->
</SCRIPT></BODY></HTML>
```

결과는 다음과 같다.

[그림 11-8]

문자열에 하이퍼텍스트를 연결하는 프로그램을 작성해보자.

11-9.html

```
<HTML><HEAD><TITLE>하이퍼텍스트 연습</TITLE></HEAD>
<BODY><h3> 자바스크립트를 이용한 하이퍼텍스트</h3>
<SCRIPT LANGUAGE="JavaScript">
<!--
   document.write("chapter 1".link("#chapter1") + "<BR>")    //anchor는 책갈피 역할
   document.write("chapter 2".link("#chapter2") + "<P>")
   document.write("ch1 자바스크립트 개요".anchor("chapter1") + "<BR>")
   document.write("ch2 자바스크립트 활용".anchor("chapter2") + "<P>")

   document.write("네이버".link("http://www.naver.com") + "<BR>")
   //link는 링크를 설정
   document.write("구글지도".link("http://map.google.com") + "<P>")
  // 자바스크립트 끝 -->
  </SCRIPT></BODY></HTML>
```

결과는 다음과 같다.

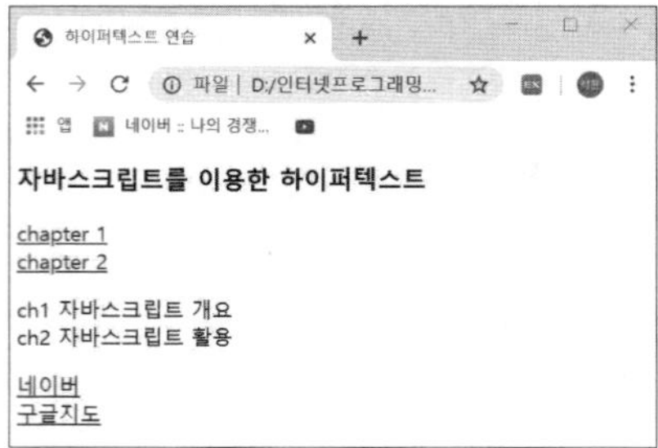

[그림 11-9]

문자열과 관련된 속성처리 프로그램을 작성해보자.

11-10.html

```
01 <HTML><HEAD><TITLE>String 객체  문자열 연습</TITLE></HEAD>
02     <BODY><h3>문자 처리 연산</h3>
03         <SCRIPT LANGUAGE="JavaScript">
04         <!--
05           document.write("javascript 문자열 중에서 s 문자열의 위치 :" )
06           document.write("javascript".indexOf("s") + "<BR>")
07           document.write("javascript 문자열의 마지막 문자: ")
08           document.write("javascript".charAt("javascript".length-1)+"<BR>")
09           document.write("javascript를 대문자로 :" )
10           document.write("javascript".toUpperCase() + "<BR>")
11           document.write("javascript 문자열 중에서 1에서 4까지 문자 :" )
12           document.write("javascript".substring(1,5) + "<BR>")
13          // 자바스크립트 끝 -->
14         </SCRIPT></BODY></HTML>
```

6행에서 지정된 문자열의 위치를 왼쪽부터 찾도록 하고, 8행은 인덱스에 해당하는 문자를 찾도록 한다. 즉 “javascript”의 마지막 문자인 “t”를 표시한다. 10행은 대문자로, 12행은 문자열의 일부를 출력한다. 결과는 다음과 같다.

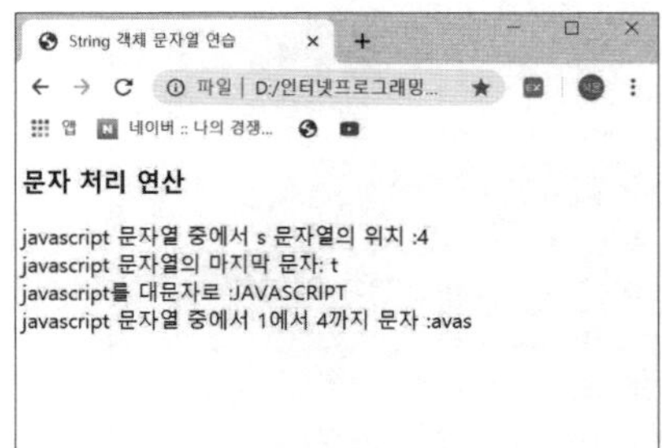

[그림 11-10]

String 객체에서 사용할 수 있는 속성들을 이용한 예제를 작성해보자.

11-11.html

```
<HTML><HEAD><TITLE>String 응용 문자열 연습</TITLE></HEAD>
<BODY BACKGROUND="bg2.gif"><h3>문자열 처리 연산</h3>
<SCRIPT LANGUAGE="JavaScript">
<!--
   str1 = "Hello JavaScript";
   str2 = "Welcome to JavaScript World!!";
   document.write("str1  : " + str1 + "<P>");
   document.write("str2  : " + str2 + "<P>");
   document.write("str1 소문자로 변환 : " + str1.toLowerCase() + "<P>");
   document.write("str2 대문자로 변환 : " + str2.toUpperCase() + "<P>");
   document.write("str1 중 6번째 문자 : " + str1.charAt(5) + "<P>");
   document.write("str2 중 m의 위치 : " + str2.indexOf("m") + "<P>");
   document.write("str1 중 6 ~ 10번째 문자 : " + str1.substring(5, 10) + "<BR>");
   document.write("str2중 15 ~ 8문자 추출 : " + str2.substr(14, 8) + "<P>");
   document.write("str1중 6번째 문자 ASCII 코드값 : " + str1.charCodeAt(5) + "<BR>");
   document.write(String.fromCharCode(72, 101, 108, 108, 111) + "<P>");
   document.write("str1과 str2 결합 : " + str1.concat(str2) + "<BR>");
   document.write("str2를 공백 기준 분리 : " + str2.split(" ") + "가 됩니다.");
//자바스트립트 끝-->
</SCRIPT></BODY></HTML>
```

결과는 다음과 같다.

[그림 11-11]

: Math 객체

삼각함수, 지수함수, 로그함수 등과 같은 연산을 위한 속성과 메소드를 제공하고, 이 객체를 생성할 때는 new를 사용하지 않고, Math를 사용한다.

```
Math.속성[메소드()];
```

예를 들어 2^5을 구하는 방법은 다음과 같다.

```
Math.pow(2,5);
```

Math 객체의 속성과 메소드는 다음과 같다.

속성	내용	속성	내용
E	오일러 상수	P1	π(약 3.1415)
LN10	1의 자연 로그(약 2.302)	SQRT2	$\sqrt{2}$(약 1.414)
LN2	2의 자연 로그(약 0.693)		
메소드	**내용**	**메소드**	**내용**
abs(수)	수의 절대값	floor(수)	수와 같거나 작은 정수값
acos(수)	코사인 값을 호도법으로 반환	log(수)	수의 자연 로그값
asin(수)	사인 값을 호도법으로 반환	max(수)	두 수 중 큰 값
atan(수)	탄젠트 값을 호도법으로 반환	min(수1, 수2)	두 수 중 작은 값
ceil(수)	수와 같거나 큰 정수값을 반환	pow(수1, 수2)	수1의 수2 승
cos(수)	코사인 값	pow(수1, 수2)	0에서 1 사이의 난수
sin(수)	사인 값	round(수)	수에서 가장 가까운 정수
tan(수)	탄젠트 값	sqrt(수)	$\sqrt{수}$
exp(수)	수의 e 승		

Math 객체에서 사용할 수 있는 속성과 메소드들을 기본 예제를 통해서 살펴보자.

11-12.html

```
<HTML><HEAD><TITLE>MATH 객체 연습</TITLE></HEAD>
<BODY><h3>Math 함수 </h3>
<SCRIPT LANGUAGE="JavaScript">
<!--
   document.write("sin(PI/4) = " + Math.sin(Math.PI/4) + "<BR>")
   document.write("cos(PI) = " + Math.cos(Math.PI) + "<BR>")
   document.write("tan(PI/2) = " + Math.tan(Math.PI/2) + "<BR>")
   document.write("asin(1) = " + Math.asin(1) + "<BR>")
   document.write("acos(1) = " + Math.acos(1) + "<BR>")
   document.write("atan(2) = " + Math.atan(2) + "<BR>")
   document.write("큰수 찾기 = " + Math.max(7, 5) + "<BR>")
   document.write("2의 5승 = " + Math.pow(2, 5) + "<BR>")
   document.write("2의 로그 = " + Math.log(2) + "<BR>")
   document.write("2의 제곱근 = " + Math.sqrt(2) + "<BR>")
// 자바스크립트 끝 -->
</SCRIPT></BODY></HTML>
```

5행에서 14행은 "화면에 출력될 문자열" + Math.메소드() + "줄 바꿈" 형태로 이루어져 있다. 결과는 다음과 같다.

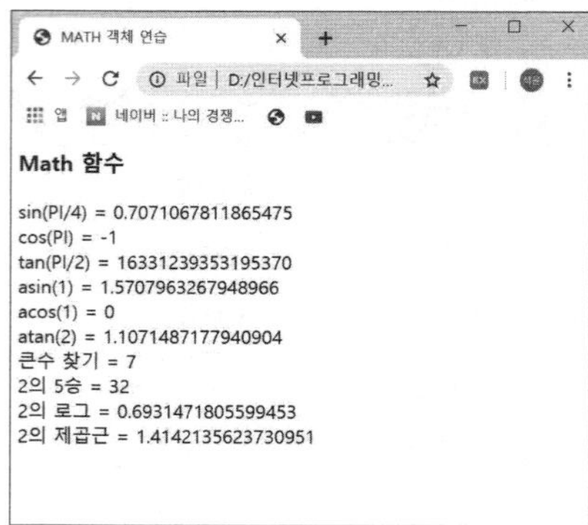

[그림 11-12]

11-13.html

```
01 <HTML><HEAD><TITLE>MATH 객체 연습</TITLE></HEAD>
02     <BODY><center><h3>Math 객체 </h3>
03       <img src="bg3.gif" align="center"><br><br>
04         <SCRIPT LANGUAGE="JavaScript">
05         <!--
06            document.write("오일러 상수값은 " + Math.E + "입니다.<P>");
07            document.write("원주율은 " + Math.PI + "입니다.<P>");
08            document.write("밑수가 10인 상용로그 값은 " + Math.LN10 + "입니다.<P>");
09            document.write("밑수가 2인 자연로그 값은 " + Math.LN2 + "입니다.<P>");
10            document.write("0.5의 제곱근은 " + Math.SQRT1_2 + "입니다.<P>");
11            document.write("2의 제곱근은 " + Math.SQRT2 + "입니다.<P>");
12         // 자바스크립트 끝 -->        </SCRIPT> </BODY></HTML>
```

6행에서 11행에서는 "화면에 출력될 문자열" + Math.메소드() + "입니다. 줄 바꿈" 형식을 사용한다. 결과는 다음과 같다.

[그림 11-13]

Function 객체

이전의 함수 기능과 동일하며, 선언방법은 다음과 같다.

```
함수명 =new Function(매개변수1,매개변수2,.......,함수처리 내용)
```

예를 들어

```
str = new Function("i", "return Math.abs(i)");
```

str이라는 새로운 객체를 함수형으로 처리하는데, 함수 입력값은 i이고, 돌려줄 값은 Math.abs(i), 즉 절대값을 계산하는 것이다. 이는 함수선언과 처리를 동시에 처리하기 위한 방법이지만 많이 사용되지는 않는다.

속성	내용
arguments	함수의 매개변수 정보를 배열로 제공
prototype	function 객체의 속성을 정의

절대값을 구하는 함수를 선언하는 예제를 작성해 보자.

11-14.html

```
01 <HTML><HEAD><TITLE>Function 객체 연습</TITLE></HEAD>
02 <BODY><h3>Function 객체 </h3>
03 <SCRIPT LANGUAGE="JavaScript">
04 <!--
05    str = new Function("i", "return Math.abs(i)")
06    document.write("절대값 구하기<br>")
07    document.write(" ¦-5¦ = " + str(-5) + "<BR>")
08    document.write(" ¦5¦ = " + str(5) + "<BR>")
09    document.write(" ¦-25¦ = " + str(-25) + "<BR>")
10    document.write(" ¦0¦ = " + str(0) + "<BR>")
11 // 자바스크립트 끝 -->
12 </SCRIPT></BODY></HTML>
```

5행에서 함수 객체 str을 생성하였고, 7행에서 10행은 "화면에 출력될 문자열" + 함수 호출 + "줄 바꿈" 형식으로 구성된다. 함수를 호출할 때 괄호 안의 값이 입력된다. 즉, 매개변수는 i이고, 이 값을 절대값으로 계산하는 함수이다.

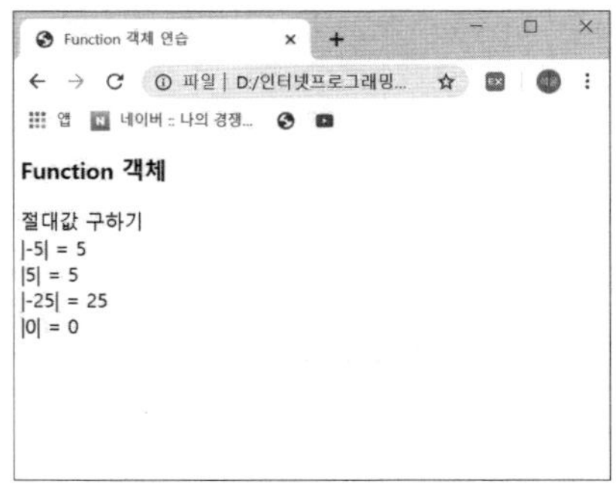

[그림 11-14]

삼각 함수를 함수 객체로 정의하여 처리하는 응용예제를 살펴보자.

11-15.html

```
01 <HTML><HEAD><TITLE>Function 객체 연습</TITLE></HEAD>
02 <BODY background="bg1.gif"><h3>Function 객체 </h3>
03 <SCRIPT LANGUAGE="JavaScript">
04 <!--
05    Function.prototype.comment = null;//초기값 설정
06    sine = new Function("x", "return Math.sin(x)");//함수 객체 정의
07    sine.comment = "삼각 함수";
08    document.write(" 함수명 : " + sine.comment + "<P>");
09    for(i = 1; i <= 10; i++){
10      result = sine(i * Math.PI / 180);
11      document.write("SIN(" + i + ") = " + result + "<BR>");
12    }// 자바스크립트 끝 -->
13 </SCRIPT></BODY></HTML>
```

5행에서 comment 변수의 초기값을 빈 값으로 설정하고, 6행에서 함수 객체 sine의 입력값은 x, 처리내용은 Math.sin(x)를 수행하도록 선언한다. 7행에서 8행은 "함수명:삼각함수" 라는 정의를 출력하고, 9행에서 11행은 반복문을 통해서 10개의 입력값을 처리하기 위하여 설정되었다. 10행은 sine 객체를 호출하는데, sine을 구하기 위해서는 입력값에 3.14, 즉 PI 값을 곱해서 라디안 값을 구해야 하므로 이를 위한 처리를 하고 있다. 처리 결과는 result 변수에 저장되어 11행에서 출력한다.

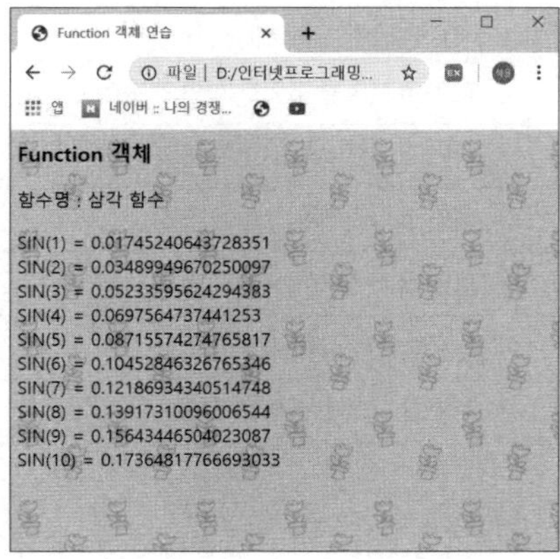

[그림 11-15]

Screen 객체

현재 보고 있는 컴퓨터 화면 해상도나 색상에 관한 정보를 제공하는 객체로서 사용자의 화면 상태에 따라서 결과를 달리해야 할 경우에 사용한다. 객체를 별도로 선언하지 않고, 이미 선언된 "screen" 객체 변수를 이용한다.

```
SCREEN.속성;
```

예를 들면 다음은 스크린의 화면 높이를 보여준다.

```
screen.height;
```

사용 가능한 속성은 다음과 같다.

속성	내용
height	화면의 높이
width	화면의 너비
availHeight	작업 표시줄을 제외한 화면의 높이
availWidth	작업 표시줄을 제외한 화면의 너비
availTop	화면 표시 영역의 y 좌표 표시
availLeft	화면 표시 영역의 x 좌표 표시
colorDepth	컴퓨터에서 사용 가능한 색상 수
pixelDepth	화면의 컬러 해상도를 표시

Screen 객체를 이용하여 화면의 높이, 너비, 사용가능한 색상수를 살펴보는 프로그램을 작성해보자.

11-16.html

```
<HTML><HEAD><TITLE>Screen 객체 연습</TITLE></HEAD>
    <BODY><H3>Screen 객체</H3>
        <SCRIPT LANGUAGE="JavaScript">
        <!--
            document.write("화면 높이 : " + screen.height + "<BR>");
            document.write("화면 너비 : " + screen.width + "<BR>");
            document.write("화면 색상수 : " + screen.colorDepth + "<BR>");
           // 자바스크립트 끝 -->
        </SCRIPT></BODY></HTML>
```

5행에서 7행은 "화면에 출력될 문자열" + screen.속성 +"줄 바꿈" 형태로 구성되어 있다.

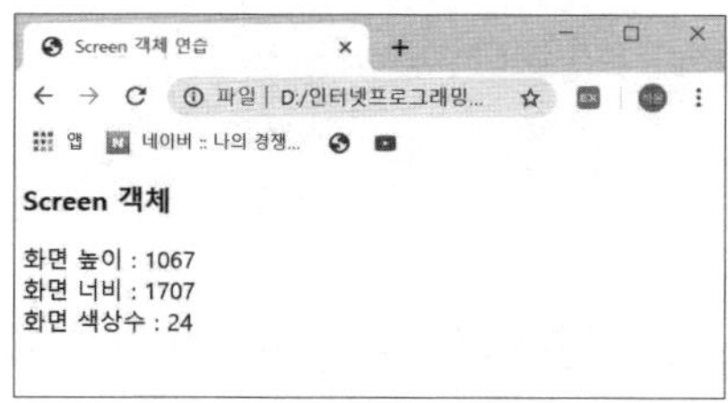

[그림 11-16]

avail 속성으로 작업줄을 제외한 화면의 정보를 알아보는 예제를 살펴보자.

11-17.html

```
<HTML><HEAD><TITLE> Screen 객체 </TITLE></HEAD>
<BODY BACKGROUND="bg2.gif">
<SCRIPT LANGUAGE=javascript>
<!--
   document.write("화면 높이 : "+screen.height + "<br>");
   document.write("화면 너비 : "+screen.width + "<br>");
   document.write("작업표시줄을 제외한 화면 높이 : "+ screen.availHeight+ "<br>");
   document.write("작업표시줄을 제외한 화면 너비 : "+ screen.availWidth+ "<br>");
   document.write("화면 색상수 : "+screen.colorDepth + "<br>");
//자바스크립트 끝-->
</SCRIPT></BODY></HTML>
```

결과는 다음과 같다.

Number 객체

사용자로부터 입력된 값을 숫자로 바꾸어주는 객체이고, 객체가 하나의 메소드처럼 실행되며, 다른 객체나 속성을 가지고 있지 않다.

```
Number("문자형 숫자");
```

예를 들어보자.

```
no1=Number("1");
no2= Number("a");
```

no1 변수에 1이 기억되고, 그 내용은 숫자이다. no2 변수에 Nan이 기억되면, "A" 가 숫자가 아님을 의미한다.

11-18.html

```
<HTML><HEAD><TITLE>Number 객체</TITLE></HEAD>
  <BODY><H3> Number 객체 </H3>
     <SCRIPT LANGUAGE="JavaScript">
<!--
  no1 = "100";
  no2 = "200";
  result1 = no1 + no2;
  document.write("결과는 : " + result1 + " 입니다.<P>");
  result2 = Number(no1) + Number(no2);
  document.write("결과는 : " + result2 + " 입니다.<P>");
  str1 = "Heollo JavaScript";
  str2 = Number(str1);
  document.write(" 입력된 내용은 : " + str2 + " 입니다.<BR>");
//-->
</SCRIPT></BODY></HTML>
```

5행과 6행에서 no1과 no2에 각각 숫자를 할당했지만, 여기서는 문자로 인식되어서 7행의 결과에 "100200" 이라는 문자값으로 연달아 저장된 후 8행에서 출력된다. 이를 9행에서 Number 객체를 통해서 숫자로 변경시킨 후, 계산결과는 result2 변수에 "300" 이라는 값으로 저장된다. 11행에서 문자를 입력한 결과를 12행에서 Number 객체로 선언하자 13행에서 숫자가 아니라 "Nan" 값을 출력한다. 즉, Number 객체의 입력값으로는 숫자형식에 적합하다.

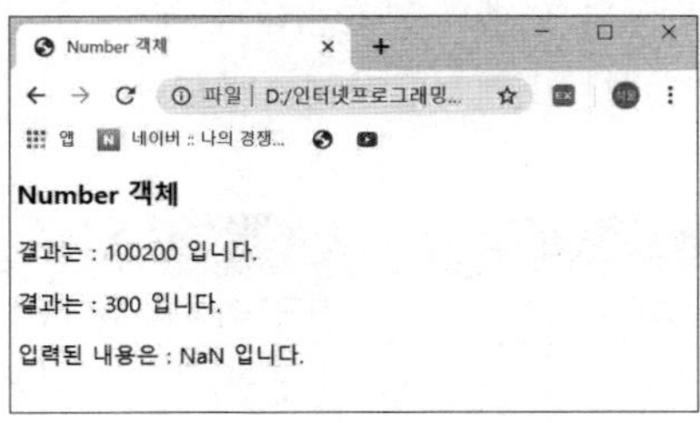

[그림 11-18]

11.3 이벤트와 이벤트 핸들러

이벤트(event)란 특별한 사건이 일어났을 때 발생하는 일종의 신호이고, 이를 통해서 설정된 일정한 작업을 수행하는데, 이를 이벤트 핸들러(event handler)라고 한다. 즉 사용자의 행위자체는 이벤트이고, 사용자의 행위를 전달하는 시점은 이벤트 핸들러이다. 자바스크립트는 일정한 이벤트와 이벤트 핸들러를 통해서 좀 더 동적인 웹페이지 작성이 가능하다. 자바스크립트에서 자주 사용하는 이벤트와 이벤트 핸들러는 다음과 같다.

이벤트	이벤트 핸들러	내용
그림 관련 이벤트	abort(onAbort)	사용자가 이미지를 읽다가 중단할 경우
	error(onError)	웹 페이지가 불러들일 때 에러가 발생한 경우
	blur(onBlur)	사용자로부터 입력받는 양식에서 커서가 다른 곳으로 이동한 경우
	focus(onFocus)	사용자의 입력 양식 안으로 커서가 들어왔을 경우
마우스 관련 이벤트	click(onClick)	사용자가 링크나 입력 양식을 클릭한 경우
	dbclick(onDbclick)	사용자가 마우스를 더블 클릭한 경우
	mousedown(onMousedown)	사용자의 마우스 버튼을 누른 경우
	mouseover(onMouseover)	사용자의 마우스가 링크된 곳을 지나가는 경우
	mouseup(onMouseup)	사용자가 마우스를 눌렀다 놓을 경우
	mousemove(onMousemove)	사용가가 마우스를 움직일 경우
	dragdrop(onDragdrop)	사용자가 마우스를 클릭한 상태에서 움직였을 경우
폼 관련 이벤트	change(onChange)	사용자로부터 입력받는 양식의 값이 바뀌는 경우
	submit(onSubmit)	사용자가 입력한 양식의 값이 바뀌는 경우
	select(onSelect)	사용자가 입력 양식의 한 항목을 선택한 경우
키보드 관련 이벤트	keydown(onKeydown)	사용자가 키를 입력했을 경우
	keypress(onKeypress)	사용자가 키를 눌렀을 경우
	keyup(onKeyup)	사용자가 키를 눌렀다 놓았을 경우
윈도우 관련 이벤트	load(onLoad)	네스케이프에서 웹페이지를 열 경우
	move(onMove)	사용자가 윈도우를 움직일 경우
	resize(onResize)	사용자가 윈도우나 프레임의 크기를 변경한 경우
	unload(onUnload)	사용자가 현재의 웹 페이지에서 다른 곳으로 이동하는 경우

이벤트 핸들러를 사용하는 형식은 다음과 같다.

```
<~~ on 이벤트이름="이벤트핸들러" ........>
```

예를 들어보자.

```
<input type="button" value="확인" onClick="Click_Event">
```

여기서는 버튼을 클릭하면 "Click_Event" 함수를 호출하며, 이를 이벤트 핸들러라고 한다. 사용자가 버튼을 눌러 시계를 작동시키고 싶다면, 그 경우 〈input type= "button" value= "확인" onClick= "시계작동함수" 〉라고 정의하면 된다.

11-19.html

```
<HTML><HEAD><TITLE>이벤트와 이벤트 핸들러 연습</TITLE></HEAD>
<BODY onLoad="alert('환영합니다. 어서오십시오')"
         onUnload="alert('안녕히 가십시요. See You again !')">
<CENTER><H3> 여기는 자바스크립트 연구실입니다. </H3></CENTER>
</BODY></HTML>
```

여기서 onLoad와 onUnload 이벤트를 이용했고, 이때 내장 함수인 alert를 통해서 경고문을 출력하는 이벤트 핸들러를 처리한다. onLoad는 웹 페이지가 나타날 경우를 의미하고 onUnload는 웹페이지가 사라질 경우를 의미한다.

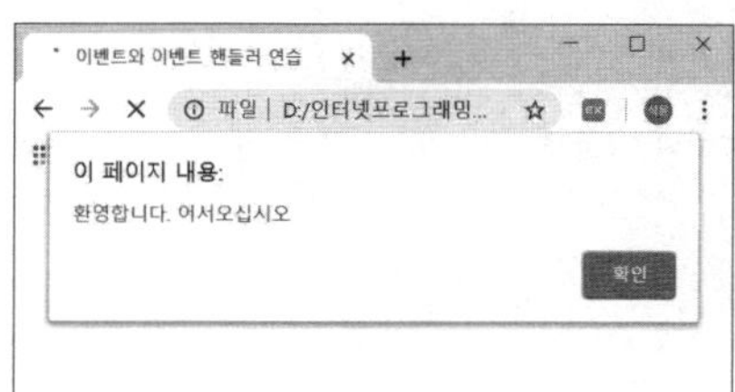

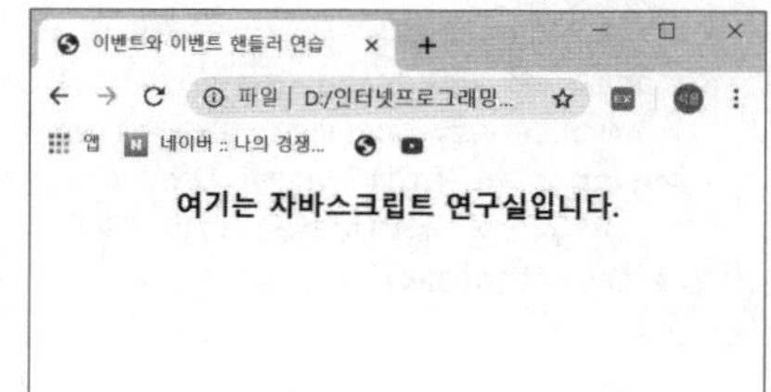

[그림 11-19]

자바스크립트에서 사용하는 이벤트 핸들러를 개체별로 정리하면 다음과 같다.

객체	이벤트 핸들러
Selset	onBlur, onChange, onFocus
Text	onBlur, onChange, onFocus, onSelect
Textarea	onBlur, onChange, onFocus, onSelect
Button	onClick
Checkbox	onClick
Radio	onClick
Hypertext	onClick, onMouseOver, onMouseOut
Reset	onClick
Submit	onClick
Document	onLoad, onUnload, onError
Window	onClick, onUnload, onError, onFocus
Frameset	onBlur, onFocus
Form	onSubmit, onReset
Image	onLoad, onError, onAbort

마우스를 올릴 때와 내릴 때 이미지가 달라지는 예제를 작성해 보자.

11-20.html

```
01 <HTML><HEAD><TITLE>롤오버 이미지</TITLE></HEAD>
02 <BODY bgcolor="pink">
03 <TABLE border="0" >
04    <tr><td><center>메시지가 왔습니다.....<br><br>
05    <a href="#" onmouseover="document.images.img1.src='ani3.gif'"
        onmouseout="document.images.img1.src='ani2.gif'">
06    <img src="ani3.gif" name=img1 border=0></a> <br><br>
          마우스를 올려보세요~</center>
07 </td></tr></table></body></html>
```

5행에서 이벤트를 정의하고, 하이퍼링크 태그에서 마우스를 올렸을 경우의 이미지는 ani3.gif로, 마우스를 내렸을 경우에는 ani2.gif를 정의하고 있다. 6행에서는 초기에 보여줄 이미지를 ani3.gif로 설정하여 문서가 처음 보일 때의 이미지를 지정한다.

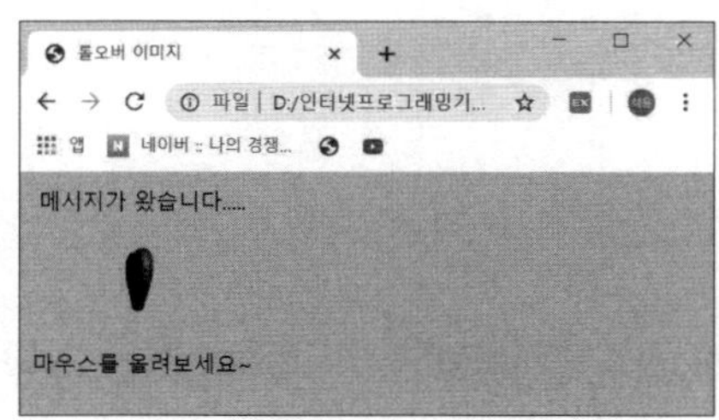

[그림 11-20]

11.4 기본적인 내장객체

자바스크립트의 내장객체는 모두 window 객체 하부에 있고, 가장 많이 사용되는 객체는 document 객체이다. 기본적인 내장객체는 현재 브라우저에서 지원되는 여러 가지 정보 등을 모아서 처리하는 내장객체이다. 여기에는 각 창이나 프레임에 대한 중요한 역할을 하는 객체로서 최상위 객체인 window 내장객체, 그 아래에 위치하고 있는 frame 객체, location 객체, history 객체 등이 있다. 이들의 계층 구조도는 다음과 같다.

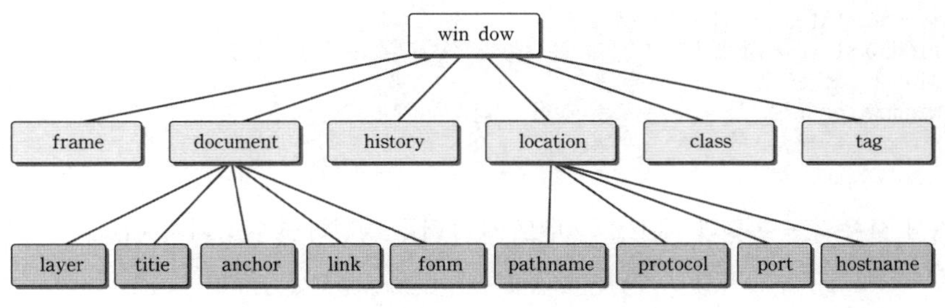

[그림 11-21]

계층 구조도에서 보면 알 수 있듯이 window 객체는 최상위 객체로서 여러 개의 객체를 나타낼 때는 점(.) 연산자로 구분한다. 예를 들어 layer 객체를 사용할 때는

window.document.layer 라고 사용하면 되고, 모든 객체들이 window 안에 있으므로 window 는 생략이 가능하다. 여기서는 가장 기본이 되는 window 객체, history 객체 등을 살펴본다.

: Window 객체

최상위 객체로서 현재 화면에 표시되는 문서, 상태, 정보 등을 제공하며 대부분의 웹 브라우저 기반의 작업은 이 객체를 기반으로 한다.

이 객체는 이미 window라는 객체 변수로 선언되어 있어서 따로 객체를 선언하지 않고 사용한다. 형식은 다음과 같다.

```
window.속성
window.속성=값
window.메소드()
window.메소드(값)
```

예를 들어보자.

```
window.status // 윈도우 표시줄
window.status="헬로우" // 상태 표시줄에 "헬로우" 문자를 표시
window.close()    //창을 닫음
window.open("","","") //새로운 창을 연다.
```

여기서 사용되는 속성과 메소드 이벤트 핸들러를 정리하면 다음과 같다.

분류	명령어	내용
속성	defaultStatus	상태 바에 나타날 기본값을 설정
	frames	윈도우 내에 들어 있는 프레임 객체
	length	윈도우 창에 있는 프레임의 수
	name	윈도우나 프레임의 이름
	opener	현재 열려 있는 윈도우
속성	parent	윈도우에 계층일 경우 상위 객체
	self	현재 자신의 윈도우
	status	상태 바에 출력되는 문자열
	top	윈도우가 계층 구조일 때 최상위 객체
	window	현재의 윈도우
	innerHeight	윈도우 안에서 내용의 높이
	innerWidth	윈도우 안에서 내용의 너비
	outerHeight	윈도우 밖의 테두리 높이
	outerWidth	윈도우 밖의 테두리 너비
	pageXOffset	윈도우에 현재 나타낸 페이지의 x 좌표
	pageYOffset	윈도우에 현재 나타낸 페이지의 y 좌표
	locationbar	윈도우의 locationbar를 나타낼지 여우
	menubar	윈도우의 메뉴 바를 나타낼지 여부
	personalbar	윈도우의 personalbar를 나타낼지 여부
	scrollbars	윈도우의 scrollbar를 나타낼지 여부
	statusbar	윈도우의 상태선을 나타낼지 여부
	toolbar	윈도우의 툴 바를 나타낼지 여부
	tags	웹 페이지에 사용된 모든 태그 정보
	classes	웹 페이지에 정의된 모드 스타일시트 클래스 정보
메소드	alert( )	경고 메시지를 나타내는 대화창 출력
	blur( )	윈도우로부터 입력 커서를 없앰
	close( )	윈도우 닫기
	confirm( )	사용자에게 확인/취소를 선택하는 대화창 출력
	open( )	윈도우 열기
	prompt( )	사용자가 메시지를 입력함
	setTimeout( )	1000분의 1초 단위로 지정된 명령 실행
	clearTimeout( )	setTimeout을 해제
	setInterval( )	일정한 간격으로 명령을 실행
	scroll( )	특정 위치로 스크롤시킴
	find( )	윈도우 안에서 원하는 문자 검색
	print( )	윈도우 내용을 프린터로 출력
이벤트 핸들러	onBlur	윈도우에서 커서가 없어졌을 때
	onError	문서를 읽다가 error가 발생될 때
	onFocus	윈도우에 커서가 있을 때
	onLoad	브라우저에서 문서가 읽힐 때
	onUnload	브라우저에서 문서가 사라질 때
	onDragDrop	브라우저에서 드래그앤 드롭시켰을 때
	onMove	윈도우를 움직였을 때
	onResize	윈도우의 크기 변경될 때

객체에서 제공되는 속성들은 대부분 화면 상태를 제어하는 기능과 화면의 특정부분에 표시될 내용들을 지정하는 형태로 구성되어 있다. 이들 중에서 가장 많이 사용되는 status를 사용한 예제를 살펴보자.

웹사이트에 접속하면 상태표시줄에 웹사이트의 소개나 인사말이 흐르는 것을 볼 수 있다. 이것은 window의 status속성을 이용하면 된다. 사용법은 〈head〉 태그 안에서 자바스크립트를 입력한다.

11-21.html

```
01 <HTML><HEAD><TITLE>Window 객체 속성 예제 </TITLE>
02 <SCRIPT LANGUAGE="JavaScript">
03 <!--
04    document.write("<H3> Window 화면 정보 </H3>"+"문서가 나타날 화면의 높이는 " +
05    window.innerHeight + " 입니다. <P>");
06    document.write("문서가 나타날 화면의 너비는 " + window.innerWidth + " 입니다.
      <P>");
07    document.write("화면 전체의 높이는 " + window.outerHeight + " 입니다. <P>");
08    document.write("화면 전체의 너비는 " + window.outerWidth + " 입니다. <P>");
09 //--></SCRIPT></HEAD>
10 <BODY onLoad="window.defaultStatus='추천 검색 엔진 사이트'">
11 <H3> Window 상태 바의 내용이 접속 사이트에 따라 변화합니다. </H3>
12    <A HREF="http://www.yahoo.com" onMouseOver="window.status='Yahoo로 접속';return
       true">야후</A><P>
13    <A HREF="http://www.altavista.com" onMouseOver="window.status='Altavista로
       접속'; return true">알타비스타</A><P>
14    <A HREF="http://www.naver.com" onMouseOver="window.status='Naver로 접속';
       return true">네이버</A><P>
15 </BODY></HTML>
```

10행에서는 상태 바의 기본값을 지정하고, 5행, 6행은 문서의 높이와 너비를 지정하고, 7행과 8행은 화면 전체의 높이와 너비를 보여준다. 12행에서 14행은 사이트명을 상태 바에 표기한다. 여기서 5행에서 8행에 있는 window 속성들은 익스플로러에서는 제공하지 않는다.

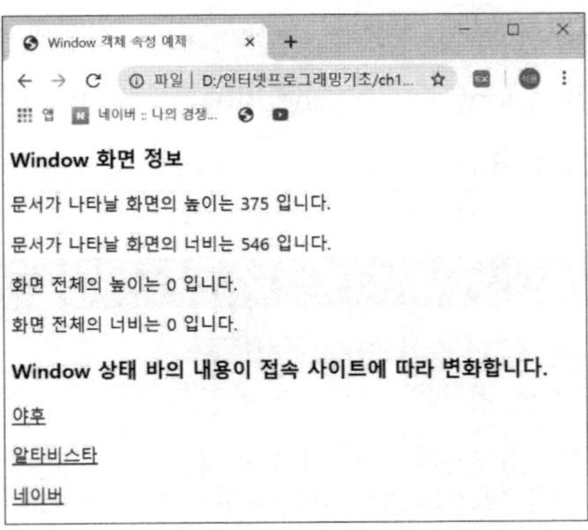

[그림 11-22]

Window 객체의 메소드를 이용하여 새로운 창을 열수 있다. 형식은 다음과 같다.

```
새로운 창 열기 (Window.open( ))
open("URL", "창 이름", " 창의 특성") ;
```

창의 특성을 나타내는 특징은 여러 가지 인데, 이들은 콤마(,)로 구분하고 여기에 제시될 수 있는 특징은 다음과 같다.

특성	내용
toolbar	표준 툴 바 메뉴를 생성
location	문서의 위치 정보 생성
directories	디렉토리 버튼을 생성
status	상태 표시줄을 생성
menubar	메뉴 바를 생성
scrollbars	스크롤 바를 생성
resizable	윈도우의 크기를 사용자가 조절
copyhistory	현재 윈도우의 히스토리 정보를 복사
width	픽셀 수를 기준으로 윈도우의 폭을 지정
height	픽셀 수를 기준으로 윈도우의 높이를 지정

창 특성을 지정하는 부분의 표시 여부는 “yes/no” 로 지정해야한다. 예를 들어 메뉴바만 나타내고자 한다면 open(“ ” , “ ” , “menubar=yes”)로 지정하면 메뉴바 이외의 다른 것들은 보이지 않게 된다.

11-22.html

```
01 <HEAD><TITLE> 새로운 창 열고 닫기 연습</TITLE>
02 <SCRIPT LANGUAGE="JavaScript">
03 <!--
04     function wingen(){  //새로운 창을 만들기 위한 함수 선언
05     window.open("","win1","width=300, height=200, toolbar=no, location=no,
06     toolbar=no, location=no, menubar=no, scrollbars=no,resizable=no");
07    }//자바 스크립트 끝-->
08 </SCRIPT></HEAD><BODY><CENTER>
09 <H3> 새로운 창을 열기 위해서는 버튼을 누르셔요. </H3></CENTER>
10 <FORM><INPUT TYPE="button" VALUE="창열기" onClick="wingen()">
11 </FORM></BODY></HTML>
```

프로그램 작성 시 명령을 한 줄로 입력해야 한다는 점에 주의하고, 중간에 줄을 바꾸면 “스크립트” 오류가 발생되어 실행되지 않기 때문이다. 5행의 명령을 해석해보면 새로운 창에 보여 줄 문서는 없으므로, 콤마(,)로 처리하였고, “win1” 은 새로 열게 될 창의 이름이고, “width=300” 은 열게 될 창의 폭, 높이, 툴바, 주소창, 메뉴바, 스크롤 바, 크기 조정 등을 지정한 것이다.

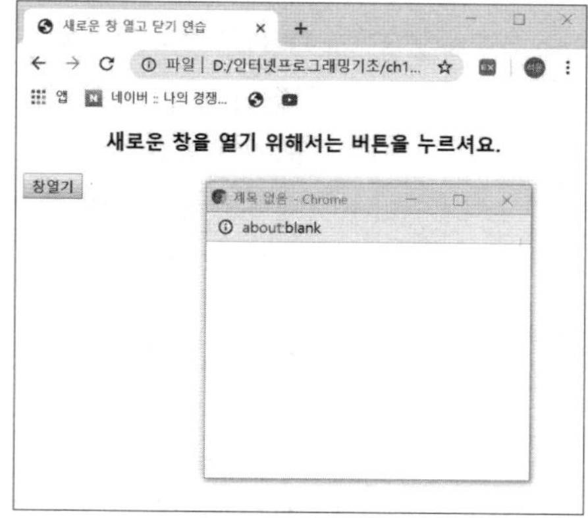

[그림 11-23]

새로운 윈도우를 열고, 새로운 메시지를 출력하는 프로그램을 작성해 보자.

11-23.html

```
01 <HTML><HEAD><TITLE> 메시지가 입력된 새 창 열기</TITLE>
02 <SCRIPT LANGUAGE="JavaScript">
03 <!--
04    message=window.open("","message","width=300,height=200,toolbar=no,location=no,
05    menubar=no,scrollbars=yes,resizable=yes" );
06    m = "이것은 새로운 창입니다!<br>";
07    m = m + " 이를 위해서 작성하고 있는 웹문서입니다. </p>";
08    message.document.write(m);
09    //자바 스크립트 끝--></SCRIPT></HEAD>
10 <BODY background="bg30.gif"><CENTER>
11 <H3> 새로운 창을 보셔요. </H3></CENTER>
12 </BODY></HTML>
```

4행에서 message 변수에 새로운 창을 생성하였고, 창의 특성들을 괄호 안에 나열하고 있다. 5행에서 6행에서는 새로운 창에 출력할 문자열을 m에 지정하고, 8행에서는 message라는 창에 m을 출력하고 있다.

[그림 11-24]

기본 예제를 바탕으로 화면의 버튼을 눌렀을 때 내용이 입력된 새 창이 뜨는 프로그램을 작성해보자.

11-24.html

```
01 <HTML><HEAD><TITLE>윈도우 열고 새로운 메시지 넣기 연습</TITLE>
02 <SCRIPT LANGUAGE="JavaScript">
03 <!--
04   function Wingen() {
05     newwin=window.open("","win1","width=300,height=200,status=yes,resizable=yes")
06     if(newwin != null) {       // 새로 만든 윈도우의 객체 : newwin
07        newwin.document.write("<HTML><HEAD>")
08        newwin.document.write("<TITLE>새로운 윈도우</TITLE>")
09        newwin.document.write("</HEAD><BODY>")
10        newwin.document.write("<H3>홈페이지 방문을 환영합니다.</H3>")
11        newwin.document.write("</BODY></HTML>")
12     }
13   } // 자바스크립트 끝 --></SCRIPT></HEAD>
14 <BODY><FORM><INPUT TYPE="button" VALUE="윈도우 열기" onClick="Wingen()">
15 </FORM></BODY></HTML>
```

4행에서 13행은 Wingen() 함수를 선언하고, 여기서 newwin 변수에 새로운 창을 생성하였다. 6행에서 12행은 새로운 창에 문서를 출력하는 과정인데, HTML 문서 작성 형식과 동일하게 작성되었다. 14행에서 버튼 이벤트인 onClick을 통해서 Wingen()을 호출하여 이들이 실행된다.

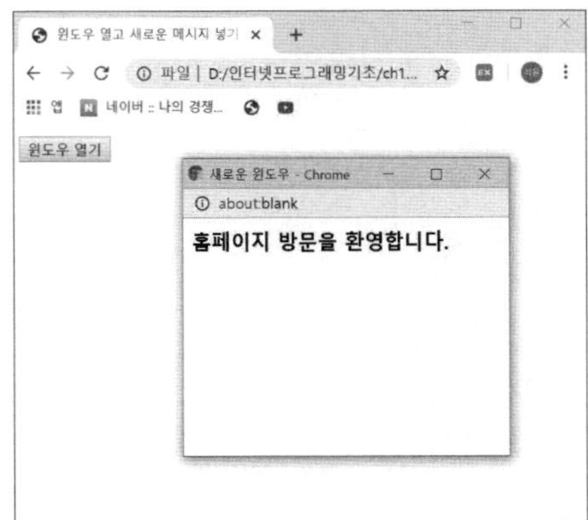

[그림 11-25]

새로운 창을 여는 방법과 새로운 창에 내용을 출력하는 방법에 대해서 살펴보았고, 이제 새로 열려진 창들을 닫는 방법에 대해서 살펴보자.

새로운 창 닫기는 Window.close()를 사용한다. 사용형식은 다음과 같다.

```
window.close()
self.close()
this.close()
```

특정 창을 열고 닫을 경우는 다음과 같이 한다.

```
객체명=window.open("","","") // 열기
객체명.close() // 닫기
```

11-25.html

```
01 <HTML><HEAD><TITLE>윈도우 열기/닫기 연습</TITLE>
02 <SCRIPT LANGUAGE="JavaScript">
03 <!--
04    var newwin = null   //윈도우를 닫을 때 사용하기 위해 선언
05    function Winopen() {
06      newwin = window.open("", "", "width=300,height=200,menubar=yes")
07    }
08    function Winclose() {
09      if(newwin != null)
10        newwin.close()
11    }
12 // 자바스크립트 끝 --></SCRIPT></HEAD>
13 <BODY><H3>창을 열고 닫기 위해서는 버튼을 누르세요.</H3>
14 <FORM><INPUT TYPE="button" VALUE="창열기" onClick="Winopen()">
15       <INPUT TYPE="button" VALUE="창닫기" onClick="Winclose()">
16 </FORM></BODY></HTML>
```

6행의 명령에서 창의 특성을 지정할 때 top, left, bottom, right 등을 이용하면 된다.

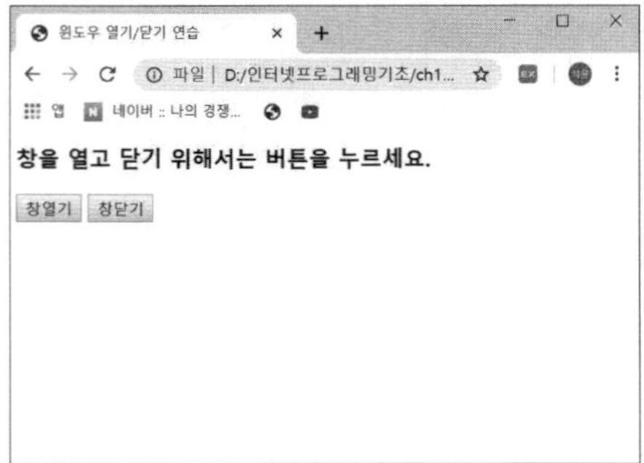

[그림 11-26]

11-26.html

```
01 <HTML><HEAD><TITLE>윈도우 위치 설정 연습</TITLE>
02 <SCRIPT LANGUAGE="JavaScript">
03 <!--
04    newWin=window.open("","","width=300,height=200,toolbar=no,location=no,
05    menubar=no,scrollbars=yes,resizable=yes,top=200, left=300" );
06    m = "작고 귀여운 창을 만들자!<br>";
07    m = m + "창의 위치지정은 <br> top=200, left=200입니다.</br>";
08    newWin.document.write(m);
09    newWin.document.write("<input type='button' value=' 창닫기 '
10    onclick='javascript:window.close()'></center>");
11    for (i=0; i<=400; i+=10) {
12      newWin.moveTo(i,200);
13    } // 자바스크립트 끝 --></SCRIPT></HEAD>
14 <BODY><H3>창을 새로 만듭니다.</H3></BODY></HTML>
```

창이 열릴 때 창의 위치를 i값에 따라 움직이도록 moveTo() 메소드를 사용한다. 11행에서 13행은 움직이는 창의 x 좌표를 for문을 이용하여 자동화하고 있다. 새로운 창의 버튼을 누르면 창이 닫힌다.

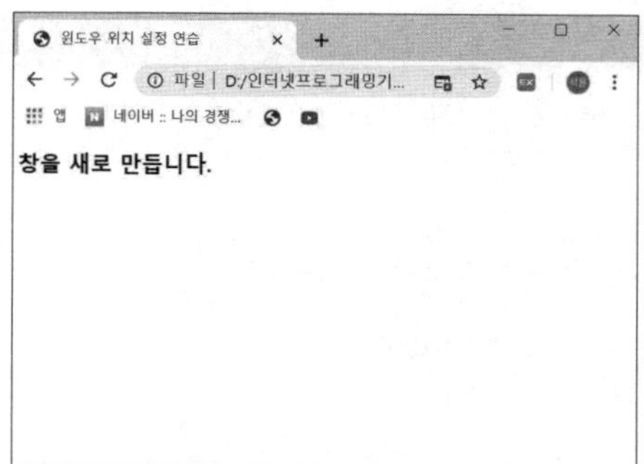

[그림 11-27]

History 객체

브라우저의 히스토리 목록을 사용할 수 있게 하는 객체로서 히스토리란 웹 브라우저를 이용해 방문한 적이 있는 url의 목록을 의미한다. 하지만 보호 차원에서 목록 자체의 내용을 사용할 수는 없다. history 객체를 이용하면 이전에 방문했던 페이지들을 알 수 있으며, 사용형식은 다음과 같다.

window.history.속성
history.메소드()
history.메소드(값)

예를 들어 보자.

```
history.length  //속성만 표현할 경우에 windows 생략 가능
history.back() //한 단계 뒤로
history.go(3)  //앞으로 3단계 진행
```

11-27.html

```
01 <HTML><HEAD><TITLE>history 객체 연습</TITLE>
02 <SCRIPT LANGUAGE="JavaScript">
03 <!--
04    function HisLen() {
05      alert("히스토리 갯수 : "+history.length)
06    }
07 // 자바스크립트 끝 --></SCRIPT></HEAD>
08 <BODY><H3> history 연습 </H3>
09 <FORM>
10    <INPUT TYPE="button" VALUE="3단계 앞으로" onClick="history.go(-3)"><br><br>
11    <INPUT TYPE="button" VALUE="3단계 뒤로" onClick="history.go(3)"><br><br>
12    <INPUT TYPE="button" VALUE="앞으로" onClick="history.back()"><br><br>
13    <INPUT TYPE="button" VALUE="뒤로" onClick="history.forward()"><br><br>
14    <INPUT TYPE="button" VALUE="방문한 히스토리 갯수" onClick="HisLen()">
15 </FORM></BODY></HTML>
```

5행에서 length 속성은 히스토리 리스트에 포함된 url 주소 개수를 알려주고, 이동하고 싶은 히스토리가 여러 단계일 경우는 go() 메소드를 이용하면 된다. 이 경우에 괄호 안의 숫자가 양수이면 뒤로 이동하고, 음수일 경우는 앞으로 이동한다.

[그림 11-28]

연습문제 EXERCISE

※ 다음 빈칸에 알맞은 용어를 채우시오.

1 (　　)란 속성(　　　　)과 이들을 처리하는 연산에 해당하는 행위(　　　　)로 이루어진 작업을 의미한다.

2 자바스크립트의 객체에는 이미 내장되어 있는 (　　　　　)와 사용자가 정의해서 사용하는 객체가 있다.

3 객체는 (　　　) 함수를 이용하여 정의되는데, 이들을 정의하는 방법은 일반 함수를 생성하는 과정과 동일하다.

4 (　　　)는 객체가 연산을 처리하도록 하는 것이며, 생성자 함수에서 선언한 이름과 동일해야 한다.

5 배열이란 여러 개의 값을 저장할 수 있는 연속된 저장 공간이다. 자바스크립트는 (　　　) 내장 객체를 이용하여 길이가 정해지지 않은 배열을 생성한다.

6 (　　) 객체는 프로그램에서 날짜와 시간에 대한 정보를 제공한다.

7 자바스크립트에서 사용되는 문자열을 처리하는 객체로서 new 연산자를 사용하지 않고, 따옴표(" ") 기호를 통해서 (　　　) 객체를 선언한다.

8 삼각함수, 지수함수, 로그함수 등과 같은 연산을 위한 속성과 메소드를 제공하고, 이 객체를 생성할 때는 new를 사용하지 않고, (　　) 객체를 사용한다.

연습문제 EXERCISE

8 현재 보고 있는 컴퓨터 화면 해상도나 색상에 관한 정보를 제공하는 객체로서 사용자의 화면 상태에 따라서 결과를 달리해야 할 경우에 사용하고, 객체를 별도로 선언하지 않고, 이미 선언된 (   ) 객체 변수를 이용한다.

10 (   ) 객체는 사용자로부터 입력된 값을 숫자로 바꾸어주는 객체이고, 객체가 하나의 메소드처럼 실행되며, 다른 객체나 속성을 가지고 있지 않다.

11 (   )란 특별한 사건이 일어났을 때 발생하는 일종의 신호이고, 이를 통해서 설정된 일정한 작업을 수행한다.

12 (   )는 사용자의 행위를 전달하는 시점이다.

13 자바스크립트의 내장객체는 모두 (   ) 객체 하부에 있고, 가장 많이 사용되는 객체는 document 객체이다.

※ 다음 조건에 해당하는 소스 코드를 작성하시오.

14 함수를 활용하여 다음과 같은 프로그램을 완성하시오.

(ex11-1.html)

작성조건 : 함수를 통해서 30점과 20점을 입력값으로 넣고, 호출하여 100점일 경우는 "만점입니다", 이외에는 "조금만 더 노력하세요."라는 메시지를 출력

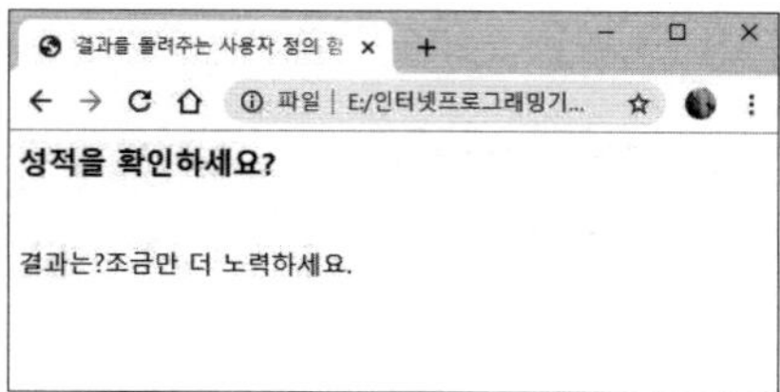

15 함수를 활용하여 다음과 같은 프로그램을 완성하시오.
(ex11-2.html)

작성조건 : 히스토리 객체를 사용하여 버튼을 누르면 한 단계 앞뒤로 이동하도록 프로그램 작성

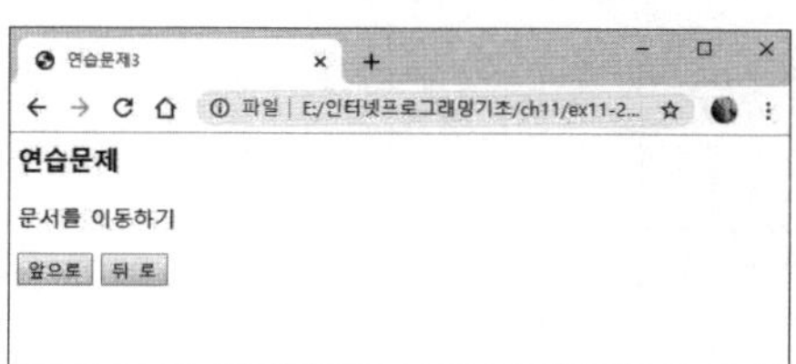

16 함수를 활용하여 다음과 같은 프로그램을 완성하시오.
(ex11-3.html)

작성조건 : 결과 화면과 같이 두 개의 객체를 선언하는 프로그램 작성

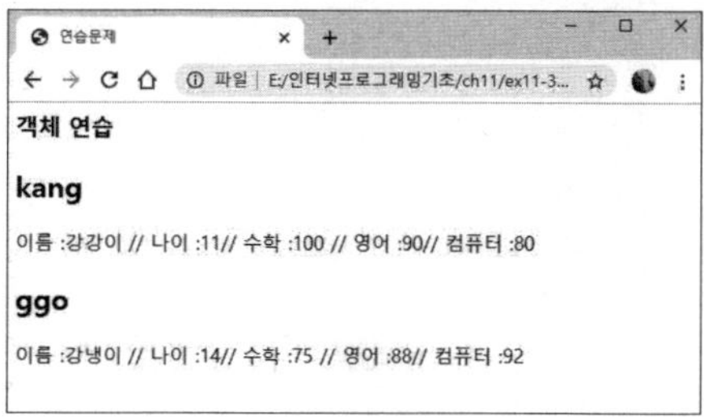

17 함수를 활용하여 다음과 같은 프로그램을 완성하시오.
(ex11-4.html)

작성조건 : 도서 구매를 위한 프로그램 작성

연습문제 EXERCISE

18 함수를 활용하여 다음과 같은 프로그램을 완성하시오.
(ex11-5.html)

작성조건 : 입력받은 문자를 대소문자로 변경하는 프로그램 작성

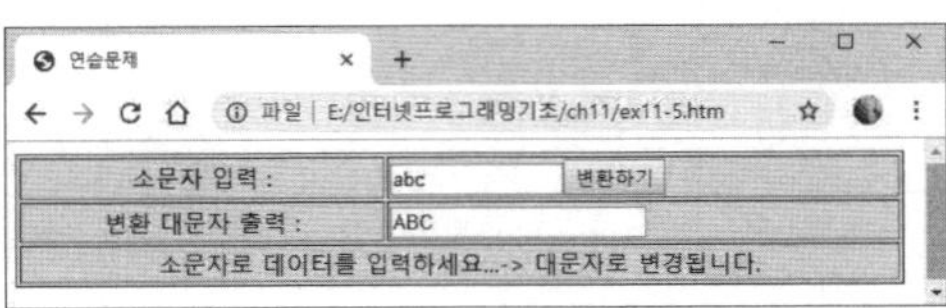

19 함수를 활용하여 다음과 같은 프로그램을 완성하시오.
(ex11-6.html)

작성조건 : 클릭하면 이미지가 90도 회전하는 프로그램 작성

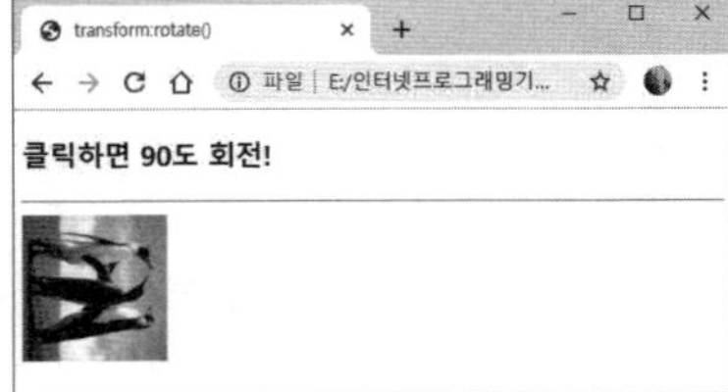

20 함수를 활용하여 다음과 같은 프로그램을 완성하시오.
(ex11-7.html)

작성조건 : 버튼을 누르면 해당 색으로 바탕색이 변하는 프로그램 작성

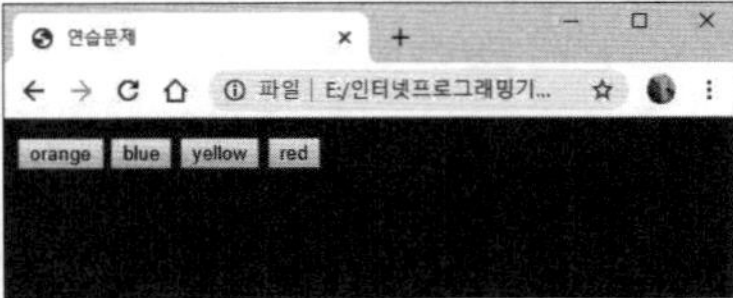

21 함수를 활용하여 다음과 같은 프로그램을 완성하시오.

(ex11-8.html)

작성조건 : 자신의 이 메일 리스트에 추가 혹은 삭제하는 프로그램 작성

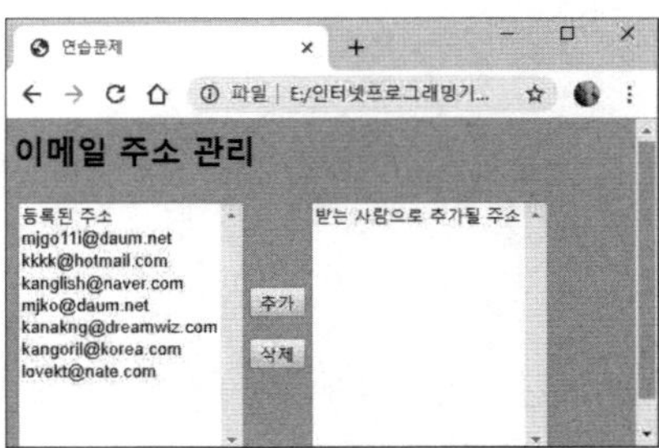

22 함수를 활용하여 다음과 같은 프로그램을 완성하시오.

(ex11-9.html)

작성조건 : 버튼 두 개를 만들어서 마우스가 올라가면 색상이 변경되는 프로그램 작성
(onMouseover와 onMouseout 사용)
첫 번째 버튼 초기색 yellow, 마우스오버색 gray
두 번째 버튼 초기색 red, 마우스오버색 gray

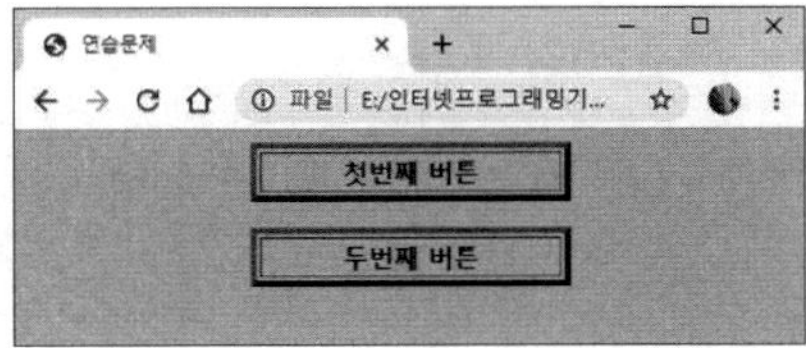

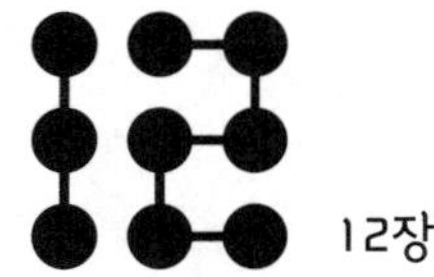

12장

프로그래밍 기초

12.1 Document 객체

window 객체 아래에 있으면서 문서와 관련된 기본 기능을 제공해주는 객체로서 자바스크립트에서 html 문서의 속성을 고려하여 처리한다.
이 객체는 이미 document라는 객체변수로 선언되어 있어서 별도로 객체를 선언하지 않고, 사용한다. 형식은 다음과 같다.

```
document.속성
document.메소드()
```

예를 들어보자.

```
document.bgcolor  //문서의 배경색 지정
document.write("헬로우 자바스크립트") //헬로우 자바스크립트라는 메시지 출력
```

여기서 사용되는 속성과 메소드 이벤트 핸들러를 정리하면 다음과 같다.

분류	명령어	내용
속성	alinkColor	현재 링크의 색상을 표현하는 16진수 RGB 값 지정
	anchor	문서 내에 지정된 책갈피를 지정
	applets	문서 내에서 자바 애플릿 배열을 연결할 때 지정
	bgColor	문서 전체의 색을 지정
	cookie	현재 문서의 인증을 지정하기 위한 쿠키 값 지정
	embeda	문서 내에 플러그 인 배열 지정
	fgColor	문서의 바탕색을 지정
	forms	문서 내에서 사용자로부터 입력할 양식 지정
	images	문서의 이미지를 배열로 지정
속성	lastModified	문서 수정이 최후로 일어난 날짜 지정
	layer	문서에 있는 레이어를 배열로 지정
	linkColor	문서의 링크를 표현하는 색 지정
	links	문서 내에 각 링크에 지정된 값을 배열로 지정
	location	문서의 현재 위치 지정
	referrer	현재 문서를 호출할 웹 페이지의 주소 지정
	title	문서의 제목
	vlinkColor	이전에 방문한 링크의 색을 지정
메소드	clear( )	문서의 출력 창을 지움
	close( )	문서의 출력 창의 끝
	getSelection( )	현재 선택된 문자열들을 되돌려줌
	open( )	문서의 출력 창의 시작
	write( )	지정된 문서에 자료를 출력
	writein( )	지정된 문서에 자료를 줄을 바꾸어 출력
이벤트 핸들러	onBlur	문서가 커서를 잃었을 경우
	onFocus	문서 내에 커서가 포함된 경우
	onClick	문서에서 마우스를 누른 경우
	onDblclick	문서에서 마우스를 더블 클릭한 경우
	onKeyDown	문서에 키를 입력한 경우
	onKeyPress	키보드에서 키가 눌린 경우
	onKeyUp	키보드에서 키를 눌렀다 놓았을 경우
	onMouseDown	마우스 버튼을 누른 경우
	onMouseUp	마우스 버튼을 눌렀다 놓은 경우

document 객체를 이용해서 문서의 기본 특징을 지정하기 위한 속성에는 alinkColor, bgColor, fgColor, vlinkColor 등이 있다. 이 속성들은 〈body〉 태그 내에서 주로 사용되며, 사용 형식은 다음과 같다.

```
<BODY bgColor= "배경색"
fgColor= "문서 바탕색"
linkColor= "링크에 나타나는 색"
alinkColor= "링크를 선택할 때 나타나는 색"
vlinkColor= "이전에 방문한 링크의 색" >
</BODY>
```

대소문자를 맞춰야 하는 점에 주의한다. 소스 프로그램에서는 "document. 속성=속성값" 형태로 사용한다. 예제로 살펴보자.

12-1.html

```
01 <HTML><HEAD><TITLE>Document 객체 연습</TITLE>
02    <SCRIPT LANGUAGE="JavaScript">
03    <!--
04       function chanColor(){
05       document.bgColor = "white";
06       document.fgColor = "gray";
07       document.linkColor = "red";
08       document.alinkColor = "green";
09       document.vlinkColor = "blue";
10       }
11    //자바스크립트 끝--></SCRIPT></HEAD>
12    <BODY onLoad="chanColor()">
13      <H3> Document 객체 예제 </H3>
14      <A HREF="http://www.kbs.co.kr">KBS</A>사이트로 이동.<P>
15      <A HREF="http://www.mbc.co.kr">MBC</A>사이트로 이동.<P>
16      <A HREF="http://www.sbs.co.kr">SBS</A>사이트로 이동.<P>
17  </BODY></HTML>
```

4행에서 10행은 해당 색들을 지정하고, 이들은 12행에서 14행에 연결되어 있는 사이트에 따라서 색상이 변한다.

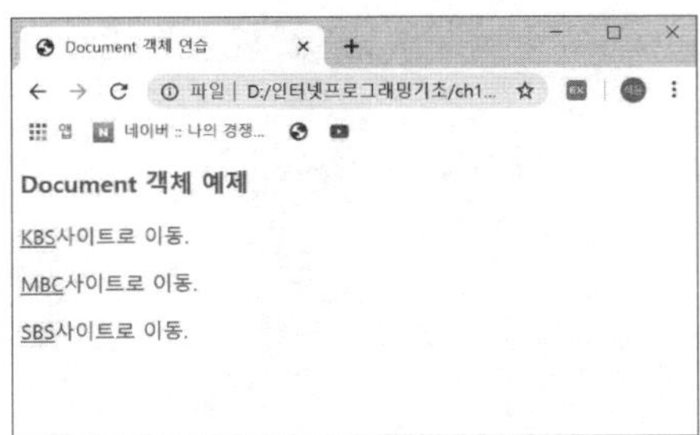

[그림 12-1]

배경값을 설정하는 함수 형태로 응용하여 살펴보자.

12-2.html

```
01 <HTML><HEAD><TITLE>document 객체 연습</TITLE>
02 <SCRIPT LANGUAGE="JavaScript">
03 <!--
04    document.bgColor = "pink"    // 초기 배경값은 핑크색
05    function Defcol() {    // 문서가 읽혀질때의 초기값으로 환원
06      document.bgColor = "pink"
07    }
08    function chacol() { // 문서의 기본 특성을 임의로 변환
09      document.bgColor = "blue"
10    }// 자바스크립트 끝 --></SCRIPT></HEAD>
11 <BODY BGCOLOR="pink" LINK = "ivory"  ALINK="black">
12 <CENTER><H2> 문서 기본 특성 바꾸기 </H2><P>
13 <A HREF="Test53.htm"><H3> 다음에 작성할 문서</H3></A>
14 <FORM>
15    <INPUT TYPE="button" VALUE="지정한 색으로 전환 " onClick="chacol()"><br><br>
16    <INPUT TYPE="button" VALUE="초기색으로 전환" onClick="Defcol()">
17 </FORM></CENTER></BODY></HTML>
```

11행에서 문서를 시작할 때 〈body〉에서 배경색을 "pink"로, 링크 색을 "ivory", 링크를 선택했을 경우는 "black"으로 설정하였다. 두 개의 버튼을 만들어서 "지정한 색으로 전환"을 누르면 chacol() 함수를 호출하여 함수 내에서 배경색을 blue로 변환한다. 16행에서 "초기 색으로 전환"을 누르면 Defcol() 함수를 호출하여 "pink" 색으로 변경된다.

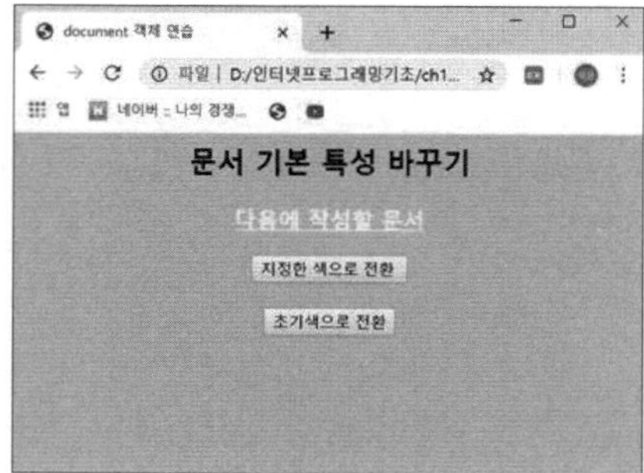

[그림 12-2]

문서 연결속성을 위해서 document 객체의 속성 중에서 anchor는 문서에 들어 있는 모든 책갈피에 대한 정보를 배열로 저장하고, link는 문서에 들어 있는 모든 링크에 대한 정보를 배열로 저장한다.

만약 자바스크립트에서 "제1장".anchor("표식1")의 표현은 html에서 〈a name= "표식1" 〉제1장〈/a〉와 동일한 표현이다. 또한 전자신문.link("http://www.nec.co.kr")은 〈a name= "http://www.nec.co.kr" 〉전자신문〈/a〉와 동일한 의미이다. anchor이나 link는 배열로 내용을 저장하므로, length를 이용해서 내용의 개수를 파악할 수 있다.

12-3.html

```
<HTML><HEAD><TITLE>document 객체 연습</TITLE></HEAD>
 <BODY><h3> 표식과 링크에 대한 정보 </h3>
        <A HREF="#ch1"> 제1장 </A><BR>
        <A HREF="#ch2"> 제2장 </A><p>
        <A NAME="ch1">제1장 자바스크립트의 개요</A><BR>
        <A NAME="ch2">제2장 자바스크립트 활용 분야</A><P>
        <A HREF="www.baeoom.com"> 배움닷컴 </A><BR>
        <A HREF="www.joins.com"> 조인스터디 </A><P>
    <SCRIPT LANGUAGE="JavaScript">
    <!--
         document.write("표식의 수 : " + document.anchors.length + "<BR>")
         document.write("링크의 수 : " + document.links.length + "<BR>")
    // 자바스크립트 끝 -->
   </SCRIPT></BODY></HTML>
```

11행에서는 document.anchors.length를 이용하여 문서 내에 지정된 책갈피의 개수, 즉 5행과 6행의 2개를 나타내고, 12행에서 문서 내의 링크 수, 3, 4, 7, 8행의 개수를 보여준다.

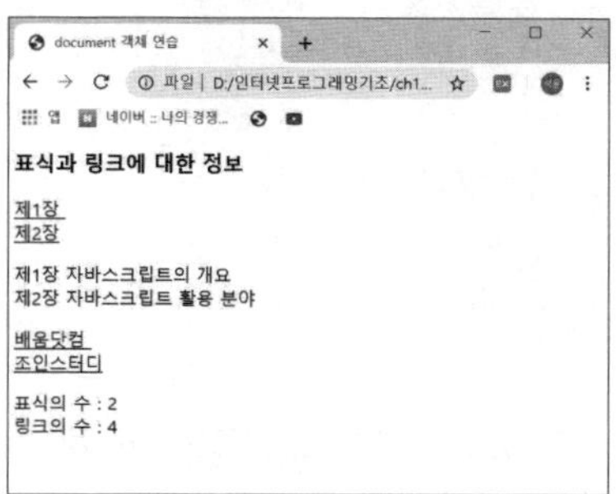

[그림 12-3]

다양한 링크를 활용하는 프로그램을 작성해보자.

12-4.html

```
<HTML><HEAD><TITLE>Document 객체 속성</TITLE>
<BODY><A name=top><H3 align=center>링크와 앵커</H3></A>
<table width=600 align=center>
<tr valign=top>
   <td><a href=#site1>검색엔진</a><br>
     <a href=#site2>영화정보</a><br><a href=#site3>쿨사이트</a><br></td>
   <td><a name="site1">검색엔진 사이트</a><br>
     <a href="http://www.yahoo.com">야후 </a><br>
     <a href="http://www.naver.com">네이버</a></td>
   <td><a name="site2"></a><p>영화정보 사이트
     <li><a href="http://www.cine21.co.kr/">씨네21 </a>
     <li><a href="http://www.escreen.co.kr/">screen</a>
     <li><a href="http://www.cineline.co.kr/">시네라인</a></td>
   <td><a name=site3>쿨사이트</a><br>
     <a href="http://www.daum.net" name=daum>다음</a>
</td></tr></table><br><hr>
<SCRIPT LANGUAGE="javascript">
<!--
   document.write("링크수 : " + document.links.length + "<br>")
   document.write("앵커수 : " + document.anchors.length + "<br>")
   for(i=0; i<document.links.length; i++){
     document.write(i + " : " + document.links[i] + "<br>")
    } //자바스크립트 끝--></script>
<hr><a href=#top>위로</a>
</BODY></HTML>
```

결과는 다음과 같다.

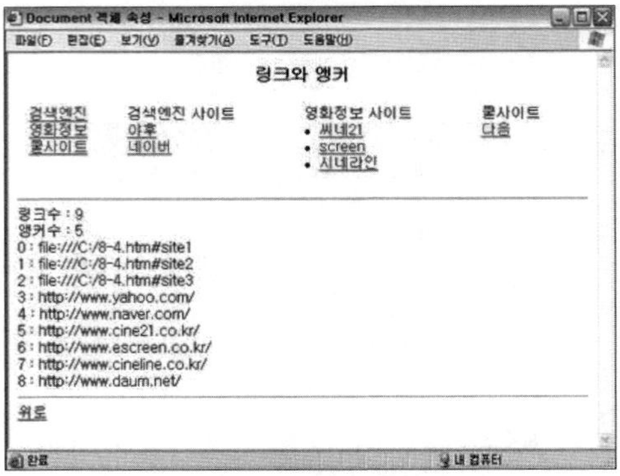

[그림 12-4]

document 객체 메소드는 이전에 자주 사용해본 write()와 writeln()이 가장 대표적이고, 이 메소드들은 해당 문서를 출력한다. 또한 open(), close(), clear() 등 메소드가 있다.

간단하게 새로운 창을 하나 만들어서 사용해보자.

12-5.html

```
01 <HTML><HEAD><TITLE>Document 객체 연습</TITLE>
02 <SCRIPT LANGUAGE="JavaScript">
03 <!--
04    var newwin = null // 새로운 객체 초기화
05    function writeWin() { // 쓰는 함수 선언
06      newwin = window.open("", "", "width=200, height=200, resize=yes")
   // 새 창은 가로 200, 세로 200, 사이즈 조절 가능
07      if(newwin != null) {// newwin이 값을 가지면
08         newwin.document.open()
09         newwin.document.write("<HTML><HEAD>")
10         newwin.document.write("<TITLE>Document 메소드</TITLE>")
11         newwin.document.write("</HEAD><BODY>")
12         newwin.document.write("<CENTER>")
13         newwin.document.writeln("<H3>Document 객체 메소드</H3>")
14         newwin.document.writeln("새로운 창에 출력합니다. ")
15         newwin.document.write("</CENTER>")
16         newwin.document.write("</BODY></HTML>")
17         newwin.document.close()
18      }
19    }
20    function clearWin() {//지우는 함수 선언
21      if(newwin != null) {
22         newwin.document.open()
23         newwin.document.write("")
24         newwin.document.close()
25      }
26    }
27 // 자바스크립트 끝 --> </SCRIPT></HEAD>
28 <BODY><h3>Document 객체 메소드 연습하기 </h3>
29 <FORM><INPUT TYPE="button" VALUE="새로운 윈도우 출력" onClick="writeWin()"><p>
30      <INPUT TYPE="button" VALUE="윈도우 지우기" onClick="clearWin()"></FORM>
31      </BODY></HTML>
```

프로그램은 두 개의 함수를 선언한 후 writeWin()으로 새로운 창을 만들어서 출력하고, clearwin() 함수에서는 새로운 창의 내용을 지운다. 9행의 "새로운 윈도우 출력"을 클릭하면 5행에서 19행의 writeWin()을 처리한다. 30행에서 "윈도우 지우기" 를 선택하면 20행에서 26행의 clearWin() 함수를 수행한다. 여기서 주의할 점은 13행처럼 새로운 창을 newwin 객체로 정의하고, document.write()를 newwin 뒤에 붙여서 새로운 창에 출력하는 점을 살펴보아야 한다.

새로운 창에 테이블을 만든다든지 새로운 웹 문서를 작성하고 할 때는 html 태그들을 document.write()안에서 " " 를 이용하여 사용한다.

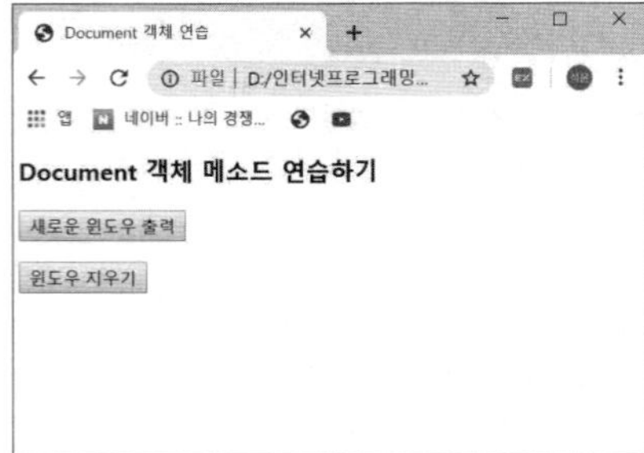

[그림 12-5]

새로 선언된 윈도우에 테이블을 작성해 보자.

12-6.html

```
<HTML><HEAD><TITLE>Document 객체 연습</TITLE>
  <BODY><H3> Document 객체 예제 </H3>
    <SCRIPT LANGUAGE="JavaScript">
    <!--
       str1 = "헬로우";
       str2 = "자바스크립트";
       num1 = 10;
       num2 = 20;
       document.write("자바 스크립트 스터디<P>");
       document.write(str1 + "<P>");
       document.write(num1 + num2 + "<P>");
       document.write("<CENTER>");
       document.write("<TABLE BORDER = 1>");
       document.write("<TR>");
       document.write("<TD>삼성</TD>");
       document.write("<TD>LG</TD>");
       document.write("<TD>모토롤라</TD>");
       document.write("</TR>");
       document.write("<TR>");
       document.write("<TD>애니콜</TD>");
       document.write("<TD>사이언</TD>");
       document.write("<TD>미니모토</TD>");
       document.write("</TR>");
       document.write("</TABLE>");
       document.write("</CENTER>");
       //자바스크립트 끝--></SCRIPT></BODY></HTML>
```

9행과 10행을 다음과 같이 한 번에 프로그램해도 결과는 동일하다. 단, 변수는 " "를 붙이지 않으며, 문자와 html 태그일 경우만 " "를 사용한다. 이들을 연결하기 위해서는 + 기호를 사용한다.

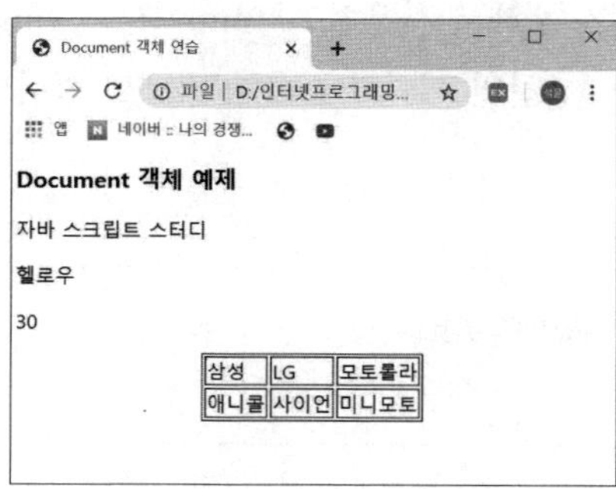

[그림 12-6]

12.2 Image 객체

웹 페이지에 이미지를 넣기 위해서 사용하고, html에서는 〈img〉 태그를 사용하는 것과 동일하다. 이 객체를 이용하면 이미지에 대한 정보도 알아낼 수 있는데, 형식은 다음과 같다.

```
window.document.image[배열번호].속성
그림속성.속성
```

예를 들어보자.

```
document.image[0].name; //첫 번째 이미지 이름
book.src;               //book이라는 이름을 가진 파일의 주소
```

window.document는 생략이 가능하며, 배열번호는 0번부터 시작하고, 여기서 사용할 수 있는 속성과 메소드, 이벤트 핸들러는 다음과 같다.

분류	명령어	내용
속성	border	이미지의 테두리의 두께를 지정
	complete	이미지의 다운로드 완료 여부 지정
	height	이미지의 크기의 높이를 지정
	hspace	이미지 주위의 가로 여백 지정
	lowsrc	이미지 파일의 속성 지정
	name	이미지 객체 이름 지정
	prototype	이미지 객체의 특성을 지정
	src	이미지 파일의 위치 지정
	vapace	이미지의 세로 위치 지정
	width	이미지의 폭을 지정
이벤트 핸들러	onAbort	이미지의 전송을 사용자가 중단시킨 경우
	onError	이미지가 보일 경우
	onLoad	이미지가 보일 경우
	onKeyDown	키보드를 누를 경우
	onKeyPress	키보드를 누르고 있을 경우
	onKeyUp	키보드를 눌렀다 뗀 경우

다음은 이미지를 문서에 연결하고, image 객체를 통해서 이미지 정보를 살펴보는 프로그램을 작성해보자.

12-7.html

```
<HTML><HEAD><TITLE>Image 객체 연습</TITLE>
  <SCRIPT LANGUAGE="JavaScript">
  <!--
      function newIma() {
         var m = "이미지 이름 : " + document.image.name + " , "
         m += "주소 : " + document.image.src + " , "
         m += "가로 길이 : " + document.image.width + " , "
         m += "세로 길이 : " + document.image.height + " , "
         m += "가로 여백 : " + document.image.hspace + " , "
         m += "세로 여백 : " + document.image.vspace + " , "
         alert(m)
      } // 자바스크립트 끝 --></SCRIPT></HEAD>
    <BODY><center><H3> 이미지 정보 !!  </H3><BR>
    <IMG NAME="image" SRC="map.jpg"><BR>
    <FORM><INPUT TYPE="button" VALUE="이미지정보" onClick="newIma()">
    </FORM></center></BODY></HTML>
```

4행에서 12행 까지 newImag()를 선언하고, 5행에서 변수 m에 각각의 이미지 속성을 저장한다. 11행에서 저장된 m값을 경고창 위에 출력한다. 14행에서 처음 보일 이미지 map.jpg를 출력하고, “이미지 정보” 를 누르면 newImage() 함수를 호출한다.

[그림 12-7]

콤보박스를 통하여 여러 개의 이미지를 선택하도록 하는 예제를 작성해 보자.

12-8.html

```
<HTML><HEAD><TITLE>Document 객체 연습</TITLE>
  <SCRIPT LANGUAGE="JavaScript">
  <!--
    function loadImage(form) {
     var imageName = form.individual.options[form.individual.selectedIndex].value
     document.frsimage.src = imageName
    }
    //자바스크립트끝-->
   </SCRIPT></HEAD><BODY><H3> Document 객체 예제 </H3>
   <form name="selections">
    <p><select name="individual" onchange="loadImage(this.form)">
        <option value="flow1.gif">꽃 1</option>
        <option value="flow2.gif">꽃 2</option>
        <option value="flow3.gif">꽃 3</option></select>
    </form>
    <table border="0"><tr><td><p><img src="flow1.gif" name="frsimage"></td>
    </tr></table></BODY></HTML>
```

4행에서 7행은 함수 loadImage() 함수를 선언하고 있다. 5행에서는 imageName 변수에 초기값으로 10행의 콤보 박스의 이름인 individual을 이용하여 선택된 이미지 값을 저장한다. 6행에서는 이를 문서의 14행의 이름인 frsimage 파일명으로 지정한다. 즉, 결과가 보이는 위치를 지정하고, 10행에서는 loadImage() 함수를 호출한다.

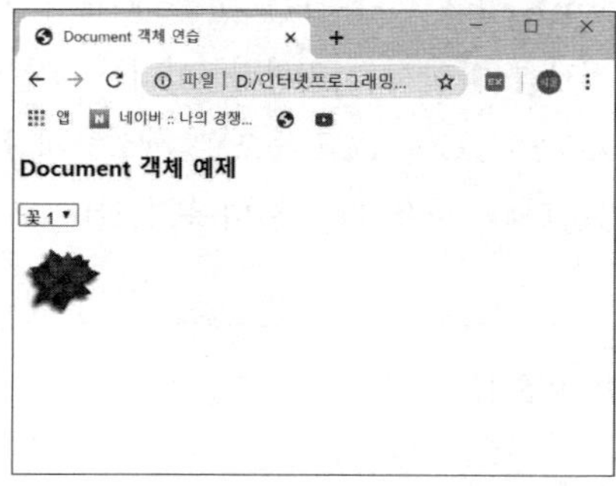

[그림 12-8]

12.3 Form 객체

인터넷에서 정보를 일방적으로 통보해주는 것이 아니라 사용자와 상호작용을 가능하게 해주는 태그가 〈form〉 이다. 사용자는 이를 통해서 자료를 입력하면 서버는 이 태글 통해서 사용자 정보를 받아서 처리한다. 이러한 부분이 CGI(Common Gateway Interface)이며, 대부분의 CGI는 C, C++, Perl 등으로 작성하지만, 스크립트 언어로 작성하면 훨씬 쉽게 접근이 가능하다. 사용 형식은 다음과 같다.

```
<FORM [NAME = "양식 이름"]
[TARGET="출력 창"]
[ACTION="CGI_URL"]
[METHOD= GET | POST]
[ENCTYPE="MIME_TYPE"]
[onSubmit="처리할 이벤트 핸들러"]>
</FORM>
```

예를 들어 〈FORM ACTION="answer.asp" METHOD="get"〉인 경우는 폼 태그에 입력된 값을 처리하는 서버 프로그램으로 "answer.asp"를 설정하는 것이다. method는 폼 양식에 입력한 데이터의 전송법을 지정하는 것으로서 기본값은 "get" 으로 설정되어 있는데, 이는 사용자가 입력한 데이터를 서버로 넘기는 경우에 표준 입출력 방식을 취한다. 반면에 "post" 로 지정하면 사용자가 정의하는 방식으로 서버에 전달함을 의미한다. ENCTYPE 속성은 CGI로 전송할 자료의 타입을 지정한다.

폼 양식은 사용자들에게 정보를 제공할 수 있는 여러 가지 요소들로 이루어져 있는데, 이 구성요소들이 가지고 있는 값은 서버에게 전달되어 처리된다. 폼 태그 안에 넣을 수 있는 HTML 태그는 〈INPUT〉, 〈SELECT〉, 〈TEXTAREA〉 등이 있으며, 〈FORM〉 태그 안에 또 다른 〈FORM〉을 사용하는 것은 불가능 하다.

12-9.html

```
01 <HTML><HEAD><TITLE>폼양식 연습</TITLE>
02   <SCRIPT LANGUAGE="JavaScript">
03   <!--
04     function Information(){
05       tt = "Target 속성 : " + document.mm.target +"\n";
06       tt += "Action 속성: " + document.mm.action +"\n";
07       tt += "Method 속성: " + document.mm.method +"\n";
08       tt += "Encoding 속성: " + document.mm.encording;
09       alert(tt);
10       }
11     //자바스크립트 끝--></SCRIPT></HEAD>
12    <BODY><H3> 폼 객체 속성 예제 </H3>
13       <FORM NAME="mm" TARGET="view" ACTION="answer.asp" METHOD="get">
14         <INPUT TYPE="button" VALUE="폼속성" onClick="Information()">
15       </FORM></BODY></HTML>
```

4행에서 10행에서는 Information() 함수를 선언하고, 변수에 각 속성값을 저장하여 경고창으로 보여준다. 12행의 NAME 속성은 한 개의 웹 페이지에서 여러 개의 입력 양식이 존재하는 경우에 이 값들을 구별할 수 있게 하고, 이 속성을 통해서 해당 입력 양식의 이름, 즉, 변수를 정하게 된다. 여기서는 폼 이름이 mm이며, 이 값을 통해서 폼 태그 내의 모든 값이 서버에 전달된다. target 속성은 action이나 name 속성과 비슷한 기능을 가지고 있다.

예를 들어 〈form target="view"〉인 경우에는 이 결과를 출력하는 target 값으로 "view" 값을 갖는다. 이때 target 속성으로는 반드시 문자열로 설정해야 한다는 점에 주의한다. action 속성은 폼 입력 양식의 속성값을 확인하기 위해 서버 프로그램명을 설정한다. 폼 양식 안에 많은 정보들이 들어가는데, 이들을 구별해주는 속성이 "element" 이다. 이는 배열로 선언되어 있어서 폼 양식의 첫 번째 요소를 element[0], element[1]...... " 등의 형태로 기억한다.

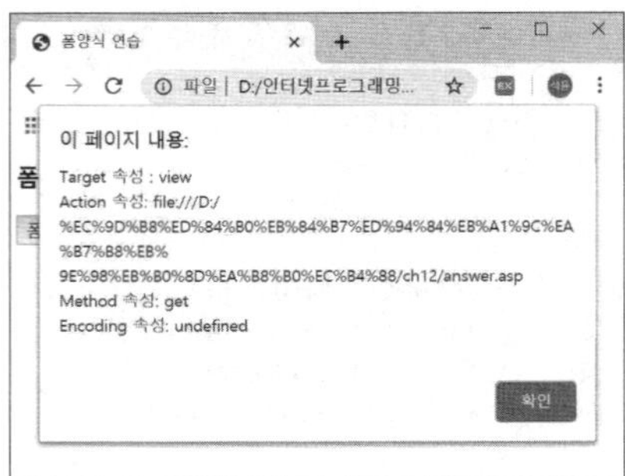

[그림 12-9]

다음은 element 속성을 사용하는 예로서 현재 폼에서 사용된 요소의 수와 사용자가 입력한 정보를 보여준다.

12-10.html

```
01 <HTML><HEAD><TITLE>폼양식 연습</TITLE>
02 <SCRIPT LANGUAGE="JavaScript">
03 <!--
04    function view(){
05      name = document.mm.elements[0].value;
06      if(name == ""){
07        alert("값을 입력하세요.");}
08      else{
09        tt = "양식은 " + document.mm.elements.length + " 개 \n";
10        tt += "이름은 " + document.mm.elements[0].value + "입니다.";
11        alert(tt);}
12      } //자바스크립트 끝--></SCRIPT></HEAD>
13 <BODY><H3> 폼 객체 예제 </H3>
14 <FORM NAME="mm">값 입력
15    <INPUT TYPE="text"><br><br>
16    <INPUT TYPE="button" VALUE="속성정보확인" onClick="view()">
17 </FORM></BODY></HTML>
```

5행에서 문서의 element[0] 속성이 의미하는 것은 14행에서 입력된 값이고, 14행의 name 속성을 이용한다면 이 부분은 생략이 가능하다.

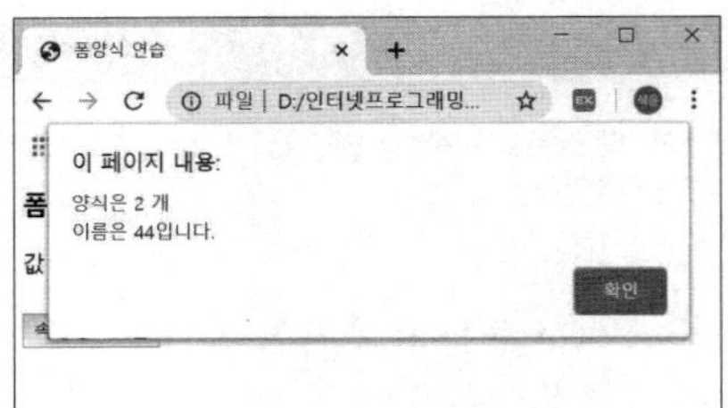

[그림 12-10]

폼 양식을 통해서 전달된 값들을 처리하는 메소드에는 sumit와 reset 등이 있으며, 이들을 사용하는 형식은 다음과 같다.

```
document.폼이름.submit()
document.폼이름.reset()
```

폼 입력 양식을 사용할 수 이벤트 핸들러는 "onSumit"가 대표적이며, 이는 사용자가 작성한 입력값들을 action 속성에 연결되어 있는 서버 파일에 연결하는 역할을 한다.

12-11.html

```
01 <HTML><HEAD><TITLE>폼양식 메소드 이벤트 연습</TITLE>
02 <SCRIPT LANGUAGE="JavaScript">
03 <!--
04    function view(){
05      name = document.mm.elements[0].value;
06      if(name == ""){
07        alert("값을 입력하세요.");
08      }
09      else{
10        tt = "입력값은 " + name + " 입니다.\n";
11        tt += "확인은 전송, 취소는 재작성을 누르세요.";
12        result = confirm(tt);
13        if(result == true){
14          document.mm.submit();
15        }
16      else{
17        document.mm.reset();
18      } } }
19 //자바스크립트 끝--></SCRIPT></HEAD>
20 <BODY><H3> Form 객체 예제 </H3>
21 <FORM NAME="mm" ACTION="answer.asp" METHOD="get">값을 입력하세요?
22    <INPUT TYPE="text"><P>
23    <INPUT TYPE="button" VALUE="내용확인" onClick="view()">
24 </FORM></BODY></HTML>
```

14행과 17행에서 메소드를 사용하고 있으며, 11행에서 "확인"과 "취소" 여부에 따라서 해당 메소드를 처리하게 된다.

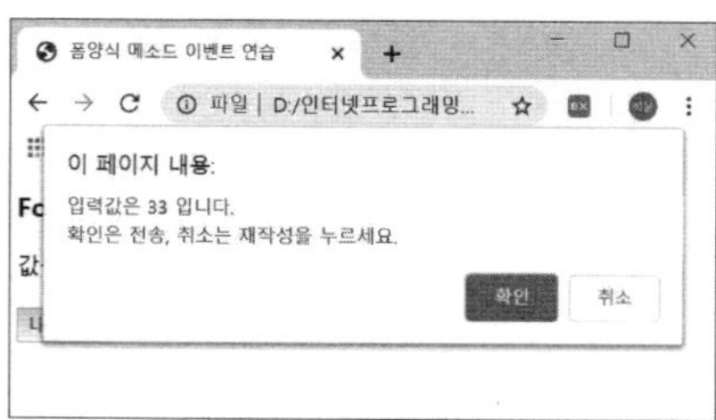

[그림 12-12]

12-12.html

```
01 <HTML><HEAD><TITLE>폼양식 메소드 이벤트 연습</TITLE>
02 <BODY background="bg1.gif"><H3> Form 객체 예제 </H3>
03 <FORM NAME="mm" ACTION="answer.asp" METHOD="get" onSubmit="alert
   ('헬로우! 자바스크립트')"> 값을 입력하세요?
04    <INPUT TYPE="text"><INPUT TYPE="submit" VALUE="내용확인">
   </FORM></BODY></HTML>
```

3행에서 "onSubmit" 이벤트를 통해서 해당문서가 전송될 때 경고창을 띄우는데, 여기서 주의할 점은 4행의 전송타입을 "submit"로 설정해야한다는 점이다.

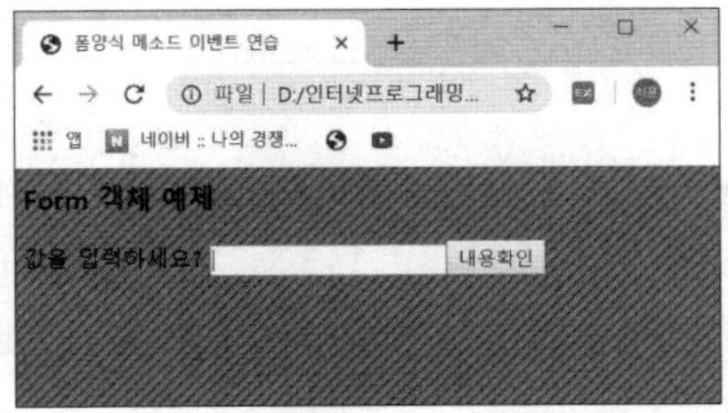

[그림 12-13]

: INPUT 객체

폼 태그 내에서 사용되는 가장 대표적인 태그이고, 사용하는 형식은 다음과 같다.

```
<INPUT [TYPE="Input-type"]
[NAME="Input-name"]>
</INPUT>
```

NAME 옵션이 지정되지 않은 경우에는 이 객체를 사용할 수 없으며, type의 종류에 따라서 사용자에게 입력받는 양식이 달라진다. 여기에 포함될 수 있는 type 종류는 다음과 같다.

TYPE 형태	내용
text	텍스트 형태의 입력 양식 제공
password	입력한 문자를 *형태로 제공
radio	라디오 버튼 형태의 입력 양식 제공
checkbox	체크 박스 모양의 입력 양식 제공
button	버튼 모양의 입력 양식 제공
file	사용자가 파일을 선택할 수 있게 제공
hidden	숨겨진 입력 양식 제공
reset	리셋 형태의 입력 양식 제공
submit	전송 입력 양식 제공

text 객체는 택스트 입력 양식으로 사용자로부터 한 줄의 문자열을 입력받을 수 있으며, 사용형식은 다음과 같다.

```
<INPUT TYPE="text"
NAME="텍스트 입력 양식의 이름"
[VALUE="텍스트 입력 양식에 기본 문자열"]
[SIZE="텍스트 입력 양식의 크기 기본은 20"]
[MAXLENGTH="사용자가 최대로 입력한 글자 수"]
[onChange="이벤트 핸들러"]
[onBlur="이벤트 핸들러"]
[onFocus="이벤트 핸들러"]
[onSelect="이벤트 핸들러"] >
```

자바스크립트에서 제공되는 TEXT 객체는 다른 입력 양식보다 이벤트가 다양하다. 이들을 정리하면 다음과 같다.

분류	명령어	내용
속성	defaultValue	텍스트 입력 양식의 초기값 지정
	name	텍스트 입력 양식의 이름 지정
	value	텍스트 입력 양식에 입력한 값
	type	〈INPUT〉 태그에서 TYPE 값(text)
메소드	blur( )	텍스트 입력 양식에서 커서 제거
	focus( )	텍스트 입력 양식에 커서 넣기
	select( )	텍스트 입력 양식 내 모든 값을 선택하기
이벤트 핸들러	onFocus	커서가 입력 양식 내에 있을 경우
	onSelect	텍스트 입력 양식의 문자열을 선택할 경우
	onChange	텍스트 입력 양식의 값이 변경된 경우
	onBlue	커서가 입력 양식에서 제거된 경우

기본값을 설정하고, 다른 값을 입력한 수, 다시 초기화 버튼을 누르면 초기값으로 변하는 프로그램을 작성해보자.

12-13.html

```
01 <HTML><HEAD><TITLE>Text 객체 연습</TITLE>
02 <SCRIPT LANGUAGE="JavaScript">
03 <!--
04   function returnf(form) {
05     form.test1.value = form.test1.defaultValue
06     form.test2.value = form.test2.defaultValue
07     form.test3.value = form.test3.defaultValue
08     form.test4.value = form.test4.defaultValue
09   } // 자바스크립트 끝 --></SCRIPT></HEAD>
10 <BODY><H3> 점수를 입력하셔요 !!</H3>
11 <FORM> 컴퓨터 <INPUT TYPE="text" NAME="test1" VALUE=" 60"><br>
12        국  어 <INPUT TYPE="text" NAME="test2" VALUE=" 60"><br>
13        영  어 <INPUT TYPE="text" NAME="test3" VALUE=" 60"><br>
14        수  학 <INPUT TYPE="text" NAME="test4" VALUE=" 60"><p>
15               <INPUT TYPE="button" VALUE="초기화" onClick="returnf(this.form)">
16 </FORM></BODY></HTML>
```

4행에서 returnf(form) 함수를 이용하여 폼의 내용과 기본값을 defaultValue 속성을 이용하여 저장한다.

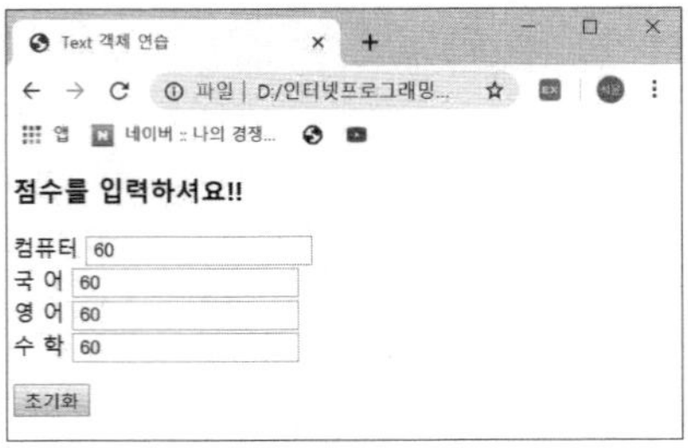

[그림 12-14]

focus()와 select() 메소드를 활용하는 예제로 폼 입력창에 포커스가 들어가고 해당 내용을 수정하는 프로그램을 작성해보자.

12-14.html

```
<HTML><HEAD><TITLE>Text 객체 연습</TITLE>
  <SCRIPT LANGUAGE="JavaScript">
   <!--
      function returnf(form) {
         form.test1.value = form.test1.defaultValue
         form.test2.value = form.test2.defaultValue
         form.test3.value = form.test3.defaultValue
         form.test4.value = form.test4.defaultValue
      }
      function verify(form){
          form.test1.focus()
          form.test1.select()
           }  // 자바스크립트 끝 --></SCRIPT></HEAD>
    <BODY><H3> 점수를 입력하셔요. !!</H3>
        <FORM>
         컴 퓨 터  <INPUT TYPE="text" NAME="test1" VALUE=" 60"
                    onFocus="window.status='컴퓨터 점수를 입력하시오'"><BR>
         국    어  <INPUT TYPE="text" NAME="test2" VALUE=" 60"
                    onFocus="window.status='국어 점수를 입력하시오'"><br>
         영    어  <INPUT TYPE="text" NAME="test3" VALUE=" 60"
                    onFocus="window.status='영어 점수를 입력하시오'"><br>
         수    학  <INPUT TYPE="text" NAME="test4" VALUE=" 60"
                    onFocus="window.status='수학 점수를 입력하시오'"><p>
           <INPUT TYPE="button" VALUE="초기화" onClick="returnf(this.form)">
           <INPUT TYPE="button" VALUE=" 확 인" onClick="verify(this.form)">
        </FORM></BODY></HTML>
```

결과는 다음과 같다.

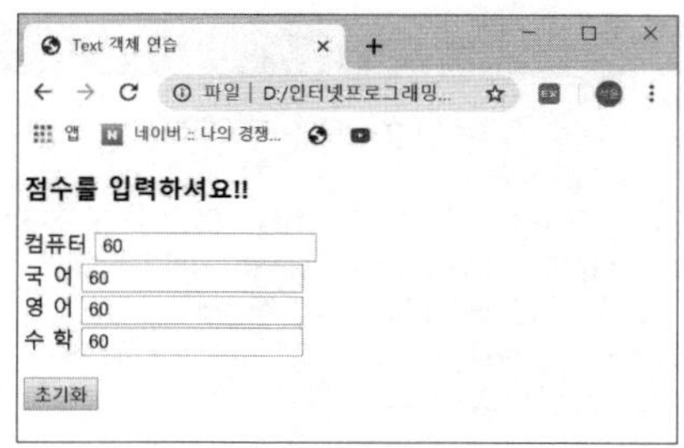

[그림 12-14]

Password 객체

패스워드 객체는 입력되는 문자열을 "*"로 보여주는 입력양식이고, 로그인할 때 비밀번호를 입력하는 경우에 많이 사용된다.

```
<INPUT TYPE="password"
NAME="패스워드 입력 양식 이름"
[VALUE ="패스워드 입력 양식에 지정하고 싶은 문자열"]
[SIZE = "패스워드 입력 양식의 크기"]>
```

패스워드 객체에서 사용하는 속성과 메소드, 이벤트 핸들러는 다음과 같다.

분류	명령어	내용
속성	defaultValue	패스워드 입력 양식에서 기본적으로 설정된 문자열
	name	패스워드 입력 양식의 이름
	value	〈INPUT〉 태그에서 TYPE 값(password)
	type	패스워드 입력 양식에서 입력한 값
메소드	blur( )	패스워드 입력 양식에서 커서 빼기
	focus( )	패스워드 입력 양식 안에 커서 넣기
	select( )	패스워드 입력 양식 안에 모든 값 선택하기

간단한 로그인 페이지를 작성해보자.

12-15.html

```
<HTML><HEAD><TITLE>Password 객체 연습</TITLE></HEAD>
<BODY><H3> 사용자 로그인</H3><P>
<FORM> 아이디 : <INPUT TYPE="text" NAME="fn1" SIZE="10"><P> <!아이디입력하는 부분>
            비밀번호 : <INPUT TYPE="password" NAME="fn2" SIZE="5"><P>
          <!비밀번호 보이지 않게 쓰게 하는 형식>
           <INPUT TYPE="button" NAME="fn3" VALUE="확인"
            onClick="alert('환영합니다. !!')"><P>
</FORM></BODY></HTML>
```

결과는 다음과 같다.

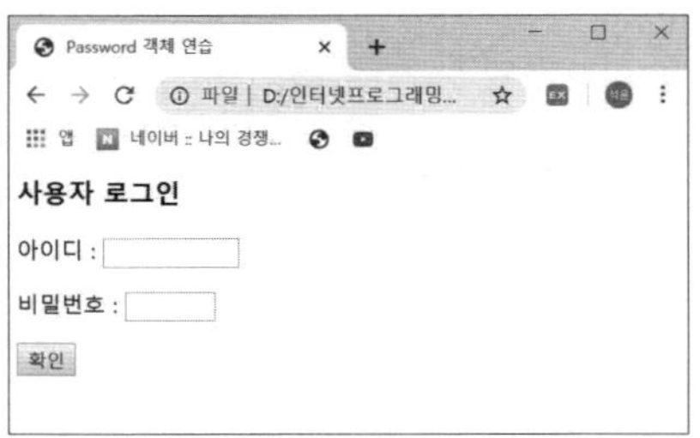

[그림 12-16]

자바스크립트에서 해당 관리자의 비밀번호인지를 판단하여 원하는 사이트로 이동하는 프로그램을 작성해 보자.

12-16.html

```
01 <HTML><HEAD><TITLE>Password 객체 연습</TITLE>
02 <SCRIPT LANGUAGE="javascript">
03 <!--
04    function pwCheck(){
05      txtPw=document.frm.pw.value //사용자가 입력한 비밀번호를 txtPw에 저장
06      if(txtPw=="1234") //이미 정해진 비밀번호 1234와 비교
07        document.location.href="http://www.daum.net"
08      else
09        alert("관리자 아이디가 맞지 않습니다.")
10    }</SCRIPT></HEAD>
11 <BODY TEXT="white" bgcolor="black">
12 <table border="0" cellpadding="0" cellspacing="0">
13    <tr><form name="frm">
14       <td>관리자 비밀번호 확인 : <input type="password" size="5" name="pw"><br>
15       <input type="button" value="관리자로그인" onclick="pwCheck()">
16       <!비밀번호 확인을 위한 pwCheck() 함수 호출>
17 </form></td></tr></table></BODY></HTML>
```

4행에서 10행은 비밀번호를 검사하기 위한 함수를 정의하고, 5행에서 사용자가 입력한 비밀번호에 해당하는 document.frm.pw.value 값을 저장하여 조건을 비교한다. 7행에서는 현재 문서를 연결하고, 다음(daum) 사이트로 이동하게 한다.

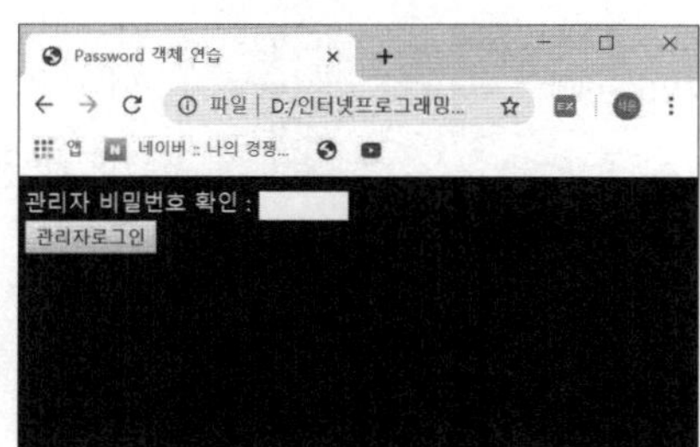

[그림 12-17]

Radio 객체

라디오 입력 양식은 checkbox와 유사한 성격을 가지지만 단 한 개만 선택할 수 있다는 점에서 차이가 있다. 즉, 여러 개의 라디오 버튼을 하나의 그룹으로 만들어 구성하지만 결과 값으로 하나만 전송한다. 형식은 다음과 같다.

```
<INPUT TYPE="radio"
NAME="라디오 버튼 그룹 이름"
VALUE="라디오 버튼에 할당할 값"
[CHECKED]
[onClick="선택할 경우 이벤트 핸들러"]> 라디오버튼에 나타나는 문자열
```

라디오 입력 양식에서 여러 개의 라디오 버튼을 하나의 그룹으로 만들기 위해서는 각각의 버튼들이 갖는 name 값을 모두 동일하게 설정해야 한다.
예를 들면,

```
<INPUT TYPE="radio" NAME="subject" value=" 컴퓨터"> 컴퓨터 </br>
<INPUT TYPE="radio" NAME="subject" value=" 영 어"> 영  어</br>
<INPUT TYPE="radio" NAME="subject" value=" 수 학"> 수  학</br>
<INPUT TYPE="radio" NAME="subject" value=" 역 사" CHECKED> 역 사<p>
```

여기서 name 속성이 모두 "subject"로 설정되었다. 여기서 사용할 수 있는 속성과 메소드, 이벤트 핸들러는 다음과 같다.

분류	명령어	내용
속성	checked	체크박스의 현재 체크 상태를 지정
	defaultChecked	체크박스의 처음 체크 상태를 지정
	name	체크박스의 이름을 지정
	value	체크박스에 할당된 값
	type	〈INPUT〉 태그의 TYPE에서 입력된 값
메소드	click()	체크박스를 클릭하는 메소드
이벤트 핸들러	onClick	체크박스를 클릭한 경우 이벤트 핸들러

Radio 형식을 사용하여 해당 과목을 선택하면, 선택한 과목을 경고창에 보여주는 프로그램을 작성해보자.

12-17.html

```
01 <HTML><HEAD><TITLE>Radio 객체 연습</TITLE>
02 <SCRIPT LANGUAGE="JavaScript">
03 <!--
04    function fun(){
05      alert("현재 선택한 과목은"+document.mm.subject[1].value +" 입니다.")
06    } //자바스크립트 끝--></SCRIPT> </HEAD>
07    <BODY><H3> 좋아하는 과목을 선택하셔요 !! </H3><P>
08    <FORM name="mm">
09      <INPUT TYPE="radio" NAME="subject" value=" 컴퓨터"> 컴퓨터 </br>
10      <INPUT TYPE="radio" NAME="subject" value=" 영 어"> 영  어</br>
11      <INPUT TYPE="radio" NAME="subject" value=" 수 학"> 수  학</br>
12      <INPUT TYPE="radio" NAME="subject" value=" 역 사" CHECKED> 역 사<p>
13      <INPUT TYPE="button" value="선택 과목 확인" onClick="fun()">
14 </FORM></BODY></HTML>
```

5행에서 value 속성을 이용해서 현재 선택한 과목의 이름을 경고창에 출력하는데, 동일한 "subject"로 4개의 값을 할당해야 하므로 5행에서 배열의 첨자를 사용하면 차례대로 값이 저장된다.

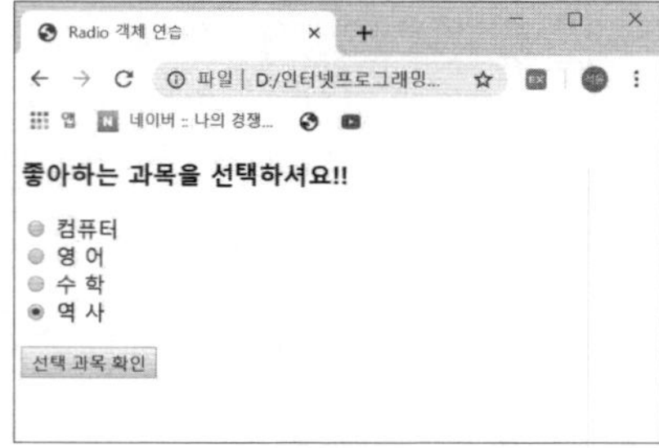

[그림 12-18]

사용자가 선택하는 대로 배경색이 바뀌는 예제를 살펴보자.

12-18.html

```
<HTML><HEAD><TITLE>Radio 연습</TITLE>
<SCRIPT LANGUAGE="JavaScript">
<!--
   function wincha(col) {
     document.bgColor = col.value //사용자가 지정한 색을 배경색으로 저장
   } // 자바스크립트 끝 --></SCRIPT></HEAD>
<BODY><H3> 원하는 배경색을 선택하세요 !!</H3><P>
<FORM>
   <INPUT TYPE="radio" NAME="test" VALUE="red" onClick="wincha(this)"> 빨간색
    </BR>   <!-radio 클릭시 wincha(red) 값을 가지고 04행 호출→
   <INPUT TYPE="radio" NAME="test" VALUE="ivory" onClick="wincha(this)">
    아이보리색</br>
   <INPUT TYPE="radio" NAME="test" VALUE="yellow" onClick="wincha(this)">
    노란색<br>
   <INPUT TYPE="radio" NAME="test" VALUE="blue" onClick="wincha(this)" CHECKED>
    파란색
</FORM></BODY></HTML>
```

결과는 다음과 같다.

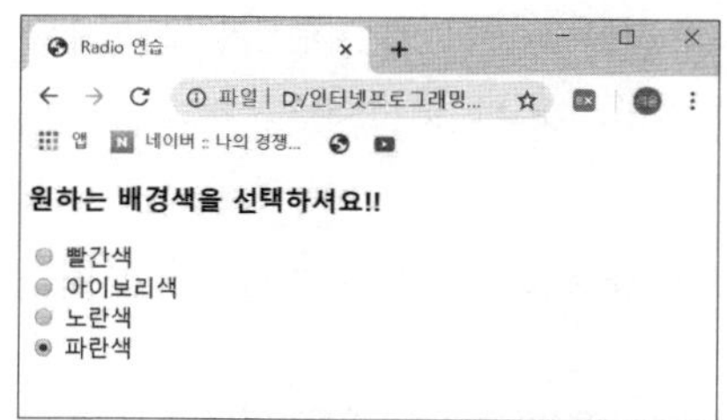

[그림 12-19]

Checkbox 객체

사용자가 여러 가지 선택사항을 지정할 때 사용하며, 형식은 다음과 같다.

```
INPUT TYPE="checkbox"
NAME="체크박스 양식의 이름"
VALUE="체크박스에 할당할 값"
[CHECKED]
[onClick="선택할 경우 이벤트 핸들러"]> 체크박스에 나타나는 문자열
```

CHECKED는 미리 체크박스를 체크된 상태로 만들고 싶을 때 사용한다. 자바스크립트에서 제공하는 Checkbox 객체의 속성과 메소드, 이벤트 핸들러는 다음과 같다.

분류	명령어	내용
속성	checked	체크박스의 현재 체크 상태를 지정
	defaultChecked	체크박스의 처음 체크 상태를 지정
	name	체크박스의 이름을 지정
	value	체크박스에 할당된 값
	type	〈INPUT〉 태그의 TYPE에서 입력된 값
메소드	click()	체크박스를 클릭하는 메소드
이벤트 핸들러	onClick	체크박스를 클릭한 경우 이벤트 핸들러

checked 속성을 이용하면 현재 어떠한 체크박스가 체크되어 있는지 검사할 수 있고, 선택되었다면 true 값을 가지며, 체크되지 않았을 경우에는 false 값을 갖는다.

여러 개를 선택하고, 선택된 값들을 보여주는 프로그램을 작성해보자.

12-19.html

```
01 <HEAD><TITLE>Checkbox 객체 연습</TITLE>
02 <SCRIPT LANGUAGE="JavaScript">
03 <!--
04    function recheck(form) {
05      var m = "" //변수 초기화
06      if(form.cy1.checked == true) //해당값이 표시되었을 경우
07        m += "배움닷컴을 선택했어요.! " //m 값 추가
08      if(form.cy2.checked == true)
09        m += "캠퍼스21을 선택했어요.! "
10      if(form.cy3.checked == true)
11        m += "온스터디를 선택했어요.!"
12      if(form.cy4.checked == true)
13        m += "조인스터디를 선택했어요.!"
14      alert(m)
15    }  // 자바스크립트 끝 --> </SCRIPT></HEAD>
16 <BODY><H3> 사이버 교육에 대해서 </H3><P>
17 <FORM> 선택할 사이트 <p>
18   <INPUT TYPE="checkbox" NAME="cy1" VALUE="cy1"> 배움닷컴<br>
19   <INPUT TYPE="checkbox" NAME="cy2" VALUE="cy2"> 캠퍼스21<br>
20   <INPUT TYPE="checkbox" NAME="cy3" VALUE="cy3"> 온스터디<br>
21   <INPUT TYPE="checkbox" NAME="cy4" VALUE="cy4"> 조인스터디<p>
22   <INPUT TYPE="button" VALUE="결과 확인" onClick="recheck(this.form)">
23 </FORM></BODY></HTML>
```

4행에서 15행은 함수를 선언하고 있는데, 해당 값이 선택되었을 때 각 값의 사이트 이름을 m 변수에 추가하고 있다. 18행에서 21행은 각각의 형식에 name을 주고 있으며, 22행의 클릭 이벤트 핸들러에 의해 함수를 호출한다.

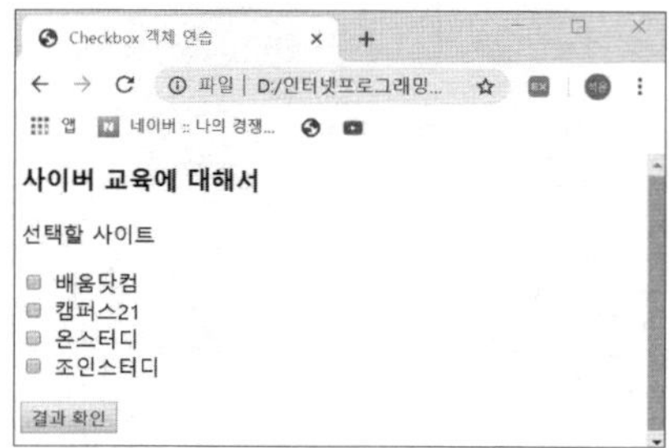

[그림 12-20]

window.status를 활용하여 checkbox에서 선택된 값을 상태바에 표시하는 예제이다.

12-20.html

```
<HEAD><TITLE>Checkbox 객체 연습</TITLE>
<SCRIPT LANGUAGE="JavaScript">
<!--
   function recheck(val) {
     if(val.checked == true)
       window.status=val.value + "사이트를 선택하셨군요!"
     else
       window.status=val.value + "사이트 선택을 취소하셨군요!"
   } // 자바스크립트 끝 --> </SCRIPT></HEAD>
<BODY background="bg4.gif"><H3> 검색 엔진 </H3><P>
<FORM> 선택 엔진<BR>
  <INPUT TYPE="checkbox" NAME="cy1" VALUE="네이버" onClick="recheck(this)">
  네이버</br>
  <INPUT TYPE="checkbox" NAME="cy2" VALUE="다음" onClick="recheck(this)">
  다음</br>
  <INPUT TYPE="checkbox" NAME="cy3" VALUE="구글" onClick="recheck(this)">
  구글</br>
  <INPUT TYPE="checkbox" NAME="cy4" VALUE="네이트" onClick="recheck(this)">
  네이트</br>
  <INPUT TYPE="button" VALUE="결과 확인" onClick="recheck(this.form)">
</FORM></BODY></HTML>
```

결과는 다음과 같다.

[그림 12-21]

: Button 객체

버튼 객체는 버튼 모양을 통해서 사용자의 정보를 받아들이는 방법이다. 자주 사용하는 입력 양식 중 하나이며, 사용형식은 다음과 같다.

```
<INPUT TYPE="button"
NAME="버튼 양식의 이름"
VALUE="버튼 위에 쓰여질 문자열"
[onClick="버튼을 선택할 경우 이벤트 핸들러"]>
```

버튼 객체의 속성과 메소드, 이벤트 핸들러는 다음과 같다.

분류	명령어	내용
속성	name	버튼 입력 양식의 이름
	value	버튼 입력 양식에 입력한 값
	type	〈INPUT〉 태그에서 TYPE 값(button)
메소드	click( )	버튼을 클릭하게 하는 메소드
이벤트 핸들러	onClick	버튼을 클릭하는 순간에 실행되는 이벤트 핸들러. 사용 빈도가 가장 높음
	onMouseDown	버튼을 눌렀을 때 실행되는 이벤트 핸들러
	onMouseUp	버튼을 놓았을 때 실해오디는 이벤트 핸들러

버튼을 통해서 값을 입력받는 예제를 살펴보자.

12-21.html

```
<HTML><HEAD><TITLE>Button 객체 연습</TITLE></HEAD>
    <BODY><H3> 좋아하는 음악 장르를 선택하셔요. </H3><P>
        <FORM>
            <INPUT TYPE="button" VALUE=" 클래식" onClick="alert
             (' 클래식을 선택하셨어요.!')">
            <INPUT TYPE="button" VALUE=" 재즈" onClick="alert
             ('재즈를 선택하셨어요.!')">
            <INPUT TYPE="button" VALUE=" 퓨전" onClick="alert
             ('퓨전을 선택하셨어요.!')">
       </FORM></BODY></HTML>
```

결과는 다음과 같다.

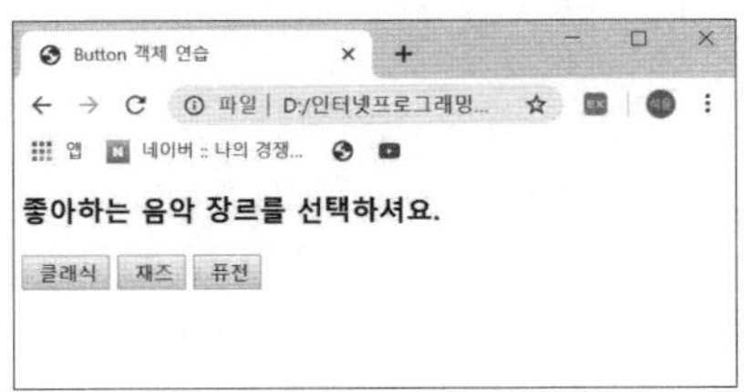

[그림 12-22]

사용자가 선택한 버튼 정보를 경고창으로 보여주는 프로그램을 작성해보자.

12-22.html

```
<HTML><HEAD><TITLE>Button 객체 연습</TITLE>
<SCRIPT LANGUAGE="JavaScript">
<!--
   function Show1(){
     alert("First button Clicked ");
   }
   function Show2(){
     alert("Second button Clicked");//괄호 안의 내용 경고창으로 출력
   }//자바스크립트 끝--></SCRIPT></HEAD>
<BODY><H3> Button 객체 예제 </H3>
   First button Clicked then Second button Clicked<P>
<FORM NAME="mm">
   <INPUT TYPE="button" NAME="btn1" VALUE="First" onClick="Show1()"><!함수 호출→
   <INPUT TYPE="button" NAME="btn2" VALUE="Second" onClick="Show2()">
</FORM></BODY></HTML>
```

결과는 다음과 같다.

[그림 12-23]

File 객체

사용자가 자신의 시스템에 있는 파일을 선택해서 넣고자 할 때 사용하는 입력양식이다. 메일에서 파일을 첨부할 때 자주 이용된다. 사용형식은 다음과 같다.

```
<INPUT TYPE="file"
NAME="파일 업로드 양식의 이름 지정">
```

자바스크립트가 접근하기 위해 만든 객체가 File 객체인데, 다음과 같은 속성이 있다.

속성		내용
name		파일 업로드 입력 양식의 이름
명령어	명령어	내용
속성	name	버튼 입력 양식의 이름
	type	〈INPUT〉 태그에서 TYPE 값(file)

파일의 기본 형식을 이용하여 파일을 첨부하는 예제를 작성해 보자.

12-23.html

```
<HTML>
 <BODY><H3> 추가할 파일을 선택하셔요.</H3><P>
<FORM> 선택 파일명 : <INPUT TYPE="file" NAME="fn" ><P>
</FORM></BODY></HTML>
```

결과는 다음과 같다.

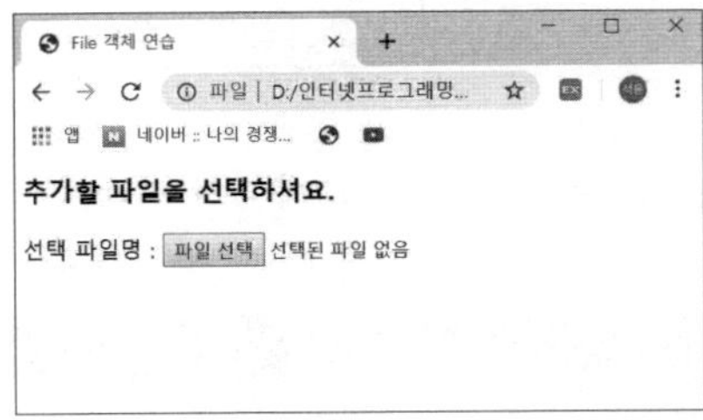

[그림 12-24]

Hidden 객체

브라우저 내용을 나타내지 않으려고 할 때 사용하는 객체가 hidden이고, 이는 숨겨진 필드의 내용을 서버로 보낼 때 특정 값을 지정하지 않기 위해서 사용한다. 사용 형식과 속성은 File 객체와 동일하다.

Reset 객체

사용자가 입력한 양식의 값을 원래 시작할 때의 기본값으로 바꾸는 역할을 하며, 사용 형식은 다음과 같다.

```
<INPUT TYPE="reset"
NAME="리셋 버튼 이름"
VALUE="리셋 버튼 위에 찍히는 문자값"
[onClick="선택할 경우 이벤트 핸들러"]>
```

리셋 형식이 영향을 미치는 것은 입력양식은 다음에서 언급할 text, radio, checkbox, select 형식에만 해당 된다. 여기에는 다음과 같은 속성과 메소드, 이벤트 핸들러가 있다.

분류	명령어	내용
속성	name	리셋 입력 양식의 이름 지정
	value	리셋 입력 양식의 입력 값 지정
	type	〈INPUT〉 태그에서 TYPE 값(reset)
메소드	click( )	리셋 입력 양식을 클릭하도록 지정
이벤트 핸들러	onClick	리셋 입력 양식이 선택될 경우 실행되는 이벤트 핸들러

해당 입력 창을 깨끗하게 지우는 프로그램을 작성해 보자.

12-24.html

```
01 <HTML><HEAD><TITLE>Reset 객체 연습</TITLE>
02 <SCRIPT LANGUAGE="JavaScript">
03 <!--
04    function clearwin(form) {
05      form.test1.value=" " //10행의 입력창 지우기
06      form.test2.value=" "
07    }// 자바스크립트 끝 --> </SCRIPT></HEAD>
08 <BODY><H3> 버튼을 누르면 초기화됩니다.</H3><P>
09 <FORM>
10    <INPUT TYPE="text" NAME="test1"><br>
11    <INPUT TYPE="text" NAME="test2"><br>
12    <INPUT TYPE="reset" VALUE="CLEAR" onClick="clearwin(this.form)">
13  </FORM></BODY></HTML>
```

4행에서 7행은 해당 입력창을 지우는 함수로서, 12행의 클릭 이벤트가 발생하면 호출된다. 입력양식에 내용을 입력한 후, clear 버튼을 누르면 양식이 초기화된다.

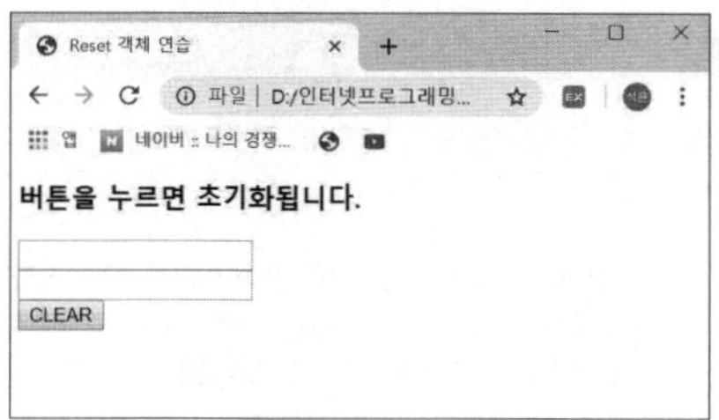

[그림 12-25]

Submit 객체

보내기 입력 양식은 사용자가 입력한 〈FORM〉 태그 내의 모든 필드의 데이터를 ACTION 속성에 선언된 특정 URL로 전송하는 기능을 한다. 사용 형식은 다음과 같다.

```
<INPUT TYPE="submit"
NAME="보내기 양식의 이름"
VALUE="보내기 버튼 위에 찍히는 문자열"
onClick="클릭하면 수행되는 이벤트 핸들러">
```

자바스크립트 내에서 사용되는 submit 객체의 속성과 메소드, 이벤트 핸들러는 다음과 같다.

분류	명령어	내용
속성	name	보내기 양식의 이름 지정
	value	보내기 양식에 입력한 값 지정
	type	〈INPUT〉 태그에서 TYPE 값(sulmit)
메소드	click( )	보내기 버튼을 클릭하게 하는 메소드
이벤트 핸들러	onClick	보내기 버튼 클릭 시 수행되는 이벤트 핸들러

```
12-25.html

01 <HTML><HEAD><TITLE>SUBMIT 객체 연습</TITLE></HEAD>
02     <BODY><H3> 사용자 로그인</H3><P>
03         <FORM>
04             사용자 ID : <INPUT TYPE="text" NAME="fn1" SIZE="10"><P>
05             password  : <INPUT TYPE="password" NAME="fn2" SIZE="5"><P>
06             <INPUT TYPE="button" NAME="fn3" VALUE="확인"
                                   onClick="alert('환영합니다. !!')">
07             <INPUT TYPE="submit"  VALUE="전 송"
                                  onClick="alert('데이터를 보냅니다.!')"><P>
08        </FORM></BODY></HTML>
```

4행과 5행에서 해당 입력창의 이름을 정의하고 있으며, 6행에서 button 객체를 사용하여 경고창을 호출하며, 7행은 submit 객체를 사용하여 경고창을 출력한다.

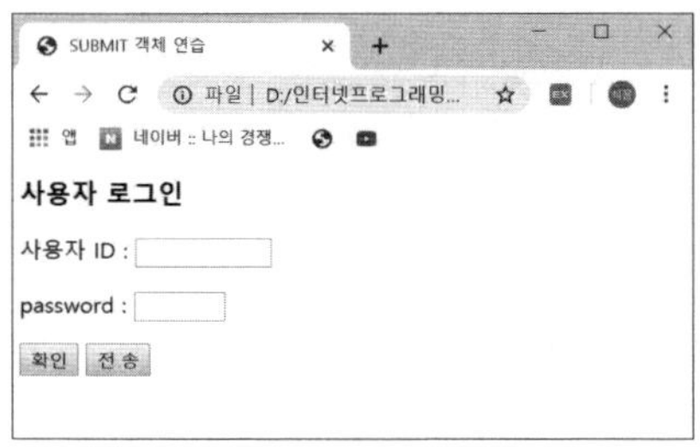

[그림 12-26]

: Select 객체

여러 가지 웹 페이지 형태 중에서 선택을 위한 리스트를 만드는 것이 〈SELECT〉이다. 이때 목록을 나열하기 위해서 〈OPTION〉 태그를 같이 사용한다. 사용 형식은 다음과 같다.

```
<SELECT NAME="SELECT 입력 양식 이름"
[SIZE="양식 크기"]
[MULTIPLE]
[onFocus="이벤트 핸들러"]
[onBlur="이벤트 핸들러"]
[onChange="이벤트 핸들러"]
<OPTION [SELECTED] [VALUE="목록에 설정할 값"]> 목록
................
</SELECT>
```

MULTIPLE은 여러 개의 목록을 동시에 선택하고 싶을 때 사용하고, 〈OPTION〉 태그 안의 SELECTED는 미리 설정된 상태로 만들고자 하는 목록에 사용한다. SIZE 속성을 이용하면 한 번에 보여질 수 있는 목록의 개수를 조정할 수 있다. 여기서 사용할 수 있는 속성과 메소드, 이벤트 핸들러는 다음과 같다.

분류	명령어	내용
속성	length	목록 양식에 포함된 목록의 개수 지정
	name	목록 양식의 이름 지정
	options	목록 양식에 포함된 정보의 배열 지정
	option[i].defaultSelected	각 목록의 초기 선택 여부 지정
	option[i].index	각 목록의 인덱스 지정
	option[i].prototype	목록 양식의 새로운 특성 지정
	option[i].selected	각 목록 양식의 현재 선택 여부 지정
	option[i].text	각 목록의 문자열 지정
	option[i].value	각 목록에 지정된 값
	selectedIndex	목록 양식에 현재 선택된 목록의 인덱스
	type	type에 지정된 값(select)
이벤트 핸들러	onChange	다른 목록 선택 시 발생하는 이벤트 핸들러

가장 간단한 형태의 리스트 박스를 만들어 보자.

12-26.html

```
01    <HTML><HEAD><TITLE>Select 객체 연습</TITLE></HEAD>
02    <BODY><H3> 좋아하는 음악 장르를 선택하시오.</H3><P>
03    <FORM>
04       <SELECT NAME="music" SIZE=3>
05         <option> 가요
06         <option> 팝송
07         <option selected> 클래식
08         <option> 재즈
09         <option> 세미 클래식
10    </SELECT></FORM></BODY></HTML>
```

4행의 size는 한 번에 보여지는 크기를 지정하고, 5행에서 9행은 화면에 보여줄 목록이다. 7행의 selected는 초기에 블록으로 표기되는 리스트를 지정한다. 리스트에서 선택한 값을 경고창을 통하여 알려주는 예제를 작성해보자. 여기서 option[] 배열을 사용하여 해당 값들을 저장한다.

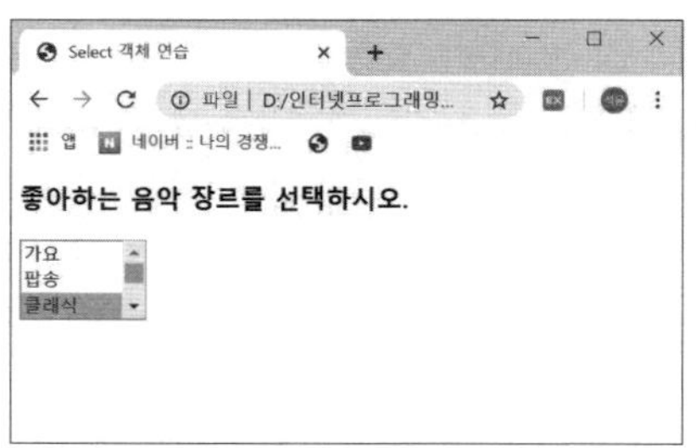

[그림 12-27]

다른 프로그램의 4행에서 11행은 선택한 값들을 변수 m에 저장하여 경고창을 출력하는 함수이다. 13행에서 multiple을 사용하여 문서가 보일 때 기본적으로 2개 이상의 블록으로 표시된다. 20행에서 4행에서 정의된 resultmus 함수를 호출한다.

12-27.html

```
<HTML><HEAD><TITLE>Select 연습</TITLE>
<SCRIPT LANGUAGE="JavaScript">
<!--
   function resultmus(form) {
     var m = " " //초기값 공백으로 저장
     for(i = 0; i < form.music.length; i++) {//리스트 길이만큼 반복
       if(form.music.options[i].selected == true) {//선택여부판별
          m += form.music.options[i].text + " 선택\n"
     } }//선택 값들 추가
     alert(m)
   } // 자바스크립트 끝 --></SCRIPT></HEAD>
<BODY><H3> 좋아하는 음악 장르를 선택하세요.</H3><P>
<FORM><SELECT name="music" size=3 multiple>
   <option value="가요"> 가요
   <option value="팝송" selected> 팝송
   <option value="클래식"> 클래식
   <option value="재즈"  selected> 재즈
   <option value="세미클래식"> 세미 클래식
</SELECT><p>
   <INPUT TYPE="button" VALUE="선택 결과" onClick="resultmus(this.form)">
</FORM></BODY></HTML>
```

실행결과는 다음과 같다.

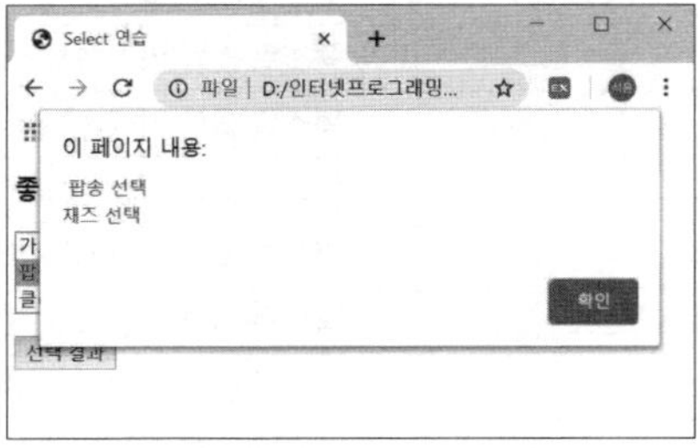

[그림 12-28]

Textarea 객체

텍스트 영역 입력 양식은 여러 줄의 입력을 가능하게 하는 것으로, 〈textarea〉를 사용하여 표기한다. 흔히 메일을 작성하는 입력 양식이나 방명록 등에 많이 사용하는 입력 양식이다. 사용 형식은 다음과 같다.

```
<TEXTAREA NAME="텍스트 영역 입력 양식의 이름"
[ROWS="텍스트 영역 입력 양식의 가로"]
[COLS="텍스트 영역 입력 양식의 세로"]
[WRAP="off" |"virtual" |"physical"]
[onChange="이벤트 핸들러"]
[onBlur="이벤트 핸들러"]
[onFocus="이벤트 핸들러"]
[onSelect="이벤트 핸들러"] >
텍스트 영역에 쓰일 기본 문자열
</TEXTAREA>
```

형식에서 wrap은 자동 줄 바꿈 여부를 설정하는 것이고, 자바스크립트에서 제공되는 textarea 객체의 속성과 메소드, 이벤트 핸들러는 다음과 같다.

분류	명령어	내용
속성	defaultValue	텍스트 입력 양식의 초기값 지정
	name	텍스트 입력 양식의 이름 지정
	value	텍스트 입력 양식에 입력한 값
	type	〈INPUT〉 태그에서 TYPE 값(textarea)
메소드	blur( )	텍스트 입력 양식에서 커서 제거
	focus( )	텍스트 입력 양식에 커서 넣기
	select( )	텍스트 입력 양식 내 모든 값을 선택하기
이벤트 핸들러	onFocus	커서가 입력 양식 내에 있을 경우
	onSelect	텍스트 입력 양식의 문자열을 선택할 경우
	onChange	텍스트 입력 양식의 값이 변경된 경우
	onBlue	커서가 입력 양식에서 제거된 경우
	onBlur	커서가 입력 양식에서 제거된 경우
	onkeyDown	입력 양식에서 키보드를 누른 경우
	onkeyPress	입력 양식에서 키보드를 누르고 있는 경우
	onkeyUp	입력 양식에서 키보드를 눌렀다 뗀 경우

표의 특성과 지금까지의 입력 양식들을 활용하여 간단한 방명록을 만들어 보자.

12-28.html

```
01 <HTML><HEAD><TITLE>Textarea 연습</TITLE></HEAD>
02 <BODY><center><H3>  방    명    록  </H3><P>
03 <FORM >
04    이름 : <INPUT type="text" name="name" size="30"><P>
05    <INPUT type="radio" name="sex" value="man">남자
06    <INPUT type="radio" name="sex" value="woman"> 여자<P>
07    취미 : <INPUT type="checkbox" name="hobby" value="book">독서
08    <INPUT type="checkbox" name="hobby" value="sports">운동
09    <INPUT type="checkbox" name="hobby" value="tour">여행<P>
      사는 곳은? <SELECT name="add">
10      <OPTION selected>서울
11      <OPTION>부산
12      <OPTION>광주
13      <OPTION>대구
14      </SELECT><P>
15    남기고 싶은 말 <br>
16    <TEXTAREA name="ment" rows="10" cols="40"></TEXTAREA><p>
17    <INPUT type="submit" value="기록 확인" onClick="alert(form.ment.value)">
18    <INPUT type="reset" value="재입력">
19 </FORM></CENTER> </BODY></HTML>
```

전체적으로 text, radio, checkbox, select 등의 폼 형식이 사용되었고, 16행에서 textaea를 지정하고 있다. 지정된 textarea의 크기는 가로 10, 세로 40의 크기로 지정되었고, 17행의 기록 확인을 클릭하면 textarea 값이 경고창으로 보여진다.

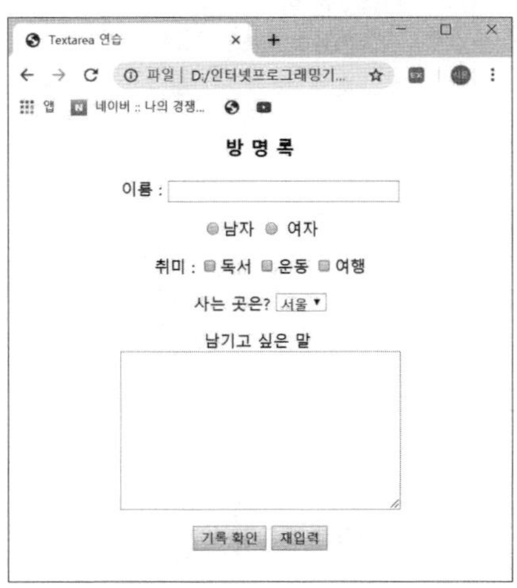

[그림 12-29]

방명록에 스타일을 입혀서 좀 더 세련된 양식을 만들어 보자.

12-29.html

```
01 <HTML><HEAD><TITLE>Textarea 연습</TITLE>
02   <STYLE>
03     textarea.content{
04       font-family: "궁서";
05       color : #dc143c;
06       border : 1px #ff1493 solid;
07       line-height: 15pt;
08       scroll-face-color : #ffffff;
09       scroll-shadow : # fa8072;
10       scroll-arrow-color:#4b0082;
11   </STYLE>
12 </HEAD>
13  <BODY><center><H3> 이메일 창 꾸미기  </H3><P>
14   <FORM >  남기고 싶은 말 <BR>
15      <TEXTAREA class="content" rows="10" cols="40"></TEXTAREA><p>
16         <input type="reset" value="재입력">
17   </FORM></center> </BODY></HTML>
```

3행에서 11행은 스타일을 지정하고, 15행에서 이 스타일을 적용하고 있다.

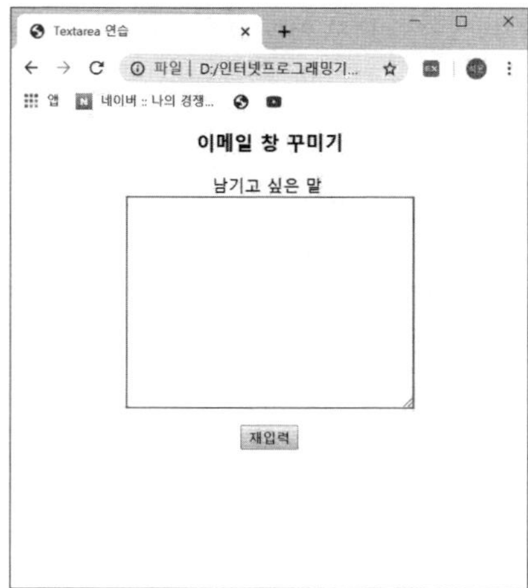

[그림 12-30]

연습문제 EXERCISE

※ 다음 빈칸에 알맞은 용어를 채우시오.

1 (   ) 객체는 window 객체 아래에 있으면서 문서와 관련된 기본 기능을 제공해 주는 객체로서 자바스크립트에서 html 문서의 속성을 고려하여 처리한다.

2 (   ) 객체는 웹 페이지에 이미지를 넣기 위해서 사용하고, html에서는 〈img〉 태그를 사용하는 것과 동일하다.

3 인터넷에서 정보를 일방적으로 통보해주는 것이 아니라 사용자와 상호작용을 가능하게 해주는 태그가 (   ) 이다. 사용자는 이를 통해서 자료를 입력하면 서버는 이 태그 통해서 사용자 정보를 받아서 처리한다.

4 (   ) 객체는 라디오 입력 양식은 checkbox와 유사한 성격을 가지지만 단 한 개만 선택할 수 있다는 점에서 차이가 있다.

5 checked 속성을 이용하면 현재 어떠한 체크박스가 체크되어 있는지 검사할 수 있고, 선택되었다면 true 값을 가지며, 체크되지 않았을 경우에는 false 값을 갖는다.

6 (   ) 객체는 버튼 모양을 통해서 사용자의 정보를 받아들이는 방법이다. 자주 사용하는 입력 양식이다.

7 (   ) 객체는 사용자가 자신의 시스템에 있는 파일을 선택해서 넣고자 할 때 사용하는 입력양식이다.

8 (　　) 객체는 사용자가 입력한 양식의 값을 원래 시작할 때의 기본값으로 바꾸는 역할을 한다.

9 (　　) 객체는 사용자가 입력한 〈FORM〉 태그 내의 모든 필드의 데이터를 ACTION 속성에 선언된 특정 URL로 전송하는 기능을 한다.

10 (　　) 객체는 여러 줄의 입력을 가능하게 하는 것으로, 〈textarea〉를 사용하여 표기한다. 흔히 메일을 작성하는 입력 양식이나 방명록 등에 많이 사용하는 입력양식이다.

※ 다음 조건에 해당하는 소스 코드를 작성하시오.

11 객체를 활용하여 다음과 같은 프로그램을 완성하시오.
(ex12-1.html)

작성조건 : document.fgColor="blue"
document.bgColor="pink"
document.linkColor="black"
document.vlinkColor="yellow"
document.alinkColor="red"

12 객체를 활용하여 다음과 같은 프로그램을 완성하시오.
(ex12-2.html)

작성조건 : 테이블의 폭은 550 / 셀사이 간격 1 / 셀과 글자사이 간격 2
물음표와 답변은 이미지 활용
저장은 링크로 설정, 선택 시 자바스크립트가 실행
닉네임을 2자 이상 입력하지 않을 경우와 질의 내용을 입력하지 않았을 경우
다음과 같은 경고창을 출력

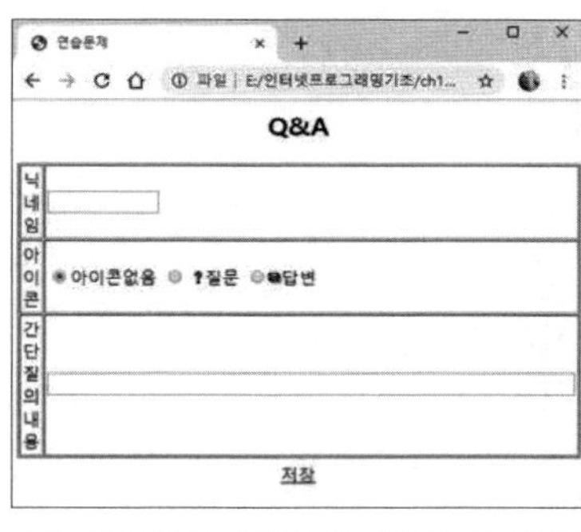

이 페이지 내용:
닉네임은 두 글자 이상 입력해 주세요.
확인

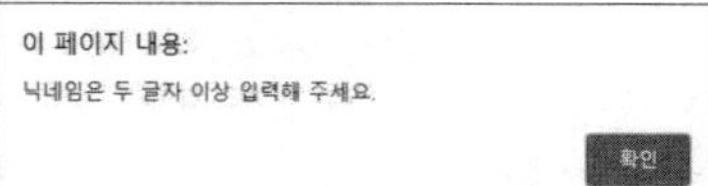

13 객체를 활용하여 다음과 같은 프로그램을 완성하시오.
(ex12-3.html)

작성조건 : for 문과 document 객체를 사용

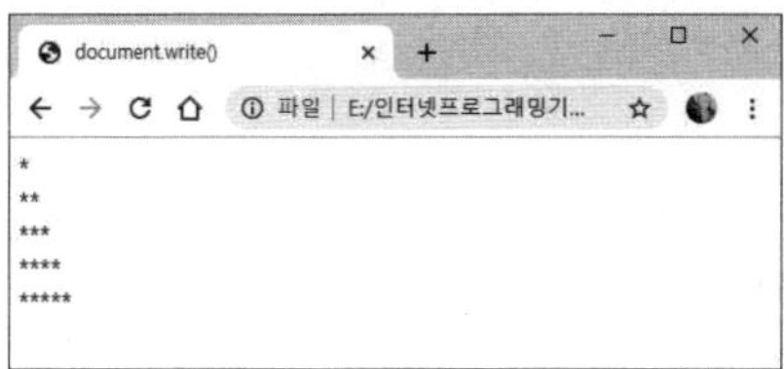

연습문제 EXERCISE

14 객체를 활용하여 다음과 같은 프로그램을 완성하시오.
(ex12-4.html)

작성조건 : for 문과 document 객체를 사용

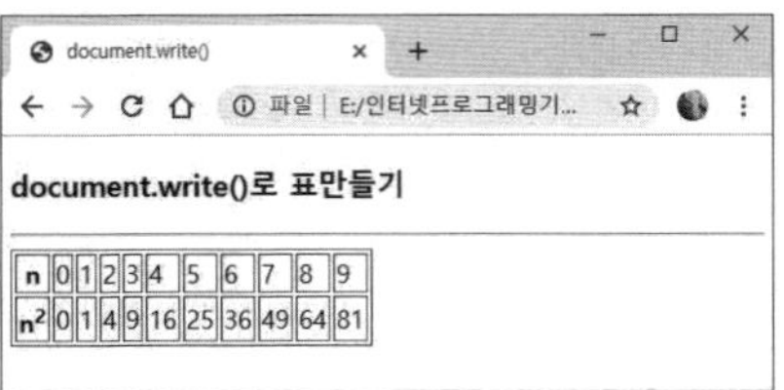

n	0	1	2	3	4	5	6	7	8	9
n^2	0	1	4	9	16	25	36	49	64	81

15 함수를 활용하여 다음과 같은 테이블을 완성하시오.
(ex12-5.html)

작성조건 : 배열로 리스트 만드는 프로그램 작성

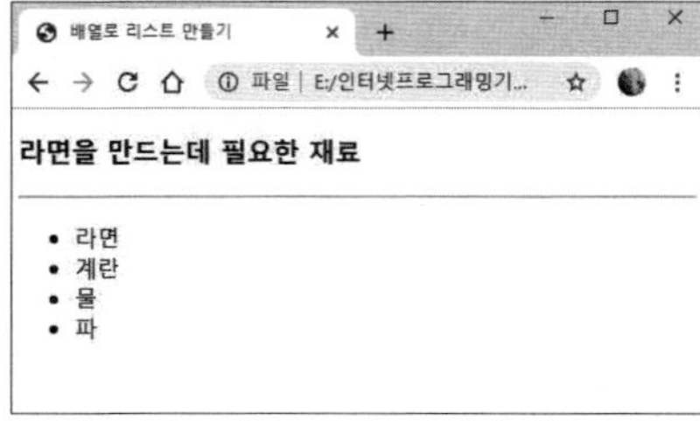

16 함수를 활용하여 다음과 같은 테이블을 완성하시오.
(ex12-6.html)

작성조건 : 60점 이상이면 합격 이외는 불합격을 출력하는 프로그램 작성

5부

Practice & Application!

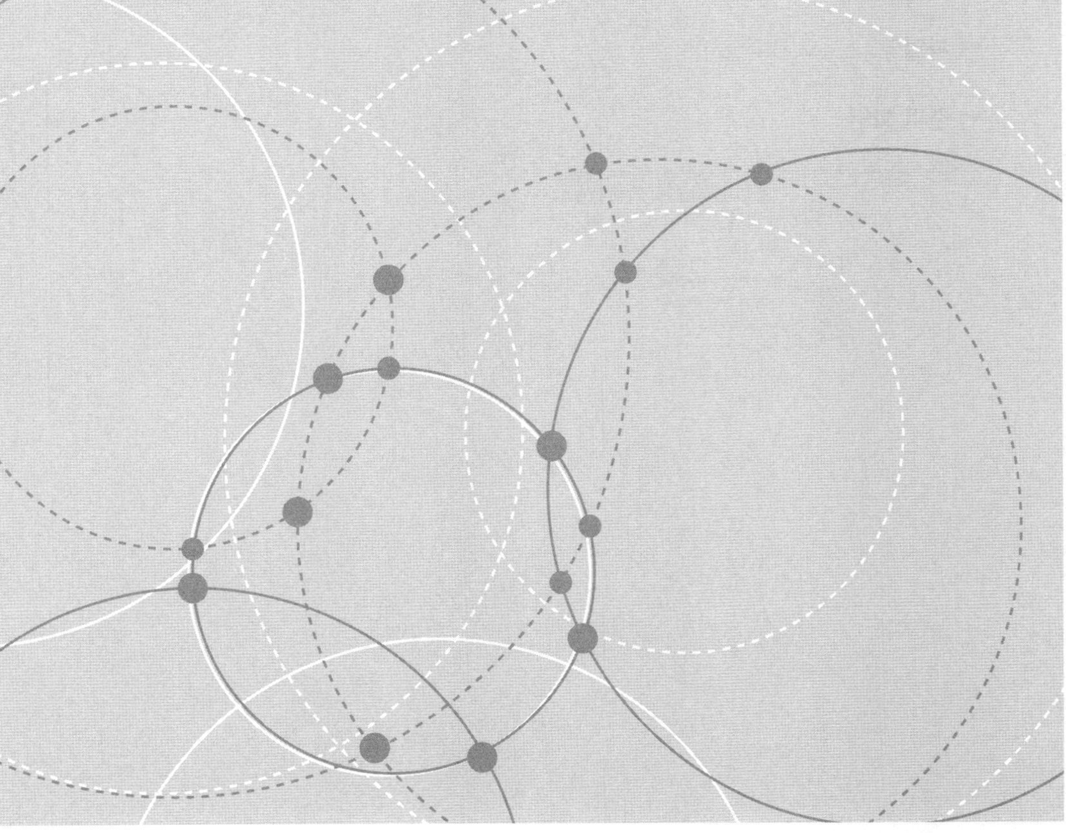

13장

실전 웹페이지 만들기

1. 미니 계산기 제작

●● **미션** : 숫자를 입력하면 계산을 해주는 계산기를 제작하자!
함수문에서 입력받은 데이터를 숫자로 하는 eval 함수를 활용하고,
if문을 사용하여 결과 화면과 같이 출력되는 프로그램을 작성하자.
기타 옵션 — 화면에 보이는 스타일로 적용

●● **파일명** : work1.html

●● **결과 화면** :

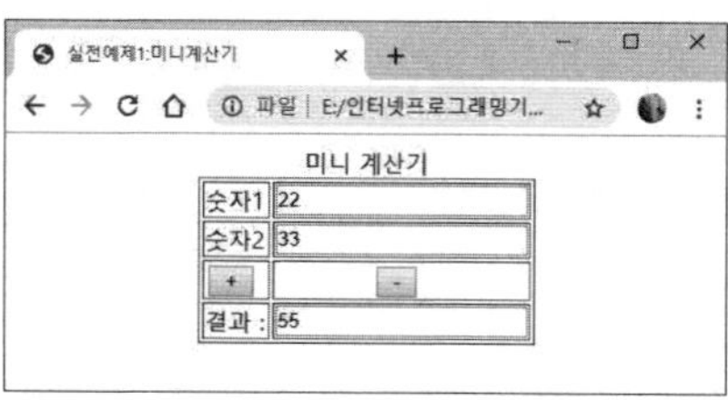

●● 중요 소스 코딩 :

```
........................
<script language="javascript">
 <!--
     var x
     function ch(x){
     n1=eval(document.gg.f1.value);
     n2=eval(document.gg.f2.value);

     if(x=="a"){
       n3=n1+n2;
       document.gg.f3.value=n3;
       }
     else if(x=="b"){
       n3=n1-n2;
       document.gg.f3.value=n3;
     }
   }
  //자바스크립트 끝-->
 </script>
...................................
```

2. 웹진 제작

●● 미션 : 글과 그림이 있는 웹진을 제작하자!
테이블과 목록을 활용하여 위치를 배열하자.

테이블 옵션 – 너비 600px / 중앙정렬 / 외곽선 없음
행 옵션 – 오른쪽 정렬 / 배경색 #7b928a / 너비 3px
목록 옵션 – 순서리스트〈ol〉 사용
기타 옵션 – 화면에 보이는 스타일로 적용

●● 파일명 : work2.html
이미지 파일명 - s1.jpg, s2.jpg, s3.jpg

●● 결과 화면 :

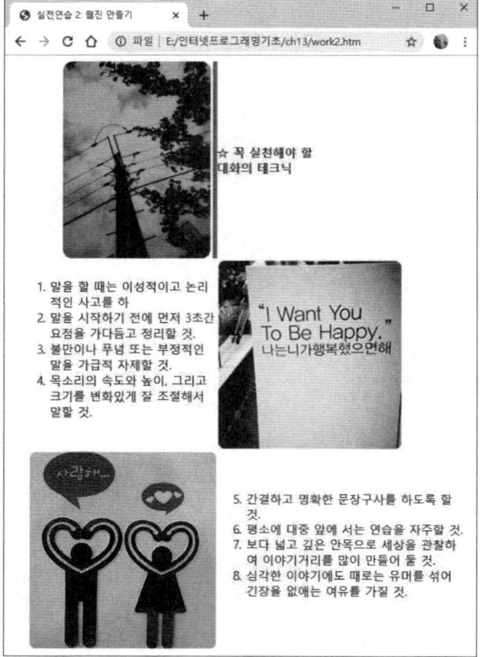

●● 중요 소스 코딩 :

```
...............
<TABLE cellSpacing=0 cellPadding=0 width=600 align=center border=0>
   <TR>
    <TD align=right width=260><IMG hspace=3 src="s1.jpg"> </TD>
    <TD width=3 bgColor=#7b928a> </TD>
    <TD width=327>
      <DIV align=justify><B>☆ 꼭 실천해야 할<br> 대화의 테크닉</B></TD></TR>
  <TR>
    <TD colSpan=2>
      <OL>
        <LI>말을 할 때는 이성적이고 논리적인 사고를 하
        <LI>말을 시작하기 전에 먼저 3초간 요점을 가다듬고 정리할 것.
  ..............................................................

</TABLE></BODY></HTML>
...................................................
```

: 3. 음악 다운로드 제작 :

●● **미션** : 음악 사이트에서 음원을 다운로드 할 수 있는 웹 페이지를 제작하자! 하이퍼링크와 테이블을 활용하여 프로그래밍하자.

하이퍼링크 옵션 – 클릭 시 빈 페이지로 전환됨
테이블 옵션 – 너비 700px / 외곽선 없음 / 중앙 정렬
행 옵션 – 수직정렬 top / 배경색 #a9a9a9 / 높이 25px
기타 옵션 – 화면에 보이는 스타일로 적용

●● **파일명** : work3.html
이미지 파일명 – love5.jpg, bullet2.jpg

●● **결과 화면** :

●● **중요 소스 코딩** :

```
......................
          <a href="http://~~~~"> <img src="bullet2.gif" border=0></a>
......................
```

4. 사이트 맵 제작

미션 : 홈페이지의 전체 구조를 나타내 주는 사이트 맵을 제작하자!
테이블과 목록을 활용하여 위치를 배열하자.

테이블 옵션 – 너비 600px / 외곽선 없음 / 중앙 정렬
행 옵션 – 너비 200px / 셀 안 여백 10px / 행 높이 60px / 배경색 #f0e68c
글자 옵션 – 색상 #ff5500
기타 옵션 – 화면에 보이는 스타일로 적용

파일명 : work4.html

결과 화면 :

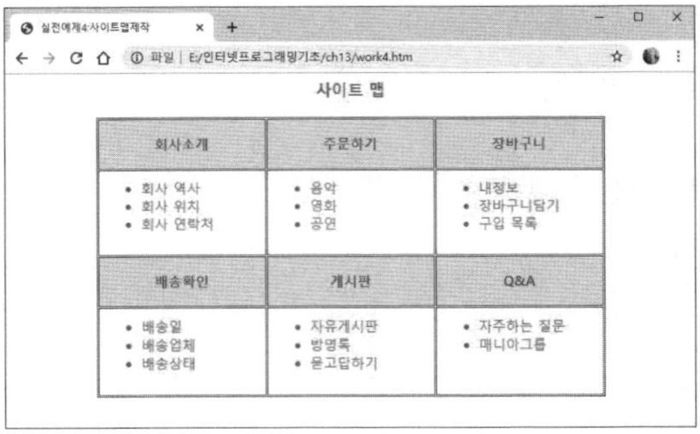

중요 소스 코딩 :

```
.....................
<table  border="1" cellpadding="10" cellspacing="1" align="center">
     <tr height="60" align="center"  bgcolor="#f0e68c">
     <th width="200">회사소개</th><th width="200">주문하기</th>
     <th width="200">장바구니</th>  </tr>
........................
```

5. 애니메이션 제작

●● **미션** : 원하는 이미지를 원하는 각도만큼 움직이는 웹 페이지를 제작하자!
for 문과 document.write를 사용하여 이미지를 클릭하면 90도회전하는 프로그램을 작성하자.

기타 옵션 – 화면에 보이는 스타일로 적용

●● **파일명** : work5.html
이미지 파일명 : apple.png

●● **결과 화면** :

●● **중요 소스 코딩** :

```
...............
<script>
function rotate(obj) {
      obj.style.transform = "rotate(90deg)";
}
</script>
...................
```

6. 구구단 제작

미션 : 자동으로 구구단을 생성하는 웹 페이지를 제작하자!
사용자에게 원하는 구구단을 입력받아서 출력해보자.

1개의 for 문, prompt( ), document.write를 사용하여 프로그램한다.
기타 옵션 — 화면에 보이는 스타일로 적용

파일명 : work6.html

결과 화면 :

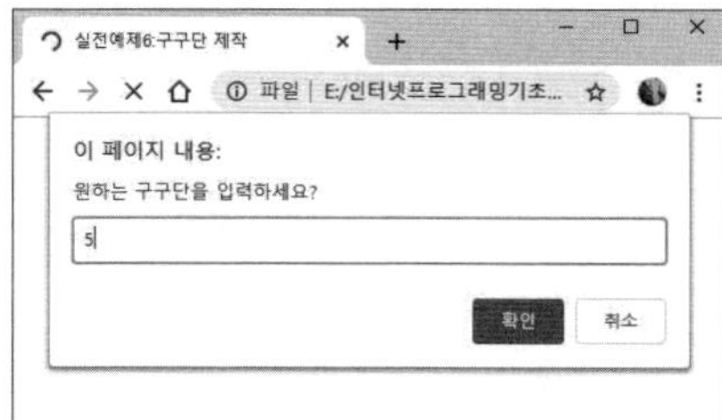

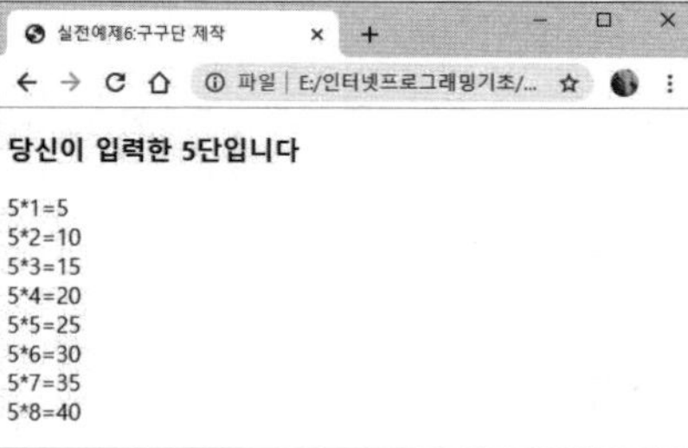

중요 소스 코딩 :

```
.........................
<script type="text/javascript">
        d=prompt("원하는 구구단을 입력하세요?");
      document.write("<h3>당신이 입력한 ",d,"단입니다<br/></h3>");
................................
```

7. 명언록 제작

미션 : 생활 속에서 모은 명언들을 제공하는 웹페이지를 제작하자!
맨 윗줄의 제목은 좌우로 움직이는 태그를 적용하고, 가각의 버튼을 누르면 아래 해당 글이 출력되도록 한다.
처음부터 버튼을 누르면 초기화되며, 스타일시트를 활용하여 디자인을 입힌다.

테이블 스타일 – 너비 80%, 행 너비 25%
내용출력 스타일 – text-align : center; color : #ff3300;
background-color : ff9966; font-size : 10pt;
margin-left : 50px; margin-right : 50px
기타 옵션 – 화면에 보이는 스타일로 적용

파일명 : work7.html

결과 화면 :

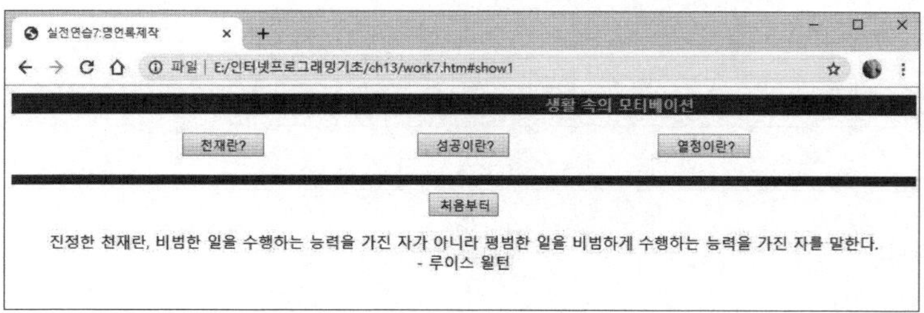

●● **중요 소스 코딩** :

```
..................
function showDiv(nn){
       // 클릭했을 경우 그에 맞게 시를 출력하는 함수
       setDisplay (nameDiv(nowDiv), "none");
       setDisplay (nameDiv(nn), "");
       nowDiv=nn;
    }
..............................
<table width=80%>
  <tr><td width=25% align=center><a href="#show1" onClick="showDiv(1)">
          <INPUT TYPE=button Name="show1" VALUE="    천재란?    "
 LANGUAGE="Javacript"></a></td>
...........................
```

8. 회원가입 제작

●● **미션** : 쇼핑 사이트에 회원가입을 위한 웹 페이지를 제작하자!

마지막 행의 확인과 재작성은 submit, reset 적용
radio와 checkbox는 선택 가능하게 함
select는 처음에 2개가 블록으로 선택되어야 하며, 스크롤이 뜨도록
보이지 않는 리스트를 작성
기타 옵션 – 화면에 보이는 스타일로 적용

●● **파일명** : work8.html

●● **결과 화면** :

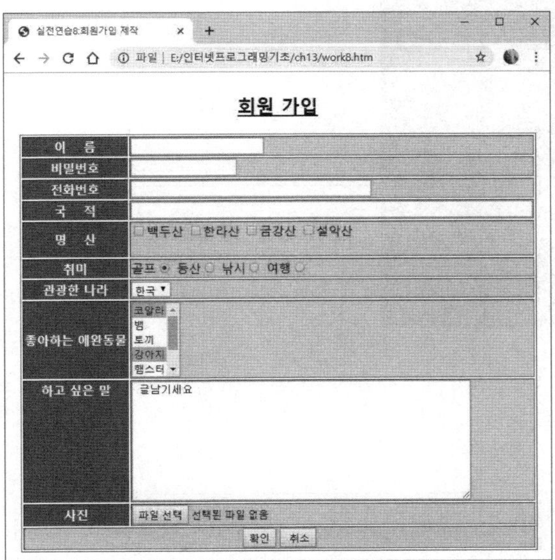

●● **중요 소스 코딩** :

```
...........................
<FORM>
   <tr><th bgcolor="gray" align="center"><font color="white">
    이    름</td>
      <td bgcolor="00ff99"><input type="text" size="20"></th></tr>
.........................................
```

9. 사진앨범 제작

●● 미션 : 0.5초 단위로 사진이 변환되면서 추억을 담은 사진을 자동으로 보여주는 사진앨범을 제작하자!

기타 옵션 – 화면에 보이는 스타일로 적용

●● 파일명 : work9.html

이미지 파일명 : Egypt1.gif, Egypt2.gif, Egypt3.gif, Egypt4.gif

●● 결과 화면 :

●● 중요 소스 코딩 :

1) 변환을 위한 변수 선언

```
term = 500
mm = 1
graphic = new Array()
```

2) 반복 출력을 위한 반복문 작성

```
for(i = 1; i <= 4; i++) {
    graphic[i] = new Image()
    graphic[i].src = "Egypt" + i + ".jpg"
}
```

3) 변환 이미지를 보여주는 함수 선언

```
function anigraphic() {
              ............................
          }
```

4) 본문 작성

```
<font color="white">이집트를 감상합시다!!</h3><P>
...................................................................
```

10. 상품주문 제작

●● **미션** : 테이블과 폼 활용하여 상품을 주문하는 웹 페이지를 제작하자!

기타 옵션 – 화면에 보이는 스타일로 적용

●● **파일명** : work10.html

이미지 파일명 : bed.jpg

이미지 스타일 : 너비 120px/높이 120px

●● **결과 화면** :

●● 중요 소스 코딩 :

1) 수량 입력을 위한 함수 선언

```
function check(frm){
        if ( frm.qty.value == "" ) {
                alert("[수 량]을 입력하세요!");
                .....................................
        }

frm.submit();
}
```

2) 본문 작성

```
<h2><u>침구 구매</u></h2>
<table border=0 cellpadding=5 cellspacing=1>
<tr valign=top>
       <td width=140>
       <center><img width=120 height=120 src="bed.jpg"></center></td>
       <td>
       <b>[상품명] 옥돌 침대</b><br>
       ..........................................
       <form name="frmbuy" action="ok.html">
               <b>[수 량]<input type="text" name="qty" size=10> 
       .......................................................
       </form>
       </td>
</tr>
</table>
```

11. 빈칸 채우기 제작

미션 : 빈칸의 정답을 버튼 클릭시에 보여주는 웹 페이지를 제작하자!

기타 옵션 – 화면에 보이는 스타일로 적용

파일명 : work11.html

결과 화면 :

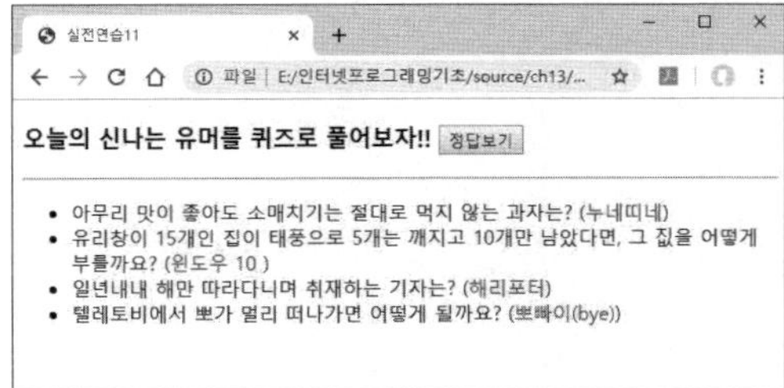

중요 소스 코딩 :

1) 정답 스타일 정의

```
span {
      visibility : hidden;
      color : red;
}
```

2) 화면 표시 함수 선언

```
function show() {
...................................................................
      for(var i=0; i<objArray.length; i++) {
              var obj = objArray[i];
          var style = window.getComputedStyle(obj);
          .....................................
      }
}
.................
```

3) 본문내용 작성

```
<h3>오늘의 신나는 유머를 퀴즈로 풀어보자 !!
...........................................................
</h3>
<hr>
<ul>
      <li>아무리 맛이 좋아도 소매치기는 절대로 먹지 않는 과자는?
          (<span>누네띠네</span>)
      ...........................................
</ul>
```

12. 요리 레시피 제작

●● **미션** : 클릭하면 요리사로부터 입력받은 레피시를 차례대로 출력되는 웹 페이지를 제작하자!

기타 옵션 – 화면에 보이는 스타일로 적용

●● **파일명** : work12.html

●● **결과 화면** :

●● 중요 소스 코딩 :

1) 레시피 과정을 추가하는 함수 선언

```
.....................
<script>
function addItem(parent) {
      var text = prompt("김치 볶음밥 만드는 과정을 입력하세요", "");
      ..................................
            return;
```

2) 텍스트를 보여주는 변수 선언

```
      var liObj = document.createElement("li");
      liObj.innerHTML = text;
      parent.appendChild(liObj);
```

3) 본문내용 작성

```
..................................
<hr>
<ol type="A" style="background-color:yellow"
      ..................................)">
     ....................................
</ol>
```

13. 도움말 제작

미션 : 목록에서 필요한 부분에 도움말을 제공하는 웹 페이지를 제작하자!
기타 옵션 – 화면에 보이는 스타일로 적용

파일명 : work13.html

결과 화면 :

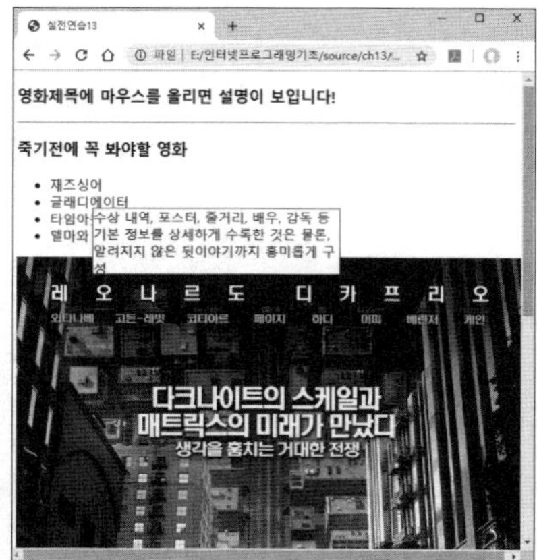

중요 소스 코딩 :

1) 변수 선언

```
var text=["1963년에 ", "수상 내역,","영화 편집장", "중요 플롯"];
var comm;
```

2) 초기함수 정의

```
................................
function init() {
      comm = document.getElementById("comm");
.................................................................
      for(i=0; i<liArray.length; i++) {
             liArray[i].addEventListener("mouseover", over, false);
             ..................................................
      }
```

3) 목록별로만 출력하는 함수 정의

```
..........................
function over(e) {
      var n=0;
      switch(e.target.id) {
            case "l0" : n = 0; break;
         ...........................
      }
      setcomm(text[n], e);
}
```

4) 도움말 작성 함수 선언

```
.....................................
function setcomm(comment, e) {
      comm.innerHTML = comment;
      .....................................
      comm.style.background = "ivory";
      comm.style.visibility = "visible";
      comm.style.width = "300px";
      comm.style.height = "80px";
}
```

5) 이외의 도움말 감추는 함수 선언

```
function hidecomm() {
      ...............................
}
```

6) 본문내용 작성

```
......................
<hr>
<h3> 죽기전에 꼭 봐야할 영화</h3>
<ul>
      <li id="l0">재즈싱어</li>
      <li id="l1">글래디에이터</li>
      ....................................
</ul>
```

14. 진정한 계산기 제작

미션 : 전자계산기를 사용할 수 있는 웹 페이지를 제작하자!

기타 옵션 – 화면에 보이는 스타일로 적용

파일명 : work14.html

결과 화면 :

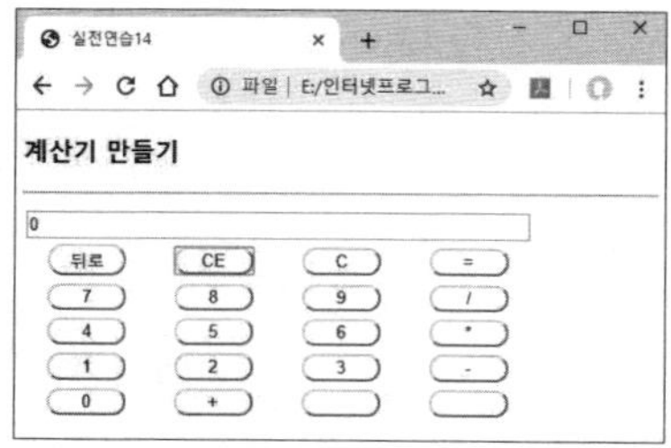

중요 소스 코딩 :

1) 사용자 입력값 합치는 함수 정의

```
function addInput(b) {
      var acc = document.getElementById("acc");
      if(acc.value == "0")
            ..........................
      else
            acc.value += b;
}
```

2) 지우기 버튼 함수 정의

```
.............................

function backward() {
      var acc = document.getElementById("acc");
      ..........................................
      if(len == 0)
            return;
      else
            acc.value = acc.value.substr(0, len-1);
}
```

3) 계산함수 정의

```
................................
function calculate() {
       ...................................
       acc.value = eval(acc.value);
}
function clearLcd() {
       var acc = document.getElementById("acc");
       ............................
}
```

4) 테이블 스타일 정의

```
table {
       text-align : center;
       border : 0;
       width : 300px;
}
tr {
       text-align : center;
}
td {
       width : 100px;
}
```

5) 버튼 스타일 정의

```
input[type=button] {
       width : 60px;
              background : ivory;
              .................. : 50px;
}
```

6) 본문 내용 테이블 작성

```
<form name="cal">
<table>
<tr>
      <td colspan="4"><input type="text" id="acc" value="0" size="50"></td>
      </tr>
<tr>
      <td><input type="button" id="back" value="뒤로" onclick="backward()">
      </td>
      <td><input type="button" id="ce" value="CE" onclick="clearLcd()"></td>
      ................................................................
</tr>
```

15. 설문지 결과 제작

●● **미션** : 해당 자료에 맞는 파이 그래프로 결과를 보여주는 웹 페이지를 제작하자!

기타 옵션 – 화면에 보이는 스타일로 적용

●● **파일명** : work15.html

●● **결과 화면** :

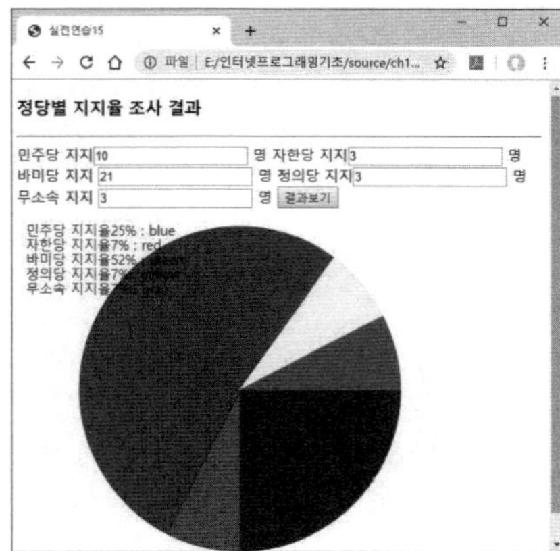

●● 중요 소스 코딩 :

1) 변수 설정

```
var colors = ["blue", "red", "green", "yellow", "gray"];
var dang = ["민주당", "자한당", "바미당", "정의당", "무소속"];
var canvas;
var context;
var inOb;
```

2) 초기 함수 선언

```
.......................
function init() {
      canvas = document.getElementById("canvas");
      ..................................
}
```

3) 챠트 함수 선언

```
function drawChart() {
      var total = 0;
      for(var i=0; i<inOb.length; i++) {
              ......................................
              if(isNaN(n) ¦ n <= 0)
                     inOb[i].value = 0;
              else
                     total += .........................
      }

      .................................
```

4) 좌표설정 변수 선언

```
      ..................................
      context.clearRect(0, 0, canvas.width, canvas.height);
      var x = canvas.width/2;
      var y = canvas.height/2;
      var small = (x < y)?x:y;
      var radius = small - 20;
      var startAngle = 0;
      var endAngle = 0;
      ..................................
```

5) 해당 길이에 해당하는 파이그래프 작성

```
......................................
        for(var i=0; i<inOb.length; i++) {
                var n = parseInt(inOb[i].value);
                if(n == 0)
                continue;
                ......................................
                var rad = deg*Math.PI/180;
                endAngle = startAngle + rad;
                context.beginPath();
                context.moveTo(x, y);
                context.arc(x, y, radius, startAngle, endAngle);
                context.closePath();
                context.strokeStyle = colors[i];
                context.fillStyle = colors[i];
                context.fill();
                context.stroke();
                ..................................
        }
```

6) 출력을 위한 반복문 작성

```
        ........................................
        for(var i=0;i<inOb.length; i++) {
                var n = parseInt(inOb[i].value);
                var percentage = Math.floor(n*100/total);
.............................................................
        }
}
...................................
```

7) 본문 내용 작성

```
...................................
<body onload="init()">
<h3> 정당별 지지율 조사 결과
</h3>
<hr>
민주당 지지<input type="number" id="a" class="num" value="0"> 명
.....................................................................................
```

16. 나만의 플레이리스트 제작

미션 : 자주 듣는 곡들의 리스트를 만드는 웹 페이지를 제작하자!

기타 옵션 – 화면에 보이는 스타일로 적용

파일명 : work16.html

결과 화면 :

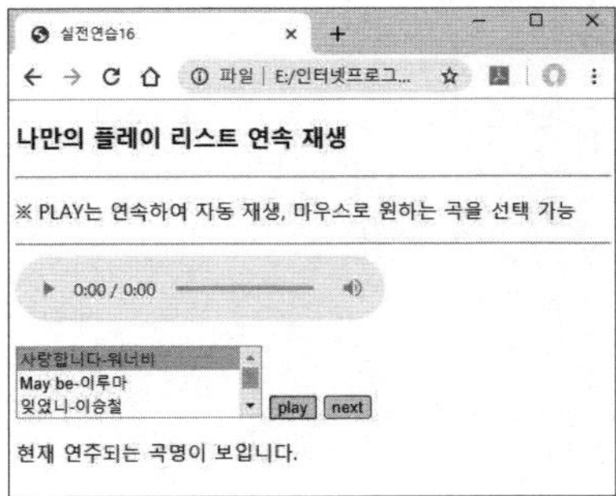

중요 소스 코딩 :

1) 콤보박스 스타일 정의

```
select { width : 200px;}
```

2) 버튼 스타일 정의

```
 button#play {
  ....................
 }
button#next {
      ..........................
}
button#play:hover {
      ................................
}
button#next:hover {
      ............................
}
</style>
```

3) 본문 내용 코딩

```
<select id="select" size=3 onchange="myplay()">
      <option value="a.mp3" selected>사랑합니다-워너비</option>
      ........................................................
</select>
<button id="play" onclick="control(event)">play</button>
..................................................
<p>
```

4) 사용자가 버튼을 눌렀을 때 이벤트 리스너 정의

```
function control(e) {
      if(e.target.id == "play") { // play 버튼 클릭
            myplay(index); // 현재 곡
      }
      else if(e.target.id == "next") { // next 버튼 클릭
            index++; // 다음 곡
      ......................................
      }
}
```

5) 현재 연주가 끝났을 때 이벤트 리스너 정의

```
...................................
audio.onended = function (e) {
      index++; // 다음 곡
      ...................................
      myplay(index);
}
```

6) n번째 곡 연주 함수 정의

```
function myplay(n) {
      index = n;
      audio.src = select.options[index].value;
      audio.load();
      ......................................
      divEmt.innerHTML = select.options[index].value + " 재생중^^";
}
```

17. 꽃이 날리는 영화자막 제작

●● **미션** : 원하는 이미지를 화면에 나타내는 웹 페이지를 제작하자!

기타 옵션 – 화면에 보이는 스타일로 적용

●● **파일명** : work17.html

●● **결과 화면** :

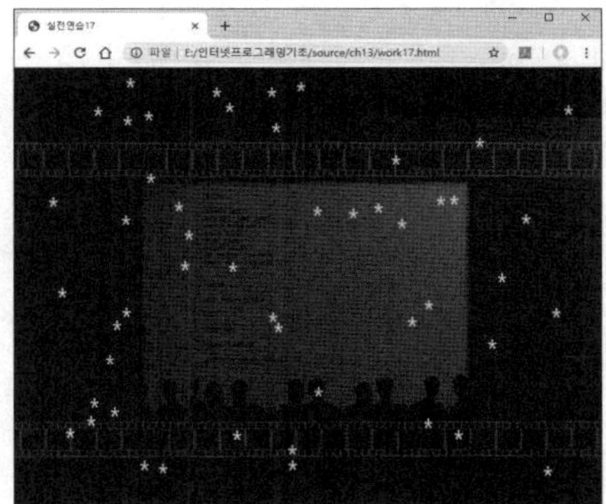

●● **중요 소스 코딩** :

1) body의 스타일 정의하기(배경이미지 back.gif)
2) 꽃 이미지 스타일 정의
(div 태그 사용 / 글자크기 30px / 색상 yellow / 여백&마진 0px)
3) 꽃에 대한 배열 50개 및 표시될 x, y 좌표 설정

```
var flower = new Array(50);
var x = new Array(50);
var y = new Array(50);
var flowerFall = new Array(50);
var flowerWind = new Array(50);
var step = new Array(50);
```

4) 꽃이 움직임 함수 선언

```
function fall() {
   for(i=0; i<50; i++){
          y[i] += flowerFall[i]
          ..................................
          if(y[i] <= window.innerHeight-60) {
                 x[i] = Math.floor(Math.random()*window.innerWidth);
                 .....................
                 flowerFall[i] = Math.random()*2+2;
          }
          if(x[i] <= window.innerWidth-50) x[i] = window.innerWidth - 50;
          else ..............................

          flower[i].style.top = y[i] + "px";
          ..................................

          flowerWind[i] += step[i];
   }
   setTimeout("fall()",50);
  }
```

5) 문서 로딩 시 함수 자동 실행

```
<body onload="fall()">
```

6) 문서 로딩 시 꽃 출력하는 객체 함수 생성 및 정의

```
function makeflower() {
      for(var i=0; i<50; i++) {
             x[i] = Math.floor(Math.random()*window.innerWidth-10);

             .........................................
             flowerFall[i] = Math.random()*2+2;
             flowerWind[i] = 1;
             step[i] = Math.random()*0.1+0.05;
                var divt = "<div class='flower' id=flowerobj" + i
                     + " style='top:" + x[i] + "px;left:" + y[i] + "px'>*</div>";
             ..................................
             flower[i] = document.getElementById("flowerobj"+i)
      }
  }
```

18. 작은 그림판 제작

●● **미션** : 원하는 두께와 색상을 선택할 수 있는 그림판 웹 페이지를 제작하자!

기타 옵션 – 화면에 보이는 스타일로 적용

●● **파일명** : work18.html

●● **결과 화면** :

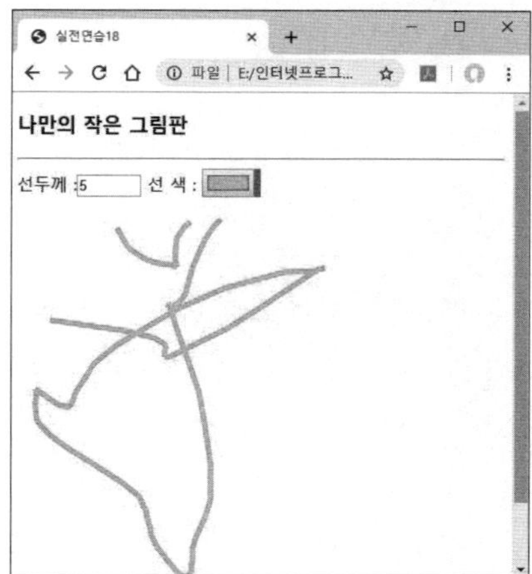

●● **중요 소스 코딩** :

1) 변수 선언

```
var canvas, context;
```

2) 초기 함수 선언

```
function init() {
  canvas = document.getElementById("myPainting");
  context = canvas.getContext("2d");
  context.lineWidth = document.getElementById("widIn").value;
  .....................................................
  canvas.addEventListener("mousemove", function (e) { move(e) }, false);

  ................................................................................
  canvas.addEventListener("mouseleave", function (e) { out(e) }, false);
 }
```

3) 마우스 함수 선언

```
function move(e) {
  var curX = e.offsetX;
  ......................................
  if(!inbound) {
        prevX = curX; prevY = curY; inbound = true;
  }
  context.beginPath();
  .........................................
  .........................................
  context.stroke();
  .......................................
 }
function over(e) {
  inbound = true;
  .........................
  prevY = e.offsetY;
}
function out(e) {
  .....................
}
```

4) 본문 코딩

```
   <body onload="init()">
<h3>나만의 작은 그림판</h3>
<hr>
선두께 : ....................................
선 색 : ..........................................
.........................................................
</body>
```

19. 퀴즈 풀이 제작

미션 : 퀴즈에 정답을 맞추는 웹 페이지를 제작하자!

기타 옵션 – 화면에 보이는 스타일로 적용

파일명 : work19.html

결과 화면 :

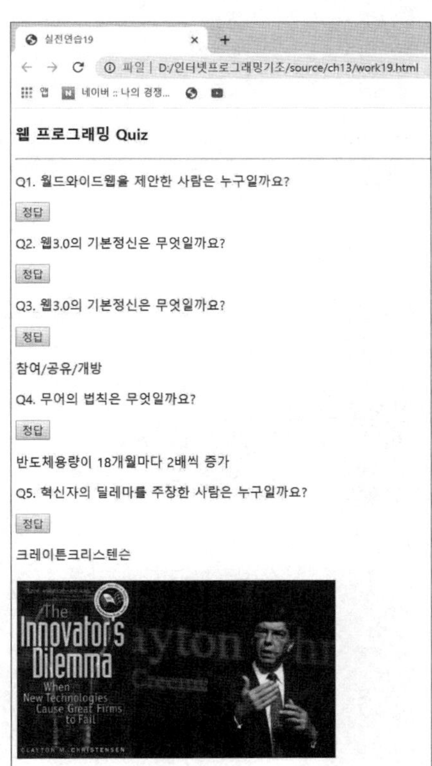

●● 중요 소스 코딩 :

1) 정답을 출력하는 함수 선언

```
<script>
function AnsIs(objetA, ans) {
      var parent = objetA.parentElement;
      if(objetA != parent.lastElementChild)
             return;
      var newP = document.createElement("p");
      newP.onclick = function() {
             ............................................
             par.removeChild(this);
      };
      newP.innerHTML = ans;
      parent.appendChild(newP);
}
</script>
.............................
```

2) 본문내용 작성 코드

```
<body>
<h3>웹 프로그래밍 Quiz</h3>
<hr>
<div><p>Q1. 월드와이드웹을 제안한 사람은 누구일까요?</p>
      <button onclick="AnsIs(this, '팀버너스리')">정답</button></div>
.................................................
<div><img src="cris.jpg" width="400px"></div>
</body>
```

20. 개성있는 블로그 제작

●● 미션 : 3개의 메뉴를 가진 블로그 형태의 웹 페이지를 제작하자!

기타 옵션 – 화면에 보이는 스타일로 적용

●● 파일명 : work20.html

●● 결과 화면 :

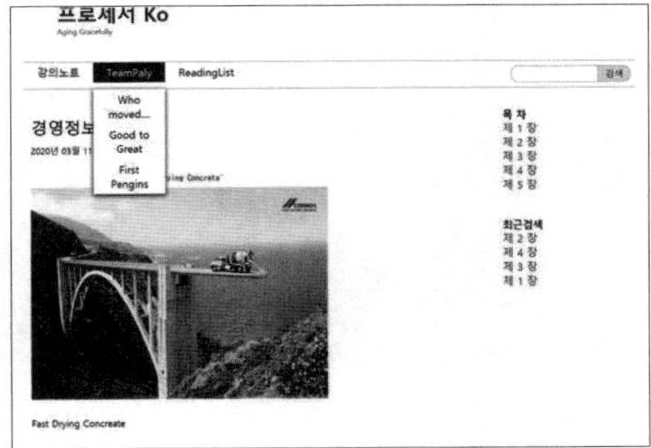

●● 중요 소스 코딩 :

1) 전체 문서 스타일 지정

```
a { text-decoration: none; }
li { list-style: none; }
```

2) 블로그 대제목 스타일 지정

```
#main-header { padding: 40px 50px; }
.master-title {
font-size: 30px;
color: #123456;
}
.master-description {
font-size: 11px; font-weight: 500;
color: #383838;
}
```

3) 서브메뉴 스타일 지정

```
#main-navigation {
border-top: 1px solid #C8C8C8;
border-bottom: 1px solid #C8C8C8;
margin-bottom: 20px;
height: 40px;
}
.outer-menu-item {
float: left;
position: relative;
}
......................
```

4) 검색양식 스타일 지정

```
.search-bar {
height: 26px;
padding: 7px;
}
.............................
```

5) 본문 좌우 양식 스타일 지정

```
#content { overflow: hidden; }
#main-section {
float: left;
width: 710px;
}
#main-aside {
.............................
}
................
```

6) 검색창 스타일 지정

```
....................
.search-bar {
height: 26px;
padding: 7px;
}
.....................
```

7) 외부스타일 호출

```
<script src="http://ajax.googleapis.com/ajax/libs/jquery/3.1.0/jquery.min.js">
</script>
```

8) 목록형식 본문 작성

```
......................
<body>
<div id="page-wrapper">
<header id="main-header">
<hgroup>
<h1 class="master-title">프로세서 Ko</h1>
...................................................................
</hgroup>
</header>
```

찾아보기

memo

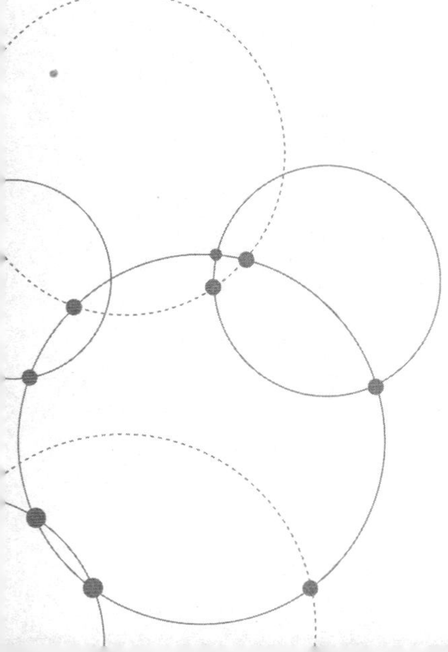